나의 한국현대사
1959-2020

나의 한국현대사 1959-2020

유시민 지음

2014년 7월 7일 초판 1쇄 발행
2024년 12월 30일 개정증보판 18쇄 발행

펴낸이 한철희 | 펴낸곳 돌베개 | 등록 1979년 8월 25일 제406-2003-000018호
주소 (10881) 경기도 파주시 회동길 77-20 (문발동)
전화 (031) 955-5020 | 팩스 (031) 955-5050
홈페이지 www.dolbegae.co.kr | 전자우편 book@dolbegae.co.kr
블로그 blog.naver.com/imdol79 | 트위터 @Dolbegae79 | 페이스북 /dolbegae

주간 송승호 | 편집 윤현아·소은주·김태권
표지디자인 민진기 | 본문디자인 민진기·이연경·이은정
마케팅 심찬식·고운성·한광재 | 제작·관리 윤국중·이수민·한누리
인쇄·제본 영신사

ISBN 978-89-7199-908-0 (03910)
책값은 뒤표지에 있습니다.

개정증보판

나의 한국현대사

1959-2020

유시민

돌베개

일러두기

1. 이 책은 유시민의 『나의 한국현대사: 1959~2014, 55년의 기록』(돌베개, 2014)의
    개정증보판이다. 초판이 출간된 2014년 6월 25일부터 2020년 12월 31일까지, 공개된 각종
    통계자료와 데이터를 활용해 수정·보완하며 문장 전반을 재정비하고 사진자료도 전면
    교체·재배치했다. 3장과 5장에는 각기 절을 추가해 초판에서 다루지 않은 내용을 새로
    집필했다.
2. 맞춤법과 외래어 표기는 국립국어원의 용례를 따랐다. 다만 국내에서 이미 굳어진 인명과
    지명의 경우에는 익숙한 표기를 썼다.
3. 단행본·정기간행물·신문에는 겹낫표(『』)를, 소설·시·논문·신문기사·통계자료·법률명·
    성명서·합의서에는 홑낫표(「」)를, 방송프로그램·영화·노래·만화에는 홑화살괄호(〈 〉)를
    표기했다.
4. 인물의 생몰연대는 문맥을 이해하는 데 도움이 된다고 판단한 경우, 맨 처음 등장할 때
    병기했다.
5. 인물의 호칭은 그 자체로 중요한 의미가 있으며, 시간의 흐름에 따라 변화한다는 점을
    감안해 의도적으로 반복 표기했다. 예) 박정희 소장/박정희 장군/박정희 후보/박정희
    대통령 등
6. 외국도서 중 국내에 소개된 경우 번역된 제목과 저자명을 그대로 썼고, 필요에 따라 원제를
    밝혔다.

우리의 시대를 함께 달렸던
벗들에게

차례

개정증보판 서문 ————— 8

초판 서문: 위험한 현대사 ————— 10

프롤로그: 자유주의자의 역사체험 **16**

1 **1959년과 2020년의 대한민국** **32**

59년 돼지띠 ————— 35

고르게 가난했던 독재국가 ————— 37

고르지 않게 풍요로운 민주국가 ————— 45

욕망의 우선순위 ————— 52

그라운드 제로에서 욕망이 질주할 때 ————— 58

2 **4·19와 5·16** **64**

국토와 국가와 민족의 분단 ————— 67

반민특위의 슬픈 종말 ————— 73

민주화세력의 탄생 ————— 81

산업화세력의 등장 ————— 86

3 **절대빈곤, 고도성장, 양극화** **96**

내가 본 한강의 기적 ————— 99

한국경제의 비행궤적 ————— 105

국가주도형 산업화 ————— 113

한국형 경제성장의 비결 ————— 121

IMF 경제위기가 남긴 것들 ————— 142

데이터로 본 양극화 추이 ——————— 150

추격자에서 선도자로 ——————— 163

4 전국적 도시봉기를 통한 한국형 민주화 **172**

한국 민주화운동의 알고리즘 ——————— 175

맹아기: 5·16에서 10월 유신까지 ——————— 190

성장기1: 10월 유신에서 10·26까지 ——————— 208

성장기2: 10·26에서 6월 민주항쟁까지 ——————— 219

성숙기: 87년체제의 명암 ——————— 251

5 단색의 병영이 무지개색 광장으로 **272**

늙어가는 대한민국 ——————— 275

가족계획과 기생충박멸 ——————— 284

민둥산을 금수강산으로 ——————— 294

금서, 금지곡, 국민교육헌장 ——————— 301

"우리는 왜 날마다 명복을 비는가" ——————— 319

안보국가에서 복지국가로 ——————— 331

장애인, 성소수자, 여성 ——————— 341

6 75년 이어진 적대적 공존 **358**

빨간색이라는 금기 ——————— 361

'우리 편'이 아니면 모두 '적' ——————— 366

간첩이 필요한 나라 ——————— 374

네 번의 기회 ——————— 390

정전협정체제와 북핵문제 ——————— 401

평화통일로 가는 길 ——————— 406

에필로그: 대한민국의 재발견 **414**

참고문헌 ——————— 428

개정증보판 서문

지난 몇 년간 큰 정치·사회적 사건을 여럿 겪어서인지, 나는 우리 현대사를 예전과 조금 다른 시선으로 보게 됐다. 초판을 출간하면서 5년쯤 지났을 때 데이터를 보완하기로 마음먹었고 계획대로 개정증보판을 썼는데, 코로나바이러스감염증-19(COVID-19, 코로나19) 사태의 추이를 살피느라 출간 일정을 조금 늦췄다. 누구도 상상하지 못했던 박근혜 대통령 탄핵과 신종 바이러스의 대유행을 겪으면서 나뿐 아니라 한국인이면 누구나 한국사회를 '재발견'했다고 생각한다.

초판은 과분한 사랑을 받았다. 서점 판매량과 공공도서관 대출 건수가 기대를 넘었고 지금도 찾는 독자가 꾸준하다. 독자들의 소감과 비평을 꼼꼼히 살펴봤는데, 부모님의·생각과 삶을 이해하는 데 도움이 됐다거나 객관적으로 서술하려고 애쓴 노력이 엿보인다는 평이 더러 있어서 뿌듯했다. 글쓴이로서 무엇을 더 바라겠는가? 비판과 혹평도 있었지만 피할 수 없는 일로 받아들였다.

개정증보판은 초판과 본질적으로 같은 책이지만 다른 점이 없지는 않다. 첫째, 지난 6년 동안 일어난 중요한 사건에 대한 서술을 추가하고 인구·국민소득·소득분배 등 사회변화를 보여주는 시계열 데이터를 업데이트했다. 3장과 5장의 말미에는 각각 일본의 수출규제 사건과 소수자운동에 대한 내용을 담은 절을 추가했다. 둘째, 한국사회에 대한 시민의 인식과 태도가 6년 전과 비교했을 때 변화했다는 사실을 반영하되 책이 지나치게 두꺼워지지 않도록 정보를 압

축하고 문장을 전체적으로 손보았다. 셋째, '조금 달라진 시선'으로
에필로그를 다시 썼다.

초판 원고를 마무리하던 2014년 4월 세월호 참사를 마주했다.
당시 내가 느꼈던 감정을 표현할 수 있는 단어를 나는 여전히 찾지
못했다. 원망·슬픔·분노·절망·환멸·죄책감 어느 것도 아니었고 이
모두를 다 합쳐도 부족했다. 그때 나는 우리 현대사에서 희망의 단서
를 찾고 싶었다. 현실이 암담할 때 역사 말고 어디에서 그런 것을 찾
겠는가. 그런데 개정증보판을 준비하면서는 완전히 다른 감정인, 떨
치기 어려운 불안감이 나를 사로잡았다. 2020년의 현실은 우리 자신
과 역사에 대한 믿음과 자부심을 품고 희망적인 미래를 기대해도 좋
다고 말하는 것 같았다. 그러나 나는 안다. 역사는 그런 시간을 길게
허락하지 않는다는 것을.

사람의 세상에서 일어날 수 없는 일은 없다. 좋은 일도 나쁜 일
도, 인간의 상상력을 넘어선 극한까지 치닫곤 했다. 호모사피엔스가
생물학적 진화를 이루지 못하는 한, 미래의 역사도 다르지 않을 것이
다. 환멸과 절망감이 세상을 뒤덮을 때도 반전의 희망을 찾을 수 있
다고 역사는 나를 격려해줬다. 역사는 또한 환희와 낙관이 넘쳐나는
시대가 비극과 몰락의 시간을 예비한다는 사실을 잊지 말라고 경고
했다. 그런 두려움을 안고 격려를 받으며 나는 오늘의 역사를 산다.
그 과정에서 모인 생각과 감정을 나누며 독자들께 말하고 싶다. '역
사는 우리가 함께 만들어가는 것'이라고.

2021년 1월
자유인의 서재에서
유시민

초판 서문: 위험한 현대사

2013년 '뉴라이트' 한국사 교과서가 일으킨 역사논쟁은 아직 끝나지 않았다. 그 논쟁은 매우 감정적이고 정치적이었다. 학자들의 토론에서는 좀처럼 보기 힘든 인신공격이 오갔고 정당과 정치인, 심지어 현직 대통령까지 때로는 은밀하게 때로는 공공연히 개입해 싸움을 부추겼다. 외피(外皮)는 역사논쟁이었지만, 이 싸움의 실체는 치열한 정신적이고 정치적인 내전(內戰)이었다.

모든 역사는 '주관적 기록'이다. 역사는 과거를 '실제 그러했던 그대로' 보여주지 않는다. 방송뉴스와 신문보도가 현재를 '실제 그러한 그대로' 전해주지 않는 것과 마찬가지다. 예컨대 『조선일보』와 『한겨레』가 보여주는 2014년의 대한민국은 큰 차이가 있다. 그것은 신문을 만드는 사람들이 나라 안팎에서 벌어지는 수많은 사건 가운데 주목할 가치가 있다고 판단한 것만 선택해서 보도하며, 서로 다른 목적과 시각을 가지고 그 사실을 해석하기 때문이다. 어떤 설명할 수 없는 이유에서 인류가 멸망하고 기록이 모두 사라졌다고 하자. 그리고 오직 극소수의 한국인과 『조선일보』 또는 『한겨레』의 기록만 요행히 살아남았다고 하자. 많은 세월이 흐른 후 생존자들이 그 기록을 토대로 과거를 복원한다면, 어느 신문이 남았는지에 따라 그들이 기록하는 역사는 크게 달라질 것이다.

역사가가 일하는 방식도 언론인과 다르지 않다. 역사가도 각자 나름의 개성과 취향이 있고 서로 다른 욕망과 감정에 끌리며 저마다의 가치관과 세계관을 지니고 있다. 그들은 과거의 사실 가운데 자신이 주목할 가치가 있다고 판단한 것을 선택해 자신의 시각으로 해석한다. 사실의 선택과 선택한 사실의 해석, 역사 서술의 핵심인 이 두 가지가 모두 주관적일 수밖에 없다는 말이다. 그래서 역사를 둘러싼 다툼이 생기는 것이다. 역사 중에서도 현대사는 특별히 민감하다. 현대사의 중요한 사건들은 현재 우리의 삶에 영향을 미치고 있으며 그 주역들이 살아 있는 경우가 많다. 그들이 죽고 없더라도 그들의 행위로 인해 억울하게 고통을 겪었거나 정당한 또는 부당한 이익을 얻은 사람들은 살아 있다. 우리는 이승만부터 박근혜까지 대한민국의 역대 대통령과 그들이 한 행위에 대해 강한 호불호의 감정을 느낀다. 그들을 고려시대나 조선시대 왕처럼 느긋하게 대하지 못한다.

현대사의 이러한 특수성은 서로 다른 국가 사이의 역사논쟁에서 매우 선명하게 드러난다. 일본 정부와 다수의 일본 국민은 독도를 조선의 영토로 표시한 러일전쟁 이전의 고지도(古地圖)가 여럿 존재한다는 사실을 외면한다. 일본군 '위안부' 할머니들의 증언을 거짓말로 여기며, 사실을 인정하는 경우에도 민간업자들이 성매매 업체를 운영한 것이라고 주장한다. 영토에 대한 욕망과 수치스러운 과거의 악행을 부정하려는 심리가 사실을 보지 못하게 하는 것이다. 반면 우리 국민은 독도가 대한민국 영토라는 것을, 그리고 일본군이 위안부를 강제 동원했다는 것을 확고한 역사적 사실로 받아들이며, 그것을 부정하는 일본 정부와 국민의 태도에 분노를 느낀다. 하지만 알고 보면 우리도 다르지 않다. 우리 국민은 베트남전쟁 파병이 정치·도덕적으로 정당한 행위였는지 여부에 대한 토론을 기피한다. 국군이 베트남에서 민간인을 학살한 사실을 부정하는 사람이 많다. 일본에 대해서는 잘못된 과거사를 직시하고 반성하라고 하면서도, 우리 자신의 잘못된 역사를 직시하고 반성하는 것은 완강히 거부한다.

현대사 논쟁은 고대사나 중세사 논쟁과 달리 격렬한 감정의 표출과 정치적 대립을 동반한다. 당나라를 끌어들여 고구려를 멸망시킨 신라의 행위가 민족적 배신이고, 낙화암의 삼천궁녀 이야기는 백제 의자왕을 도덕적으로 매도하기 위해 신라의 권력자들이 조작한 것이라고 누군가 주장한다고 해서 드잡이를 하지는 않는다. 이미 1,500년이 흐른 사건이어서 무엇을 사실로 인정하고 그것을 어떻게 해석하든 현재의 삶이 달라질 가능성은 없기 때문이다. 그러나 이승만 대통령이 대한민국을 건국한 위대한 지도자였다거나, 박정희 대통령이 독재를 해서 경제를 발전시킨 덕분에 우리가 오늘날 이만큼 민주주의를 누리게 됐다거나, 전두환 장군이 국가적 혼란을 수습했기에 적화통일을 막을 수 있었다거나, 남북정상회담을 한 김대중 대통령과 노무현 대통령이 북한과 내통한 빨갱이였다거나, 이명박 대통령의 4대강 사업이 우리나라를 환경선진국으로 발돋움시킨 쾌거였다고 말한다면 술자리에서 격한 주먹다짐이 벌어질 수 있다.

그래서 현대사를 이야기하는 데는 위험이 따른다. 다수 대중의 판단과 정서에 어긋나면 험악한 구설에 휘말린다. 교학사의 뉴라이트 한국사 교과서 집필자들은 '매국노·친일파'라는 손가락질을 당했다. 권력자의 심기를 거스를 경우 불이익을 받을 수 있다. 역사학자 서중석을 석좌교수로 초빙하기로 했던 연세대는 그가 백낙준 초대 총장의 친일행적을 비판한 적이 있다고 해서 취소했다. 이런 위험 때문에 박근혜 대통령의 지명을 받아 국회 인사청문회에 나온 공직 후보자들은 5·16을 쿠데타로 보느냐는 질문에 끝내 대답하지 않았다.

삶에서 안전은 무척 중요하다. 하지만 감당할 만한 가치가 있는 위험을 감수하는 인생도 그리 나쁘지 않다고 생각한다. 나는 그런 마음으로 내가 보고 겪고 참여했던 한국현대사를 썼다. 1959년부터 2014년까지 55년을 다뤘으니, '현대사'보다는 '현재사(現在史)' 또는 '당대사(當代史)'가 더 적합한 표현일지도 모른다. 나는 냉정한 관찰자가 아니라 번민하는 당사자로서 우리 세대가 살았던 역사를 돌아보았다. 없는 것을 지어내거나 사실을 왜곡할 권리는 누구에게도 없다. 그러나 의미 있다고 생각하는 사실들을 선택해 타당하다고 생각하는 인과관계나 상관관계로 묶어 해석할 권리는 만인에게 주어져 있다. 나는 이 권리를 소신껏 행사했다.

이 책에는 독자들이 모르는 사실이 별로 많지 않을 것이다. 사실을 많이 담기보다는 많은 사람이 중요하다고 여기는, 잘 알려진 사실에 대한 생각을 말하려고 노력했다. 1959년부터 시작한 것은 내가 그해에 태어났기 때문일 뿐 다른 이유는 없다. 과거를 회고하고 싶어서가 아니라 현재를 이해하고 미래를 전망하고 싶어서 이 책을 썼다. 이제 50대 중반이 된 우리 세대는 아직 인생을 회고할 나이가 아니다. 아직은 과거보다 미래에 시선을 둬야 한다. 그렇다고 해서 먼 미래까지 욕심낼 필요는 없을 것이다. 아직 우리에게 남아 있는 시간만큼만 내다볼 수 있으면 충분하다.

나는 한국현대사 55년에 대해 '제한적인 자부심'을 느낀다. 그냥 자연스럽게 느끼는 감정이다. 사람은 누구나 자신을 존중하고 타인에게 존경받으려는 욕망을 지닌다. 이를 충족하려면 스스로 자부심을 느낄 만한 삶을 살아야 한다. 자기 자신에 대해서만 그런 것이 아니다. 우리는 가족·고향·학교·회사·나라에 대해서도 수치심이나 긍지를 느낀다. 내가 그 공동체의 일원이고 나의 행위가 공동체를 좋게 또는 나쁘게 만드는 데 영향을 준다는 것을 알기 때문이다.

내가 한국현대사에 자부심을 느끼는 것은 그것이 오로지 빛나는 승리와 영광의 기록이어서가 아니다. 그런 역사는 어디에도 없다. 개인이든 국가든, 모든 역사에는 명암이 있다. 우리 현대사도 빛과 어둠이 뒤섞여 있다. 그 역사를 정직하게 대면하려면 당위(當爲)로 현실을 재단하려는 집착을 버려야 한다. 어떤 사람들은 훌륭한 이상 국가 또는 그에 가깝다고 생각하는 외국에 견줘 우리 현대사를 본다. 더 훌륭한 대상을 보고 배우려는 자세는 바람직하다. 하지만 남과 비교하는 데 너무 집착하면 우리 역사의 어둡고 수치스러운 장면만 주로 보이기 때문에 자칫 '자학적 역사인식'으로 흐를 위험이 있다. 공자, 예수, 석가모니처럼 훌륭한 인간이 되려고 하는 것은 좋지만 그보다 못하다고 해서 자신을 비하하는 것은 현명한 태도가 아닐 것이다. 반면 어떤 사람들은 우리 역사가 반드시 훌륭해야만 한다는 강박관념에 사로잡혀 현대사의 밝고 자랑스러운 장면만 보려고 한다. 자신을 긍정하고 자부심을 가지려고 노력하는 것은 좋다. 하지만 이것 역시 너무 집착하면 객관적인 사실을 부정하고 명백한 불의까지도 합리화하는 '자아도취적 역사인식'에 빠질 수 있다. 자신이 공자, 예수, 석가모니와 동급이라고 주장한다고 해서 정말 그런 사람이 되는 것은 아니지 않겠는가.

　우리는 훌륭한 인간을 존경하며 훌륭한 역사에 자부심을 느낀다. 그런데 훌륭하다는 것은 어떤 상태일까? 훌륭함은 아무 오류가 없는 완전무결함이나 지고지선의 경지를 이르는 말이 아니다. 인간이 그런 존재가 아니기 때문에 인간이 만드는 역사도 거기에는 도달할 수 없다. 우리는 다만 그런 상태를 향해 나아갈 수 있을 뿐이다. 만약 어떤 사회가 추하고 불합리하며 저열한 상태에서, 완전하지는 않지만 더 아름답고 합리적이며 고결한 상태로 변화했다면, 그 과정을 기록한 역사가 훌륭하다고 할 수 있는 것이다. 그런 점에서 나는 한국현대사 55년이 자부심을 느껴도 좋을 역사라고 생각한다. 2014년의 대한민국은 결코 완벽하고 훌륭한 사회가 아니다. 수치심과 분노, 슬픔과 아픔을 느끼게 하는 일들이 여전히 벌어지고 있다. 하지만 1959년의 대한민국과 비교하면 거의 모든 면에서 다를 뿐만 아니라 훨씬 더 훌륭하다. 과연 어떤 점이 55년 전보다 훌륭한가? 무엇이 그 변화를 만들었는가? 어떤 면이 아직도 부끄럽고 앞으로 우리는 어떤 변화를 더 이룰 수 있을까? 나는 그 이야기를 하고 싶었다.

나는 이 책이 자신의 시대를 힘껏 달려온 동시대의 모든 사람에게 작은 위로가 되기를 기대한다. 아울러 기성세대가 만들어놓은 사회적 환경을 딛고 오늘과는 다른 내일을 만들어갈 청년들에게 의미 있는 조언이 되기를 기대한다. 참고문헌 목록을 책 뒤에 붙여뒀다. 그 모든 책의 저자들이 주신 도움과 가르침에 감사드린다. 흐름을 방해할 위험 때문에 본문에 담지 못했지만 그냥 버리기에는 아까운 정보들은 각주에 넣었다. 이 책에 등장하는 흥미로운 사건이나 책에 대해서 한 걸음 더 깊이 알고 싶은 독자들은 각주에 등장하는 책들을 참고해주시기를 부탁드린다.

이 책의 집필을 제안하고 작업을 격려해주신 돌베개 출판사의 한철희 대표와 소은주 님, 의미 있는 사진자료를 찾아준 김태권 님, 국회도서관 자료를 이용할 수 있도록 도움을 주신 송경화, 김유경, 안호근 님과 번거로운 잡무를 도맡아 처리해준 이관희 님에게 감사드린다.

2014년 6월
자유인의 서재에서
유시민

자유주의자의 역사체험

흐름 속에 있는 것은 사건만이 아니다. 역사가 자신도 그 속에 있다.
어떤 역사책을 집어들 때, 책 표지에 있는 저자의 이름을 살펴보는
것만으로는 충분하지 않다. 출간 일자나 집필 일자도 살펴보아야
한다. 그런 것이 때로 훨씬 많은 것을 누설한다.

– 에드워드 H. 카, 『역사란 무엇인가』

　나는 1959년 여름 경상북도 경주시의 낡은 기와집에서 세상을 만났다. 마당이 제법 넓었고 푸성귀를 키우는 텃밭도 있었다. 어머니는 나를 낳은 직후 정오 사이렌을 들었다. 그 시절에는 시계가 없는 사람을 위해 시청에서 열한 시 반과 정오에 사이렌을 울려줬다. 남편이 열차 기관사였던 이웃집 아주머니가 나를 받았고 어머니는 소박한 옷 한 벌로 감사표시를 했다. 눈을 뜨고 보니 누나 셋과 형이 있었고, 두 해 뒤 막내인 여동생이 생겼다.

　태어났을 때 키와 몸무게는 모른다. 혈액형은 초등학교에서 첫 신체검사를 받고 알았다. 국가혈액사업이 없을 때라 피를 사고팔던 시절이었으니, 수혈 환자나 피를 파는 이가 아니라면 굳이 혈액형을 알 필요도 없었다. 나는 잘 울지 않는 아기였다. 서른 살에 벌써 5남매를 뒀던 어머니는 울어도 듣지 못하는 곳에 있을 때가 많아 울어야 별 소용이 없었다. 배가 고프면 주먹을 빨았고 기저귀가 젖어도 참았으며 심심할 때는 손가락을 폈다 접으며 놀았다. 처음 몸을 뒤집고 배밀이를 하고 일어나 앉았을 때 지켜본 사람이 없었다. 어른들은 내가 해낸 일을 언제나 뒤늦게 발견하곤 했다. 물론 이 모든 기억은 내 것이 아니라 어머니한테 들은 것이다.

　나는 도시 프티부르주아 또는 소시민(小市民) 가정 출신이다. 사람은 환경의 영향을 받으면서 인격과 개성을 만들어나가니 이른바 '출신성분'에 대한 정보는 나름 의미가 있다. 역사교사였던 아버지는 틈날 때마다 걸출한 역사 인물 이야기를 들려주곤 했다. 이순신·김유신·궁예·항우·악비·장자방·제갈공명·나폴레옹 같은 사람들이었다. 걸출한 개인을 흠모하는 내 성향이 그래서 생겼는지도 모르겠다. 나는 스스로 계획을 세워 혼자 일하기를 좋아한다. 남이 시키는 대로 하기도 싫고, 남한테 무언가 시키는 것도 불편하다. 돈이나 권력보다는 지성과 지식을 가진 이를 우러러본다. 남을 부당하게 해치지 않는 한 무엇이든 내 마음대로 할 수 있어야 한다고 믿는다. 이러한 자유주의 성향은 소자산계급의 문화적 특성으로 알려져 있다.

출세하려면 성적이 좋아야 한다기에 열심히 시험공부를 했다. 그렇지만 대학에 가서는 전공 공부가 아닌 일에 빠졌다. 서클 독서토론을 열심히 했고 구로동 야학에서 또래 노동자들을 가르쳤으며 총학생회 간부가 되어 시위를 벌였다가 감옥 구경을 하기도 했다. 스물여섯 살 무렵부터 글 쓰는 일로 밥벌이를 했고 30대 중반 독일에서 경제학 공부를 몇 년 더 했다. 40대에는 칼럼니스트로 활동하다가 정치에 입문해 국회의원과 장관으로 잠시 공직사회를 경험했다. "대구·경북의 프티부르주아 출신 지식 엘리트로서 젊은 나이에 공직을 맡고 이름을 알렸다가 문필업으로 돌아온 자유주의자." 나는 나를 그렇게 본다.

개인사를 말한 것은 역사책을 읽는 독자는 저자가 어떤 사람인지 알아야 한다고 생각해서다. 대한민국은 여러 얼굴을 지닌 사회이며 내가 보고 겪고 서술한 것은 일부일 뿐이다. 다른 환경에서 다른 지향을 품고 다른 삶을 살면서 다른 경험을 한 사람이라면 크게 다른 시각으로 현대사를 서술할 것이다. 누가 쓴 어떤 역사도 유일하게 올바르거나 완전한 오류일 수는 없다. 이 책도 예외가 아니다.

나는 '전후 베이비부머' 세대에 속한다. 1959년 대한민국에서는 100만 명 정도가 태어났으며 79만여 명이 지금까지 살아 있다. 어린 시절 세상의 한 귀퉁이를 보았을 뿐이어서 몰랐던 일, 잘못 안 일, 이해하지 못했던 사건이 많았다. 오늘의 청년들은 그 시대를 역사책

───

이 책에서 언급한 인구통계는 모두 '국가통계포털(http://kosis.kr)'에 올라 있는 통계청의 데이터다. 지면을 절약하기 위해 특별한 경우가 아니면 인구통계의 출처를 따로 밝히지 않았다.

이나 영화, 방송 다큐멘터리로 만났을 것이다. 그렇지만 우리 모두는 한국현대사에 어떤 감정을 느낀다. 자부심·부끄러움·기쁨·분노·회한·원망·감사와 같은 서로 어울리기도 하고 부딪치기도 하는 감정이다. 2012년 12월 대통령선거에서 나는 그 감정의 종류와 색깔이 세대에 따라 뚜렷하게 다르다는 사실을 확인했다.

박근혜 후보는 열두 곳의 광역시도에서 1등을 해서 유효표의 과반을 얻었다. 하지만 이상하게도 그를 지지한 이들은 승리를 내놓고 즐기지 않았다. 대구·경북의 일부 도시 외에는 거리에 모여 환호성을 지르는 광경을 볼 수 없었다. 낙선한 문재인 후보를 응원했던 이들은 패배를 선선히 받아들이지 않았지만 온라인 공간에 탄식과 분노를 쏟는 것 말고는 별다른 행동을 하지 않았다. 그 선거는 '세대전쟁'이었다. 청년들은 압도적으로 문재인 후보에게 투표했고 유신시대에 유년기를 보낸 40대는 그를 조금 더 지지했다. 반면 박정희 시대에 유년기와 청년기를 보냈던 50대와 이승만 정부도 함께 겪었던 고령 유권자들은 압도적으로 박근혜 후보에게 표를 줬다.[**] 젊은 세대는 내키지 않지만 현실을 받아들였고 고령 유권자들은 젊은이들의 좌절감을 배려했던 것이라고 해석한다.

선거가 끝난 직후 서점가에 한국현대사 바람이 불었다. 나온 지 무척 오래된 『다시 쓰는 한국현대사』[***]가 살아났고 원래 인기가 있었던 『대한민국史』[****]는 날개를 달았다. 그 책들은 5·16과 유신체

[**]   박원호, 「세대론의 전환: 제18대 대통령 선거와 세대」, 박찬욱·김지윤·우정엽 엮음, 『한국유권자의 선택 2』, 아산정책연구원, 2013, 207~221쪽.

[***]   박세길, 『다시 쓰는 한국현대사 1~3』, 돌베개, 1988~1992. 이 책은 1980년대와 1990년대에 '민족해방민주주의혁명론'에 입각한 한국현대사 교양서로 널리 읽혔다.

[****] 한홍구, 『대한민국史 1~4』, 한겨레신문, 2003~2006. 이 책의 가장 큰 미덕은 시민이 잘 모르는 한국현대사의 중요한 사실을 일목요연하고 풍부하게 전해준다는 것이다.

제를 혹독하게 비판했고 박정희 시대를 자유와 인권과 민주주의와
정의를 말살한 어둠의 시간으로 서술했다. 그 시대를 찬양한 현대사
책은 팔리지 않았다. 인터넷서점의 매출 실적이 극히 빈약했고 독자
서평도 보기 어려웠다. 서점가의 분위기만 보면 유신정권 '퍼스트레
이디'의 대통령 당선은 일어나지 말았어야 할 '정치적 참사'였다.

　　하지만 그 선거의 결과가 불합리했다고 할 수는 없다. 다수결로
권력자를 뽑는 선거제도가 더 훌륭한 사람의 당선을 보장하지는 않
으며 선거로 집권한 인물이 모두 민주적이고 유능하다는 보장 역시
없다. 폭군·사기꾼·거짓말쟁이나 극도로 무능한 인물도 유권자의
마음을 사면 권력을 쥘 수 있다. 선거제도에 잘못이 있는 건 아니다.
민주주의 선거제도는 훌륭한 사람의 당선을 보장하기 때문이 아니
라 사악한 인물이 권력을 쥐어도 악을 마음대로 행할 수 없게 한다는
강점 덕분에 문명의 대세가 됐다. 이른바 '국정농단' 이후 한국에서
펼쳐진 상황은 그런 역설을 증명해 보였다.

　　2016년 가을부터 다음 해 봄까지 시민들은 주말마다 촛불집회
를 열어 대통령 탄핵을 요구했다. 집권당의 일부 국회의원이 야당과
함께 탄핵안을 의결해 대통령의 직무 수행을 중단시켰고 헌법재판
소는 파면 결정을 내렸으며, 법원은 구속영장을 발부하고 유죄선고
를 내렸다. 5파전으로 치른 2017년 5월 대선에서는 문재인 후보가 큰
격차로 이겼고 집권 민주당은 2018년 지방선거와 2020년 총선에서
연이어 압승을 거뒀다. 2012년 12월에는 상상조차 할 수 없었던 이
정치적 반전을 어떻게 설명할 수 있을까.

　　"이성적인 것은 현실적이며, 현실적인 것은 이성적이다."* "존

＊　　G. W. F. 헤겔, 『법철학』, 임석진 옮김, 한길사, 2008, 48쪽.

재하는 것을 개념에 따라 파악하는 것이 철학의 과제다. 존재하는 것
은 곧 이성이기 때문이다."** 철학자 헤겔의 난해한 이 견해를 통속
적으로 해석하면 이렇게 된다. '현실에서 벌어지는 일은 다 그럴 만
한 이유가 있으며, 그 이유를 말이 되게 설명하는 것이 지식인의 임
무다.' 겨우 4년 동안에 우리 국민은 박근혜 정부를 탄핵하고 행정부
와 입법부의 권력을 전면 교체했다. 이 반전을 '이성적'으로 설명하
려면 투표소에 가서 표를 던졌던 수천만 명의 행위에 어떤 동기가 있
었는지 살펴봐야 한다.

　　정치학자들은 정책과 공약을 중시한다. 국민과 나라에 좋은 정
책, 나에게 이익을 주는 공약을 내건 후보를 지지하는 게 합리적이라
고 조언한다. 논리적으로는 옳다. 그러나 현실의 인간은 이성과 더불
어 감정을 지니고 있다. 감정적 호불호(好不好)가 때로는 이성적 판단
과 합리적 손익계산을 압도한다. 나는 지난 두 번의 대통령선거가
'격렬한 감정 표출을 동반한 역사전쟁'이었고 2018년 지방선거와
2020년 국회의원 총선은 그 연장전이었다고 생각한다. 최근의 모든
선거에서 극단적으로 갈라졌던 세대별 투표성향은 한국현대사를 대
하는 감정의 차이와 관계가 있다. 젊은이들은 문재인 후보를 문화적
으로 더 친밀하게 여겼다. 박정희 대통령은 추앙하지도 않지만 격렬
하게 미워하지도 않으며 경제발전 공로가 있는 옛날의 독재자라고
생각할 뿐이다. 박근혜 후보와 보수정당에 표를 몰아준 고령 유권자
들이 독재를 지지했다고 할 수도 없다. 경제발전 공로를 인정한다고
해서 독재와 인권유린까지 옹호하는 건 아니기 때문이다.

　　고령 유권자들은 투표행위를 통해 자신의 삶과 시대를 인정받

**　　** 같은 책, 50쪽.

제18대 대통령선거:
2012년 12월 19일에 치러졌던 선거 당시
선관위에서 검표하던 투표용지.
대통령 후보의 면면은 유권자들의 다양한
가치관과 욕망을 그대로 표출한다.

으려 했다. 그들은 일제강점과 해방공간의 혼란, 참혹한 전쟁과 절대
빈곤의 고통을 견뎌냈다. 길었던 군사독재의 어둠을 뚫고 오늘에 이
르는 동안 산업화와 민주화를 이룸으로써 대한민국 사회를 바꿔놓
았다. 자식들을 먹이고 입히고 교육하는 일에 모든 것을 쏟고 빈손으
로 노후를 맞았다. 박근혜 후보와 보수정당에 표를 준 것이 그 삶과
시대를 인정받으려는 소망을 표현하는 적절한 방법은 아니었을 수
는 있다. 하지만 그들에게 달리 그 소망을 드러낼 방법이 있었던 것
도 아니다. 이것은 하나의 가설(假說)에 지나지 않지만 고령 유권자
들의 투표행위에 대한 '이성적' 설명이 될 수는 있으리라 믿는다.

  박근혜가 단지 '박정희의 딸'이어서, 문재인이 오로지 '노무현의
친구'여서 대통령이 됐다고 할 수는 없다. 그러나 '박정희의 딸'과 '노
무현의 친구'가 아니었다면 그들은 유력한 정당의 대통령 후보가 되
지 못했을지 모른다. 그런 점에서 2012년과 2017년의 대통령선거는
박정희 시대와 김대중·노무현 시대가 맞부딪친 역사의 전장(戰場)이
었다. 이 전쟁의 한 주체는 '산업화세력'이다. 5·16을 옹호하며 산업
화의 주역임을 자처하는 그들은 한국사회 모든 영역의 상층부를 장
악하고 결속해 있다. 거대 재벌, 대기업 경영자와 임원들, 법원·검
찰·군대·경찰 등 국가의 강제력을 관리하고 집행하는 권력기관의
고위인사들, 저마다 종편방송을 거느린 거대 신문 사주와 고위간부
들, 그 신문과 방송에 기고하고 출연하면서 명성을 얻는 지식인들,
개신교 대형교회 목사들 그리고 그 모두를 정치적으로 대표하는 보
수정당이다(1980년대 민주정의당에서 출발해 민주자유당, 신한국당, 한나라
당, 새누리당, 자유한국당, 미래통합당을 거쳐 2020년 여름 '국민의힘'으로 개명
한 이 정당은 머지않아 또 이름을 바꿀 가능성이 큰 만큼 그냥 '보수정당'이라고
하자).

'근대화세력', '산업화세력', '보수세력', '애국세력'을 자처하지만 '유신잔당', '5공 잔재', '특권세력', '냉전세력', '수구꼴통'이라고 비난 받는 이 세력은 정부 수립 이후 1997년까지 대한민국의 경제·사회· 정치적 권력을 모두 장악했지만 1998년 2월부터 2008년 2월까지 대 통령 자리 하나를 잃었고, 2017년 이후에는 청와대에 이어 의회권력 도 상실했다. 그들을 가리키는 여러 표현 중에 '산업화세력'을 선택 한 것은 가치판단이나 호불호의 감정이 가장 덜한 용어여서다.

역사전쟁의 또 다른 주체는 4·19를 옹호하고 5·16을 비판하며 민주화를 이룬 주역임을 자부하는 '민주화세력'이다. '민주세력', '양 심세력', '진보세력'을 자처하지만 반대 진영에서는 '빨갱이', '아마추 어', '좌경용공', '종북좌파'라고 하는 그들은 한국사회 모든 영역의 낮은 곳에 흩어져 있었다. 인권과 사회정의, 한반도 평화와 환경보호 를 실현하려고 애쓴 지식인, 전문가, 시민단체, 노동조합, 협동조합, 언론운동단체가 여기 포함된다. 그들은 주로 온라인에서 소통하며 가끔 오프라인에서도 대규모로 결집해 '광우병 쇠고기 수입 반대시 위', '국정원 선거개입 규탄 집회', '대통령 탄핵 촉구 촛불집회' 같은 대형 이벤트를 만들었지만 자신의 분야에서 권력을 장악하고 있지 않았다. 서로 지속적으로 연대하거나 이익을 주고받지 않으며 자기 네끼리 종종 다투기도 했다. 1987년 평화민주당으로 출발해 통합민 주당, 새정치국민회의, 열린우리당 등을 거쳐 더불어민주낭이 된 거 대 자유주의 정당이 그들을 정치적으로 대표한다. 2020년 민주화세 력은 대한민국 정부 수립 이후 처음으로 행정부와 입법부를 모두 장 악했다.

한국현대사는 두 세력의 분투와 경쟁의 기록이며, 때로 피가 강 물처럼 흘렀던 싸움은 아직 끝나지 않았다. 지금은 정치권력을 빼앗긴 산업화세력이 과거 민주화세력이 했던 것과 비슷한 방식으로 총력 공세를 펼치고 있다. 2019년에 나온 『반일 종족주의』*는 상당한 기간 동안 대형서점 베스트셀러 목록 꼭대기에 올랐고 몇몇 보수 유튜브 방송은 많은 구독자를 모았다. 박근혜 대통령 석방을 요구하는 태극기집회와 보수정당, 보수시민단체, 보수교회가 연합해 개최한 광화문집회는 엄연한 실체를 가진 '정치운동'이었다. 모든 운동은 조직적 동원과 자발적 참여의 혼합인 터, 그것을 '동원집회'라고 무시할 수는 없다. 보수언론은 그들의 말과 행동을 우호적이거나 중립적인 관점에서 보도한다. 요컨대 수세에 빠진 산업화세력은 전세를 뒤집기 위해 온오프라인에서 필사적인 담론투쟁과 대중투쟁을 전개하고 있는 것이다.

이 싸움이 끝나지 않는 이유는 국민이 두 세력 모두를 인정하기 때문이다. 서로 다른 시대와 가치를 대표하면서 적대적으로 대립하는 두 세력을 모두 인정하는 게 가능한 일인가? 그렇다. 산업화 시대와 민주화시대는 모두 우리의 과거다. 대한민국은 박정희 시대와 김대중·노무현 시대를 거쳐 오늘에 이르렀다. 둘 중 하나만을 긍정한다면 역사와 현실의 절반을 부정하는 셈이라 온전한 역사인식이라 하기 어렵다.

색깔과 모양이 크게 다른 두 시대가 국민의 내면에 뿌리를 내리고 있다는 사실은 역대 대통령에 대한 국민의 감정과 태도에서도 드러난다. 이승만·박정희·전두환·노태우·김영삼·이명박·박근혜 대통령을 산업화세력으로 묶자. 김영삼 대통령은 원래 민주화세력에 속했지만 산업화세력의 품에서 대통령직을 수행한 만큼 그쪽에 넣었

* 　이영훈 외, 『반일 종족주의』, 미래사, 2019.

다. 김대중·노무현·문재인 대통령을 민주화세력으로 보자. 2013년 가을 무렵 국민의 역대 대통령 선호도는 팽팽했다.* 40대 이하에서는 노무현과 김대중의 합이 압도적이었고 50대 이상에서는 박정희와 박근혜의 합이 훨씬 높았다. 지역·연령별 호감도 분포는 2012년 대통령선거에서 나타난 박근혜·문재인 후보 득표 분포나 2014년 6·4지방선거의 정당 득표 결과와 거의 비슷했다.

그런데 3년이 지난 2016년 말 조사에서는 결과가 크게 달랐다. 노무현 48% 김대중 12%로 두 대통령 선호도 합계가 60%였고, 박정희 26% 박근혜 2% 등 보수 대통령 선호도 합계는 40%에 미달했다. 이것은 일시적인 변화가 아니었다. 2019년 말 같은 조사의 김대중·노무현·문재인 선호도 합계는 53%, 박정희·김영삼·이명박·박근혜 등의 선호도 합계는 41%였다.** 산업화세력을 보수, 민주화세력을 진보라고 할 경우 보수가 완전 몰락하지는 않았지만 진보의 우세가 여러 해 이어진 것이다. 삶에 임하는 자세, 타인과 관계를 맺는 방식, 개인과 국가의 관계에 대한 견해 그리고 한국현대사에 대한 인식 등 모든 면에서 대한민국 국민은 대립하는 두 진영으로 나뉘어 있다.

보수와 진보의 다툼은 어느 곳에나 있다. 그런데 우리나라의 보수와 진보는 한 사회에 동시에 존재하기 어려울 정도로 차이가 크다.

---

* 여론조사 회사인 '리서치뷰'는 2013년 10월 휴대전화 여론조사에서 당시 현직이었던 박근혜 대통령과 4명의 전직 대통령을 조사대상에 올렸다. 국민이 가장 호감을 느끼는 대통령은 노무현 34.3%, 박정희 26.1%, 박근혜 18.5%, 김대중 15.4%, 이명박 1.7% 순이었다. 노무현·김대중을 합하면 49.7%였고 박정희·박근혜·이명박을 합하면 46.3%였다. 2014년 4월의 같은 조사에서는 노무현 31.5%, 박정희 23.2%, 박근혜 21.7%, 김대중 14.1%, 이명박 2.6% 순이었다. 두 진영으로 나누면 45.6%와 47.5%가 된다. 표본오차가 95% 신뢰 수준에 ±3.1%p였으니 두 조사의 결과는 모두 우열이 없는 50:50으로 해석하는 것이 합리적이다.
** 「전현직 대통령 호감도, 박정희 31% 1위」, 『이데일리』, 2020년 1월 3일자 보도의 시계열 데이터 참조.

국민성을 거론하거나 정치의 후진성을 개탄할 필요는 없다. 사회경제·정치·문화적 변화 속도가 너무나 빨랐던 탓에 생긴 현상일 뿐이다. 서유럽에서는 300여 년에 걸쳐 진행된 변화가 우리나라에서는 겨우 50년 만에 일어났고, 그래서 절충이 불가능해 보일 정도로 다른 가치관이 동시에 존재하면서 세대 대립 양상으로 표출되는 것이다. 지난 두 차례 대통령선거는 단순한 정당 사이의 권력다툼이 아니라 서로 다른 가치관과 인생관의 투쟁이었고, 서로 다른 문화 간의 갈등이었으며, 서로 다른 역사인식의 충돌이었다.

　현재는 과거의 산물이며 미래는 현재의 연장이다. 그런 점에서 미래는 내일 오는 게 아니라 우리 내면에 이미 들어와 있다. 내가 이 책에서 독자들과 나누고 싶은 것은 우리 안에 있는 과거와 현재, 미래에 대한 감정이다. 기성세대 독자에게 묻는다. 지나온 자신의 삶과 한국현대사를 생각할 때 어떤 느낌이 듭니까? 그 느낌 그대로 다음 세대에 물려줘도 좋겠다고 생각합니까? 어떤 것이 문제였고 무엇이 달랐더라면 더 좋았겠습니까? 젊은 독자에게 묻는다. 그대는 부모세대의 삶과 그들이 만든 역사를 생각할 때 어떤 감정을 느낍니까? 화가 납니까? 자랑스러운가요? 기성세대가 어떻게 해주기를 바라며 스스로는 무엇을 해야 한다고 생각합니까?

　나는 부끄러움과 분노, 긍지와 설렘, 희망과 불안을 함께 느낀다. 대한민국은 '흥하면서 아름다운 나라'다. 우리 현대사가 영광과 승리의 역사라는 주장과 불의와 오욕의 역사라는 주장은 절반씩만 옳다. 모든 사회의 역사에는 빛과 어둠이 있다. 인간 자체가 둘 모두를 가진 존재일진대, 역사가 어찌 그렇지 않겠는가. 드높이 들어야 할 빛이 있고 그 빛으로 인해 사라져갈 어둠이 있기에, 나라의 역사도 우리의 인생도 의미를 가질 수 있는 것 아니겠는가.

거듭 말하지만, 역사는 주관적인 기록이다. 누가 쓴 어떤 역사도 과거를 "원래 그러했던 그대로"* 보여주지 않는다. '현재'는 가상의 개념일 뿐이다. 현재의 모든 사실은 즉각 과거로 들어간다. 흐르는 시간에 실려온 모든 사실은 과거라는 거대한 수용소에서 망각과 소멸의 운명을 기다린다. 어떤 역사가의 손길이 닿은 사실만이 그 운명의 집행을 잠시 유예받은 '역사적 사실'이 된다. 사실에게는 선택할 권리가 없다. 선택은 역사가의 몫이다. 그래서 한 시대에 대해 100명의 역사가는 100가지의 서로 다른 역사를 쓸 수 있으며, 한 시대에 대해 한 사람이 상이한 역사를 쓸 수도 있다.

역사적 사실은 진리를 이야기하지 않는다. 사실은 스스로 말하지 못하며 역사가가 허락할 때만 말을 한다. 역사가는 제멋대로 사실을 만들거나 바꿀 수 없지만 사실에 얽매이지도 않는다. 사실과 역사가는 평등한 관계에서 서로를 필요로 한다. 자신만의 사실을 갖지 않은 역사가는 뿌리 없는 풀과 같고 자신의 역사가가 없는 사실은 죽은 것이다. 역사는 역사가와 사실들의 지속적인 상호작용이다.** 대학에서 역사학을 공부하고 학위를 받은 전문 역사연구자가 쓴 민족사

---

*   "원래 그러했던 그대로(wie es eigentlich gewesen war)"라는 말은 근대 서구 역사학의 아버지로 일컬어지는 독일 역사학자 랑케(Leopold von Ranke, 1795~1886)의 것이다. 랑케는 1824년에 출간한 『라틴 및 게르만 제 민족의 역사 1494~1514』의 서문에 "과거를 판단하거나 윤택한 미래를 위해 교훈을 제공해주는 것이 아니라 단지 과거를 원래 그러했던 그대로 보여주려고 한다"라고 썼다. 랑케의 실증주의 역사철학은 19세기 후반과 20세기 초반 유럽의 역사학계를 지배했다. 일제강점기 총독부의 조선사 왜곡에 협력했던 진단학회의 역사가들도 랑케의 영향을 받았다. 우리나라에서는 보통 "실제 있었던 그대로"라고 번역하지만 "원래 그러했던 그대로"가 더 적절하다고 본다.

**   에드워드 H. 카, 『역사란 무엇인가』, 김택현 옮김, 까치글방, 1997, 47~50쪽. 살아 있는 역사철학의 고전으로 일컬어지는 이 책에서 카는 20세기 초반 유럽 역사학계를 지배한 실증주의 역사철학을 허물고 그 자리에 개인과 사회, 과학과 도덕, 역사학과 철학을 통합한 대안적 역사관을 세웠다.

에서부터 평범한 시민의 소박한 자서전까지 다 그렇다. 역사는 어떤
사실을 선택해서 어떤 관계를 맺어주느냐에 따라 달라진다.

　　대립하는 역사인식의 배후에는 대립하는 이해관계뿐 아니라 서
로 다른 경험과 인생관이 놓여 있다. 사람은 다른 사람과 어울려 살
면서 끊임없이 자신과 타인을 비교한다. 어떤 사람은 좋아하고 존경
하며, 어떤 사람은 싫어하고 경멸한다. 하지만 일상생활에서는 되도
록 그런 감정을 드러내지 않으려고 한다. 훌륭하다고 여겨 존경심을
표현하는 것은 괜찮지만 싫어하고 경멸하는 감정을 노출하는 건 현
명하지 않다. 사람은 대체로 비판보다 칭찬을 좋아하니까. "당신, 가
치관에 문제가 있어. 인생 잘못 사는 거야!" 이런 말을 듣고 기분이
좋을 사람은 없다. 그런데 같은 말도 역사를 가지고 하면 부담이 덜
하다. "역사를 잘못 아시는군요!" 하지만 이런 말도 단순히 과거 사
실에 대한 인식과 견해에 대한 비판이 아니라 그 사람의 철학과 인격
에 대한 비난이 될 수 있다. 그래서 '뉴라이트'의 한국사 교과서나
『반일 종족주의』를 둘러싼 논쟁이 '친일파', '극우', '좌파', '종북'이라
며 서로를 손가락질하는 감정·정치적 공방으로 번진 것이다.

1

1959년과 2020년의 대한민국

우리를 압살하고 지나가는 근대화와 자본의 맹목적이고 무서운
속도를 일시 정지시키고 '이것이 과연 인간다운 것인가' 물었던 것,
그것이 1980년에서 내가 가져온 작은 불꽃이다. 나는 이 불꽃으로
우리의 삶 전체를 그러나 아주 작은 것들 하나하나를 비춰보려 한다.
1980년대 내내 나는 얼마간 비관주의자였다. 그러나 이제야말로
나는 고통스러운 자기응시를 통해 작지만 단단한 희망을 말하고 싶다.
"30년에 300년을 산 사람은 어떻게 자기 자신일 수 있을까?"는 나의
고통스러운 자기응시에 붙여진 이름이다.
— 김진경, 『30년에 300년을 산 사람은 어떻게 자기 자신일 수
있을까』

59년 돼지띠

1959년의 대한민국에서는 사람이 사람답게 살지 못했다. 광복 14년, 정부 수립 11년, 한국전쟁의 포화가 멈춘 지는 겨우 6년밖에 안 됐으니 그럴 수밖에 없었다. 일제강점, 해방공간의 혼란, 한국전쟁의 비극은 IMF 경제위기나 전직 대통령의 죽음, 국정농단 사건 같은 것과는 차원이 달랐다. 아물지 않은 상처에는 여전히 피가 흘렀고 국민은 세 끼 밥조차 해결하지 못했다.

절대빈곤과 전쟁의 참화에 숨이 넘어가던 대한민국은 국제사회의 군사·경제적 지원으로 겨우 목숨을 건졌다. 미국은 대한민국의 출생과 성장을 도운 '양아버지'였다. 우리는 미군정의 감독과 보호를 받으면서 정부를 세웠고 북한의 침공을 받아 사경을 헤매다가 미국의 지원 덕분에 살아났으며 미국의 후견과 지원 아래 산업화를 이뤘다. 대가를 지불하지 않았던 것은 아니다. 60년 넘게 수도 서울 한복판을 미군에 내줬고 아무 원한도 없는 베트남에 대규모 전투부대를 보냈으며 최소한의 명분조차 없는 이라크전쟁 파병 요구를 거절하지 못했다. 좋은 양아버지였든 아니든, 미국이 양아버지였다는 것을 부정하기는 어렵다.

한국전쟁은 우리 민족의 내전인 동시에 냉전시대의 개막을 알린 국제전이었다. 조선민주주의인민공화국은 1950년 6월 25일, 대한민국을 전격 침략했다. 미국이 참전하지 않을 것이라 오판한 가운데 마오쩌둥의 동의를 얻고 스탈린의 지원을 받아 전쟁을 시작한 김일성은 한 달 안에 일을 끝낼 심산이었다.[*] 그러나 낙동강 전선에서 국군이 적의 총공세를 막아내는 동안 유엔군이 인천에 상륙해 인민군을 북쪽 국경까지 밀어냈다. 중국인민지원군이 압록강을 넘어 들어오면서 교착상태에 빠졌던 전쟁은 1953년 7월 유엔군과 조선인민군, 중국인민지원군 총사령관들이 정전협정에 서명함으로써 일단 멈췄다.

일시적이고 불완전해도 평화는 전쟁보다 좋다. 포연이 멈추자 사람들은 생기는 대로 아기를 낳았다. 100만여 명의 '59년 돼지띠'는 1차 베이비붐의 끝자락에 태어나 현대사의 격랑을 헤치며 저마다의 인생 스토리를 썼다. 나는 출생신고도 하기 전에 질병으로 죽는 불운을 피했다. 살면서 산업재해나 교통사고를 당하지도 않았다. 교육의 중요성을 아는 부모님 덕에 공부를 했고, 나름의 신념에 따라 소신껏 살다가 동갑내기 중 첫 번째로 대한민국의 국무위원이 됐다. 참여정부 첫 내각의 행정자치부장관이었던 김두관은 호적상 동갑이지만 실제로는 한 살이 많아서 늘 형님으로 대했다. 나는 특별히 운 좋은 '59년 돼지띠 남자'였다.

'국민가수' 이문세, 〈59년 왕십리〉를 불렀던 김흥국, 농구 스타 박찬숙, 김영삼 대통령의 차남 김현철, 전두환 씨의 장남 전재국, 국회의원 심상정 등이 나와 동갑이다. '반공소년' 이승복도 동갑인데 그는 겨우 열 살에 세상을 떠났다. 그가 정말로 "나는 공산당이 싫어요"라고 외쳤다가 입을 찢기고 살해당했는지에 대해서는 지금까지도 복잡한 논란이 있다. 하지만 1968년 가을 울진·삼척 일대에 침투한 북한 특수전 요원들이 이승복의 가족을 포함해 적지 않은 양민을 살상한 것만큼은 분명한 사실로 알려져 있다. 이승복을 생각하면 예나 지금이나 가슴이 참 많이 아프다. 고난과 시련이 있지만 설렘과

---

* 박명림, 『한국전쟁의 발발과 기원 I』, 나남출판, 1996, 133~175쪽. 박명림은 기밀이 해제된 소련, 중국, 북한 등의 외교문서와 국가기록을 검토한 끝에 이런 결론을 내렸다. 나는 이 결론이 타당한 근거를 가졌으며 사실상 모든 대한민국 국민이 같은 판단을 하고 있다고 본다.

환희도 함께 있는 삶의 기회를 그렇게 처참하게 빼앗겼다는 사실이
애통하다.

오늘의 대한민국은 그때와 다르다. 우리의 일상과 삶의 양식은
거의 모든 면에서 양(量)의 변화를 넘어 질적(質的) 전환을 이뤘다.
모든 것이 다 좋게 바뀌었다고 할 수는 없지만 전체적으로 좋아졌음
은 다툴 여지가 없다. 역사는 기본적으로 동학(動學, dynamics)이어서
변화의 원인을 파악하려면 시간의 흐름을 따라 그 양상과 과정을 살
펴야 한다. 하지만 지면상 한계가 있으니 여기서는 정학(靜學, statics)
을 활용하자. 1959년과 2020년 대한민국의 단면을 잘라 무엇이 얼
마나 달라졌는지 비교하고 어떤 힘이 어떤 방식으로 작용해 그런 변
화를 만들었는지 추론해보는 것이다. 경제학자들이 쓰는 비교정학
(比較靜學, comparative statics)인데, 역사 서술에도 적용하지 못할 이유
는 없다고 본다.

고르게 가난했던 독재국가

1959년 대한민국 인구는 약 2,400만 명이었다. 1950년대 후반
에는 해마다 100만여 명씩 아기가 태어나 자연증가율이 3%가 넘었
다. 그러나 미성년자가 많고 여성들이 가정에 머물렀기 때문에 경제
활동 인구는 겨우 760만 명, 경제활동 참가율은 30%밖에 되지 않았
다. 공식 실업률은 7%, 실업자 수는 50만 명 정도였지만 실제로는 일
자리라고 할 만한 게 그리 많지 않았다. 취업자의 63%가 농업과 어
업에, 8.7%가 광업과 제조업에, 2.5%가 건설업에 종사했고 공무원과
공공기관 임직원을 포함한 공공서비스와 민간서비스업 종사자는

1974년, 대한민국:
경사진 곳에 무허가로 빽빽이 들어선
판잣집들은 당시 한국사회의 모습을
보여주는 한 단면이다.

28.3%에 불과했다.˙ 국민 3분의 2가 농어민과 그 가족이었던 셈이다.

국민은 너나없이 가난했다. 1959년 국내총생산(GDP)은 19억 달러, 1인당 GDP는 81달러로 인도·파키스탄·방글라데시·우간다·토고 등과 함께 국가 순위 밑바닥에 있었다.˙˙ 필리핀·태국·터키는 한국의 두 배가 넘었고 유럽 선진국들은 1,000달러, 미국은 2,000달러를 웃돌았다. 대한민국은 GDP의 10%인 2억 달러 규모의 원조를 받았고 전쟁고아들을 돌보지 못해 유럽과 미국으로 내보냈다. 나라마다 물가수준이 다르고 비공식 거래와 자급자족 경제활동을 반영하지 않기 때문에 1인당 명목 GDP가 물질적 생활수준을 정확하게 담아내지는 못한다. 하지만 대한민국이 세계 최빈국이었다는 것은 분명한 사실이다.

주택은 대부분 초가집이나 판잣집이었고 조금 넉넉한 사람들이 기와집에 살았으며 양옥은 드물었고 아파트는 전국 어디에도 없었다. 조선 후기부터 망가지기 시작했던 숲은 일제강점과 한국전쟁으로 치명상을 입었고, 국민 대다수가 숯이나 나무를 때서 물을 끓이고 밥을 짓고 방을 데운 탓에 산에는 나무가 없었다. 전기는 일부 도시에만 들어왔고 상수도와 하수도 역시 미비했다. 도시와 농촌 가릴 것 없이 화장실은 거의 다 '푸세식'이어서 남자들이 똥통을 매단 나무막대를 어깨에 메고 변소를 푸러 다녔으며, 1970년대에 들어서야 긴 플라스틱 호스를 장착하고 도시의 골목을 누비는 '똥차'가 등장했다.

˙　정부의 산업별 취업자 공식 통계는 1963년부터 시작된다. 1963년 취업자 756만 명 중 농림어업이 476만 명, 광공업이 66만 명, 건설업을 포함한 사회간접자본 및 기타 서비스업이 214만 명이었다. 아직 산업화가 시작되기 전이었던 만큼 산업별 취업자 점유비에 별 차이가 없을 것으로 판단해 1959년 수치를 추정했다.

˙˙　한국은행 국민계정의 1969년 이전 연간지표는 1975년 기준이다. 기준 연도가 다르면 수치가 달라지게 된다. 그래서 논문이나 책에 1인당 GDP를 비롯한 거시지표가 조금씩 다르게 나오기도 한다.

아이 어른 가릴 것 없이 대다수 국민이 기생충을 안고 살았다.* 아이
들 머리에 이가 들끓고 항문에 회충과 요충이 수시로 출몰했으니 보
통 문제가 아니었다.

한글조차 깨치지 못한 사람이 무려 450만 명이었는데, 국한문
을 혼용한 신문과 책을 읽지 못하는 사람을 합치면 실제 문맹자는 더
많았다. 배우지 못한 게 한이었던 부모들은 밥을 굶으면서도 아이들
을 학교에 보냈고, 한국전쟁이 한창이던 때도 교사들은 개천가 자갈
밭에 천막을 치고 피난민 자녀들을 가르쳤다. 1959년 전국의 학생
수는 450만 명이었는데 초등학교는 남녀 성비가 균형을 이뤘지만
중학교부터는 현저하게 차이가 났다. 1970년대에는 누나가 공장에
다니면서 남동생을 공부시키는 경우가 흔했는데, 1959년에는 아직
누나들이 다닐 공장조차 없었고 '입을 하나라도 덜기 위해' 어린 여
자아이를 남의 집에 월급도 없는 '식모'로 보내는 게 다반사였다. 내
가 대학에 들어갔던 1978년, 서울대 사회계열 신입생이 530명이었
는데 여학생은 딱 한 명이었고 공과대학도 비슷했다. 여자가 남자보
다 타고난 능력이 부족해서 그랬던 것은 물론 아니다.

100만 명의 59년 돼지띠 중에서 약 88만 명이 열아홉 살이 될
때까지 살아남았다. 그러나 1978학년도 대입 본고사 응시 자격을 얻
으려고 예비고사를 본 사람은 32만 명에 지나지 않았는데, 그중 7만
여 명만 4년제 대학교에 들어갔고 7만여 명 정도가 전문대학에 진학
했다. 제때 고등교육을 받지 못한 이들은 초등학교, 중학교, 고등학
교를 마치거나 중퇴하고 산업전선(産業戰線)으로 나갔다. 배움에 대

---

* 채종일, 『한국형 기생충관리』, 한국국제보건의료재단, 2011, 41쪽. 1971년 첫 실태조사에서
국민의 84.3%가 회충, 편충, 십이지장충 등의 장내 기생충을 지니고 있었다. 1959년에는 감염률
이 그보다 더 높았을 것으로 추정된다.

한 열정을 버리지 않은 이들은 낮에 열 시간 넘게 미싱을 타거나 납땜과 용접을 했고, 밤에 산업체 부설 학교에 다니며 검정고시를 치고 방송대학과 야간대학에서 공부했다.

대학을 마쳐도 반듯한 일자리를 찾기 어려운 현실을 두고 청년들을 위로하면서 예전에는 그렇지 않았다고 주장하는 사람이 많지만 그것은 일종의 착시(錯視)일 뿐이다. 전문대학을 포함한 고등교육 진학률이 15%도 되지 않았던 시대에는 대학 졸업장만으로도 급여와 근로조건이 괜찮은 관리직·전문직·사무직 일자리를 얻을 수 있었다. 대학을 가지 못한 85%에게 허락된 것은 보수가 적고 고되며 위험한 일자리뿐이었다. 그때와 달리 고교 졸업생의 70%가 대학에 가는 지금은 대학졸업장이 괜찮은 일자리를 보장해주지 않는다. 우리 역사에서 모든 청년에게 '제대로 된 일자리(decent job)'가 주어진 적은 한 번도 없다.

그때 대한민국은 거대한 '난민촌'이었다. 38선 이남 지역에 정부가 들어섰지만 국민은 북에서 온 경우도 많았다. 북한 정권의 탄압과 핍박을 피해서, 공산주의가 싫어서, 자유가 좋아서, 또는 미군의 폭격이 무서워서 남으로 온 사람들이었다. 38선 이북의 조선민주주의인민공화국은 달랐다. 공산주의 또는 사회주의가 좋아서 올라간 극소수를 제외하면 모든 인민이 원래 그 지역 거주자였다. 지배자가 대한제국의 고종황제에서 일제강점기 조선총독을 거쳐 광복 이후 '위대한 수령님'으로 바뀌었을 뿐 그들은 한 번도 주권자다운 주권자가 된 적이 없다.

토지와 생산수단을 국유화하고 강력한 중앙집권을 실시하는 사회주의는 전체주의로 흐를 위험을 처음부터 안고 있었다. 게다가 사회주의혁명은 개인주의와 민주주의 문화 전통이 거의 없었던 나라에서 일어났다. 결국 소련은 스탈린, 중국은 마오쩌둥, 북한은 김일성 개인숭배체제로 굳어졌다. 김일성 주석은 항일투쟁 경력, 공산당당원 자격, 소련 점령군의 후견, 대중적 명성, 연대조직의 지지, 육체적 활력 등 여러 면에서 우세했기 때문에 권력을 장악했는데,[*] 명목은 공화국의 주석이지만 실제로는 왕이나 다름없었다. 그는 한국전쟁이 끝나기 전부터 남로당 출신 박헌영을 비롯한 정치적 경쟁자들을 무자비하게 숙청했으며 교조주의를 청산한다고 하면서 또 다른 교조인 주체사상을 국가이데올로기로 세웠다. 북한은 하나의 이념아래 국민 전체를 일사불란하게 조직한 '병영국가(兵營國家)'가 됐고지금까지도 달라지지 않았다. 극단적 관념론 철학인 주체사상을 국가이념으로 내세우고 생물학적 유전자를 따라 권력을 대물림하는나라가 사회주의를 표방한다는 사실을 마르크스가 안다면 무덤에서크게 화낼 것이다.

북한은 '미제 식민지 남조선의 해방'을 외치면서 전쟁을 일으켰지만 대한민국은 자기를 지키는 데 급급했다. 이승만 대통령은 '북진통일', '멸공통일'을 외쳤지만 실제로는 그럴 의지도 능력도 없었다. 일제 잔재를 청산하지 않았고 헌법이 명시한 민주주의를 실현하지않았으며 국민을 가난에서 구해내는 사업에도 관심이 없었다. 국부(國父)를 자처한 무능하고 이기적인 독재자가 통치하는 동안 국민의삶은 불안하고 비참했다.

내가 세상에 오고 며칠 지나지 않았던 1959년 7월 31일, 이승만대통령이 정적(政敵)을 법살(法殺)했다. 청년 시절 열혈 공산주의자로서 투옥과 고문을 당하면서도 끝까지 반일투쟁과 노동운동을 했

---

[*] 양성철, 『분단의 정치』, 한울, 1987, 136쪽. 이 책 제6장은 사실적 근거 위에서 균형 있는 시각으로 김일성의 권력 장악과 신격화 과정을 서술했다.

던 조봉암은 광복 후 조선공산당과 결별하고 정치에 투신해 헌법기초위원으로서 제헌헌법을 만드는 데 기여했으며 대한민국 정부의 첫 농림부장관이 됐다. 처음으로 직선제를 실시한 1952년 제2대 대통령선거에서 80만 표를 얻어 2위를 했고, 1956년 제3대 대통령선거에서 별세한 민주당 신익희 후보를 대신해 '유엔 보장 아래 민주적 방식에 의한 평화통일 성취'를 1호 공약으로 내걸고 이승만 후보와 맞대결을 벌여 온갖 부정선거에도 굴하지 않고 유효표의 25%가 넘는 216만 표를 얻었다.

조봉암은 1954년 3월 발표한 「우리의 당면과업」이라는 글에서 군사적 무력통일과 더불어 선거방식에 의한 정치적 통일도 검토해야 하며, 어떤 경우든 공산주의를 이기려면 민주진영이 단결해야 한다고 주장했다.^{**} 허황하기 짝이 없는 '북진통일론'을 비판하고 '평화통일론'을 에둘러 주장한 죄로 교수형을 당한 그는 사형집행 임석검사에게 이렇게 말했다. "나는 공산당도 아니고 간첩도 아니오. 그저 이승만과의 선거에 져서 정치적 이유로 죽는 것이오. 나는 이렇게 사라지지만 앞으로 이런 비극은 없어야 할 것이오."^{***} 1959년의 대한민국은, 말 그대로 목숨을 걸지 않고는 권력의 불의에 대항하거나 헌법이 보장한 기본권을 행사할 수 없는 나라였다. 신체의 자유, 사상과 표현의 자유, 공정한 재판을 받을 권리는 말뿐이었다. 대통령과 정부를 찬양할 자유만 있었고 비판할 자유는 없었다. 정부의 정책을 추종할 권리는 있었지만 대안을 제시할 권리는 없었다.

정부는 자연재해에서 국민을 보호하지도 못했다. 1959년 9월 11일 불어닥친 태풍 사라는 초속 85m의 바람을 몰고 영남 지역을 타격했

** 　조봉암, 『우리의 당면과업』, 범우, 2009, 39~43쪽.
*** 　이원규, 『조봉암 평전』, 한길사, 2013, 48쪽.

다. 사망·실종 849명, 부상 2,533명, 이재민 약 40만 명, 선박 파손
9,329척, 유실 경작지 2,000km², 재산 피해액 약 1,700억 원이라는
대재앙을 안겨준 태풍의 진로와 위력을 정부는 미리 파악하지 못했
다. 트랜지스터라디오조차 흔치 않았던 시절이라 정보가 있어도 신
속하게 전파하기 어려웠을 것이다. 전기가 끊긴 그날, 어머니는 백일
된 나를 안고 집이 바람에 우는 소리를 들으며 밤을 새웠다.

　대한민국은 사람이 떠나는 나라였다. 오늘날 지구촌 180여 나
라에 750만 명의 재외동포가 산다. 2019년 기준으로 중국 246만 명,
북아메리카 280만 명, 일본 83만 명, 유럽 69만 명, 남아시아 59만
명, 라틴아메리카와 중동이 각각 10만 명과 2만 5,000명, 아프리카
도 1만 명이 넘는다. 165만 명 정도는 단기 체류자와 유학생, 100만
명은 영주권자, 480만 명은 그 나라 국적을 취득했다. 조선 사람은
19세기 후반 중국·러시아·하와이 등으로 나가기 시작했는데, 옛 소
련 지역 국가와 중국·일본 교민들 중에는 광복 이전 이민자의 후손
이 많다. 정부 수립 이후에는 미국이 아시아계를 받아들이기 시작한
1965년부터 대규모 이민 행렬이 생겼다. 해외 이민은 1986년 3만
7,000여 명으로 정점을 찍고 감소세로 돌아섰으며, 2019년에는
4,647명에 지나지 않았다.

　이주는 자연스러운 경제지리학적 현상이다. 물이 높은 곳에서
낮은 데로 흐르듯, 사람은 살기 힘든 곳에서 좋은 곳으로 옮겨간다.
그들은 대한민국에서 사람답게 살기 어려워서 말도 통하지 않는 외
국으로 갔다. 자신의 뜻과 상관없이 이주한 이들도 적지 않았다. 광
복 이후 2012년까지 대한민국은 17만 명 가까운 아이들을 해외에 입

　　외교통상부, 「2019재외동포현황」, 「해외이주신고자현황(2017~2019)」 참조.

양했다. 국내입양(1,388명)이 해외입양(1,264명)을 초과한 것은 2007년이 처음이었다. 2018년 해외입양은 303명이었는데, 국내입양이 거의 이뤄지지 않는 장애아동이 다수 포함되어 있었다.**

　해외이민이 감소세로 돌아선 시점부터 이민자의 국내 유입이 증가했다. 1990년대 초 한중수교가 이뤄지자 중국 동포의 고국방문이 시작됐고, 산업기술연수생제도를 통해 동남아시아 노동자들이 들어왔으며, 농촌 남성들이 베트남이나 중국 여성과 혼인하면서 무시하기 어려울 규모의 결혼이민자 집단이 출현했다. 2020년 현재 250만 명의 외국인이 대한민국에 머무르고 있는데, 장기체류자와 미성년 자녀를 포함한 외국인 거주자가 200만 명이 넘는다. 그들이 한국에 사는 이유는 우리 국민이 외국에 사는 이유와 크게 다르지 않다. 유학(12만 명), 연수(6만 5,000명), 취업과 각종 비즈니스(70만 명)가 주요 체류 목적인데, 재외동포 방문(17만 명)과 방문동거(12만 명)는 경제활동과 관련 있는 경우가 많다. 여기에 결혼이민자가 16만 명, 북한을 탈출해서 온 '새터민'도 3만 명이 넘었다.*** 한국인의 해외 이주가 급감하고 외국인의 한국 이주가 급증한 것은 우리나라가 살기 좋은 곳으로 바뀌었기 때문이다.

고르지 않게 풍요로운 민주국가

먹는 것, 입는 법, 사는 곳, 여가를 보내는 방식을 포함해 우리의

**　보건복지부, 「2019보건복지통계연보」 참조.
*** 　법무부, 「2019 출입국 외국인 정책통계연보」; 행정안전부, 「2018년 지방자치단체 외국인 주민 현황」 참조.

삶은 60여 년 사이에 혁명적으로 바뀌었다. 대한민국은 풍요롭고 화려하며 자유롭고 민주적인 나라가 됐다. 2020년 말 인구는 5,183만 명 정도로 추정한다. 연간 신생아 수는 지난 10여 년 동안 40만 명 안팎을 유지하다가 최근 급격히 감소해 2019년에는 30만 명을 겨우 넘겼다. 사망자 수는 2019년 30만 명에 조금 못 미쳤지만 빠르게 증가하는 추세여서 2020년은 정부 수립 이후 처음으로 인구가 자연 감소한 해가 될 전망이다.

1959년 1인당 GDP는 81달러였지만 2019년 1인당 국민총소득 (GNI)은 3만 2,115달러가 됐다.* 대한민국 기업은 2018년 6,049억 달러, 미국과 중국의 무역 분쟁과 일본의 수출규제 강화 등 악재가 터진 2019년에는 5,424억 달러의 재화와 서비스를 수출했다. 반도체·기계·자동차·석유화학·철강·디스플레이·선박·무선통신기기·섬유·컴퓨터·가전 등이 주요 품목이었다. 같은 기간 수입은 각각 5,352억 달러와 5,032억 달러였는데 원유를 비롯한 에너지와 원자재가 절반이 넘었고 기계와 부품, 밀과 육류 등의 농축산물과 옷, 술, 승용차, 골프채 같은 기호품도 적지 않은 비중을 차지했으며 여행과 관련한 해외 지출도 큰 폭의 증가세를 보였다.** 일부 광물자원 이외에는 수출할 것이 아예 없었던 나라가 열 손가락 안에 드는 무역대국으로 올라섰으니 기적이라고 해도 지나치지 않다.

2020년 2월 기준 경제활동 인구는 2,799만 명, 취업자는 2,684만 명이었다. 60년 동안 인구가 두 배로 늘고 고용율도 두 배가 되어 취업자 수는 네 배로 불어났다. 미성년자 비중이 줄고 여성 경제활동

---

*   한국은행, 「2019년 국민계정」 참조. 1959년 1인당 국내총생산은 1975년 기준 통계이며, 2019년 1인당 국민총소득은 새로운 통계작성방법을 사용한 2015년 기준에 따른 것이다.
**   산업통상자원부, 「2019년도 수출입 동향」 참조.

인구가 증가한 데 따른 현상이다. 실업자는 115만 명, 실업률은 4.1%였지만 취업자 분류기준이 매우 느슨하다는 사실을 고려하면 실제 실업자는 더 많을 것이다. 취업자 가운데 농림어업은 4.5%, 광업과 제조업은 16.7%, 건설업은 7.3%에 지나지 않으며 70%가 서비스업에 종사한다. 서비스업을 뜯어보면 도소매와 음식, 숙박업이 21.8%였다. 사업서비스·개인서비스·공공서비스 등 종사자가 35%를 넘겼는데 여기에는 전기, 가스, 상하수도, 폐기물 처리, 원료재생, 환경복원 사업과 부동산업 및 임대업, 과학 및 기술 서비스업, 사업시설관리 및 사업지원 서비스업, 공공행정·국방 및 사회보장 행정·교육 서비스업, 보건업 및 사회복지 서비스업, 예술·스포츠 및 여가 관련 서비스업, 협회 및 단체, 수리 및 기타 개인 서비스업, 국제 및 외국기관 종사자 등이 모두 포함된다. 전기·운수·통신·금융업은 12% 정도였다.•••

상전벽해(桑田碧海)가 된 주거환경의 변화는 눈으로 볼 수 있다. 초가집은 특별한 보호를 받는 구경거리가 됐고 절반 넘는 국민이 아파트에 살며 난방과 취사는 가스와 전기, 석유로 해결한다. 택지개발이나 골프장 건설, 공장과 창고 건축, 산불 외에는 숲을 해칠 일이 드물어지면서 전국의 산에 나무가 빽빽이 들어섰다. 상수도와 하수도를 제대로 설치하지 않은 곳이 거의 없으며 생활하수를 빗물과 분리해 처리하고 정화하는 시설이 전국에 깔렸다. 환경보호 관련법에 묶여서 개발할 수 없는 곳이 아니면 화장실은 다 수세식이다. 소득이 없는 사람에게는 국가가 최저생계비를 지원하고 학교급식은 국가와

••• 고용동향과 산업별 취업자 통계는 국가통계포털(KOSIS)의 「경제활동인구조사」에서 가져왔다. 2020년 2월 통계를 사용한 것은 코로나19 사태가 노동시장에 준 충격이 반영되지 않은 마지막 시점의 통계여서다.

지방자치단체가 비용을 낸다. 소아마비는 물론 콜레라나 말라리아 같은 악성 감염병과 기생충도 거의 자취를 감췄다. 대도시는 지하철과 버스 노선이 거미줄처럼 촘촘하며 아무리 먼 곳도 철도와 고속도로를 이용해 반나절이면 갈 수 있다. 어린아이부터 노인까지 스마트폰으로 날씨 정보를 실시간으로 확인할 수 있어서 사라보다 더 강력한 태풍이 불어도 사망·실종자가 많이 나오지 않는다. 나라 안팎에서 벌어진 중요한 사건은 대통령이 보고를 받는 바로 그 시간에 평범한 시민도 알 수 있다.

배움의 기회를 완전히 놓친 일부 고령층을 제외하면 문맹자가 거의 없고 부모들이 자녀 교육에 무제한 투자하는 문화로 인해 거대한 사교육산업이 생겼으며 외국 유학은 그리 특별한 일이 아니게 됐다. 딸이라는 이유로 교육시키지 않는 경우는 드물며, 존재를 감추고 살아야 했던 중증장애인이 전동휠체어를 타고 활동보조인의 도움을 받으며 세상으로 나왔고, 성소수자도 부당한 차별과 공개적으로 싸우고 있다.

대한민국이 모두에게 살기 좋은 나라는 아니다. 고르게 가난했던 독재국가 대한민국은 풍요롭지만 고르지 않은 민주국가로 변신했다. 산업화 시대의 부익부 빈익빈 현상이 1997년 IMF 경제위기 이후 밀어닥친 신자유주의 세계화의 흐름을 타고 사회경제적 양극화의 구조로 자리 잡았다. 소득 격차가 크게 벌어지고 중산층이 줄어들었으며, 한번 빈곤에 빠지면 헤어나기 어려워졌다. 정리해고를 허용하고 사내하청과 파견 등 비정규직 제도를 합법화한 탓에 좋은 일자리가 늘어나지 않았으며 괜찮은 직장을 가진 사람도 마음을 놓지 못한다. 삶의 모든 영역에서 경쟁이 심해졌고 부모의 학력과 소득수준이 자녀에게 이어지는 경향이 뚜렷해졌다. 수출기업과 내수기업, 대

2020년, 대한민국:
아파트는 현재 대한민국에서 흔히 볼 수
있는 주거지인 동시에 아파트값의 급상승,
전세 대란 등에서 비롯되는 양극화 문제를
상징적으로 드러낸다.

기업과 중소기업의 격차가 커진 가운데 대자본의 중소협력업체 수
탈과 계열사 간 부당거래, 대형 유통자본의 골목상권 장악 현상이 횡
행한다.

　정치도 다른 분야 못지않게 달라졌다. 북한 편이라는 의심을 받
을 만한 내용을 제외하면 자신의 생각을 말하는 데 특별한 어려움이
없다. 술자리에서 대통령 험담을 하는 건 평범한 일상이다. 실명인증
을 하고 접속한 포털 게시판에 현직 대통령을 쥐·닭·재앙·공산당이
라고 비하하는 댓글을 달아도 큰일이 생기지 않는다. 정부나 국가정
책을 세게 비판한 사람을 검찰이 이현령비현령(耳懸鈴鼻懸鈴) 구속하
고 기소하는 일도 드물어졌고, 수사기관이 그렇게 하는 경우에도 법
원이 구속영장을 기각하고 무죄를 선고한다. 국가의 힘이 여전히 강
하지만 시민이 국가권력을 상대로 싸울 수 있게 된 것이다. 고문으로
증거를 조작해 죄를 덮어씌우는 독재 시대의 습성도 더는 용납되지
않는다. 수사기관이 증인을 회유 협박하거나 증거를 조작해 사건을
만들어내는 행태가 아직 남아 있지만 고위공직자범죄수사처가 출범
하면 그마저 사라질 것이다. 20세기의 신생국가 중에 대한민국처럼
제국주의 수탈과 전쟁이 남긴 폐허를 딛고 거대한 현대적 산업과 정
치적 민주주의를 세우는 데 성공한 나라는 없다.

　크게 변하지 않은 것도 있다. 휴전선의 존재와 분단 상황 그리
고 그에 대한 국민의 생각과 태도다. 1953년 맺은 정전협정은 그대
로여서 한반도는 여전히 전쟁행위를 잠정 중단한 상태에 있다. 남북
의 이념·군사적 대결 상황을 끝내려는 노력을 하지 않았던 것은 아
니다. 남북 당국자들은 1972년 「7·4남북공동성명」, 1991년 「남북기
본합의서」, 2000년 「6·15공동선언」, 2007년 「10·4공동선언」에서
평화공존과 교류협력에 합의했다. 그러나 2008년 이후 우리 정부는

남북협력사업을 중단했고 북한 정부는 핵무기와 대륙간탄도미사일 개발에 열을 올렸으며 기존의 모든 합의는 효력을 잃었다. 이명박 정부의 금강산과 개성관광 중단, 천안함사건, 북한의 연평도 포격, 박근혜 정부의 개성공단 폐쇄, 북한의 연이은 핵실험과 미사일실험, 미국과 유엔의 대북제재 강화, 반북단체들의 북한체제 비난 전단 날리기……. 2017년 말까지 남북관계는 최악으로 치달았지만 2018년 평창 동계올림픽을 계기로 대화 분위기가 생겼다. 남북정상과 북미정상이 여러 차례 만나고 합의문을 발표함으로써 전쟁의 공포는 가라앉았음에도 북한핵과 미사일의 폐기와 체제안전보장, 종전선언과 평화협정 체결, 북미관계 정상화 등 한반도 평화 정착의 필수과제는 아직 완수하지 못했다.

대한민국은 이제 '난민촌'이 아니지만 국민은 '난민촌 정서'를 지니고 있다. 북한이 호전적 병영국가로 남아 있는 한 그 정서는 사라지지 않을 것이다. 전쟁을 몸소 겪은 고령층이 내면에 쌓았던 이 정서는 문화유전자에 담겨 전후세대에 상속됐다. 북한을 대할 때 우리는 대체로 이성을 따르기보다는 감정에 휘둘린다. 한국전쟁에 대한 원한, 박정희 대통령을 죽이려고 했던 1968년 1·21사태와 1983년 아웅산 테러를 비롯해 정전협정 발효 이후 지금까지 북한이 저질렀던 적대적 군사행동의 상처와 기억이 있다. 다른 한편에는 북한 동포들이 굶고 병들어 죽어간다는 뉴스를 볼 때 느끼는 안타까움과 3대 권력세습에 대한 혐오감도 있다. 어찌 이런 감정이 생기지 않겠는가. 하지만 대한민국이라고 해서 결백한 것은 아니다. 우리도 북한에 비슷한 일을 했다. 국민이 그 사실을 잘 모를 뿐이다.

욕망의 우선순위

무엇이 대한민국에 역사의 지층을 가로지른 것 같은 변화를 일으켰는가. 흔히 국민의 위대함이나 지도자의 리더십이라고 답하지만 전적으로 공감하기는 어렵다. 우리가 남달리 위대한 국민이라는 증거가 있는가? 정말 위대한 국민이라면 나라를 빼앗기고 동족상잔의 내전을 벌이고 남의 원조를 받으며 살았을 리 없다. 권력자들이 특별히 대단했다고 주장할 근거 역시 희박하다. 이승만부터 문재인까지 저마다 좋아하는 대통령과 싫어하는 대통령이 있을 뿐, 위대하다고 해도 좋을 정도로 사회적 합의를 이룬 대통령은 아직 없다.

나는 한국현대사를 만든 힘이 대중의 욕망(慾望, desire)이었다고 생각한다. 욕망이라는 단어가 주는 부정적인 느낌 때문인지 사람들은 욕구(慾求)라는 말을 선호하지만 어느 것을 쓰든 상관없다. '대한민국의 기적과 같은 변화'를 이뤄낸 동력은 대중이 개별·집단적으로 분출한 욕망이었다. 사람은 충족되지 않은 욕망을 안고 산다. 욕망은 행동을 일으키고 행동은 사회를 바꾼다. 만약 모든 욕망을 다 채워서 어떤 결핍도 느끼지 않는다면 더는 행동할 필요가 없을 것이다. 하지만 사람은 새로운 욕망을 끝없이 만들어내는 능력이 있기 때문에 그런 상태에 이르지 않는다.

심리학자 에이브러햄 매슬로(Abraham Harold Maslow, 1908~1970)는 인간의 욕망을 다섯 범주(範疇, category)로 나눴다.* 첫째, '생리적 욕망'. 사람은 숨을 쉬고 물을 마시고 밥을 먹고 잠을 자야 한다. 짝을 찾아 성적인 욕망을 채우려 한다. 이것은 모든 동물이 지닌 욕망이어

---

* 에이브러햄 매슬로, 『동기와 성격』, 오혜경 옮김, 21세기북스, 2009, 83~96쪽.

서 종종 앞에 '동물적'이라는 수식어를 붙인다. 생리적 욕망은 원초적이며 강력해서, 때로 다른 욕망을 압도하고 이성을 무너뜨려 갖가지 흉악한 행동을 유발하기도 한다.

둘째, '안전에 대한 욕망'. 사람은 두려움, 불안, 혼돈을 싫어한다. 사회적 동물인 인간은 질서와 법과 사회제도를 만들어 이 욕망을 충족했다. 군대, 경찰, 헌법, 사회보험, 권력의 분립과 상호견제를 포함하는 민주주의 정치제도가 그 산물이다.

셋째, '소속감과 사랑에 대한 욕망'. 사람은 고립과 소외를 싫어한다. 혼자서는 행복해질 수 없기에 타인과 원만하고 평화로운 관계를 맺으려 한다. 배우자와 가족만으로는 충분하지 않아서 계모임, 동창회, 향우회, 동호회를 만든다. 가장 전투적이고 강력한 귀속감을 부여하는 공동체는 국가다. 사람들로 하여금 똑같은 옷을 입고 광장에 나가 똑같은 리듬에 맞춰 춤추면서 월드컵 축구 응원전을 벌이게 하고, 포탄이 날아다니는 전쟁터에 자원해서 나가도록 만드는 힘이 바로 여기서 나온다.

넷째, '자기 존중의 욕망'. 사람은 남한테 존경받고 자신을 긍정적으로 인식할 때 기쁨과 만족을 얻는다. 그래서 힘, 성취감, 자유, 독립성을 추구한다. 무시당하거나 멸시받을 때는 분노, 서러움, 수치심을 느낀다. 남에게 인정받으려면 눈에 보이는 업적을 내야 한다. 많은 재산, 높은 지위, 고귀한 헌신, 뛰어난 학식과 같은 것이다.

다섯째, '자아실현의 욕망'. 이것은 본성에 충실하고 잠재성을 실현함으로써 인간성의 정점에 오르려는, 겉으로 드러나는 모든 것을 넘어서는 최고의 내면·철학적 욕망이다. 이 욕망을 충족하려면 원하는 인생을 스스로 설계하고, 그 인생을 자신이 옳다고 믿는 방식으로 살아야 한다. 자아실현 욕망의 충족 여부는 오직 그 사람 자신

2002년 월드컵 응원 모습:
국가는 사람이 가장 강력한 귀속감을 느끼는
공동체다.

만 판단할 수 있다.

인간의 행동은 욕망을 충족하려는 합목적적 활동이다. 만약 충족하고자 하는 욕망에 일정한 우선순위가 있다면 사람의 행동을 어느 정도 예측할 수 있을 것이다. 욕망에 위계(位階, hierarchy)가 있다고 한 매슬로의 가설은 개인의 행동뿐만 아니라 역사를 이해하는 데도 도움이 된다. 사회를 변화시키는 것은 결국 사람의 개별적이고 집단적인 행동이기 때문이다.

사람은 물질의 유혹에 끌린다. 헐벗고 배고플수록 더욱 그렇다. 기본적인 생리적 욕구를 해결하려면 돈이 있어야 한다. 그래서 자존심을 굽히고 법을 어기거나 남을 해치면서까지 돈을 벌려고 한다. 사랑·존중·연대·자아실현과 같은 욕구는 그다음 문제다. "쌀독에서 인심 난다"거나 "의식이 족해야 예절을 안다"는 옛말은 틀리지 않았다. 굶어 죽기 직전인 사람에게 '존중과 존경', '자아실현'과 같은 것은 정신적 유희에 지나지 않는다. 고대 그리스와 중국에서 훌륭한 삶에 대한 철학적 사유를 남긴 사람은 직접 생산활동에 종사하지 않아도 되는 귀족과 지식인이었다. 사회적 평등과 인간의 존엄성, 천부적 인권, 자유, 평등, 연대와 같은 관념은 산업혁명으로 일찍이 없었던 부(富)를 축적한 서유럽에서 먼저 나타났다. 민주주의는 경제가 발전해 중산층이 두텁게 형성된 곳일수록 성공적으로 자리 잡았다. 경제적으로 풍요로운 나라일수록 사람들은 삶의 의미를 찾고 자아를 실현하는 데 도움이 되는 철학서를 많이 쓰고 읽는다.

인간 수정란의 모습은 다른 동물의 수정란과 별 차이가 없다. 막 착상한 태아의 모습은 올챙이와 비슷하다. 자궁 밖으로 나오기 전까지 아기는 양수에 잠긴 채 탯줄로 영양분을 공급받으며 허파로는 숨을 쉬지 않는다. 인간 생명 하나가 만들어지는 '개체발생'은 호모사피엔스라는 종이 생겨나기까지 지구 행성에서 수십 억 년에 걸쳐 진행된 생물학적 진화의 '계통발생' 전체를 압축·반복한다. 국가의 진화도 그와 비슷하다. 3·1운동과 상해임시정부 수립부터 오늘까지 한국현대사 100년은 1만 년에 걸친 국가의 진화과정 전체를 압축·반복했다.

1959년 국민의 가장 강력한 욕망은 먹고사는 문제, 북한의 위협과 사회 내부의 혼란에서 자신과 가족의 안전을 지키는 것이었다. 당시 사람들은 이 욕망을 충족할 수만 있다면 어떤 사람이나 집단에게도 복종할 뜻이 있었다. 4·19에서 5·16까지 1년을 제외하면, 우리 국민은 정부 수립 이후 1987년까지 40년 동안 권력에 굴종하며 살았다. 이승만 정부는 '멸공통일'을, 박정희 정부와 전두환 정부는 그와 더불어 '경제발전'이라는 목표를 내걸고 힘으로 대중을 억눌렀다. 격렬하게 저항한 사람도 있었지만 대다수는 자유와 인권에 대한 억압을 기꺼이 받아들이거나 어쩔 수 없이 굴복했다. 1인당 국민소득이 3,000달러에 근접해 생존에 필요한 물질적 자원을 어느 정도 확보한 다음에야 대중은 분명한 태도로 자유와 민주주의, 사회정의와 인권을 요구하기 시작했다.

우리 국민은 1987년 6월 민주항쟁으로 민주화의 첫 걸음을 내디뎠고, 10년이 지난 1997년 선거를 통한 정권교체를 이뤄 민주화세력을 대표한 김대중·노무현 정부를 세웠으며 2007년에는 역(逆)정권교체로 산업화세력의 재집권을 허락했다. 이명박·박근혜 정부는 표현의 자유를 억압하고 언론을 장악했으며 국가인권위원회를 유명무실한 기관으로 만드는 등 민주주의 제도와 문화를 퇴행시켰지만 민주화세력이 추진한 사회정책만큼은 뒤로 돌리지 못했다. 국가에 대한 대중의 요구가 복지로 무게중심을 옮겼기 때문이다. 안보국가에서 출발해 발전국가와 민주국가를 거쳐 복지국가로 나아간 것은 인류 문명사의 보편적 '계통발생'이다. 국가의 진화는 '욕망의 위계'를 반영한다. 호모사피엔스가 문명이 생긴 후 생물학적으로 진화했다는 증거는 없다. 1만 년 전이나 지금이나 사람은 동일한 욕망을 품고 산다. 인간은 먼저 '생리적 욕망'을 충족하고 그다음에 고차원적인 욕망의 실현을 추구하며 인간 공동체인 국가도 '생리적 욕망'의 충족을 도모하는 데서 출발해 안전·자유·존엄이라는 높은 차원의 욕망을 향해 나아간다.

욕망의 위계 가설은 개인의 심리와 행위동기를 설명하는 이론적 도구인 만큼 사회와 국가에 그대로 적용하기는 어렵다. 매슬로도 인정했듯 욕망의 위계는 '경직된' 것이 아니다. 사람에 따라 욕망의 위계가 다를 수 있고 스스로 자신의 욕구를 명확하게 인지하지 못하기도 하며 하나의 특정한 욕구가 하나의 특정한 행동을 유발하는 것도 아니다. 질서정연하게 분업과 협업을 하는 사회성 동물은 숱하게 많지만, 호모사피엔스는 다른 동물과 달리 목적의식을 품고 자기 자신과 사회질서를 바꿔간다. 우리는 우리가 어디에서 왔으며 무엇으로 만들어졌는지 탐구한다. 생각과 마음이 어떻게 작동하는지 연구하며 삶에 어떤 의미를 부여할지 고민한다. 본능과 욕망을 없애거나 넘어서지는 못하지만 거기에 얽매인 노예는 아니다. 자신의 욕망을 객관적으로 인지하며 본능의 독재를 뿌리칠 수 있다.

사람의 욕망은 완전히 충족되는 법이 없다. 이미 천문학적 규모의 재산을 가진 대기업 총수가 혹독한 사회적 비난을 받고 감옥에 갈

*   국가의 진화에 관심이 있는 독자에게는 졸저, 『국가란 무엇인가』, 돌베개, 2011·2017을 참고하시기를 권한다.
**   에이브러햄 매슬로, 앞의 책, 102~108쪽.

위험을 무릅쓰면서까지 회사 돈을 횡령해 비자금을 만든다. 1조 원이 넘는 재산으로도 충족하지 못한다면 물질에 대한 욕망은 무한하다고 하는 게 맞다. 먹고 마시고 좋은 곳에서 잠을 자려는 욕망을 다 충족한 후에야 더 차원 높은 욕망이 행동의 동기가 될 수 있다면 사람은 죽을 때까지 생리적 욕망의 지배를 벗어나지 못할 것이다. 그러나 현실의 인간은 그렇지 않다. 흙먼지 날리는 거리에서 김밥을 팔아 모은 재산을 대학에 기부하는 할머니는 생리적 욕구나 안전에 대한 욕구를 다 충족했기 때문에 그러는 것이 아니다. 「근로기준법」 준수를 요구하면서 자기 몸에 불을 붙였던 청년 노동자 전태일도 그렇다. 목숨을 걸고 농장을 탈출해 도시로 달아났던 19세기 중반 미국의 흑인 노예도 마찬가지였다. 그들을 사로잡았던 욕망은 사회적 존경·자기 존중·존엄·정의·자유 같은 것이었다. 인간의 여러 욕망 사이에 엄격한 위계는 없다. 사람에 따라, 시대에 따라, 환경에 따라 달라지는 상대적 우선순위가 있을 뿐이다. 이렇게 느슨하게 해석하면 욕망의 위계 가설은 역사를 이해하고 해석하는 데 도움이 된다.

그라운드 제로에서 욕망이 질주할 때

욕망 하나로 한국현대사를 모두 설명할 수 있는 것은 물론 아니다. 20세기에 새로 생긴 나라는 많으며, 어느 나라에 살든 사람의 욕망은 다 비슷하다. 그런데 왜 모든 신생국에서 대한민국과 비슷한 변화가 일어나지 않았을까? 환경과 능력의 차이 때문일 것이다. 대한민국에는 '욕망이라는 이름의 전차'가 거침없이 질주할 수 있는 사회 정치적 환경이 조성됐으며, 국민은 어느 나라보다 신속하게 개별·

집단적으로 욕망을 충족하는 방법을 터득했다.

대한민국은 경제·사회·정치적 폐허에서 출발했다. 일제의 수탈에 시달린 끝에 민족과 국토가 분단됐으며 정부 수립 직후 전쟁이 터졌다. 포연이 휩쓸고 지나간 대한민국에는 도덕·정치적 권위와 경제적 힘을 가진 지배층이 존재하지 않았다. 중세 지배층이었던 조선의 왕가와 양반계급은 망국(亡國)과 함께 무너졌고, 3·1운동의 힘을 받아 중국 상하이에 임시정부를 세운 독립투사들은 왕조 복원이 아니라 새로운 민주공화국 수립을 선포했다.* 조선의 지배층은 일제의 억압에 굴복하거나 협력함으로써 도덕적 권위를 상실했다. 수많은 민족 지사가 중국과 러시아로 건너가 조국 광복을 위해 목숨을 걸고 싸웠지만 안타깝게도 자신의 힘만으로 광복을 이루지는 못했다. 일제강점기에 재산을 모은 기업인들은 해방공간의 혼란과 한국전쟁으로 기반을 잃었고, 지주계급도 이승만 정부의 토지개혁으로 사라졌다.

우리 국민은 민주주의가 무엇인지 배우지도 겪지도 못한 상태에서 공화국의 주권자가 됐다. 해방공간의 권력이 미군정이었기 때문에 유럽과 미국의 헌법을 복사한 것이나 다름없는 제헌헌법을 채택하는 데 어려움이 없었다. 민주공화국은 사유재산제도와 법치주의의 토대 위에서 개인의 인권과 자유, 창의성과 경쟁을 북돋우는 체제이며 정부와 의회 지도자를 선출하고 입법·사법·행정 권력을 분

---

* 　1919년 4월 11일 대한민국임시정부가 선포한 「임시헌장」 제1조는 "대한민국은 민주공화제로 한다", 제3조는 "대한민국 인민은 남녀, 귀천 및 빈부의 계급이 없고 일체 평등하다"였다. 우리 민족사에서 처음으로 민주공화국을 선포한 것이다. 우리 헌법이 임시정부의 법통 계승을 천명한 역사적 근거가 바로 이것이었다. 이렇게 보면 대한민국 건국일은 1919년 4월 11일, 정부 수립일은 1948년 8월 15일이 된다. 8월 15일을 '건국절'이라고 하는 '뉴라이트' 역사학자들의 주장은 곧 임시정부의 역사적 의미를 부정하는 것이다.

산해 서로 견제하게 함으로써 국가가 시민의 자유와 기본권을 침해하지 못하게 하는 분권적 정치 시스템이다.

민주주의는 개인주의를 바탕으로 삼는다. 타인의 자유와 권리를 부당하게 침해하지 않는 한 욕망을 추구할 자유를 무제한 인정한다. 그런 헌법을 채택했다고 해서 실제로 그런 나라가 된 것은 아니지만 국민 누구나 국가에 대해 자유와 기본권 보장을 요구할 수 있는 법적 토대가 만들어졌다는 게 중요하다. 제도는 사회에서 통용되는 지배적 사고방식의 산물이지만, 외부에서 어떤 제도가 '이식(移植)'되는 경우에는 거꾸로 제도가 그에 맞는 사고방식을 만들어내기도 한다. 광복 이후 세대는 초등학교 교과서에서 민주주의의 원리를 배웠다. 4·19를 일으킨 주역이 고등학생들이었다는 것은 결코 우연이 아니다. 우리는 민주주의를 쟁취하려고 혁명을 한 적이 없었다. 봉건왕정을 지키려고 막아선 왕과 귀족의 목을 자르지도 않았다. 제헌헌법은 민주주의 정치제도를 갖춘 나라들이 지구촌의 주도권을 움켜쥔 20세기 문명사가 우리에게 준 선물이었다.

자연이 진공을 허락하지 않는 것처럼 사회는 권력의 공백을 허용하지 않는다. '왕후장상의 씨가 따로 없는' 신천지 대한민국의 권력은 냉전시대가 올 것임을 일찌감치 예견한 '빈손의 망명객' 이승만 박사가 차지했다. 미군정과 이승만 정부에 줄을 대어 일본인이 두고 떠난 직산(敵産)을 불하받은 사람들이 신흥자본가로 등장했으며, 자발적으로 또는 어쩔 수 없이 일제에 협력하며 살았던 군인·경찰·판검사·교사·공무원이 권력기관과 행정조직을 장악했다. 친일반민족행위자를 처단함으로써 민족사의 정통성을 세우려 했던 국회 반민특위는 친일파의 역습을 받고 해산당했다. 헌법이 현실을 지배하지 못하는 가운데 민주주의와 법치주의가 있어야 할 자리를 독재와 반칙과 부정부패가 점령해버렸다. 대한민국의 첫걸음은 남루했다.

　자유와 존엄에 대한 열망은 1960년 4·19로 터져나왔지만 오래 가지 못했다. 5·16으로 권력을 잡은 군사정부는 물질에 대한 욕망 충족을 부추김으로써 권력을 유지하는 개발독재체제를 구축했다. 박정희 시대 대한민국의 지도이념은 '반공'과 '잘살아보세'였고 국가 목표는 '수출 100억 달러'와 '1인당 국민소득 1,000달러' 달성이었다. 전국이 공사장 먼지와 굴뚝 연기로 뒤덮였고 걸신(乞神)들린 부동산 투기 열풍이 온 나라를 달궜다. 거대한 소비재산업과 중화학공업이 출현했고 '욕망이라는 이름의 전차'가 '그라운드 제로' 대한민국을 질주했으며, 박정희 대통령은 그 탁류 위에서 위험천만한 래프팅을 했다.

　4·19는 자유에 대한 갈망의 단순한 표출이 아니라 국민의 기본 적 욕구 충족을 위해 최소한의 노력도 하지 않았던 이승만 정부에 대한 전면적 심판이었다. 박정희 대통령이 20년 가까운 세월 동안 권력을 유지할 수 있었던 것은 대중의 욕구를 포착하고 화답했기 때문이다. 그러나 자유·인권·정의·존엄·평화·민주주의에 대한 갈망은 사라지지 않았다. 1980년 봄 잠시 모습을 드러냈던 그 욕망은 1987년 6월 화산처럼 터져나왔다. 최초의 평화적 정권교체와 민주화세력의 집권, 산업화세력의 재집권, 박근혜 대통령 탄핵과 세 번째 정권교체로 이어진 6월 민주항쟁 이후의 정치사는 두 갈래 욕망의 질기고 강한 생명력을 거듭 확인해줬다.

　우리가 개별·집단적인 욕망 충족 방법을 신속하게 터득한 데는 뚜렷한 문화적 배경이 있다. 한국 국민은 세계에서 제일 가난했지만 강력한 역사·문화적 정체성과 통일성을 지니고 있었다. 삼국통일 이후 1,500여 년 동안 한반도에는 하나의 국가만 있었다. 고려로 넘어가는 과도기에 후삼국시대라는 내전 시기가 있었지만 길지 않았고, 조선을 세울 때는 태조 이성계가 궁정쿠데타로 집권했기에 내전이 벌어지지 않았다. 한국전쟁은 후삼국시대 이후 1,000년 만에 처음 겪은 내전이었다. 고려시대 말 원의 침략, 조선시대 임진왜란과 병자호란 등 전국을 덮친 전쟁은 모두 외부에서 왔다. 우리 민족은 이민족이 침략했을 때 싸우지 않고 굴복한 적이 없으며, 외세를 몰아낼 기회가 왔는데 궐기하지 않은 때도 없었다. 수억의 중국 민중이 침묵하고 있을 때 일본제국주의를 상대로 3·1운동이라는 민중항쟁을 벌였다. 세계 역사를 다 보아도 우리 민족처럼 격렬하고 끈질기게 외부 침략자에 대항한 민족이 그리 많지는 않았다.

우리는 또한 전통적으로 지식을 중시하고 지식인을 우대했다. 고려시대에 국가교육기관인 성균관을 세우고 고위공무원 공채제도를 도입했으며 무신정권시대를 제외하면 언제나 지식인 집단이 국가를 운영했다. 독자적인 언어와 문자도 가지고 있다. 특히 한글은 쉽게 익힐 수 있는 과학적인 문자다. 우리는 물리적 힘과 물질적 자본이 아니라 지식과 기술이 부와 권력의 원천이 되는 새로운 시대가 이미 와 있었던 1960년대 중반 산업화를 시작했다. 소비재 경공업으로 시작해 금속·철강·자동차·조선·화학 등 전통적 중화학공업을 거쳐 전자·반도체·정보통신 등 첨단산업까지 나아간 과정에서 교육을 중시하는 문화적 전통은 큰 역할을 했다.

상이한 종교·문화·전통이 병존하는 사회는 국민의 힘을 하나로 모으기 어렵다. 대한민국 국민은 역사·문화·생물학적으로 매우 균질한 집단이었고 긴 세월 중앙집권 정치체제를 경험했다. 임진왜란 의병투쟁, 일제침략기의 국채보상운동, IMF 경제위기 때의 금모으기운동은 우연히 일어난 게 아니었다. 공동의 목표를 성취하기 위

해 물질적 자원을 동원하고 정신적 에너지를 결집하는 집단적 능력
은 통계에 잡히지 않는 자산이다. 대한민국의 변화는 기적이 아니었
다. 일어날 법한 일이 일어났을 뿐이다.

2

4·19와 5·16

사고하는 역사가는 엄밀하게 말하면 과거의 문제를 풀고 있는
것이 아니라 오늘 우리를 짓누르고 있는 문제와 씨름하고 있는
것이다. 그리고 가장 긴급하게 해결을 요하는 문제들 가운데 하나는
바로 우리의 역사성에 관한 것이다. 말하자면 우리는 책임감 있게
행동할 수 있기 위해서 우리의 역사를 회피하지 않으면서 동시에
그것으로부터 우리를 분리해야만 하는 긴장관계를 견뎌내야만 한다.
– 한스 위르겐 괴르츠, 『역사학이란 무엇인가』

국토와 국가와 민족의 분단

나는 두 살에 4·19를, 세 살에 5·16을 만났다. 4·19 때는 걸음마도 떼지 못했고 5·16 때는 겨우 한두 마디 말을 하는 정도였으니 직접 겪은 건 아니다. 두 사건이 내 인생에 개입하지 않았다면 크게 신경 쓰지 않았을 것이다. 그런데 4·19와 5·16은 나를 내버려두지 않았다. 오랜 세월 씨름하고 나서야 나는 그 둘을 외모와 성격과 취향이 완전히 다른 이란성 쌍둥이로 인정하게 됐다. 어머니는 이승만 대통령 시대, 아버지는 대중의 욕망이었다.

기독교 구약에 형이 동생을 살해한 이야기가 나온다. 야훼는 혈육을 해친 카인에게 살인자의 낙인을 찍었다. 대한민국에서는 동생이 형을 땅에 묻었고 역사는 5·16에 군사쿠데타(군사정변)라는 낙인을 찍었다. 그런데 4·19는 아벨과 달리 흙더미를 헤치고 다시 세상에 나왔다. 1960년 이후 우리의 역사는 난민촌에서 태어난 쌍둥이 형제가 벌인 분투와 경쟁의 기록이라 할 수 있다. 왜 자매가 아니라 형제냐고 따지진 말았으면 좋겠다. 자매보다는 형제가 죽기 살기로 싸우는 경우가 더 흔하지 않은가.

어떤 사람들은 4·19보다는 5·16을 좋아한다. 다른 사람들은 4·19를 좋아하고 5·16을 미워한다. 둘 다 좋다고 하는 경우도 있다. 나는 개인적으로 4·19를 좋아하고 5·16은 싫어한다. 하지만 5·16이 결코 일어나지 말아야 했다거나 오로지 나쁜 결과만 남긴 사건이었다고 여기지는 않는다. 모두 일어날 법한 일이었다고 본다. 내가 4·19를 좋아하는 것은 4·19를 만들어낸 욕망과 4·19가 만든 변화를 5·16을 일으킨 욕망과 5·16이 만든 변화보다 훌륭하다고 생각해서다.

"모든 민주주의는 자기 수준에 맞는 정부를 가진다." 자유롭고

민주적인 국가의 정부는 주권자인 국민의 수준을 반영한다는 뜻이
다. 나는 젊었을 때 프랑스 정치가 알렉시스 드 토크빌(Alexis de
Toqueville, 1805~1859)에게 저작권이 있다는 이 말의 역(逆)도 성립한
다고 생각했다. 표현의 자유를 탄압하고 언론을 통제해 여론을 조작
하며 정부를 찬양하는 교과서로 아이들을 세뇌하고 공포를 조장해
대중을 길들이는 독재체제에서는 정부가 국민의 수준을 반영하지
않는다. 우리 국민은 훨씬 더 훌륭한 정부를 가질 자격이 있으니 독
재를 무너뜨리고 민주화를 이루면 우리도 미국이나 서유럽처럼 수
준 높은 정부를 세울 수 있다고 믿었다.

돌이켜보면 공부와 경험이 부족한 청년의 희망사항이었을 뿐이
다. 토크빌의 말은 민주주의 국가에만 적용할 수 있는 게 아니다. 만
약 어떤 사회가 독재자의 발밑에 놓여 있다면 그 체제는 누구의 수준
을 반영하는가? 독재자의 수준과 국민의 수준 모두를 반영한다. 훌
륭한 정부를 선출하는 능력뿐만 아니라 민주주의 그 자체를 쟁취할
능력도 국민의 수준에 넣어야 마땅하다. 지금 나는 이승만 정부와 박
정희 정부, 심지어는 전두환 정부도 국민의 수준을 반영한 정부였다
고 생각한다. 그때 대한민국 국민은 민주주의를 세우고 누릴 만한 의
지와 능력이 없었다. 국민이 대통령을 선출하는 직선제를 되찾은
1987년 이후 등장한 7명의 대통령과 그들이 이끈 정부가 우리 수준
에 맞는 정부였다는 것은 다툴 여지조차 없다.

내 인생에서 이승만이 대통령이었던 기간은 겨우 아홉 달이지
만 나는 오랜 세월 그가 만든 나라에서 살았다. 대한민국은 정말 많
은 것이 달라졌지만 친미주의와 반공주의가 강력한 힘을 행사하는
분단국가라는 사실만큼은 바뀌지 않았다. 나는 조선과 중국을 오가
면서 무장투쟁을 벌였던 김구, 안중근, 이봉창 같은 분들을 숭앙하며

미국 망명객이었던 이승만 박사가 조국 광복에 기여한 바는 별로 없다고 생각한다. 게다가 그는 기회만 생기면 파벌을 만들고 권력을 사유화했으며 12년 장기집권을 한 끝에 독재와 부패, 부정선거를 저지르고 시민을 살상한 죄로 쫓겨났다. 하지만 인간 이승만이 시종일관 '악의 화신'이었던 것은 아니다. 그도 한때는 훌륭한 애국자였다. 시대의 흐름을 남보다 먼저 읽는 안목이 있었고 위험을 감수하면서 권력을 차지하는 배짱도 지녔다.

몰락한 양반의 후예 이승만은 갑오경장으로 과거제도가 없어지자 배재학당에서 신학문을 배우고 기독교를 받아들였으며 언론활동과 애국계몽운동에 참여했다. 만민공동회운동으로 투옥당한 청년 이승만은 빛나는 열정과 애국심의 소유자였다. 영어에 재능이 있어서 나중 대한민국을 지배하게 될 '미국 유학파'의 선두주자가 된 그는 선교사들의 도움으로 역사학·국제법·정치학을 공부했고 프린스턴대에서 박사학위를 받았다. 1910년 조선에 돌아와 YMCA 전국조직을 구축하는 등 교육운동과 선교활동을 하다가 조선총독부의 검속대상이 되자 다시 미국으로 나갔다. 1913년 하와이에 정착한 후 교민청년 교육에 힘쓰는 한편 국제정세의 흐름에 맞는 외교활동으로 조국의 독립을 찾는 방안을 모색했다. 1934년에는 일찍이 혼인했던 박승선과 이혼하고 스물다섯 살 젊은 오스트리아 출신 프란체스카 도너(Francesca Maria Barbara Donner, 1900~1992)와 결혼했으며 1939년 워싱턴으로 이주했다.* 훗날 대통령이 된 이승만이 '국부(國父)'로 군림할 때 프란체스카 여사도 '국모(國母)' 대접을 받았는데 오스트리아와 오스트레일리아를 구별하지 못해 영부인을 '호주댁'이라 하는

---

*   유영익, 『건국대통령 이승만』, 일조각, 2013, 21~52쪽.

사람이 많았다.

　이승만은 1919년부터 6년 동안 임시정부 대통령을 할 정도로 널리 인정받은 독립운동가였지만 무장투쟁은 좋은 방법이 아니라고 주장하면서 아무 힘도 없는 국제연맹에 조선을 위임통치해달라고 청원했다가 탄핵당해 임시정부를 떠났다. 그는 강대국 정부에 조선 독립의 당위성을 알리는 일에 주력했는데, 특히 미국 정부의 지지를 얻으려고 노력했다. 1940년에는 일본이 미국을 침략할 것임을 경고하는 책을 출간해 미국 정가의 관심을 끌었으며 1941년 12월 일본 공군이 진주만을 기습해 태평양전쟁이 터지자 일본의 패전과 조선 독립을 예감했다. 그래서 동아시아의 공산화를 예방하기 위해 대한민국임시정부를 승인하라고 미국 정부에 청원하는 한편 외로운 망명객이 아닌 임시정부 지도자로 귀국하려고 충칭의 임시정부에 손을 내밀었다.

　일본과 싸우는 데 소련의 협력이 필요했던 미국 행정부가 민족주의자들이 이끄는 임시정부를 승인하면 소련 공산당을 자극할 위험이 있다는 이유로 청원을 외면하자 이승만 박사는 미국 행정부가 한반도를 소련에 넘겨주기로 밀약했다고 주장해 워싱턴 반공주의자들의 호감을 샀고 루스벨트 대통령의 부인을 만나기도 했다.* 종전이 임박하자 맥아더 장군은 한반도 전체가 소련의 손에 들어가는 사태를 막으려고 분할점령을 제안했고 소련이 그 제안을 받아들임으로써 전범국 일본이 아니라 우리 민족의 국토가 두 동강 났다. 한반도 분단의 책임은 북위 38선을 경계로 남북을 분할 점령한 미국과 소련에 있다. 국가주권을 지키지 못했고 제 힘으로 찾아오지도 못했

*　같은 책, 52~64쪽.

다는 이유로 국토 분단의 책임을 우리 민족에게 묻는 것은 강도 피해자에게 범죄의 책임을 지우는 것과 마찬가지다.

1945년 12월 28일 모스크바에 모인 미국·소련·영국의 외무장관들은 조선이 정통성 있는 정부를 수립할 때까지 중국을 포함한 네 나라가 신탁통치를 하기로 합의했다. 이승만은 즉각 반대운동의 깃발을 들고 신탁통치에 찬성한 조선공산당을 매국노로 규정했다. 그 문제를 다루는 미소공동위원회 참여를 거부했고 38선 이남에 단독정부를 수립한 다음 소련군을 쫓아내고 북조선을 차지하겠다고 공언했다. 분단을 확정하고 38선 남쪽의 권력을 차지하기로 결심한 것이다.**

김구를 비롯한 중도파 민족주의자들이 분단을 막으려고 38선을 넘나들며 협상을 벌이는 동안 이승만 박사는 차근차근 권력을 장악할 준비를 했다. 그는 신탁통치 아래 좌우동거 통일 정부를 만드는 방안을 단호하게 거부했는데, 투철한 반공주의자의 눈으로 보면 합리적인 전략이었다. 신탁통치를 받아들이면 분단을 막을 수는 있지만 통일 국가의 권력을 공산주의자에게 넘겨줄 위험이 있었다. 미국은 멀지만 소련은 국경을 맞대고 있었다. 게다가 일제강점기 국내외에서 끈질긴 투쟁을 벌였던 공산주의자들은 노동조합과 농민단체를 비롯해 이념적으로 잘 무장한 전국조직을 보유하고 있었던 반면 이승만은 국내 정치기반이 없었다.

정치인 이승만은 한반도에 지구촌 냉전체제의 모델하우스를 세웠다. 제주 4·3사건을 비롯해 단독정부 수립에 대한 강력한 저항이 일어났지만, 1948년 5월 10일 한반도의 38선 이남 지역에서는 유엔

**　　같은 책, 71~78쪽.

감독 아래 국회의원 총선을 실시했고 이승만은 제헌의회 의장이 됐
다. 제헌의회는 이승만을 대통령으로 선출했으며, 대통령은 8월 15일
대한민국 정부 수립을 선포했다. 유엔은 선거가 자유로운 가운데 공
정하게 치러졌다고 보고 대한민국 정부를 38선 이남 지역의 합법적
인 정부로 승인했다.

　소련군이 점령한 38선 이북 지역에서도 비슷한 과정을 거쳐 다
른 국가가 탄생했다. 1948년 8월 25일 최고인민회의 대의원 선거를
실시했는데, 유권자 대부분이 투표했고 단독후보에 대한 찬성률은
100%에 가까웠다. 최고인민회의는 인민공화국 헌법을 채택하고 9월
9일 김일성을 수상으로 하는 조선민주주의인민공화국 정부를 수립
했다. 1912년 평양에서 태어난 김일성의 아버지 김형직은 독립운동
을 한 민족주의자였고 어머니 강반석은 기독교인이었다. 중국 길림
육문중학교에서 수학하며 공산주의자가 된 김일성은 1931년 중국공
산당에 입당했고 중국공산당 유격대, 만주군벌 부대, 조선인 유격대
가 손잡고 만든 동북항일연군에서 활동했다. 김일성이라는 이름은
1937년 백두산 일대의 동북항일연군이 조국광복회와 손잡고 압록강
을 건너 함경북도 갑산군의 경찰주재소를 습격한 '보천보사건' 때 조
선 민중에게 처음 알려졌다. 『동아일보』와 『조선일보』를 비롯한 국
내 신문이 '홍비(紅匪, 공산당 도적)'가 일으킨 그 사건을 보도하자 온
나라에 '김일성 장군'에 대한 소문이 돌았다. 김일성은 1940년대 초
일본 관동군의 공세에 밀려 소련으로 퇴각했다가 광복 후 평양으로
들어와 인민위원회를 장악했다.*

　38선 남북에 각각 정부가 수립됨으로써 국토뿐만 아니라 국가

*　　전형택 편저, 『박정희·김일성』, 화전문고, 1999, 48~81쪽.

도 분단됐다. 포병 소위 안두희는 38선을 베고 죽을지언정 민족의 분단을 받아들일 수 없다고 한 김구를 1949년 6월 26일 경교장에서 암살했다. 이승만 정부의 소행임을 암시하는 정황이 많았지만 안두희는 입을 다문 채 죽었고 배후는 끝내 밝혀지지 않았다.•• 1949년 10월 중국 대륙에 마오쩌둥의 중화인민공화국 깃발이 올랐다. 소련과 동유럽에 이어 중국까지 지구 표면 절반이 붉게 물들자 미국과 서유럽은 공포감에 사로잡혔다. 제2차 세계대전의 열전(熱戰)에서 막 벗어난 지구촌은 이념적 상호비방과 경쟁적 군비확대를 핵심으로 하는 냉전(冷戰)시대에 진입했다. 그리고 한국전쟁이 터지자 국토와 국가의 분단에 이어 민족마저 둘로 갈라졌다.

반민특위의 슬픈 종말

1999년 한나라당 의원들이 국회의사당 중앙 로텐더홀에 '대통령 이승만'이 아닌 '국회의장 이승만'의 동상을 세웠다. 대한민국을 건국해 한반도의 공산화를 막았으니 독재한 잘못은 있지만 업적은 인정하자고 주장했다. 동의하지는 않지만 그렇게 주장할 수 있다고 생각한다. 역사에는 가정이 없다지만, 가정은 때로 역사를 이해하는 데 유용하다. 만약 우리가 신탁통치를 받아들여 좌우가 동거하는 통일 정부를 만들었다면 한반도 전체가 공산화됐을까? 그랬으리라고 단정할 수는 없지만 가능성을 완전 배제할 수도 없다.

공산화의 위험을 감수하면서 통일 국가로 가는 길과 북한을 포

••   김삼웅, 『백범 김구 평전』, 시대의창, 2004, 595~611쪽.

철거되는 이승만 동상:
4·19 일주일 후인 1960년 4월 26일,
탑골공원에 있던 이승만 동상은 그의
독재정권이 마무리되면서 함께 쓰러졌다.

기하고 남한만이라도 민주주의 국가를 세우는 길이 있었다. 투철한 민족주의자 김구는 통일 정부를 선호했지만 철저한 반공주의자 이승만은 단독정부를 선택했다. 독재·부패·부정선거를 저지르고 시민을 살상했지만 분단국가를 세움으로써 한반도 전체의 공산화를 막은 것은 큰 업적이다. 쏟아지는 비판을 모른 체하며 동상을 세운 국회의원들은 그렇게 말했다.

　이승만 대통령이 대한민국을 정통성 있는 민주국가로 만들었다면 어느 정도 설득력이 있었을지 모른다. 하지만 그는 대통령으로서 마땅히 해야 할 일을 하지 않았고 절대 하지 말아야 할 일은 너무 많이 했다. 국가의 정통성은 외부에서 오지 않는다. '유엔이 인정한 한반도의 유일 합법 정부'라는 구호는 정치적 수사(修辭)에 지나지 않으며 남북 모두 유엔 회원국이 된 후에는 그런 의미마저 사라졌다. 국가의 정통성은 특정한 이념에서 생기는 것도 아니다. 아무리 빛나는 이념을 내세운다고 해도 사회 구성원 다수가 인정하고 수용하지 않으면 소용이 없다. 국가의 정통성은 국민이, 민중이, 인민이 또는 대중이 그 나라의 국민임을 기꺼이 받아들일 때, 국가의 결정에 자발적으로 참여하고 복종할 때, 외부의 침략과 내부의 무질서에 대항해 공동체를 지키려고 헌신할 때 형성된다.

　외국의 식민지였다가 자주권을 되찾은 신생국가는 세 가지 조건을 충족해야 정통성을 세울 수 있다. 첫째는 역사의 대의명분이다. 신생 대한민국의 긴급과제는 일제 잔재를 청산해 민족의 자주성을 세우는 일이었다. 그러려면 조국 광복을 위해 노력하고 헌신한 사람들이 국가를 세우고 운영해야 했다. 둘째는 경제적 효율성이다. 민중을 빈곤에서 해방하고 물질적 삶을 개선해야 국민이 최소한의 기대를 품고 국가에 복종·협력하게 된다. 셋째는 민주적 정당성이다. 헌법에 따라 자유와 인권을 보장하고 주권재민 또는 인민주권의 원리를 실현해야 한다. 그런데 이승만 대통령은 권력의 단맛을 누리는 데만 몰두했지 그 일을 하지 않았다.

이승만 시대 대한민국이 정통성 없는 국가였다고 말하면 화를 내는 사람들이 있다. "그러는 당신, 북으로 가라!" 그렇게 소리를 지르기도 한다. 과연 그럴 일일까. 광복 이후의 한국현대사는 처음에는 분명하지 않았던 대한민국의 정통성을 우리 스스로 확실하게 세워 낸 역사였다. 크게 자랑해도 좋다. 도대체 무엇 때문에 화를 낸다는 말인가. 반면 조선민주주의인민공화국은 정통성을 일부 지니고 출발했지만 결국 모든 것을 잃고 말았다. 정상적인 가치관과 판단력을 가진 사람이라면 누구도 북한체제를 좋아하지 않을 것이며 북한에 살러 가지도 않을 것이다. 통일운동을 하러 북한을 방문한 이들도 북한체제가 좋아서 그랬던 게 아니다.

이승만 대통령은 독립운동가였다. 인격적 특성이나 운동노선에 대한 호불호는 있겠지만 민족사의 정통성을 세워야 할 국가원수로서 경력에 큰 하자는 없었다. 게다가 그는 일본에 대한 격렬한 혐오감을 공공연하게 드러내곤 했는데 1954년 스위스 월드컵 예선전이 대표 사례였다. 국제축구연맹(FIFA)이 본선 티켓 16장 가운데 딱 한 장을 아시아에 배정했고 한국과 일본만 참가신청을 했다. 당시는 외교관계가 없을 때라 선수들이 상대방 국가에 입국하려면 정부의 허가를 받아야 했는데 이승만 대통령은 일본인이 우리 땅에 발을 들이는 것을 허락하지 않았다. 축구 지도자들은 몰수패를 받아들일 수 없어서 두 경기 모두 일본에서 하는 것이라도 허락해달라고 애원했다. 대표팀 감독 이유형은 "이기지 못하면 선수단 모두 현해탄에 몸을 던지겠다"고까지 했다. 도쿄에서 열린 두 차례 시합에서 한국팀은 1승

1무를 거둬 본선에 진출했다. 여담 삼아 본선 성적을 잠깐 이야기하면, 48시간 동안 비행기를 몇 차례 갈아탄 끝에 첫 경기 전날 심야에 겨우 스위스 취리히에 도착한 대표팀은 헝가리에 아홉 골, 터키에 일곱 골을 먹고 탈락했다. 스위스 언론이 한국 역사와 대표팀의 가슴 아픈 사연을 보도하자 많은 시민이 숙소로 위문품과 위로편지를 보내기도 했다.

　　그랬던 대통령이 나라 안에서는 친일반민족행위자들과 손을 잡았다. '친미', '반공'의 깃발을 든 사람들이 이승만 대통령의 수족이 됐다. 일본군 장교와 일제 괴뢰 만주국 장교는 국군 장교가 됐고 조선총독부를 위해 일했던 특고형사는 경찰 간부가 됐다. 판사·검사·공무원·교사·언론인·지식인도 독립국가의 지배층이 되어 예전보다 더 큰소리치며 살게 됐다. 여러 증거를 제시할 필요는 없다. 일제 강점기에 독립운동가를 추적하고 체포하고 고문했던 특고형사를 구하려고 대통령이 국회를 짓밟았던 사건 하나만 보아도 충분하다.

　　제헌국회는 1948년 9월 「반민족행위처벌법(반민법)」을 제정하고 반민족행위특별조사위원회(반민특위)와 특별경찰·특별검찰·특별재판소를 설치했다. 일제 군대·경찰·행정기관의 고위직을 지냈거나, 지위가 높지 않아도 독립운동을 탄압하는 데 악명이 높았거나, 관직은 없었지만 유명 지식인으로서 일본 왕과 조선총독부를 찬양하면서 징용·징병과 근로정신대 등에 지원하라고 선동했거나, 일제의 침략전쟁 군비조달에 큰돈을 기부한 기업인들이 용의자였다. 반민특위가 객관적으로 드러난 지위와 활동내용을 기준으로 선정한 대상자 682명을 조사해 559명을 송치하자 특별검찰은 그중 일부를

°　　대한축구협회, 『한국축구 100년사』, 2003, 234쪽.

기소했고 특별재판소가 재판을 열었다.

그런데 이승만 대통령이 국회가 헌법의 삼권분립 정신을 위반했다면서 반민특위를 비난하고 활동을 방해했다. 결정적 장면은 1949년 1월 노덕술을 체포했을 때 펼쳐졌다. 이승만 대통령은 노덕술을 즉각 석방하고 반민특위 관계자를 처벌하라고 지시했다. 그에게 노덕술은 수많은 독립운동가를 체포해 악랄하게 고문했던 일제 특고형사가 아니라 투철한 반공정신으로 공산당을 때려잡는 대한민국 경찰관이었다. 노덕술이 국회보다 더 중요했다. 이때 살아남은 노덕술은 후일 민주화운동을 탄압하고 죄 없는 사람들을 고문해 반국가 인사 또는 간첩으로 조작하는 고문수사의 노하우를 대한민국 경찰과 정보기관에 전수했다. 1985년 민주화운동청년연합 의장 김근태를 참혹하게 고문한 이근안과 1987년 서울대생 박종철을 죽인 치안본부 대공분실의 형사들은 모두 노덕술의 후예였다고 보면 된다.

친일반민족행위자들은 반민특위 요인 암살 음모를 꾸몄다가 실패하자 소위 '국회프락치 사건'을 조작해 특별법 제정과 특위활동에 앞장선 젊은 국회의원들을 구속했다. 분개한 국회의원들이 석방 결의안을 의결하자 수백 명을 동원해 반민특위 사무실을 점거하고 "반민특위의 공산당을 숙청하라"고 외쳤다. 반민특위가 난동을 일으킨 서울시경 사찰과장 최운하 등 주모자들을 체포하자 그들은 다시 반격했다. 내무차관 장경근과 치안국상 이호, 시경국상 김태선 등이 서울 중부경찰서 병력을 데리고 반민특위 사무실을 습격해 특경대장 오세윤을 체포하고 권승렬 특별검찰부장의 권총을 빼앗았다. 강원도와 충청북도 등 다른 지역에서도 경찰 병력이 특경대원들의 무장을 해제했다. 서울시경 사찰과 소속 경찰관 440명은 반민특위 간부 교체와 특경대 해산, 경찰의 신분보장을 요구하면서 집단 사표를 냈고 서울시경 경찰관 9,000명도 집단 사표를 내겠다며 정부를 압박했다.

국회는 반민특위를 원상복구하고 특경대를 습격한 책임자를 처벌하라고 요구했지만 이승만 대통령은 자신이 습격을 지시했다며 특경대를 해산하겠다는 담화문을 발표했다. 경찰이 특별조사위원과 특별검찰관의 집을 수색하고 사무국과 재판부의 서류를 탈취하는 등 전면 공세를 펴자 겁을 먹은 국회의원들이 공소시효를 단축하는 「반민법」의 개정안을 의결했다. 일을 할 수 없게 된 김상덕 반민특위 조사위원장과 특별조사위원 전원, 일부 특별검찰관과 특별재판관들이 사표를 냈다. 국회는 친일파 비호세력을 주축으로 새로운 특위를 구성했고 1951년 「반민법」을 폐지했다. 처벌받은 사람은 단 하나도 없었다.*

친일반민족행위자를 처단하지 못한 것은 대한민국의 약점이 됐다. 북한은 김일성과 공산주의자들이 항일무장투쟁을 벌여 자기 힘으로 조국을 해방한 것처럼 선전하면서 '가랑잎으로 나룻배를 짓고 솔방울로 수류탄을 만들었다'는 식의 무용담을 역사로 포장해 늘어놓았다. 엄청난 과장이었지만 그들이 소련공산당의 지원을 받거나 중국공산당과 손잡고 항일무장투쟁을 한 것은 엄연한 사실이었다. 북한 권력자들은 친일반민족행위자들이 대한민국의 집권세력이 된 사실을 자기네의 체제 우월성을 선전하는 소재로 활용해 '남조선'은 '일제 식민지'에서 '미제 식민지'로 바뀌었을 뿐이라고 주장했고, 그런 도덕적 우월감을 바탕으로 '남조선을 해방'하겠다며 동족상잔의 전쟁을 벌였다.

* 반민특위가 출범부터 해산까지 겪은 과정은 정운현 엮음, 『잃어버린 기억의 보고서』, 삼인, 1999, 10~29쪽을 참고해 정리했다.

2013년 6월 국가정보원이 공개한 2007년 남북정상회담 대화록
을 보면 김정일 국방위원장이 노무현 대통령에게 "남쪽이 자주성이
결여되어서" 남북관계가 풀리지 않는다고 거듭 비판하는 대목이 있
다. '자주' 이념이 지금까지도 북한의 마지막 자존심으로 남아 있다
는 뜻이다. 반면 대한민국의 민족주의자들은 친일파를 청산하지 못
한 채 미국에 종속되어 산다는 열등감에서 헤어나지 못했다. 경제적
번영과 정치적 독재가 공존했던 1980년대 한국사회 한복판에서 탄
생한 주사파(主思派)는 뿌리 깊은 민족주의적 열등감의 산물이었다.

대한민국은 친일반민족행위자들을 응징하지 못했고 후손들이
누린 부당한 특권도 차단하지 못했다. 광복 60주년을 맞은 2005년
12월 국회가 「친일재산환수법」을 제정했지만 친일반민족행위자의
후손들은 자신의 아버지, 할아버지가 민족을 배신해서 얻은 재산을
되찾으려고 끈질기게 소송을 벌였다. 서울 동작동 국립현충원에 안
장된 반민족행위자도 한둘이 아니다. 만주군 장교 출신인 한국전쟁
영웅 백선엽 장군이 국립대전현충원에 묻힌 2020년 7월, 격렬한 '친
일파 파묘 논쟁'이 불붙었다. 친일반민족행위자들은 대부분 천수를
누린 다음 자연사의 축복을 받았다. 정부·국회·권력기관은 물론이
요, 경제·문화계에도 당사자가 권력을 쥔 경우는 이제 거의 없다. 그
러나 대한민국이 민족사적 정통성을 결여한 채 출발한 이유와 과정
을 엄정하게 평가하고 철학적으로 소화하는 과제는 여전히 우리에
게 남아 있다.

그 과제는 민족문제연구소가 시민과 함께 수행했다. 민족문제
연구소의 원래 이름은 '반민족문제연구소'였다. 1993년 4월 『친일문
학론』으로 지식인사회의 일제 잔재를 적나라하게 폭로하고, 2009년
11월 『친일인명사전』 발간 계획을 세웠던 임종국 선생 빈소에서 설

립 발의를 한 민족문제연구소는 친일파 후손들의 명예훼손소송과 발행금지가처분소송을 이겨냈다. 강만길, 백낙청, 윤경로, 염무웅, 최병모 등 200여 명의 역사학자와 지식인·변호사·종교인이 편찬위원회에 참여했고, 발간 비용은 1,000여 명의 민족문제연구소 회원과 10만 명의 국민모금 참가자가 제공했다. 『친일인명사전』은 반민특위가 적용했던 것과 거의 같은 기준에 따라 선정한 친일반민족행위자 4,776명의 직위와 활동내용을 수록했다.

민주화세력의 탄생

국가정통성의 두 번째 요소는 '경제적 효율성'이다. 국가가 민중에게 복종을 요구하려면 잘살게 해줘야 한다. 그런데 이승만 정부는 절대빈곤에서 국민을 구해내지 못했다. 이승만 대통령의 잘못만은 아니었다. 북한은 제조업, 광업, 전력 등 일제강점기 주요 산업시설을 차지하고 소련의 지원을 받은 덕에 경공업과 중화학공업을 빠르게 건설했지만 우리는 가진 게 없었다. 이승만 대통령의 잘못은 사회의 생산력을 높이고 국민의 생활을 개선하는 데 도움이 될 만한 정책을 모색하지도 않았다는 데 있다. 그래서 산업화가 본격 성과를 내기 시작한 1970년대 초까지 대한민국은 경제적으로 북한에 뒤졌다.

국가정통성의 세 번째 요소는 '민주적 정당성'이다. 민주주의 국

민족문제연구소, 『금단의 역사를 쓰다, 18년간의 대장정』, 2009. 이 자료집에는 친일반민족행위자 명단과 함께 『친일인명사전』 편찬 발간에 힘을 보탠 민족문제연구소 회원과 국민모금 참가자 명단이 실려 있다. 당시 국회도서관 관계자는 이 자료집을 대출받은 국회의원의 보좌진에게 외부에 유출하지 말라고 당부했다고 한다. 국회를 비롯한 권력기관에 그 후손들이 너무 많기 때문이었을 것이다.

가라면 '주권재민'의 원리와 합법적 절차에 따라 정부를 수립해야 한다. 정부는 헌법과 법률에 의거해 권력을 행사해야 하며 다수 국민이 원할 때는 평화적이고 합법적으로 정부를 교체할 수 있어야 한다. 그런데 이승만 대통령은 헌법을 짓밟고 국회와 법률을 무시했으며 부정선거를 일삼았다. 처음에는 국회에서 선출됐지만 국회를 탄압해 지지기반을 잃게 되자 헌법을 바꿔 대통령직선제를 도입하고 부정선거로 재선에 성공했다. 대통령 3선 금지 조항을 없애는 헌법개정안이 한 표 차이로 국회에서 부결되자 소수점 이하를 떼버리고 찬성률을 반올림해 가결을 선포하는 기괴한 반칙도 저질렀다.

민족사적 정통성이 의심스럽고 경제적 효율성이 없으며 민주적 정당성을 훼손하는 정부는 국가의 정통성을 세우지 못한다. 역사의 대의명분을 바로잡고 경제적 효율성을 높이려면 먼저 민주적 정당성을 가진 정부를 만들어야 했다. 그래서 4·19가 일어났다. 이미 12년을 집권했던 이승만 대통령은 나이 80이 넘어서 또다시 대통령선거에 나섰다. 선거일은 1960년 3월 15일(3·15선거)이었는데 가장 강력한 경쟁자였던 민주당 조병옥 후보가 선거 직전 지병으로 사망해 이승만이 단독후보가 되자 관심의 초점은 자유당 이기붕 후보와 민주당 장면 후보가 맞붙은 부통령 선거로 넘어갔다. 4년 전 부통령 선거에서 이기붕은 장면 후보에게 졌다. 당시 헌법은 대통령 유고 시 부통령이 권한을 대행하게 했다. 연로한 대통령의 건강에 문제가 생길지 모르는 상황이어서 무슨 짓을 해서든 이겨야 한다고 마음먹은 자유당은 당 조직뿐만 아니라 국가 행정조직까지 총동원해 오늘날에는 상상조차 할 수 없는 부정선거를 저질렀다.[*]

[*]   4·19의 전개과정은 김종순 책임집필, 『4·19혁명사 上卷』, 50주년4·19혁명기념사업회, 2011과 민주화운동기념사업회연구소 엮음, 『한국민주화운동사 1』, 돌베개, 2008, 제2장 참조.

민심 이반의 첫 징후가 나타난 곳은 대구였다. 신천 백사장에서 민주당 장면 부통령 후보 연설회가 열린 2월 28일, 일요일인데도 대구의 국공립고등학교에 등교명령이 내려왔다. 영화 관람이나 토끼사냥을 내세웠지만 학생들이 장면 후보 연설회에 가지 못하게 하려고 한 조처였다. 경북고, 대구고, 경북대사대부고, 경북여고, 대구여고, 대구공고, 대구농고, 대구상고 등 시내 거의 모든 고등학교 학생들이 교정을 뛰쳐나와 독재와 부정선거를 규탄하는 함성을 지르면서 시내 중심가를 달렸다. 대구의 자랑인 '2·28학생의거'였다.

3·15선거는 단순한 부정선거가 아니라 완전한 조작선거였다. 금품을 살포하고 깡패를 시켜 야당 선거운동원을 폭행했으며 유권자들이 3·5인조로 함께 투표하면서 장면 후보를 찍는지 서로 감시하게 했다. 야당 투표 참관인을 내쫓고 공개투표를 하거나 이기붕에게 기표한 투표용지를 무더기로 집어넣기도 했다. 내무부 공무원과 경찰관이 지나치게 열심히 일을 한 나머지 이기붕의 득표율이 100%에 육박했고 득표수가 유권자 수보다 많은 선거구가 속출했다. 그러자 내무부장관 최인규가 긴급지시를 내려 이기붕의 득표율을 79%로 '조정'했다.

민주당은 3·15선거의 원천무효를 선언했다. 전국에서 규탄시위가 벌어졌는데 경상남도 마산시위가 특히 격렬했다. 그런데 이날 시위에 나갔다가 실종된 고등학생 김주열 군이 4월 11일 마산 중앙부두 앞바다에서 로켓 모양 최루탄이 눈에서 뒷머리까지 관통한 시신으로 떠올랐다. 격분한 시민은 대규모시위를 벌였고 경찰서 무기고에서 탈취한 수류탄을 경찰서장실 앞에 터뜨리는 사건까지 일어났다. 시위가 전국으로 확산되자 정부는 '공산당 조직이 조종한 폭동'이라고 비난했다.

4·19의 불길은 고등학생들이 피워 올렸다. 대학생들은 수많은 중고등학생이 체포되고 맞고 다치고 죽은 다음에야 참여했는데, 그 중 고려대 학생시위가 큰 관심을 모았다. 4월 18일 오후 고려대생 3,000여 명이 훗날 서울시의회 청사가 된 당시의 국회의사당 앞에서 연좌시위를 벌였다. 그런데 집회를 마치고 학교로 돌아가는 그들을 종로4가 천일백화점 근처에서 대한반공청년단 폭력배들이 습격했다. 각종 흉기를 마구 휘둘러 유혈이 낭자한 참극이 벌어진 그 사건을 기억하려고 고려대생들은 지금도 해마다 4월 18일에 수유리 일대에서 마라톤 행사를 연다.

4월 19일 아침 대통령 관저 경무대와 서대문에 있던 이기붕의 집 앞에 초중생을 포함한 수만 명의 시민이 운집했다. 시민들은 대통령 면담과 김주열 사건 책임자 처벌을 요구하며 경무대 정문을 밀고 들어가려 했고 이기붕의 집도 비슷한 상황이었다. 경찰이 총을 쏘아 두 곳에서 21명을 죽이고 172명에게 총상을 입히자 시위는 부정선거 규탄을 넘어 정권 퇴진을 요구하는 정치혁명으로 치달았다. 오후 3시 정부가 계엄령을 선포하자 시민들은 경찰의 총기를 빼앗아 총격전을 벌였다. 그런데 날이 저물어 서울 시내에 진입한 계엄군 사령관이 먼저 공격받지 않는 한 총을 쏘지 않겠다는 방침을 밝혔다. 이승만 정부를 지켜줄 의사가 없다는 말이었다. 시민은 두 팔을 벌려 계엄군을 환영했고 탱크에 올라가 태극기를 흔들었다.

4월 25일에는 대학교수들이 거리로 나왔고 월터 매카나기 (Walter P. McConaughy, 1908~2000) 주한 미국대사가 이승만 대통령을 찾아가 사임을 권했다. 외무부장관 허정과 법무부장관 권승렬도 하야를 요청했다. 4월 26일 오후 대통령이 담화를 발표했다. 그는 "국민이 원한다면 대통령직을 사임하겠다"고 하면서 "38선 이북에서 우리를 침입코자 공산군이 호시탐탐 기다리고 있다는 것을 명심하라"고 덧붙였다. 대통령의 양자였던 육군 소위 이강석은 4월 28일 새벽 아버지 이기붕, 어머니 박마리아, 남동생 이강욱을 권총으로 살해하고 스스로 목숨을 끊었다. 미국대사관의 도움을 받아 하와이로 간 이승만 대통령은 1965년 7월 노환으로 세상을 떠났다. 4월 29일 국회는 만장일치로 내각책임제 개헌을 결의했고 수석 국무위원인 허정 외무부장관이 대통령 권한대행을 맡았다. 국회는 내각제 개헌안을 처리하고 총선을 실시해 새로운 양원제 국회를 구성했으며 윤보선 대통령과 장면 총리를 뽑아 제2공화국을 출범시켰다.

4·19는 미완(未完)의 혁명이었다. 민중의 힘으로 독재자를 축출하고 새 정부를 세웠다는 점에서는 분명 성공한 정치혁명이었지만 그 혁명을 완성할 능력과 의지를 가진 주체가 없었기에 그 결과는 기존 정치세력인 민주당의 집권으로 귀착됐다. 자유당이 사라지자 정치의 중심은 민주당 구파(舊派)와 신파(新派)의 당내 노선투쟁과 권력다툼으로 옮아갔다. 장면 정부가 군사정변에 무너져 결국 미완성으로 남았지만 4·19가 우리 역사에서 처음으로 민중이 궐기해 권력자를 축출하고 정권을 바꾼 혁명이었다는 사실은 변하지 않는다. 4·19는 신생국가 대한민국이 정통성 있는 국민국가를 향해 내디딘 첫걸음이었다. 4·19를 겪으면서 우리 국민은 자유와 민주주의의 가치를 체득했다. 다음 글들은 이 혁명을 촉발한 청년학생들의 정신적 각성이 어떠했는지를 잘 보여준다.

보라! 우리는 기쁨에 넘쳐 자유의 횃불을 올린다. 보라! 우리는 캄캄한 밤의 침묵에 자유의 종을 난타하는 타수(打手)의 일익(一翼)임을 자랑한다. 일제의 철퇴 아래 미칠 듯 자

유를 환호한 나의 아버지, 나의 형들과 같이. 양심은 부끄
럽지 않다. 외롭지도 않다. 영원한 민주주의의 사수파(死守
派)는 영광스럽기만 하다. 보라! 현실의 뒷골목에서 용기
없는 자학을 되씹는 자까지 우리의 대열을 따른다. 나가자!
자유의 비밀은 용기일 뿐이다.
—서울대 문리대 학생회 4·19선언문*

시간이 없는 관계로 어머님 뵙지 못하고 떠납니다. 어머니,
데모에 나간 저를 책하지 마세요. 우리가 아니면 누가 데모
를 하겠습니까. 저는 아직 철없는 줄 압니다. 그러나 조국
과 민족을 위하는 길이 어떻다는 것을 알고 있습니다. 저도
생명을 바치더라도 싸우려고 합니다. 데모하다 죽어도 원
이 없습니다. 어머니, 저를 사랑하시는 마음으로 무척 비통
하게 생각하시겠지만 온 겨레의 앞날과 민족의 해방을 위
해 기뻐해주세요. 부디 몸 건강히 계세요. 거듭 말씀드리지
만 저의 목숨은 이미 바치려고 결심했습니다.
—한성여중 2학년 진영숙 양이 남긴 편지**

산업화세력의 등장

1961년 5월 16일 새벽, 제2군사령부 부사령관 박정희 소장이
3,500명의 무장병력을 이끌고 한강을 건너 서울의 정부청사와 언론

*   김종순 책임집필, 『4·19혁명사 下卷』, 50주년4·19혁명기념사업회, 2011, 336쪽.
**   같은 책, 341쪽.

기관 등 주요 시설을 점령했다. 대통령과 정부, 국회 등 모든 국가기관의 권한과 기능을 폭력으로 정지시키는 군사쿠데타를 일으킨 것이다. 반공, 한미동맹, 사회적 부패와 정치적 구악(舊惡) 일소 등을 열거한 혁명공약의 핵심은 두 가지였다. "국가 자립경제 재건에 총력을 기울여 기아선상에 방황하는 민생고를 해결함으로써 국민에게 희망을 주고(4항), 혁명의 과업을 이루면 참신하고 양심적인 정치인들에게 정권을 이양하고 본연의 임무에 복귀한다(6항)." '민생고 해결' 공약은 박정희 소장의 진심이었겠지만 '병영복귀'는 거짓말이었다. 혁명을 성공시키려면 적을 최소화하고 대중의 신뢰를 얻어야 했기에 순수한 애국심으로 거사한 것처럼 꾸민 것이다.

육군참모총장 장도영 장군을 군사혁명위원회 의장으로 내세웠지만 쿠데타의 주동자는 박정희 소장이었다. 미국 대사관과 미8군이 쿠데타 움직임을 사전 포착했고 윤보선 대통령과 장면 총리는 여러 차례 정보 보고를 받았다. 하지만 미군이 있으니 쿠데타를 할 수 없을 것이라면서 아무런 조처를 취하지 않았던 장면 총리는 사태가 터지자 마치 기다리고 있었던 것처럼 내각과 함께 사퇴했고, 윤보선 대통령은 쿠데타를 무력 진압하자는 맥그루더 미8군 사령관의 제안을 거절했다. 남북분단과 이념·군사적 대결상태가 계속되고 있는 상황에서 국군이 유혈내전을 벌이는 사태를 두려워했기 때문이다.••• 그는 군사혁명위원회의 사임 만류를 받아들여 아무 실권도 없는 자리에 머물면서 사태를 방관했다. 군사혁명위원회는 국회와 지방의회, 정당과 사회단체를 해산하고 정치활동을 전면 봉쇄했다.

군사혁명위원회를 국가재건최고회의로 바꾼 박정희 소장은 장

••• 윤보선, 『외로운 선택의 나날』, 해위윤보선대통령기념사업회, 2012, 22~44쪽.

5·16 기념탑:
1961년 6월 26일, 남한산성 육군형무소
재소자들을 동원해 남한산성 중턱에 5·16
기념탑을 세웠다.

도영 장군을 밀어내고 의장이 되어 군부의 반대파를 제거했다. 중앙
정보부를 만들어 정보공작 정치를 할 준비를 갖춘 다음, 민주공화당
을 창당해 정치세력을 구축하고 헌법을 바꿔 대통령중심제를 도입
했다. 박정희 장군은 병영으로 복귀한다는 혁명공약 제6조를 폐기
하고 1963년 대통령선거에 출마해 1.5% 간발의 득표율 차이로 제5
대 대통령이 됐으며 1967년 제6대 대통령선거에서는 더 큰 격차로
윤보선 후보를 이겼다. 그는 이승만 대통령이 걸어갔던 독재와 장기
집권 경로를 답습했다. 헌법의 대통령 3선 금지 조항을 폐지하고 출
마한 1971년 선거에서 금권·관권을 동원해 제7대 대통령이 됐다.
1972년 10월에는 친위쿠데타를 일으켜 조선시대 왕보다 더 강한 권
력을 수중에 넣었으며 대통령 긴급조치를 아홉 번이나 발동해 야당
과 비판세력을 목 조르고 야당 지도자 김대중을 납치해 죽이려 했다.
자신의 추종자들만 체육관에 모아 놓고 혼자 출마해 100% 찬성으로
제8대와 제9대 대통령으로 뽑혔다.

　　5·16은 4·19가 이룬 모든 것을 파괴했지만 4·19 자체를 죽여 없
애지는 못했다. 1962년 12월 26일 공포한 제3공화국 헌법 전문은 이
렇게 시작한다. "유구한 역사와 전통에 빛나는 우리 대한국민은 3·1
운동의 숭고한 독립정신을 계승하고 4·19의거와 5·16혁명의 이념
에 입각하여 새로운 민주공화국을 건설함에 있어서……." 4·19는
'의거(義擧)'이고 5·16은 그보다 더 의미가 깊은 '혁명(革命)'이라 했
지만 4·19의 정당성을 부정하지는 못한 것이다.

　　5·16을 4·19 위에 두는 견해가 완전히 터무니없다고 할 수는 없
다. 4·19는 민주주의 정치혁명이었지만 새로운 권력주체를 만들지
못했기 때문에 사회를 바꾸지 못했다. 그와 달리 5·16의 주체는 한
국전쟁을 거치면서 10만에서 60만으로 대폭 늘어난 군대의 힘을 동

원했다. 그때 대한민국에는 기술적 효율성과 합법적 폭력을 보유한
군대조직의 힘에 맞설 만한 집단이 없었다. 박정희 장군은 그 힘으로
권력을 찬탈하고 국가운영에 필요한 정치세력을 규합했다. 국민의
지지를 얻는 방법을 알았기에 '구악일소(舊惡一掃)'를 내세운 '혁명공
약' 가운데 가장 쉬운 것부터 실행함으로써 대중이 변화를 체감하게
했다.

　　자유당 정부의 비호를 받으며 활개 쳤던 정치깡패 이정재, 예술
인들을 괴롭혔던 영화계 건달 임화수, 전설적 조폭 두목 신정식, 정
치깡패를 동원해 부정선거를 저질렀던 내무부장관 최인규, 발포 명
령을 내린 대통령 경호실장 곽영주 등의 재판이 5·16으로 중단되어
있었다. 국가재건최고회의는 그들을 '혁명재판'에 회부해 사형을 확
정하고 '조리돌림'을 했다. 사형수들은 '나는 깡패입니다' 따위의 우
스꽝스러운 플래카드를 들고 서울 중심가를 행진해야 했다.* 북한
인민재판이나 중국 문화대혁명 때 벌어진 것과 비슷한 야만행위였
지만, 헌법과 법률의 절차를 제대로 지키느라 재판 절차를 지지부진
하게 끌어가던 장면 정부에 비하면 한결 속 시원한 응징이었다.

　　혁명과 쿠데타를 구분하는 기준은 '결과'가 아니라 '과정'이다.
쿠데타는 민중의 동의와 지지와 참여가 없이 폭력으로 국가질서를
전복하고 권력을 장악하는 행위를 가리키며 군대를 동원해 그런 일
을 하면 군사쿠데타라고 한다. 박정희 대통령을 좋아하는 사람들이
5·16을 굳이 혁명이라고 주장하는 심정은 이해할 수 있다. 경제발전
을 이뤘으니 '결과적으로' 5·16은 잘된 일이었고, 잘된 일에는 군사
정변이나 쿠데타보다 혁명이라는 말이 어울리지 않느냐는 것이다.

* 　조갑제, 『한강의 새벽』, 조갑제닷컴, 2011, 395~396쪽.

그러나 박정희 대통령이 국가운영을 잘해서 국민의 지지를 받았다고 해도 5·16이 군사쿠데타였다는 사실은 달라지지 않는다.

박정희 대통령은 '민족중흥을 이룩한 위대한 지도자' 또는 '민주주의를 파괴하고 인권을 유린한 독재자'라는 상반된 평가를 받는다. 한 역사 인물이 이처럼 극단적인 호오(好惡)의 대상이 되는 경우는 흔치 않다. 복잡하고 모순적인 특성을 지니고 파란만장한 인생을 살면서 커다란 선과 지독한 악을 행했기에 어떤 면을 중시하는가에 따라 평가가 엇갈리는 것이다. 박정희는 동학 접주로 활동한 적이 있는 빈농 박성빈의 2녀 5남 중 막내로 1917년 11월 경상북도 선산군 구미면에서 태어났다. 어머니 나이 마흔다섯에 태어난 탓에 소년 박정희는 살가운 보살핌과 사랑을 받지 못하며 자랐다. 중도 진보 성향 언론인으로서 독립운동을 했던 둘째 형 박상희는 1946년 대구에서 터진 10·1 사건 와중에 경찰이 쏜 총에 목숨을 잃었다.

소년 박정희는 공부를 잘하고 통솔력이 있었으며 책을 많이 읽었고 이순신과 나폴레옹 같은 군인을 숭배했다. 구미공립보통학교를 나와 대구사범학교를 다녔는데 성적이 우수하지는 않았지만 군사 과목과 체육 성적은 뛰어났다. 집안의 강권으로 김호남과 혼인했지만 가정을 제대로 꾸리지 않았던 그는 문경공립보통학교 교사로 일하던 중 '충성혈서'를 동봉한 지원서를 제출해 일본 괴뢰 만주국의 육군군관학교 입학허가를 받았고 1940년 제2기생으로 입교해 1942년 수석으로 졸업한 다음 일본 육군사관학교 3학년에 편입했다. 그때 박정희 생도는 이름을 '다카키 마사오'에서 '오카모토 미노루'로 바꿨는데, 평범한 조선 사람에게 창씨개명은 특별한 일이 아니었지만 두 번 창씨개명하는 경우는 흔치 않았다. 3등으로 일본 육사를 졸업하고 장교가 된 그는 1944년 만주와 소련 국경 지역의 관동군 635부대에

배속됐다가 곧바로 화북 열하성 만주군 보병 제8단으로 전속되어 중
국공산당 팔로군(八路軍)과 싸웠다.

　　일본의 패전과 만주군 해산으로 소속이 없어지자 박정희는 광
복군을 찾아가 제3지대 제1대대 제2중대장이 됐으며, 1946년 5월 미
군 수송선을 타고 귀국해 육군사관학교 전신인 조선경비사관학교의
단기과정을 마치고 대한민국 육군 소위로 임관했다. 그런데 육군본
부 작전정보국에 근무하던 1948년 11월, 박정희 소령은 여수순천반
란사건을 계기로 벌어진 숙군작업에 걸려들었다. 형 박상희의 친구
이며 남로당 군사부 책임자였던 이재복의 권유로 남로당에 가입한
사실이 드러난 것이다. 서대문형무소에 갇힌 박정희 소령은 알고 있
는 모든 남로당 인맥을 털어놓고 수사에 협조한 끝에 1심에서 중형
을 선고받은 피고인 중 혼자만 풀려났다. 육군본부 정보국장 백선엽
과 미군 고문관 하우스만이 이승만 대통령의 면죄 승인을 받아 구해
준 덕분이었다. 박근혜 대통령이 괜히 백선엽 장군을 극진하게 예우
한 게 아니었다. 박정희는 한국전쟁이 터지자 현역에 복귀했고, 전쟁
이 한창이던 1950년 12월 대구에서 김호남과 이혼하고 육영수와 혼
인했다.* 만약 김일성이 전쟁을 일으키지 않았다면 그가 현역으로
복귀하지는 못했을 것이고, 그랬다면 쿠데타와 장기독재 끝에 부하
의 총에 살해당하는 비극도 없었을 것이다.

　　박정희는 1957년 소장으로 진급해 제7사단장, 육군 제6관구사
령관, 부산 군수기지사령부 사령관으로 재직했다. '좌익 전력' 때문
에 진급과 보직에 불이익을 받았던 그는 제2군사령부 부사령관으로
근무하면서 세 차례나 쿠데타 계획을 세웠다. 첫 번째는 1960년

＊　　박정희 대통령의 생애는 정재경, 『박정희 대통령 전기』, 민족중흥연구회, 1995를 참조했다.
그의 남로당활동의 경위는 127~131쪽에 나온다.

3·15선거를 전후한 시기, 그다음은 1961년 4월 19일이었다. 4·19 1주년을 맞아 민주당 정부에 불만을 가진 학생들이 반정부시위를 벌여 혼란이 벌어지면 그것을 빌미 삼아 쿠데타를 하려 했는데 예상과 달리 그날 이렇다 할 시위가 없었다. 그래서 다시 거사일을 조정하던 끝에 5월 16일 쿠데타를 감행했다.**

　5·16과 관련해 살펴보아야 할 사람이 둘 있다. 먼저 박정희의 평생 정적 김대중이다. 1924년 전라남도 신안군 하의도에서 태어난 청년사업가 김대중은 정치 입문 8년 동안 세 번이나 낙선했다. 강원도 인제군 민의원 보궐선거에 민주당 후보로 출마해 가까스로 당선했지만 이틀 후 5·16이 터져 국회가 해산되는 바람에 선서도 하지 못하고 의원직을 잃었다. 중앙 정치무대에 데뷔조차 하지 못한 그가 불과 10년 후 강력한 야당 대통령 후보가 되어 독재자의 간담을 서늘하게 만들 것이라고 누가 상상했겠는가.

　또 한 사람은 청년 장교 전두환이다. 1931년 경상남도 합천에서 태어난 전두환은 소년 시절 가족과 함께 짧은 만주 체류 생활을 하고 돌아와 대구에 정착했으며 6년제 대구공업중학교를 졸업한 다음 1952년 진해로 피난해 있던 육군사관학교의 11기 생도가 됐다. 5·16이 터졌을 때 서울대 문리대 학군단 교관으로 재직했던 전두환 대위가 무작정 육군본부로 박정희 소장을 찾아가 만났고, 그 만남을 뒷배 삼아 육사 교장을 압박하고 생도들을 선동해 5월 18일 육사생도를 비롯해 소속 장교와 졸업생 1,000여 명이 동대문과 남대문을 거쳐 서울시청 광장으로 행진하면서 5·16 지지시위를 벌이게 했다는 이

** 박정희 소장이 쿠데타 직전 쓴 글에 "삼차 걸쳐 성공 못한 '흥국일념(興國一念)'"이라는 구절이 있다. 4·19로 인해 쿠데타 계획을 일시 미룬 사실에 대해 대선 출마 직전에 펴낸 책에서 그 스스로 자랑 삼아 말한 것이다. 박정희, 『민족의 저력』, 광명출판사, 1971, 118쪽.

야기가 있다. 이것이 사실인지는 모르겠으나 박정희 국가재건최고회의 의장이 전두환을 비서관으로 발탁한 것을 보면 두 사람이 어떤 식으로든 인연을 맺은 것만은 분명해 보인다. 전두환 대위가 하나회라는 장교 사조직을 만들어 국군 수뇌부를 장악하고 군사반란과 대학살을 통해 권좌에 오를 것이라고 상상한 사람 역시 없었다.

박정희 대통령은 폭력으로 권력을 탈취했지만 폭력만으로 통치하지는 않았다. 자발적으로 추종하거나 진심으로 지지한 국민도 많았다. 박정희 정부는 18년의 집권 기간에 농업 중심의 전통사회를 중화학공업을 보유한 산업사회로 바꿨다. 고속도로와 항만, 비행장을 비롯한 사회간접시설을 건설하고 민둥산을 푸른 산으로 가꿨으며 전국에 상하수도와 전기를 보급하고 기생충과 전염병을 퇴치했다. 나는 이런 것이 '커다란 선'이었다고 생각한다. 그는 크게 성공한 독재자였다.

4·19와 5·16은 각자 나름의 성공을 거뒀지만 4·19가 정치적으로 승리하는 데는 긴 세월이 걸렸다. 1997년 12월 대통령선거에서 4·19의 정신을 받드는 정당이 처음으로 집권했다. 그 승리는 10년으로 막을 내렸지만 2017년 5월 두 번째 집권으로 이어졌다. 5·16의 승리는 화려했지만 오래 지속되지 못하고 박정희 대통령의 18년 통치와 후예인 전두환·노태우 대통령의 14년 집권으로 끝이 났다. 박정희 대통령 서거 33년을 맞았던 2012년 박근혜 후보의 대통령 당선은 5·16의 부활이 아니라 짧은 '커튼콜'에 지나지 않았다. 하지만 박근

천금성, 『황강에서 북악까지』, 동서문화사, 1981, 220~233쪽. 이 책에 등장하는 5·16 당시 전두환 대위의 활약상은 다른 역사자료에서는 보기 어렵다. 소설가 천금성은 전두환 대위를 박정희 소장과 담판 짓고 육사생도 시위를 조직해 5·16이 국민의 지지를 받게 만든 일등공신으로 묘사하고 있는데, 아쉽게도 이 정보의 출처를 밝히지 않았다.

혜 대통령이 탄핵당하고 유죄선고를 받았다고 해서 역사의 법정이 5·16을 단죄했다고 할 수는 없다. 박정희 대통령은 여전히 우리 국민이 가장 좋아하는 대통령 가운데 한 사람이기 때문이다. 20세기 세계사에서 이만큼 성공한 군사쿠데타는 없었다.

3

절대빈곤, 고도성장, 양극화

여가가 없는 시민에게 자유와 민주주의는 아무 의미가 없다. 90%
사람들은 항상 일만 하고 여가가 없는 반면 10% 사람들은 늘 놀면서
전혀 또는 거의 일하지 않는다면 자유란 허깨비에 지나지 않는다.
마그나카르타, 권리장전, 미국 헌법, 자유와 평등이라는 프랑스의
모토는 한갓 종잇조각에 불과한 것이다.
– G. 버나드 쇼, 『쇼에게 세상을 묻다』

내가 본 한강의 기적

한반도 남쪽 절반뿐이지만, 우리 민족이 지금처럼 풍요롭게 살았던 적은 없다. 우리는 반세기 동안 숨 가쁜 '속도전'을 펼친 끝에 50년 전에는 상상도 못했던 산업사회를 만들었다. 그런데 그 사실에 대해 모두가 똑같은 평가를 내리지는 않는다. 어떤 이들은 이것을 '한강의 기적'이라고 하며, 박정희 대통령을 무에서 유를 창조한 '반신반인(半神半人)의 위대한 지도자'라고 칭송한다. 김대중·노무현 정부와 문재인 정부가 민생을 파탄에 빠뜨리고 국민경제의 성장 엔진을 꺼버렸다고 주장한다. 하지만 다른 이들은 한국경제를 불평등과 반칙이 난무하는 약육강식의 '정글자본주의'라고 비판하며 그 책임을 박정희 대통령에게 묻는다. 민주주의를 제대로 실현하면서 경제발전을 이뤘다면 골고루 잘사는 나라가 될 수 있었을 것이라고 주장한다. 심각한 빈부격차와 살벌한 경쟁풍토, 재벌 대기업의 탐욕과 횡포, 심각한 고용불안과 비정규직의 확산, 세계 최장시간 노동과 높은 자살률, 참혹한 환경파괴 등 한국사회의 부정적 현상이 모두 박정희 시대에서 비롯했다고 비판한다.

어느 쪽이 맞을까? 나는 둘 모두 옳고, 또 옳지 않다고 본다. 박정희 정부가 경제발전의 토대를 구축했다는 것은 명백한 사실이다. 그러나 그 과정을 지배한 것은 기회균등과 공정경쟁이 아니라 약육강식의 정글법칙이었다. 반드시 그랬어야 할 이유는 없다. 다른 방식으로 발전을 이뤄 지금과는 크게 다른 사회가 됐을 수도 있다. 그러나 역사는 서로 다른 두 경로를 동시에 밟지 않는다. 대한민국은 박정희 시대에 개발독재와 재벌 중심의 자본 축적, 수출주도형 산업화의 길을 걸었다. 후일 민주화를 이뤘지만 낡은 경제구조를 혁신하지 못했으며, IMF 경제위기를 거치면서 과거와는 양상이 다른 정글법칙의 지배 아래 놓이게 됐다. 무엇이 문제인지 알고 나서 해결하기 위해 노력했지만, 진보 정부도 '역사적 경로의존성'을 극복하지는 못했다. 이렇게 말하는 것이 사실에 부합한다.

역사에는 연습이나 실험이 없으며 이미 지나가버린 과거는 바꿀 수 없다. 5·16이 없었다면? 제2공화국이 상당 기간 지속됐다면? 박정희 장군이 병영으로 복귀했다면? 3선개헌을 하지 않았다면? 유신쿠데타 없이 1975년 퇴임했다면? 그랬다면 대한민국 경제가 어떤 길을 걸어 지금 어떤 모습으로 어디에 와 있을까? '사고실험(思考實驗)'을 할 수는 있지만 그 실험의 결론이 타당한지 여부는 검증할 방법이 없다. 우리가 할 수 있고 해야 하는 것은 사실을 근거로 삼아 한국경제의 발전과정과 현주소를 점검하고 변화의 가능성과 경로를 탐색하는 일이다.

한국경제는 1970년대에 '이륙(離陸, take - off)'했다. 이것은 사실이다. 하지만 사실은 그저 사실일 뿐 특정한 가치판단이나 규범적 평가로 이어지지는 않는다. "산업화를 위해서는 반드시 독재를 해야 했다"거나 "민주주의와 경제발전은 동시에 이룰 수 없다"거나 "독재를 해서 경제를 발전시켰기 때문에 민주화도 가능했다"고 할 수는 없다. 박정희 대통령은 민주주의와 산업화를 함께 추진해볼 기회를 자기 손으로 봉쇄했다. 둘 모두를 함께했더라도 실패했을 수는 있지만 빛나는 성공을 거뒀을 가능성도 배제할 수 없다. 우리는 각자 나름의 철학과 인생관을 지니고 산다. 똑같은 경험을 해도 철학이 다르면 해석이 달라지며, 경험까지 다르면 더욱 그렇다. 그래서 우리는 독재적인 방식으로 산업화를 이뤘다는 사실을 저마다 다르게 해석하고 평가한다.

나는 개발독재의 성공이 가져다준 경제생활의 급진적 변화를 체험했다. 그러나 그 체험은 단편적이고 일면적이었다. 눈으로 보고 몸으로 겪으면서도 그게 무엇인지, 왜 그런 일이 벌어지는지 몰랐던 게 많다. 초등학교에 들어갈 무렵 나는 이웃에 세끼 밥을 먹지 못하는 사람들이 있다는 걸 알았다. 어머니가 탈지분유(脫脂粉乳) 몇 조각과 흑설탕을 종이봉투에 담아 이웃 아주머니에게 주는 것을 보았다. 흑설탕은 국산이었고 탈지분유는 미국 원조물품이었다. 아버지는 가끔 어디선가 그런 것을 구해오셨다. 왜 우리 것을 주느냐고 어머니에게 물어보았다. 그 집 며느리가 아기를 낳았는데 잘 먹지 못해 젖이 나오지 않는다며 혹시 도움이 될까 싶어 줬다고 하셨다. 그때 느꼈던 막연한 슬픔이 아직도 내 마음에 남아 있다. 친구네 식구들이 국수를 삶아서 저녁을 먹는 중에 초가지붕이 내려앉아 크게 다친 일도 있었다. 소설가 김훈 선생은 어렸을 때 종합상사의 수출 담당 직원이 되겠다는 포부를 품었다고 한다. 나보다 열한 살 많은 그는 혹심한 빈곤을 나보다 더 많이 목격하고 체험했을 터, 그런 꿈을 꿨던 심정을 이해하고도 남는다.

초등학교 교문 안쪽 담벼락에 급식소가 있었다. 오전 수업이 끝나 집으로 돌아갈 때면 그쪽에서 구수한 옥수수죽 냄새가 났다. 점심을 싸오지 못한 누나와 형이 빈 도시락을 들고 와서 '배급'을 받았다. 군침이 돌았지만 먹어보지는 못했다. 3학년이 되자 방과 후에 옥수수빵 배급이 나왔다. 겉은 딱딱하지만 속은 말랑한 정육면체 모양의 빵이었다. 그 죽과 빵은 미국이 원조한 옥수수로 만들었다.

1968년 초등학교 3학년 여름방학을 시작하던 날, 대구의 중학교로 전근하는 아버지를 따라 가족 전체가 이사했다. 그곳은 지금 대구의 강남이라고 일컬어지는 지역이지만 그때는 논밭이 사방에 널린 변두리였다. 겨울에 난로 당번을 맡은 날 창고에서 '조개탄'을 가져다 불을 피우다가 얼굴에 시커먼 검댕이가 묻기도 했고 그 난로에 도시락을 데운 탓에 교실에 반찬 냄새가 진동했다. 대구에는 번화한 도심과 가난한 변두리가 공존했다. 신천의 대봉교 너머 대구백화점이 선 자리는 피난민이 만든 '하꼬방' 동네였다. 친구를 따라 딱 한 번 들어가보았는데, 미로 같은 골목에 지린내와 악취가 가득했다. 노동자들은 그곳에 살면서 신천 건너편 섬유공장이나 염색공장에서 일했다.

우리의 여름 놀이터였던 신천은 사철 맑은 물이 흘렀는데, 1971년 박정희 후보와 김대중 후보의 연설회 때는 드넓은 천변의 자갈밭과 백사장이 말 그대로 인산인해를 이뤘다. 남자들이 뚝방 너머 공장 담벼락에 눈 오줌이 배수로를 따라 냇물처럼 흘렀다. 그런데 어느 날부터 신천 물이 하루는 시뻘겋게 하루는 시퍼렇게 물들었고 자갈 바닥에 싯누런 침전물이 쌓였다. 상류에 들어선 염색공장과 종이공장 폐수 때문이었다. 그때는 폐수를 정화해서 배출한다는 개념 자체가 없었다.

초등학교를 졸업할 무렵, 나는 우리나라에 큰 변화가 일어나고 있다는 사실을 눈치챘다. 1970년 경부고속도로가 열렸고 대한민국이 13억 달러를 수출하는 '위업'을 달성했다. 지금은 고속도로가 종횡으로 전국에 깔려 있고 13억 달러는 하루 수출액보다 적다. 하지만 그때는 고속도로 개통이나 10억 달러 수출이 대단한 국가 경사였다. 학교 담벼락 전체가 수출실적과 경제성장률, 주요 수출품목을 보여주는 그래프로 덮였고 조회 때 교장선생님이 감격적인 말씀을 하셨다. 머지않아 전국 어느 곳이든 하루만에 오갈 수 있고 집집마다 자가용이 있는 '마이카 시대'가 도래할 것이라고. 찬란한 미래가 우리를 기다리고 있는 것만 같아 가슴이 벅찼다.

정부가 중학교 입시를 폐지한 덕에 놀기만 하다가 1972년 봄 중학교를 배정받았는데 거기서 수세식 화장실을 처음 보았다. 2학년이 되자 간식으로 '삼각우유'가 나왔다. 정사면체 모양의 두꺼운 비닐팩에 든 고온살균 우유였는데 돈을 내지 못해 마시지 못하는 친구도 있었다. 학교 구내식당에서 라면을 팔았고 자전거로 등교하는 아이들이 늘어났으며 카세트테이프 재생기능을 겸비한 휴대용 라디오가 흔해져 심야 음악방송을 듣는 게 유행이었다. 축구공을 차도 찢어지지 않는 국산 운동화가 출시됐고 고무신을 신는 학생이 드물어졌으며 국산 텔레비전도 나왔다.

1975년 대구시도 고교입시가 없어진 덕에 추첨으로 학교를 배정받았다. 대통령 아들 때문에 중고등학교 입시를 차례로 없앴다는 소문이 돌았지만 나는 그저 기쁘기만 했다. 대구시 전체가 하나의 학군이어서 멀리서 오는 학생이 많았다. 나는 자전거로 등하교를 했는데 몇 년 사이에 자전거는 귀하지 않은 물건이 되어버렸다. 집집마다 전화가 들어왔고, 전자제품 대리점들은 커다란 유리 진열장에 화면이 밖을 향하도록 여러 대의 텔레비전을 전시했다. 고교야구가 엄청난 인기몰이를 할 때였다. 안타깝게도 너무 일찍 고인이 된 장효조 선수의 활약을 나는 주로 대리점 쇼윈도에서 보았다. 면세혜택을 받는 수출용 의류를 국내시장에 유통시킨 '보세 옷'이 여심을 사로잡았고 미니스커트가 크게 유행했다. 1976년 1월, 현대자동차가 대한민국 최초의 브랜드 승용차 '포니'를 출시했다. 그해 여름 시골 외가에서 사업을 하는 사촌이 쏟아지는 비를 뚫고 흙탕물을 가르며 몰고 온 빨간색 '포니'를 만져보았다.

1978년 1월, 입학시험을 보러 간 서울대 관악캠퍼스에는 교문이 없었다. 시위를 하지 못하게 하려고 동숭동에 있던 캠퍼스를 관악산 아래 골프장으로 옮겼다는 이야기를 들었다. 그때는 등산객이 드물고 관악산 계곡에서 신림사거리로 흐르는 개천 여기저기에 판잣집이 있었으며 도로는 비포장이었다. 몇 달 지나지 않아 포항제철의 철강생산 능력을 보여주는 대형 철제 교문이 들어섰다. 국립 서울대를 의미하는 'ㄱㅅㄷ'을 두고 기하학적으로 결합해 만든 교문을 우리는 '공산당' 또는 '계집·술·담배'의 약자라며 낄낄대곤 했다. 서울시는 학교 앞 개천을 복개하고 판잣집을 철거했으며 신림사거리로 가는 길을 깨끗하게 포장했다. 보증금 10만 원에 월세 2만 원이었던 봉천동 달동네 자취방은 블록벽돌로 지은 집이라 여름에는 열기가 겨울에는 냉기가 그대로 들어왔다. 전기장판과 전기밥솥이 나왔지만 전기요금을 감당하기 어려워 연탄으로 구들장을 데우고 석유곤로에 밥을 해먹었다. 당시 대한민국 국민의 평균적인 경제생활은 내가 초등학생 시절에 보았던 것과 달라졌다. 사람마다 차이는 있었지만 다들 10년 전보다 훨씬 잘살게 됐다.

이것이 제1차 경제개발 5개년계획이 시작된 1960년대 중반부터 10·26이 터진 1970년대 후반까지 내가 겪은 경제생활의 변화 양상이었다. 1959년생 돼지띠 중에는 나와 크게 다른 기억을 지닌 사람이 많이 있을 것이다. 중학교 신입생 시절 우리 학년 전교 석차 10위권은 경북대·대구교대·효성여대의 부속초등학교를 비롯해 특별한 학교를 나온 아이들이 석권했다. 그 아이들은 축구하고 연 날리고 메뚜기 잡으며 초등학교를 다녔던 나와 달랐다. 아버지가 변호사인 친구 집에 갔다가 난생처음 '토끼깎기'를 한 사과 접시와 커피를 받고 발이 넷 달린 두꺼운 바둑판을 보았다. 부모님이 모두 공장에 가서 온종일 비었던 친구 집에서 신나게 놀다 보면 친구 어머니가 퇴근하면서 실과 뒤엉킨 번데기를 신문지에 싸서 가져오시곤 했다. 말리지 않은 번데기를 삶아 입에 넣으면 톡 터지면서 고소한 맛이 났다.

한국경제의 비행궤적

오늘날의 기준을 적용하면 산업화의 초기 성과는 미미해 보인다. 하지만 일단 십억 달러를 수출해야 그다음에 100억 달러를 수출할 수 있고, 1인당 국민소득도 먼저 100달러를 통과해야 1,000달러로 갈 수 있다. [그림1]°의 그래프는 1959년부터 2019년까지 달러 표시 국민 1인당 명목소득이고 [그림2]는 [그림1] 막대그래프 꼭대기를 연결한 선이다. 이 선을 보면 무엇이 떠오르는가? 갖가지 상상을 할 수 있겠지만, 내가 생각하는 것은 활주로를 달리다가 이륙해 공중으로 떠오른 비행기의 궤적이다.

국민경제를 비행기라고 하자. 4·19와 5·16이 연이어 일어난 1960년대 초 한국경제는 시동을 걸지 못한 비행기였고 활주로도 없었다. 박정희 대통령이 유신쿠데타를 한 1972년 무렵 비행기는 가속도를 붙이면서 활주로 위를 달리고 있었다. 10·26이 일어난 1979년

° 　한국은행이 해마다 발표하는 '국민계정'의 1인당 명목국민소득을 막대그래프로 표시한 것이다. 원칙적으로 시계열(時系列, time series) 데이터는 하나의 기준에 따라 작성해야 하는데, 한국은행의 '국민계정'은 기준 연도가 여러 차례 바뀌어서 작성하는 데 어려움이 있었다. 초판에서는 1975년 기준인 1959~1969년 통계와 2005년 기준인 1970~2012년의 수치를 2005년 기준으로 보정해 사용했다. 그런데 한국은행은 최근 5년마다 기준 연도를 바꾸고 있고, 기준 연도를 변경할 때마다 통계작성 방법도 달라져서 시계열 통계를 작성하는 게 더 어려워졌다. 올해까지는 2015년 기준을 쓰지만 조만간 2020년 기준을 새로 적용하게 될 것이다. 어쩔 수 없이 한국은행 자료 「한국의 국민계정 2019」에서 2015년 기준 1인당 국민총소득(Per Capita, GNI) 시계열 데이터를 그대로 가져왔다. 전문가들이 작업한 그래프인 만큼 완벽하게 보정했으리라 믿는다.

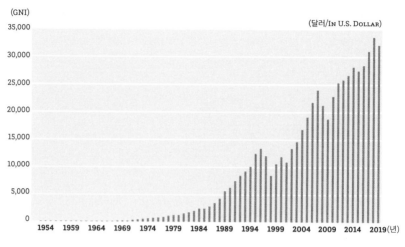

[그림1] 국민 1인당 명목소득

에는 바퀴가 땅을 차고 올랐다. 1980년대에는 빠르게 상승했지만 아직 고도가 낮았다. 본격적으로 상승한 시기는 민주화 이후인 노태우·김영삼 정부 때였다. 그런데 1990년대의 가파른 상승은 1997년 IMF 경제위기로 끝이 났다. 추락할 것처럼 곤두박질해 고도가 낮아졌던 비행기는 1999년 반등해 김대중·노무현 정부 10년 동안 불안정하지만 지속적으로 상승했다. 이명박 정부 초기인 2008~2009년의 하락은 부동산대출 전문 금융회사들의 파산으로 시작된 미국발 국제금융위기와 환율관리 실패 때문이었다. 2010년 들어 난기류를 극복하고 고도를 되찾았지만 박근혜 정부 때도 예전과 같은 상승세는 회복하지 못했다. 문재인 정부 출범 이후 다소 나아진 상승곡선을 보였지만 2019년에는 환율 상승으로 인해 조금 내려갔고, 2020년에는 코로나19 사태라는 외부 충격을 받았다. 어느 정도가 됐든 비행고도는 일시적으로 하락할 것이다.

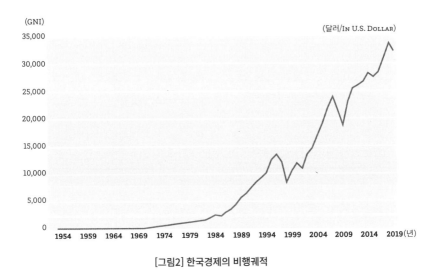

[그림2] 한국경제의 비행궤적

　　달러 표시 1인당 명목소득의 변화가 국민의 실질적 경제생활 변화를 정확하게 보여주지는 않는다. 정부 수립 이후 1990년대 중반까지 달러 환율은 지속적으로 상승했다. 우리 돈의 가치가 계속 하락했다는 뜻이다. 따라서 원화로 표시한다면 1990년대 중반 이전의 명목소득 상승세는 더 가파를 것이다. IMF 경제위기 이후 국민소득이 대폭 하락한 것도 환율 때문에 생긴 착시현상이다. 위기가 닥치면 외풍을 많이 타는 한국 화폐는 가치가 크게 떨어진다. 원화로 표시한다면 1980년과 1997~1998년 그리고 2008~2009년의 하락폭은 그림보다 한결 적을 것이다. 명목소득이 아니라 실질소득을 적용하면 상승곡선과 하강곡선 모두 더 완만해진다. 다시 말하지만 이 그림은 경제생활의 변화를 정확하게 보여주지 않는다. 하지만 한국경제가 언제 이륙해 어떻게 비행하다가 심각한 위기를 몇 번이나 겪었는지, 그 흐름을 살피는 데는 부족함이 없다.

경제성장에 관한 한 독재·권위주의·보수 정권이 민주·자유주의·진보 정권보다 나았다는 견해가 타당한 것인지 살펴보자. 답을 먼저 말하면 [그림2]에서 보듯 실증적 근거가 없는 고정관념이다. 한국경제는 박정희 정부 때 이륙했다. 1인당 국민소득의 상승폭은 민주화 이후 10여 년 동안 가장 컸다. 1979~1980년의 불황과 1997년의 IMF 경제위기, 2008~2009년의 금융위기는 모두 보수 정권 때 일어났고 코로나19 사태는 진보 정권을 덮쳤다. 김대중 정부가 IMF 경제위기를 수습한 이후부터 노무현 정부 마지막 해인 2007년까지 진보 정권 10년 동안 노태우·김영삼 정부 시절과 비슷한 상승세를 기록했다. 미국발 국제금융위기를 수습한 2010년 이후 2019년까지 변화 추세도 정권의 성향과 상관이 없었다.

한국경제의 잠재성장률은 IMF 경제위기 이후 해마다 0.2%p 정도씩 지속 하락했다. 잠재성장률은 급격한 물가인상을 일으키지 않고 이룰 수 있는 실질성장률로 경제활동 인구의 증감, 자본 형성의 속도, 기술 발전 등의 영향을 받는다. 저출산으로 인구증가율이 0에 수렴하고 있어서 고용률을 크게 높이지 않으면 잠재성장률은 하락할 수밖에 없다. 자본을 형성하는 설비투자는 기업의 선택에 달려 있고 기술발전은 시간이 많이 걸릴 뿐만 아니라 투자를 해도 결과를 예측하기 어렵다. 그래서 잠재성장률은 정부의 정치적 성향에 큰 영향을 받지 않는다.

[그림2]는 냉전시대에 세계적으로 인기가 높았던 경제발전 이론을 떠올리게 한다. 나는 고등학교 사회 시간에 그 이론을 배웠다. 통계분석 전문가였던 미국 매사추세츠공대(MIT)의 월트 로스토(Walt Whitman Rostow, 1916~2003) 교수는 산업혁명 전후 영국의 경제통계를 분석해 경제성장의 패턴을 찾아냈다. 이것이 모든 국민경제

의 보편적 패턴이라 확신한 그는 1960년『경제성장의 단계: 비(非)공
산당선언(The Stages of Economic Growth: A Non-communist Manifesto)』
이라는 책을 출간했다. 케네디 대통령은 로스토 교수를 백악관 국가
안보전략회의 고문과 경제정책 담당 특별보좌관으로 발탁했는데,
투철한 반공주의자였던 그는 케네디 대통령이 암살당한 후 존슨 대
통령 시절에도 계속 국무부에서 일하면서 미국의 베트남전쟁 개입
을 부추겼다.

　　로스토는 어떤 나라든 적절한 정책을 쓰면 경제발전을 이룰 수
있다고 주장했다. 그의 이론에 따르면 산업화는 비행기를 하늘에 띄
우는 것과 비슷하다. 농업이 중심 산업인 전통사회는 변화가 느리고
성장률이 낮다. 그런데 어느 시점에 특정한 조건이 충족되면 갑자기
빠른 속도로 경제가 성장한다. 이것이 '이륙'이다. 일단 이륙에 성공
한 국민경제는 성숙 단계를 거쳐 높은 수준의 대중소비 단계로 나아
간다. 유럽의 산업국들은 산업혁명 기간에 이륙했다. 이륙하는 시기
에는 투자율이 높은 수준에서 계속 상승했고 제조업과 광공업이 빠
르게 성장했으며 농업의 생산성도 함께 올라갔다. 경제발전의 핵심
과제는 이륙이다. 이륙에 성공하면 그다음부터는 수월하다. 문제는
이륙이 쉽지 않다는 데 있다.

　　로스토는 경제를 움직이고 사회를 변화시키는 힘은 인간의 보
편적 욕망이라고 봤다. 피부색이나 기후의 차이는 문제가 되지 않는
다. 냉전시대 체제경쟁에서 승리하려면 군사력뿐만 아니라 경제력
과 경제이론에서도 이겨야 한다고 믿었던 그는 경제성장의 패턴에

　　미국이 베트남전쟁에 뛰어든 경위와 미국 행정부의 정보조작 그리고 베트남전쟁에서 로
스토가 한 역할과 책임에 대해서는 리영희,『전환시대의 논리』, 창비, 1990, 제4부의 베트남전쟁
(I), (II)를 참조.

관한 이론으로 마르크스를 이기고 싶었다. 그래서 자신의 책 『경제 성장의 단계』에 『공산당선언(The Communist Manifesto)』을 패러디한 부제 '비공산당선언'을 붙였다.

어느 나라 경제든 조건을 갖추기만 하면 반드시 하늘을 날 수 있다고 한 로스트의 이론은 후진국, 저개발국 또는 개발도상국의 정치적 야심가들에게 일종의 복음이었다. 백인이 아니어도 된다. 기독교 국가일 필요도 없다. 우리도 하늘을 날 수 있다. 잘살 수 있다! 절대빈곤에 허덕이는 국민에게는 가슴 설레는 꿈이었다. 20세기 후반 지구촌에는 마르크스의 길을 따라가 이륙에 성공한 경우도 있었다. 소련은 그 길을 선택했고 체코, 헝가리, 폴란드, 동독 등은 강요당했다. 그런데 그 나라들은 결국 만성적 경제난과 체제붕괴의 위기를 견디지 못해 시장경제로 선회했다. 베트남과 중국은 선제적으로 노선을 변경해 일정한 성공을 거뒀다. 가던 길을 끝까지 간 쿠바와 북한은 이륙하지 못했다.

로스토의 길을 따른 신생국가도 모두 성공하지는 못했다. 칠레의 피노체트와 필리핀의 마르코스는 자본주의적 개발독재를 선택했지만 실패했다. 현실은 이론보다 복잡하기 때문에 로스토의 경제발전론 하나로 대한민국 경제의 성공을 설명할 수는 없다. 하지만 그렇다고 해서 이론이 의미를 잃는 것은 아니다. 박정희 대통령은 1961년과 1965년 미국을 방문했을 때 로스토 교수를 만났다. 하지만 그는 로스토의 문하생(門下生)이었을 뿐 맹목적인 추종자는 아니었다. 나는 인간 박정희가 아무 '주의자'도 아니었다고 본다. 민족주의, 사회주의, 민주주의, 반공주의, 군국주의, 자유주의 그 어떤 이념도 그를 온전하게 사로잡지 못했다. 생애 전체를 볼 때 그가 일관성 있게 추구한 것은 권력 하나뿐이었다.

박정희 대통령은 시장과 자유경쟁이 이륙의 선행조건을 만들어 주리라 믿지 않았기에 민주적 정부라면 결코 할 수 없었을 방식으로 일했다. 그는 성공 사례를 알고 있었다. 일본은 메이지유신으로 권력을 중앙정부에 집중했고, 그 힘으로 산업화를 추진했다. 히틀러는 고속도로를 건설하고 중화학공업과 군수산업을 집중 육성하는 전시(戰時)계획경제로 대량실업과 초인플레이션(hyper-inflation)을 해소했다. 패전으로 무너지기까지 두 나라는 두드러진 경제적 성공을 거뒀다.

'전(前) 남로당원'이었던 박정희 대통령은 이승만 대통령과 달리 자유주의 이념에 갇히지 않았다. 국가 주도형 계획경제가 러시아 공산당의 창작품이었다는 사실이 그에게는 큰 문제가 아니었다. 볼셰비키혁명의 지도자 레닌이 국가권력을 장악했을 때 봉착한 첫 과제는 인민의 경제생활을 안정시키고 중화학공업을 신속하게 육성해 자본주의 강대국들에 포위당한 소련의 '일국사회주의'를 지키는 것이었다. 그런데 참고할 수 있는 전례가 없었고, 마르크스의 이론은 사회주의국가를 건설하는 실제적인 지침으로 쓸 수 없었다. 레닌은 공산주의자들이 혐오해 마지않던 사적(私的) 소유를 일부 허용한 가운데 국가전략 산업을 정부가 계획하고 조직하고 통제하는 절충형의 신경제계획(NEP)을 실시했다.

1941년 6월 유럽 동부전선에서 모습을 드러낸 소련은 차르가 통치하던 러시아가 아니었다. 현대적 중화기로 무장한 소련군은 유럽 전선에서 연합군과 제휴해 독일과 싸웠고, 태평양 전선에서는 미국과 함께 일본을 협공했다. 소련공산당의 중앙통제식 계획경제는 단기간에 눈부신 성과를 거뒀다. 박정희 대통령은 사유재산을 인정하는 자본주의 기본질서에 중앙통제식 계획경제를 결합했다. 그 시

대 한국의 경제체제는 영국·프랑스·미국 등 자본주의 선진국과 제
국주의 일본, 히틀러의 독일, 스탈린의 소련 경제시스템을 절충한 혼
합경제체제였다. 지금 중국의 경제체제가 그때 한국과 비슷하다. 경
제개혁을 추진한 중국공산당의 관료들이 괜히 박정희체제를 연구한
게 아니었다. 그들은 '성공한 개발독재'의 성공 요인을 탐구했다.

1977년 대한민국 기업들은 100억 달러 넘는 수출실적을 올렸고
1인당 국민소득은 1,000달러를 넘어섰다. 박정희 대통령이 꿈을 이
룬 것이다. 그는 다양한 붓글씨 휘호를 남겼는데, '민족중흥(民族中
興)'이나 '국론통일(國論統一)'처럼 군국주의 냄새를 물씬 풍기는 한문
이 많았지만 더러는 소박한 한글도 있었다. 대표적인 것이 '하면 된
다!'였다. 일제강점기에 '조선놈은 안 돼'라는 말을 수없이 들었을
터, 타인의 멸시와 자기비하를 떨쳐버리려는 의지를 담았으리라 짐
작한다. 대학생 시절 우리는 봉천동 시장 뒷골목 술집에 모여 박정희
정부를 타도하기 위한 역적모의를 하곤 했는데, '1970년대 운동권 대
학생'의 주식이었던 라면과 막걸리를 먹던 방의 벽에 걸려 있었던 그
휘호를 우리는 이렇게 읽었다. "라면 된다!"

[그림2]는 60여 년에 걸쳐 수천만 국민이 수행한 분투의 기록
이며 그 세월을 견디고 살아남은 사람들과 죽어간 사람들이 느꼈던
기쁨과 슬픔, 자부심과 분노를 느끼게 한다. 역사가 그들의 인생에
각인한 성공과 좌절의 침진물인 동시에 대통령들이 품었던 야심과
포부의 흔적이기도 하다. 독일 루르 지역 탄광의 지하갱도와 리비아
의 사막에서 석탄 검댕과 흙먼지를 먹으면서 일했던, 기계에 손가락
과 팔다리를 잘리고 목숨을 잃었던, 중금속에 중독되고 갖가지 직업
병에 시달렸던 노동자들의 아픔과 희망과 의지가 묻어 있다. 스마트
폰, 주상복합 아파트, 풀옵션 승용차, 대형 벽걸이 텔레비전, KTX 열

차, 국적항공기, 문무대왕함, 인천국제공항의 해외 여행자 행렬, 다도해 국립공원의 쾌속선……. 오늘 우리가 누리는 어느 것 하나도 하늘에서 거저 떨어지지 않았다. 오늘의 청년들은 그 모두를 원래부터 있던 것으로 여길지 몰라도, 나는 꿈을 꾸는 것이 아닌가 싶을 때가 많다.

국가주도형 산업화

국민이 골고루 잘살아야 좋다는 데는 이견이 나오기 어렵다. 그런데 잘사는 것(경제성장)과 고르게 사는 것(소득분배)의 관계에 대해서는 다툼이 많다. 소득분배에 신경을 쓰다 보면 경제성장이 안 된다는 주장도 있고, 지속적인 경제성장을 하려면 소득분배가 되도록 균등해지도록 해야 한다는 주장도 있다. 현실을 보면 둘 다 잘하는 나라도 있고 그렇지 않은 나라도 있는데, 한국은 소득분배가 고르지 않은 쪽에 속한다고 평가하는 경우가 많다. 소득 격차가 다른 나라보다 심하지 않다고 하는 이들도 과거보다 격차가 확대됐다는 사실은 인정한다. 왜 그렇게 됐을까?

한국의 산업화 계획은 유엔이 먼저 제시했다. 유엔은 전쟁의 참화를 겪은 대한민국의 자활을 돕기 위해 '한국재건단(UNKRA)'이라는 조직을 만들었고 한국재건단은 1953년 봄 한국경제개발계획 보고서를 작성했으며 우리 정부의 경제정책 담당자들은 그것을 참고해 '경제개발 7개년계획'을 세웠다. 그런데 정부가 산업화를 주도하는 것을 공산당 방식이라고 생각한 이승만 대통령이 승인하지 않은 탓에 '경제개발 7개년계획'은 한동안 허공을 떠돌다가 4·19 나흘 전

겨우 국무회의를 통과했다. 이념적 편견에 사로잡혀 국가의 책임을 내팽개친 것은 이승만 대통령이 저지른 여러 잘못 중 가장 어리석은 것이었다.

이승만 대통령만 계획경제를 싫어했던 건 아니다. 장면 정부가 1961년 2월 '경제개발 7개년계획'을 수정한 '경제개발 5개년계획 수립요강'을 발표했을 때도 집권 민주당과 내각에서 사회주의 아니냐는 비판이 나왔다. 장면 총리는 공공재와 국가기간시설을 중심으로 꼭 필요한 만큼만 하겠다면서 최초의 경제개발계획을 확정했다. 그런데 바로 그다음 날 박정희 소장이 5·16을 일으켜 정부를 전복하고 그 계획을 가져가버렸다.

한국경제사에서 눈여겨볼 가치가 가장 큰 사건은 두 가지라고 나는 생각한다. 경제성장과 관련해서는 제3차 경제개발 5개년계획 (1972~1976)이고 소득분배와 관련해서는 IMF 경제위기다. 우리나라는 다양한 소비재산업뿐만 아니라 철강, 자동차, 금속, 석유화학, 조선 등 전통적 중화학공업과 컴퓨터, 반도체, 이동통신기기 등 세계 최고 수준의 첨단산업을 보유하고 있다. 수출입을 합친 금액이 국내총생산과 비슷했던 때가 있었을 만큼 무역의존도가 높으며 수출과 내수를 막론하고 중요한 산업은 거의 모두 재벌 또는 대기업이 장악하고 있는데, 이러한 경제구조는 제3차 경제개발 5개년계획의 산물이다.

우리나라는 비정규직의 비중이 임금노동자의 절반에 육박한다. 비정규직의 임금은 정규직의 60%에 불과하며 고용안정성과 근로환경도 현격한 차이가 있다. 기업은 쉽게 노동자를 해고할 수 있으며 노동조합 조직률은 10% 수준에 불과하다. 중산층은 예전보다 줄었고 소득 격차와 자산 격차가 커졌다. 외국자본이 특별한 규제를 받지 않고 국내시장에 들어오거나 나갈 수 있고 대기업들은 생산시설 일부를 외국으로 옮기고 부품과 중간재를 외국에서 조달한다. 대기업과 중소기업, 수출기업과 내수기업의 격차는 갈수록 커지고 있다. 이러한 '양극화 현상'은 IMF 경제위기 이후 빠르게 심화됐다.

국민경제라는 비행기가 이륙하려면 활주로와 연료가 있어야 한다. 전통적 경제이론에 따르면 생산의 필수 요소는 자본과 노동력이다. 1960년대 초 대한민국에 노동력은 많았지만 자본은 없었다. 산업화를 하려면 공장건물, 기계, 원료, 중간재 등의 실물자본을 축적해야 한다. 마르크스는 자본주의 생산양식을 가동하는 데 필요한 최초의 자본 형성을 '원시적 축적'이라고 했는데 영국을 비롯한 자본주의 선진국들은 두 가지 방법으로 이 과제를 해결했다. 첫째는 봉건적 특권의 자본화였다. 유럽의 귀족은 중세 이래 농민들이 가지고 있던 경작권을 전면 부정함으로써 토지에 대한 봉건적 특권을 자본주의적 소유권으로 전환했다. 양모값이 오르자 농민들을 영지에서 추방해버리고 농지를 초지로 바꿔 농업 자본가에게 임대한 소위 '인클로저운동'이 그런 것이었다. 쫓겨난 농민들은 도시로 이주해 노동자가 됐다. 둘째는 식민지 수탈이었다. 영국·프랑스·네덜란드·스페인·포르투갈·독일 등 모든 산업국이 군사력으로 다른 전통사회를 정복해 부와 노동력과 자원을 약탈함으로써 자본을 축적했다.

소련과 중국은 다른 방식으로 자본의 원시적 축적을 이뤘다. 그들은 봉건적 특권을 사유재산이 아닌 국가자본으로 전환했고 사회간접자본과 중화학공업을 소비재산업보다 먼저 육성했으며 물질적 부를 향한 욕망이 아니라 혁명 이데올로기로 대중을 동원했다. 냉전시대 자본주의와 사회주의는 이념·정치·군사적으로 대립했지만 경제적인 면에서는 통하는 점이 있었다. 현실의 사회주의국가는 생산

과소비 방지 캠페인:
IMF 경제위기 이후 한국사회 곳곳에서 경제
살리기 운동이 일어났다. 1997년 12월 5일
서울의 한 고등학교에서 학생들이 '국민 경제
좀먹는 외제품 안 쓰기 운동' 행사를 갖고
외제품 화형식을 하고 있다.

수단의 소유권과 생산물의 처분에 관한 권한을 자본가가 아니라 공산당 관료들이 행사한 국가독점 자본주의로 볼 수 있으며, 공산당 관료들은 단기간에 대량의 국가자본을 축적하는 데 초점을 두고 경제정책을 폈다.

대한민국은 서유럽 국가와 달랐고 사회주의국가도 아니었다. 자본화할 수 있는 중세적 특권이 존재하지 않았고 남을 수탈할 능력도 없었으며 이데올로기로 대중을 동원하는 것도 불가능했다. 박정희 대통령은 우리 현실에서 실행 가능한 방안을 채택했다. 최초의 자본을 외국에서 들여왔는데, 처음에는 정부가 자본 수입을 독점하다가 나중에는 기업에도 문을 열어줬다. 다른 한편으로는 독점기업이 시장지배력을 이용해 소비자를 수탈하도록 묵인하고 노동운동을 강력하게 탄압해 임금 상승을 억제했다. 소비자와 노동자의 희생은 기업의 이윤이 됐고, 기업은 그 돈으로 시설투자를 하고 새로운 산업에 진출했다. 자본의 원시적 축적 과정이 대한민국에서 특별히 비인간적이고 잔혹했다고 할 수는 없다. 마르크스의 말마따나, 어느 곳에서나 자본은 머리부터 발끝까지 모든 구멍에서 피와 오물을 흘리며 태어났다.

경제개발 5개년계획은 '자본의 원시적 축적' 또는 '이륙을 위한 선행조건 충족'을 위한 것이었다. 제1차 5개년계획(1962~1966)의 핵심은 전력과 석탄 등 에너지원 확보, 국가기간산업 확충, 철도·도로·항만 등 사회간접자본 투자 확대, 농업생산력 제고, 수출 증대, 기술 진흥이었다. 공공재 공급과 국가기간산업 육성에 초점을 맞췄던 장면 정부의 계획과 다를 바 없었던 이 계획으로 박정희 정부는 비행기를 띄울 활주로를 닦았다.

제2차 5개년계획(1967~1971)의 목표는 식량 자급, 삼림녹화, 화학·철강·기계공업 건설, 7억 달러 수출, 고용 확대, 국민소득 증대, 과학기술 진흥, 기술수준과 생산성의 향상 등이었는데, 핵심은 화학·철강·기계 등 중화학공업 육성이었다. 제1차 5개년계획의 목표를 달성하지도 못한 상태에서 중화학공업을 육성한다는 것은 무리였다. 무엇보다 계획을 실행하는 데 필요한 자본이 없었다. 중화학공업은 막대한 설비투자를 해야 하고 투자에서 이윤 획득까지 시간이 오래 걸린다. 자본을 밖에서 들여오는 것 말고는 해결책이 없었다. 정부는 한일국교 정상화와 베트남전쟁 파병 등을 계기로 일본과 미국 자본에 힘입어 중화학공업 건설작업에 시동을 걸었고 1970년대의 제3차 5개년계획 기간에 가시적인 성과를 냈다.

산업화세력의 주요 인사들은 산업화의 성공과 관련한 이야기를 많이 남겼다. 국민에게는 김종필, 이후락, 차지철, 김형욱, 김재규, 김성곤 등 음습한 정보공작 정치의 책임자들이 더 많이 알려져 있지만, 이름을 기억해둘 만한 가치가 있는 이들은 박정희 시대의 경제관료다. 경제개발계획 입안과 집행을 총괄한 부총리 겸 경제기획원 장관은 시기 순으로 장기영, 박충훈, 김학렬, 태완선, 남덕우, 신현확이었다. 산업정책과 수출정책을 담당한 상공부장관은 박충훈, 김정렴, 이낙선, 장예준, 최각규였다. 이 사람들은 대체로 유복한 집안에서 태어나 국내 명문대와 미국에서 공부했고 공직을 마친 다음 안락한 노후를 보냈다. 비밀결사를 만들고 거리시위를 조직해 독재정권과 싸운 민주화세력의 주요 인사들이 수배, 도피, 체포, 고문, 투옥으로 이어진 파란만장한 삶을 살면서 숱한 무용담과 인생 드라마를 남긴 것과 달리 그들의 인생에는 대중의 호기심을 자극하고 인간적 감동을 불러일으키는 요소가 별로 없다. 하지만 그들이 산업화 초기의 국가정책 결정과정에 대해 남긴 기록에는 흥미로운 이야기가 적지 않다.

박정희 대통령은 1973년 신년 기자회견에서 중화학공업화를 선언했다. 1980년대 초까지 수출 100억 달러와 1인당 국민소득 1,000달러를 달성하고 중화학 제품이 수출의 절반을 넘기게 하겠다고 장담했다. 수출제일주의에 입각한 10년 이상의 장기계획으로 산업기계, 조선과 운송기계, 철강, 화학, 전자 등 5대 산업을 집중 육성한다는 것이 선언의 핵심이었다. 대통령은 중화학공업추진위원회를 만들어 직접 위원장을 맡았으며 100억 달러 투자재원 조달계획에 따라 첫 3년 동안 31억 달러의 자금을 동원했다. 오원철 경제수석, 김정렴 상공부장관, 박정희 대통령이 팀을 이뤄 중화학공업을 키워 방위산업을 증강하고 국군을 현대화했다.* 그들에게 이 사업은 전쟁과 마찬가지였다. 나라 안팎에서 100억 달러를 동원해야 한다는 보고를 받은 대통령은 이렇게 말했다. "내가 전쟁을 일으키자는 것도 아니지 않으냐. 일본은 국가의 운명을 걸고 전쟁을 일으켰는데도 국민은 기꺼이 따라줬다. 태평양전쟁 때 패전해서 국민에게 막중한 피해를 주긴 했지만. 이 정도의 사업에 협조를 안 해줘서야 되나."**

제3차 경제개발 5개년계획 기간에 한국경제는 이륙을 위한 선행조건을 충족했다. 국제 경제환경은 좋지 않았다. 베트남전쟁을 치르느라 너무 많은 돈을 찍어댄 탓에 달러 가치가 폭락하자 미국 정부는 1971년 달러를 금으로 바꿔주는 태환제도를 폐지했다. 금본위제와 고정환율제를 축으로 한 전후 금융질서가 무너져 국제 경제의 불확실성이 커졌다. 게다가 이스라엘과 아랍연합군이 전쟁을 벌인 1973년 가을, 중동 산유국들이 이스라엘을 지지하는 나라에 대한 원

*   김형아, 『박정희의 양날의 선택』, 신명주 옮김, 일조각, 2005, 278~314쪽.
**   오원철, 『박정희는 어떻게 경제강국 만들었나』, 동서문화사, 2006, 225~228쪽.

유 공급을 거부했다. 1배럴에 2달러 수준이던 국제 원유가격이 단숨에 다섯 배로 뛰어오르자 국내물가도 덩달아 치솟았다. 이런 상황에서도 정부는 계속 대규모 정부차관을 들여와 기업에 배분했다. 해외 국가채무 규모가 급증하자 나라 안팎에서 '외채망국론'이 거세게 일어났다. 그러나 우리 경제는 원유가격 폭등으로 천문학적 규모의 '오일달러'를 거머쥔 중동 국가의 건설 붐을 활용해 연평균 10%에 육박하는 성장률을 기록했다. 비행기가 활주로를 달리면서 속도를 냈고 바퀴가 지면에서 떨어졌다.

제4차 5개년계획(1977~1981) 기간에 10·26이 터졌다. 그러나 전두환 보안사령관을 중심으로 한 신군부가 12·12군사반란과 5·17쿠데타를 통해 권력을 장악했기 때문에 이 계획은 그대로 살아남았다. 제4차 5개년계획 목표에 자력성장구조 확립, 기술혁신과 능률향상 등과 더불어 '사회개발을 통한 형평 증진'을 포함시킨 것을 보면 박정희 정부의 경제 관료는 한국경제가 이미 이륙에 성공했다고 판단했던 듯하다. 이륙할 때는 추진력과 속도가 중요하지만 이륙한 비행기가 순조롭게 운항하려면 균형을 잡아야 한다. 그래서 경제정책에 처음으로 '형평'이라는 목표가 들어온 것이다.

제4차 5개년계획 첫해인 1977년 한국경제는 100억 달러 수출과 1인당 국민소득 1,000달러를 조기 달성했지만 서민의 삶은 여전히 고달팠다. 부동산투기 광풍으로 주택가격이 폭등했고 생필품 공급은 여전히 부족했다. 1978년 이란의 이슬람혁명과 사우디아라비아 내전, 소련의 아프가니스탄 침공 등 일련의 사건으로 제2차 석유파동이 일어나 다시 한번 물가가 폭등했다. 그런데 하필이면 그런 시기에 정부가 국가재정을 안정적으로 확보하기 위해 세율 10%의 부가가치세를 새로 도입하는 바람에 소비자물가는 더 올랐으니 민심이

사나워질 수밖에 없었다. 제4차 경제개발 5개년계획 목표에 '형평'을 포함시킨 것은 적절했지만 정부는 경제적 불평등과 물가 폭등에 대한 시민의 불만을 해소하지 못했다. 여기에다 1980년 여름 이상저온 현상으로 농업마저 대흉작을 기록해 한국경제는 경제개발계획 시행 이후 처음으로 마이너스 성장률을 기록했다. 산업화 시작 이후 첫 경제위기였다.

정부는 경제개발계획을 세 차례 더 수립했지만 예전과 같은 의미는 없었다. 1982년 시작한 제5차 5개년계획의 목표에서 '성장'이 빠졌다. 노태우 정부와 김영삼 정부는 제6차와 제7차 계획에 자율·경쟁·개방·국제화·기업경쟁력 강화 같은 목표를 추가했다. 국가주도형 자본주의적 계획경제의 점진적 해체를 예고한 것이다. 게다가 1989년 소련이 붕괴하고 지구촌 냉전이 종식되면서 미국식 신자유주의 세계화가 대세를 형성했다. 국내 대기업과 재벌이 이미 거대한 부를 축적했기 때문에 정부가 투자재원을 조달해 기업에 할당할 필요도 없어졌다. IMF 경제위기는 국가주도형 경제개발계획 시대의 종결을 앞당겼다.

한국형 경제성장의 비결

경제성장은 국가의 부(富)가 늘어나는 것이다. 그렇다면 국가의 부는 무엇인가? 국민이 해마다 생산하고 소비하는 재화와 서비스의 양이다. 이것을 측정하기 위해 국민총생산(GNP), 국내총생산(GDP), 국민총소득(GNI) 같은 지표를 쓴다. 국민총생산은 한 해 동안 국민이 생산한 부가가치 총량을 집계한 것이다. 그런데 여기에는 몇 가지 중대한 결함이 있다. 무엇보다 생산하느라 자연과 환경을 파괴함으로써 국민의 복지와 후생을 해치는 '부정적 외부효과(negative external effect)'를 반영하지 않으며, 스스로 생산해서 소비한 재화와 서비스도 포함하지 않는다. 시장에서 거래했더라도 그 자체가 불법이거나 탈세를 목적으로 일부러 자료를 남기지 않는 '지하경제'도 빠져 있다. 그러나 이러한 결함이 있다 해도 더 나은 측정도구가 없기 때문에 모든 나라가 이것을 국부의 지표로 쓴다.

국민총생산을 늘리는 방법은 네 가지가 있다. 첫째, 더 많은 노동력의 투입. 그렇게 하려면 인구가 늘어야 하며, 인구가 늘지 않는다면 고용률을 높여야 한다. 둘째, 더 많은 자본의 투입. 그러려면 투자를 해야 한다. 투자는 생산한 것 가운데 일부를 소비하지 않고 자본을 형성하는 데 쓰는 행위를 말한다. 투자율이 높으면 성장률이 높아질 가능성이 커진다. 셋째, 생산기술의 향상. 기술수준이 높으면 같은 양의 노동력과 자본으로 더 많이 생산할 수 있다. 넷째, 신뢰라는 사회적 자본. 합리적 규칙이 있고 자본가와 노동자, 정부와 기업, 공급자와 수요자 그리고 시민 각자가 모두 그 규칙을 지키면서 남들역시 그렇게 할 것이라고 믿는 사회는 그렇지 않은 사회에 비해 더많은 부를 생산할 수 있다.

1959년의 대한민국에는 노동력만 있었고 자본과 생산기술이 없었다. 부정부패와 독재가 판지는 세상이라 신뢰가 형성되기도 어려웠다. 장면 정부는 이런 상황에서 최초의 경제개발계획을 세웠다. 경제를 발전시키려면 누군가 리더십을 발휘해 경제활동 참여를 독려하고 생산기술을 교육하며 물질적 자본을 형성하고 서로 믿고 마음을 모을 수 있게 해야 한다. 장면 정부가 이 과제를 완수하지 못한점을 논거로 삼아 5·16을 옹호하는 것은 공정하지 않다. 시행하려던 참에 권력을 빼앗겼기 때문이다.

앞서 말한 것처럼 산업화의 첫 과제는 자본의 원시적 축적이다. 그런데 국민은 너무 가난해서 저축할 여유가 없었고 국가 전체도 생산이 소비를 충족하지 못해 외국의 원조를 받아야 했다. 박정희 대통령은 수단 방법을 가리지 않고 자본의 원시적 축적을 도모했다. 일제의 착취와 수탈과 학살에 대한 배상청구권을 3억 달러라는 헐값에 넘겨줬고 베트남전쟁에 청년들을 보내 무려 5,000여 명을 희생시켰으며 독일에 광산노동자와 간호사를 보냈다. 1963년부터 8,000여 명이 파견됐던 광산노동자의 학력은 고졸이 50%, 전문대 이상 대학 학력자가 24%였다.[*] 간호사 파견은 1966년 독일 마인츠 대학병원 이수길 박사가 독일병원협회와 한국해외개발공사를 중재해 이뤄졌고 1969년의 협약에 따라 1만 1,000여 명이 독일 병원에서 일했다.[**]

광산노동자와 간호사는 급여 일부를 가족에게 송금해 외화 획득에 큰 도움을 줬다. 이때 한국 정부가 그들의 급여를 담보로 상업 차관을 얻었다는 이야기는 아무 근거가 없다.[***] 독일의 법률은 근로계약에 따라 독일 기업이 한국인 노동자에게 지급하는 급료를 담보로 잡고 정부차관을 제공하는 행위를 허용하지 않는다. 독일은 공적개발원조(ODA)를 많이 하는 나라여서 우리나라에 미국 다음으로 많은 정부차관을 제공했을 뿐이다. 1970년대에는 중동 지역이 외화 획득의 현장이었다. 1973년 삼환기업의 사우디아라비아 도로 건설 공사로 시작한 중동 건설 붐은 남광토건, 신한기공, 대림산업의 요르

[*]   권이종 책임집필, 『외화벌이의 첫 삽을 뜬 파독광부백서』, 한국파독광부총연합회, 2009, 37쪽.

[**]   같은 책, 65쪽.

[***]   이영조·이옥남, 「1960년대 초 서독의 상업차관에 대한 파독근로자의 임금 담보설의 진실」, 정성화 엮음, 『박정희시대와 파독 한인들』, 선인, 2013, 45~47쪽.

단, 아랍에미레이트연합, 쿠웨이트 건설수주를 거쳐 1976년 현대건
설의 사우디 항만공사로 폭발적 양상을 보였다. 1979년 중동에 간 한
국 노동자는 10만 명에 육박했다.[*]

예나 지금이나 성매매는 엄연한 불법이다. 하지만 정부는 일본
인 관광객을 상대하는 소위 '기생관광'을 조장했다. 1965년 한일국교
정상화 이후 일본인 관광객이 급증해 1973년에는 외국인 관광객 68만
명의 80%가 일본인이었는데, 대부분이 기생관광을 즐기러 온 일본
의 하위 소득계층 남자들이었다. '외화벌이'를 한다면 안 되는 일이
없는 시대였다. 종로 10곳을 비롯해 서울에만 14곳, 부산에 7곳, 경주
에 4곳, 제주도에 2곳의 관광요정이 있었다. 가장 규모가 컸던 서울
삼청각과 대원각에는 '관광기생' 수가 800명이나 됐다. 여행사와 관
광요정, 호텔이 삼각동맹을 맺은 이 국제적 성매매사업은 1973년 한
해에만 2억 달러의 관광수입을 안겼다.[**]

정부는 직접 대규모 차관을 도입해 철도·도로·통신·철강·석유
화학·금속 등 국가기간산업을 직접 운영하거나 공기업을 세워 통제
했으며 마산을 비롯한 여러 곳에 수출자유지역을 만들어 외국자본
의 직접투자를 유도했다. 「가정의례준칙」을 만들어 민간 소비를 억
제했고 모든 학생에게 예금통장을 만들도록 강제했으며 사채업을
강력 단속해 은행을 키웠다. 돈을 풀어 물가인상을 유발함으로써 현
금과 예금을 보유한 국민을 착취하고 부채가 많은 금융기관과 기업
에 막대한 이익을 안겼다.

국가재건최고회의 의장 시절 국내자본을 산업화에 동원하기 위
한 극비작전을 편 것을 보면 박정희 대통령이 처음부터 해외자본 차

[*]   허영섭, 「한국 건설업체들의 중동진출 40년」, 『대한토목학회지』, 2013년 11월호, 61~62쪽.
[**]   한국교회여성연합회, 『기생관광: 전국 4개 지역 실태조사보고서』, 1983, 6~23쪽.

입을 마음에 두지는 않았던 듯하다. 미국 대사관도 모르게 영국에서 신권을 인쇄해 들여온 그는 1962년 6월 9일 밤 10시, 아무도 예상치 못했던 화폐개혁을 선포했다. 화폐 단위를 10 대 1 비율로 '환'에서 '원'으로 바꾼 이 작전의 목적은 음성자금을 끌어내 투자재원으로 전환하는 것이었다. 국가재건최고회의는 100환 이상의 화폐 유통을 금지하고 50환 이하의 소액 화폐는 일정 기간 새 화폐와 병용하게 했다. 금융기관의 채무지급 행위를 전면 금지한 가운데 예금액의 일부만 신권으로 바꿔주고 나머지는 봉쇄계정에 넣어 아직 설립하지도 않은 산업개발공사의 주식으로 바꿔줬다. 화교들이 가진 구권 현금만 1,000억 환이 될 것이라는 보고를 믿고 편 작전이었는데 결과는 실망스러웠다. '화교자금'은 뜬소문이었는지 봉쇄대상 자금 총액은 기대 이하였고 중소기업 가동률이 절반 이하로 떨어지는 등 부작용만 생겼다. 미국 국무부 차관보가 정일권 주미 한국대사를 불러 강제 동결한 예금을 풀지 않으면 원조를 끊겠다고 을러대자 예산의 절반을 미국원조에 의존했던 군사정부는 항복할 수밖에 없었다. 화폐개혁 실패는 국내 자본으로 산업화를 추진하는 것이 불가능하다는 결론으로 이어져 민족자본으로 국가기간산업을 건설하고 수입대체산업과 수출산업을 세우는 전략은 설득력을 잃었다. 외국자본 도입, 가공무역, 수출 장려와 수입 억제 등으로 요약할 수 있는 무역의존형 산업화 전략 말고는 대안이 없었다.•••

 실패한 화폐개혁보다 더 노골적으로 재산권을 침해했던 1972년의 8·3긴급조치를 보면 박정희 대통령이 재산권을 절대적으로 존중하지는 않았다는 것을 알 수 있다. 과도한 사채 규모와 높은 금리 때

••• 김정렴, 『최빈국에서 선진국 문턱까지』, 랜덤하우스코리아, 2006, 113~121쪽.

문에 부도 위험에 빠진 기업이 늘어나자 전국경제인연합회는 사채를 금융기관 대출로 전환하는 방안을 정부에 건의했고 박정희 대통령은 이 건의를 받아들여 「경제의 안정과 성장에 관한 긴급명령」을 선포했다. 이 명령으로 채무계약서는 효력을 잃었고 채무자는 3년 거치 5년 분할로 시중 사채이자의 3분의 1 수준인 월 1.35%의 이자율을 적용해 원리금을 반환하게 됐다. 채권자가 원하면 사채를 출자로 전환했고 2,000억 원의 특별자금을 조성해 기업의 단기성 대출금을 장기저리 대출금으로 바꿔줬다. 일주일의 신고기간 동안 기업들은 은행대출금 총액의 42%나 되는 3,456억 원의 사채를 신고했는데, 나중에 밝혀진 바에 따르면 기업인이 자기 회사에 돈을 빌려준 것처럼 꾸며 회사자금을 착복한 '위장사채'가 1,137억 원이나 됐다. 정부는 1억 원 이상의 위장사채가 있는 기업을 다 파산시키고 전체 건수 90% 금액의 32%를 차지한 300만 원 미만 소액사채에 대해서는 거치기간을 줄여줬다.* 채권자의 사유재산을 빼앗고 거기에 국민의 세금을 얹어 기업에 제공한 8·3긴급조치 덕분에 기업들은 재무구조를 크게 개선했다.

　　시장의 원리에 따르면 자본은 저절로 수익성 높은 투자 프로젝트를 가진 산업과 기업으로 흘러간다. 그러나 당시 대한민국에는 정상적으로 작동하는 자본시장과 금융시장이 존재하지 않아서 외국이나 한국은행에서 빌린 투자재원을 정부가 직접 기업에 나눠줬다. 그런데 정부의 실체는 박정희 대통령과 측근 참모들이었다. 아무리 수익성 있는 투자 프로젝트를 가진 사람이더라도 정부에 줄을 대지 못하면 자금을 받을 수 없었으니 정경유착과 부패가 생긴 것은 불가피

* 같은 책, 320~335쪽.

한 일이었다.

대통령과 참모의 신임을 받은 기업인들은 이자율이 물가인상률보다 훨씬 낮은 정책자금을 받았다. 각종 특혜와 행정편의를 제공받으면서 국내시장의 독과점 공급자가 되어 소비자인 국민을 등쳤고, 그렇게 번 돈으로 여러 산업 분야에 진출해 거대한 기업집단을 형성했다. 삼성그룹 이병철, 현대그룹 정주영, 선경그룹 최종현 등 재벌 창업자들은 그런 일에 빼어난 능력을 발휘했다. 정부는 재벌 대기업이 수출을 해서 달러를 벌어들일 수 있도록 자금과 세제 지원을 아끼지 않았고, 재벌 총수들은 대통령과 권력실세에게 '통치자금' 명목의 뇌물을 넉넉하게 바쳤다. 재벌체제와 정경유착의 부패구조가 뿌리를 내린 것이다.

5·16 직후 군사혁명 정부는 재계 서열 10위권 기업인들을 모조리 구속했다. 일본에 출장을 간 덕에 체포를 면했던 이병철 회장은 국가재건최고회의 부정축재처리위원장에게 편지를 보내 5·16을 지지하며 부정축재자 처벌 방침에 이의가 없다고 했다. 그러나 한국전쟁 시기에 만든 불합리한 세법 아래에서 고용을 창출하고 세금을 납부해 국가운영을 뒷받침한 기업인과 백해무익한 악덕 기업인을 구별해야 하며, 경제인을 처벌해 기업활동을 위축시키면 빈곤을 퇴치할 수 없다고 주장했다. 군사정부의 종용을 받고 귀국한 이병철 회장은 1961년 6월 27일 박정희 소장을 만나 법대로 세금을 냈다면 살아남은 기업이 없었을 것이며, 그런 환경에서도 큰 기업을 일군 기업인을 처벌한다면 세수가 줄어 국가운영이 타격을 받을 것이라고 설득했다. 기업인들은 '조국근대화사업'에 앞장서기로 서약하고 풀려나저마다 일정액의 추징금을 납부했다. 이병철 회장은 박정희 의장을 다시 만났을 때 기업인들에게 벌금을 물리기보다는 공장을 지어 정

부에 헌납하게 하는 방안을 건의했다. 국가재건최고회의는 이 제안
을 수용해 정부가 기업에 투자명령을 내릴 수 있는 법률을 만들고 국
가기간산업 시설을 세우기 시작했다.*

　박정희 의장과 이병철 회장은 '국가와 재벌의 발전을 위한 동
맹'**을 형성했다. 5·16 직후 체포됐다 풀려난 기업인들은 '전국경제
사범연합회'라는 비아냥을 듣는 전국경제인연합회(전경련)를 결성했
다.*** 그 후 재벌 총수들은 대부분 한 번 이상 불법 비자금 조성, 회
사자금 횡령, 불법 정치자금과 뇌물 제공, 분식회계, 탈세 등의 범죄
혐의로 입건됐는데, 검찰이 아예 기소하지 않은 경우도 허다했고 범
죄 혐의가 너무나 명확하게 드러난 경우에만 징역 3년 집행유예 5년
정도의 가벼운 형을 선고받았으며 그나마 시간이 지나면 대통령이
'국민경제 활성화와 기업인들의 사기 진작을 위해' 사면했다. "기업
의 탈세와 불법은 불합리한 제도 때문이며 기업인을 처벌하면 경제
가 위축되어 경제가 침체한다"라는 이병철 회장의 견해는 대통령과
판검사, 언론이 모두 추종하는 이데올로기가 되어 지금도 여전히 만
만치 않은 위력을 발휘한다.

　노동력 투입을 늘리는 것은 자본 축적보다 한결 수월했다. 정부

---

*　　이병철, 『호암자전』, 중앙일보사, 1986, 108~116쪽. 그런데 이병철 회장 자신의 기록보다는
조갑제, 『한강의 새벽』, 조갑제닷컴, 2011, 448~454쪽에 담긴 내용이 훨씬 흥미진진하다. 이 책에
서 조갑제 대표는 이병철 회장이 박정희 대통령의 경세 가정교사였다고 주장했다.
**　　이 표현은 김윤태, 『한국의 재벌과 발전국가』, 한울아카데미, 2012, 100~102쪽에서 가져왔
다. 한국의 경제발전과 재벌체제의 관련성을 역사·이론적으로 해명하고, 독재를 통해 만들어진
발전국가 대한민국이 민주적 발전국가로 나아가기 위한 과제를 진지하게 탐색한 책이다.
***　　전경련을 '전국경제사범연합회'라고 꼬집은 이는 정치인 노회찬이다. 삼성그룹이 정관계
인사들을 돈으로 관리해온 실태를 담은 이학수 삼성그룹 부회장과 중앙일보사 홍석현 회장의 대
화를 안기부가 도청한 '삼성 X파일'사건이 터졌을 때, 그는 여기에 등장하는 검찰 간부들의 실명
을 공개했다가 유죄선고를 받아 2013년 의원직을 빼앗겼으며, 한때 인기가 높았던 안철수 씨가
바로 그 선거구의 보궐선거를 통해 국회에 입성했다.

는 도시에 일자리를 공급하고 농촌에서 경지정리를 했다. 1960년대와 1970년대에 걸쳐 북한강 수계의 소양강댐과 남한강 수계의 충주댐, 낙동강 수계의 안동댐 등 대형 다목적댐을 건설하고 저수지와 농수로 등 관개시설을 확충함으로써 농업생산성을 높였다. 당시 농촌에는 '잠재적 실업자'가 널려 있었다. '잠재적 실업자'는 통계에는 취업자로 간주되지만 생산에 실제 기여하는 바가 거의 없는 사람을 가리킨다. 한국전쟁 이후 농업은 유상몰수 유상분배 원칙에 입각한 농지개혁으로 대지주가 사라지고 소농이 압도적인 경영형태가 됐다. 가족노동과 품앗이로 좁은 농지를 경작했기 때문에 노동력을 더 투입해도 '한계생산력 체감의 법칙'이 작용해 생산량이 별로 늘지 않았다. 그래서 그들 중 상당수가 공장에서 일하게 됐지만 농업생산은 줄어들지 않았다.

　　노동력의 이동 배치를 위해 정부가 특별히 한 일은 없었다. 물질적 풍요를 바라는 욕망에 이끌려 국민 스스로 움직였다. 더러는 가족 전체가 농촌을 떠났고 더러는 혼자 도시로 이주했다. '무작정 상경' 열풍으로 농촌 인구가 급감하고 도시 인구는 급증하자 서울을 비롯한 대도시에 빈민가와 달동네가 형성됐다. 상하수도와 도로, 주택과 학교 등 도시 기반시설이 전혀 없는 곳에 농촌을 떠나온 미숙련 노동자, 수해로 집을 잃은 이재민, 부동산 투기 열풍과 도시재개발에 쫓겨난 사람들이 밀집하자 심각한 문제가 생겼다. 1971년에 터진 광주대단지 폭동이 대표적 사건인데, 지금의 성남시 수정구와 중원구 구시가지가 바로 그 지역이다.••••

••••　당시 광주대단지 주민의 생활환경을 알고 싶은 독자에게는 윤흥길, 『아홉 켤레의 구두로 남은 사내』, 문학과지성사, 1977을 권한다. 광주대단지 사건의 사회경제적 배경과 역사적 의미를 더 깊이 들여다보고 싶다면 임미리, 『경기동부』, 이매진, 2014가 참고가 될 것이다.

한국경제의 성장은 생산기술 향상을 동반했다. 노동자를 생산에 투입하려면 기술교육을 해야 한다. 봉제·섬유·합판·식품·전자조립 등 산업화 초기의 단순 제조업 분야에서는 기업이 스스로 문제를 해결했다. 초등학교나 중학교도 채 마치지 못한 어린 노동자들을 '시다'로 채용해 급여를 적게 주고 일을 시켰다. 청년 노동자 전태일이 「근로기준법」 책자를 껴안은 채 분신했던 청계천 봉제공장이나 가산디지털단지로 변모한 구로공단의 사업장들이 모두 다 그랬다. 하지만 금속·전자·전기·자동차·조선·철강 등 부가가치가 높은 제조업과 중화학공업 분야에서는 더 높은 수준의 지식과 기술을 지닌 노동자가 필요했다.

정부는 실업계고등학교를 지원하는 한편 전국 각지에 직업훈련원을 만들었다. 고등학교를 마친 청년들이 여기서 교도소 수용자보다 적은 예산으로 제공하는 밥을 먹고 군대와 비슷한 집단생활을 하면서 기술교육을 받은 다음 울산과 창원 등의 대공장에 투입됐다. 이후 이 직업훈련원들은 평생교육을 담당하는 폴리텍대학이 됐다. 대학과 전문대학은 새로운 산업과 관련된 학과를 신설했으며 정부는 연구개발을 담당하는 국가연구소를 만들고 민간기업도 연구소를 만들도록 독려했다.

산업화는 또 다른 전쟁이었다. 사회주의 계획경제를 채택한 북한이 혁명이념을 주입해 '천리마운동'과 '새벽별보기운동'에 노동자를 동원하던 그 시기에 자본주의 계획경제를 선택한 대한민국에서는 더 나은 물질적 삶을 바라는 욕망과 자본가들의 이윤추구 욕망이 노동자들을 '만리마운동'과 '별도 보지 않고 밤새 일하기 운동'으로 몰아넣었다. 노동자들은 잠을 쫓기 위해 '타이밍'이라는 알약을 먹으면서 철야작업을 했고 공장 관리자들은 옷핀으로 팔을 찔러 피로에 지쳐 조는 여성노동자를 깨웠다.

이것이 경제발전 이야기의 전부는 아니다. 경제는 공급과 수요의 양면이 있다. 국민경제가 지속적으로 성장하려면 기업들이 생산물을 팔아 이윤을 남기고, 그 이윤을 다시 투자해 생산능력을 더 확장하며, 또다시 늘어난 생산물을 팔아 더 큰 이윤을 얻을 수 있어야 한다. 마치 자전거를 타는 것과 같아서 계속 달리지 않으면 쓰러진다. 성장이 멈추면 현상유지를 하는 게 아니라 경기가 급강하해 붕괴의 위기를 맞을 수도 있다. 그런데 1960년대와 1970년대 대한민국은 국민소득 수준이 너무 낮아 국내 소비만으로는 생산 능력의 급속한 확대를 뒷받침할 수 없었다. 게다가 외채 원리금을 상환하려면 어떻게든 수출을 해서 달러를 벌어야 했다. 그래서 정부는 극단적인 수출장려와 수입억제정책을 채택하고 '애국적 소비'를 권장하는 캠페인을 했다.

생산을 해야 수출할 수 있기 때문에 원유를 비롯한 에너지와 원자재, 공작기계와 부품 등 생산설비와 중간재 수입은 막을 수 없었다. 그래서 소비재 수입을 막을 관세장벽과 비관세장벽을 쳤다. 특히 양담배와 외제차는 '공공의 적'이었다. 멀리서 연기만 보고도 양담배를 알아보는 전문가들을 식당과 술집과 다방에 투입해 소비자와 밀수업자와 유통업자들을 잡아들였고 외제차를 타면 국세청이 특별세무조사를 했다. 어떤 사람들은 길가에 주차해놓은 외제차를 못으로 긁어버리는 범죄를 저지르면서 애국자가 됐다는 자부심을 느꼈다. 한국경제 개방 초기였던 88올림픽이 열릴 무렵 서울 거리를 본 미국과 유럽의 자동차회사 경영자들은 공산당보다 더하다며 혀를 찼다고 한다. 한국의 수입차 시장점유율이 거의 0%로 소련과 동유럽 사회주의국가들보다 낮았다.

반면 수출은 칭송해 마땅한 애국행위였다. 정부는 '산업보국(産業報國)', '수출입국(輸出立國)' 같은 구호를 걸고 수출을 많이 한 기업인에게 금탑·은탑·동탑·철탑 산업훈장과 막대한 세제혜택을 줬으며 노동자들에게는 '수출역군(輸出役軍)'이나 '산업전사(産業戰士)' 같은 명예로운 이름을 부여했다. 자금을 해외로 빼돌리는 행위는 최악의 반사회·반국가적 범죄여서 기업은 「외환관리법」을 철저히 지켜야 했다. 여러 소문이 있었지만 박정희 대통령이 해외에서 받은 차관이나 기업인들에게 받은 '통치자금'을 해외로 빼돌렸다는 증거는 드러나지 않았다. 공공연하게 스위스 비밀계좌로 돈을 빼돌린 20세기 지구촌의 숱한 개발독재자들과 달랐던 한국형 개발독재의 문화전통은 후임자들에게 전승됐다. 전두환과 노태우 두 대통령은 재임 중 밝혀진 것만 해도 1조 원이 넘는 뇌물을 재벌 총수들에게 받아 '통치자금'으로 썼는데, 잔금을 해외로 내보내지 않고 국내 금융기관에 예치해뒀다가 꼬리를 잡혀 구속됐다. 당시 나는 독일 유학 중이었는데, 아프리카 탄자니아에서 온 친구가 내게 물었다. "아니, 그 돈을 왜 한국 금융기관에 뒀대? 스위스 은행도 있는데. 너네 독재자들은 좀 특이하다."

박정희 대통령은 19세기 독일의 경제학자이자 애국지사였던 프리드리히 리스트(Friedrich List, 1789~1846)의 충실한 제자였다고 할 수 있다. 고전적 사유주의가 풍미했던 19세기 중반, 리스트는 사신이 독일인이기 때문에 자유무역론을 거부한다고 말했다. 산업기반이 약한 독일이 자유무역을 하면 경제적으로 영국의 패권 아래 편입되어 별 볼일 없는 산업을 가진 2등 국가가 될 것이라 전망하면서, 높은 무역장벽을 치고 자국의 산업을 육성해 충분한 경쟁력을 확보한 후에 국내시장을 개방해야 한다고 주장했다. 리스트는 독일산업을 보호하기 위해 수입 공산품에 높은 관세를 매겨야 한다고 제안했으며, 그런 목적으로 부과하는 관세에 '보육관세(保育關稅, Erziehungs-zoll)'라는 멋진 이름을 붙였다. 대한민국의 무역정책은 뒤늦게 산업화를 시작한 나라에는 보호무역주의자 리스트의 전략이 타당하다는 것을 입증했다.•

1970년대 한국경제성장의 비결은 '요소 투입량 증가'였다. 정부는 해외에서 차관을 들여왔고, 독과점 지위를 누린 국내 대기업은 빠르게 자본을 축적했다. 민간가계의 저축률은 요즘의 열 배가 넘는 30% 수준이었다. 농촌을 떠난 사람들이 제조업과 건설업, 서비스업으로 밀려들었고 경제활동 참가율이 50%를 넘어섰다. 노동력 투입량이 가파르게 증가한 것이다. 생산기술을 향상하려는 노력이 없었던 것은 아니지만 아직은 경제성장의 주된 동력이 아니었다. 특권과 부패, 정경유착, 부동산투기, 경제력 독점과 불공정거래가 횡행했기에 사회자본인 신뢰는 형성되지 않았다.

한국경제는 1960년대 후반부터 1990년대 중반까지 세계사에서 드문 고도성장을 이뤘다. 지금까지 한국보다 더 높은 경제성장률을 기록한 나라는 중국뿐이다. 박정희 대통령은 위협과 폭력이 항구적이고 효율적인 통치방법이 아니라는 것을 모르지 않았다. 그래서 국민이 국가의 목표를 자신의 개인적 목표로 여기고 자발적으로 협력하게 하기 위해 교육을 통제하고 언론을 장악해 국민을 세뇌하려 했다. 사회주의든 자본주의든, 중앙통제식 계획경제는 반드시 전체주의 독재를 불러들인다.

• 　리스트의 이론을 21세기 버전으로 감상하고 싶은 독자들은 보호무역주의와 국가산업정책을 옹호하는 장하준 교수의 책들을 보면 좋을 것이다. 예컨대 장하준, 『사다리 걷어차기』, 형성백 옮김, 부키, 2004와 장하준, 『국가의 역할』, 이종태·황해선 옮김, 부키, 2006 등이다.

대한민국의 산업화는 압축적이었다. 산업혁명 이후 서유럽 산업국들은 주력산업 교체 주기가 20~30년이었지만 한국은 3~4년에 불과했다. 우리의 주력산업은 식품·섬유·봉제·신발·합판제조 등 단순 소비재산업에서 출발해 전기·가전 등 내구성 소비재산업과 철강·금속·정유·조선·원자력·자동차 등 중화학공업을 거쳐 전자·반도체·컴퓨터·이동통신 등 부가가치가 큰 첨단산업으로 빠르게 바뀌었다. 지나치게 빠른 속도는 적응의 어려움을 야기한다. 어떤 산업이 번창하면 그 산업에 필요한 기능을 가진 사람들이 노동시장에서 좋은 대우를 받게 되고 그런 기능을 가르치는 학과가 대학입시에서 인기를 끌게 마련이다. 나보다 일곱 살이 많은 형은 섬유산업이 주력 업종이었던 때 화학공학과에 입학했다. 그런데 군대를 갔다 와서 대학을 졸업하고 보니 섬유산업은 이미 기울어 있었다. 기계공학, 조선공학, 원자핵공학 등 수많은 학과가 비슷한 일을 겪었다.

그렇게 주력산업 교체가 빨랐던 원인은 모든 면에서 선진국을 따라잡으려고 한 정부의 산업정책이었다. 그런데 이 정책이 성공할 수 있었던 배경에는 재벌체제라는 특수 요인이 작용했다. 재벌은 어떤 개인을 중심으로 한 특수 관계인들이 경영 의사 결정권을 행사하는 대규모 기업집단이다. 재벌이 기업집단이 된 것은 사업 다각화(diversification)를 했기 때문이다. 제일제당과 제일모직 등 소비재산업에서 출발한 삼성그룹이 금융업과 가전산업을 거쳐 반도체·전자·보험·레저·정보통신산업으로 진출한 것이 대표적인 사례다. 재벌은 처음에는 정부가 제공하는 산업자금에 의존했지만 점차 금융기관의 대출, 주식시장을 통한 직접금융 조달, 영업이익의 사내유보 등을 통해 독립한 자본의 왕국을 구축했다.

법률적으로 재벌은 '동일인이 사업내용을 사실상 지배하는 대규모 기업집단'이다. 2020년 5월 현재 64개가 지정되어 있는 '대규모 기업집단' 가운데 삼성은 59개 계열사 자산총액 425조 원으로 54개 계열사 자산총액 235조 원인 현대자동차를 멀찌감치 따돌린 압도적 1등이었다.[*] 금융보험 분야 계열사를 제외해도 삼성그룹은 매출과 당기순이익 등 모든 경영지표에서 현대자동차 그룹을 두 배 앞섰다. 최근 몇 해 삼성그룹은 현대자동차·SK·LG·롯데·포스코·한화 등 10위 이내의 나머지 민간 재벌그룹을 다 합친 것만큼의 당기순이익 을 올렸다.

삼성그룹의 역사는 한국경제가 주력산업을 교체하는 과정의 결정판이다. 일제강점기에 정미업과 운수업을 하던 이병철 회장은 이승만 정부 때 삼성물산공사를 설립했고 한국전쟁 때 피난지 대구에서 제조업 진출을 준비했다. 먼저 제일제당과 제일모직을 세웠고 여기서 번 돈으로 국내 은행 주식을 대량 취득해 금융업으로 사업을 확장했다. 5·16 이후에는 일본 자본을 끌어와 울산에 한국비료를 세웠으며 동양방송, 용인자연농원 등 미디어와 레저산업에 도전했다. 1970년대부터는 전자산업·조선업·플랜트사업·석유화학·방위산업에 손을 뻗었고 생명보험·백화점·호텔사업에도 진출했으며 1983년 반도체와 컴퓨터산업에 착수했다. 미국과 일본 기업에서 기술을 도입해 초대규모집적회로(VLSI) 64KD램과 16KS램을 생산했는데, 처음에는 웨이퍼를 수입해 회로를 입히는 단순공정이었지만 몇 년 지나지 않아 전후방 연관기술을 개발해 반도체 결정을 키우는 것부터 완제품 제조까지 모든 공정을 수행하게 됐으며, 미국과 일본 기업을 능가하는 세계 최고 수준의 집적기술을 확보한 기업으로 올라섰다.[**]

[*]   공정거래위원회, 「집단별 계열사 수 및 자산총액」, 기업진단포털(https://egroup.go.kr).
[**]   삼성비서실, 『삼성오십년사』, 1988, 498~506쪽.

요약하면, 제당과 모직 등 수입대체 소비재산업으로 출발한 삼성그룹은 가전·석유화학·조선·기계 등 중화학공업을 거쳐 반도체·컴퓨터·산업용 전자기기·유전자공학 등 최첨단 산업으로 주력업종을 신속하게 교체했다.[*] 이건희 회장체제로 넘어온 뒤 자동차산업에 진출했다가 실패한 것을 제외하면, 삼성그룹은 하드웨어산업뿐만 아니라 정보처리 등 소프트웨어·이동통신기기·문화콘텐츠·의료서비스·의료기기·연료전지 등 신재생에너지산업 등으로 주력업종을 바꾸는 데 성공했다. 한국경제 전체와 거의 동일한 주력업종의 교체과정을 밟은 것이다.

재벌의 '사업 다각화'는 '문어발 경영'이라는 비난을 받는다. 그런데 이것은 단순하게 평가할 문제가 아니다. 선진 경제를 따라잡으려면 우리도 부가가치 높은 중화학공업과 첨단산업을 보유해야 한다. 그런데 철강·금속·자동차·화학·플랜트 같은 중화학산업과 전자·통신·반도체·항공 등 첨단산업에는 막대한 초기 설비투자가 필요하며 그 재원을 조달할 수 있는 주체는 국가와 재벌밖에 없었다. 그런데 국영기업을 세워 중화학산업과 첨단산업을 육성하자면 국가 중심의 계획경제 또는 국가독점자본주의를 계속해야 했고, 그게 어려워 민간에 맡길 경우에는 기존의 재벌 말고는 다른 주체가 없었다. 국가독점자본주의도 민간독점자본주의도 바람직하지 않다고 해서 둘 모두 거부하면 주력산업의 교체 속도가 느려질 수밖에 없다.

만약 재벌체제가 불가피한 선택이라면 문어발 경영의 부작용을 줄이는 방법밖에 없다. 재벌이 중소기업과 영세 자영업자들의 사업영역을 함부로 침범하지 못하게 규제하고 막강한 시장지배력으로

---

[*]   이병철, 앞의 책, 247쪽.

한국사회와 삼성그룹:

삼성에 대한 국민의 감정은 애증에 가깝다.
우리는 재벌 중심의 한국식 경제구조에
문제가 있음을 알지만 재벌 이름이 붙은
물건을 구입하고 재벌이 지은 아파트를
선호하며 재벌 기업에 입사하고 싶어 한다.

소비자와 협력업체를 착취하지 못하게 하는 것이다. 하지만 이것은 이론일 뿐 실제로 시행하기는 어렵다. 독자적으로 자본을 축적한 재벌이 국가를 포획하는 상황이 펼쳐졌기 때문이다.

처음에는 정부가 '갑'이고 재벌이 '을'이었다. 사업허가와 자금을 받아야 사업할 수 있었기 때문에 기업인들은 대통령과 권력실세에게 뇌물을 바쳤다. 그런데 1980년대 3저 호황 시기에 재벌은 막대한 자본을 확보했고, 정치적 민주화를 이루자 그 돈으로 정치권력을 관리하기 시작했다. 2002년 대통령선거 때 벌어진 '차떼기' 사건에서 드러난 것과 같이, 재벌 총수들은 보수정당에는 많은 자금을 제공했고 진보정당에는 '보험' 차원의 적은 금액을 제공했다. 2005년 터진 소위 '삼성 X파일'은 삼성그룹이 정당과 정치인뿐만 아니라 경제부처의 고위공무원과 검사를 포함해 중요한 국가권력기관의 주요인사들 전체를 관리했다는 사실을 드러냈다.

사람 사는 세상 어디에나 부정부패는 벌어지며 중앙통제식 계획경제를 하는 독재국가일수록 정도가 더 심하다. 그런 곳에서는 권력을 가진 사람들이 법의 구속을 벗어나 사적 이익을 추구하는 '국가의 사유화' 현상이 생긴다. 부당한 권력행사를 비판하고 싸우는 사람도 있지만 더 많은 사람이 그에 적응하거나 편승해 자신의 이익을 도모한다. 도덕적으로 옳지 않다는 것을 알지만 남들이 그렇게 하기 때문에 살아남으려면 그렇게 할 수밖에 없다고 합리화하면서. 그런 현실이 오늘까지 이어지고 있다는 것을 우리는 삼성물산과 제일모직의 합병 사건에서 다시 목격했다.

이 사건은 2015년 여름 내내 세간의 비상한 관심을 모았으며 여전히 법적 분쟁이 진행 중이다. 핵심 쟁점은 불합리한 비율로 두 기업을 합병하기 위해 불법적인 수단을 사용했는지 여부였다. 이건희 회장이 와병 상태에 있어서 부회장이라는 직함을 쓰던 이재용 씨는 제일모직 주식 지분이 많았지만 삼성전자 주식을 보유한 삼성물산 주식은 없었다. 그룹의 핵심인 삼성전자에 대한 지배력을 강화하려면 삼성물산을 제일모직과 합병하면서 삼성물산의 주식 가치를 최대한 낮게 평가해야 했다. 주주총회가 제일모직과 삼성물산의 주식 가치를 1:0.35로 하는 합병안을 가결하자 손해를 보았다고 주장하는 삼성물산 일부 주주들이 소송을 제기했고, 합병안에 찬성하도록 지시한 국민연금공단 이사장 문형표는 직권남용죄로 유죄선고를 받았으며, 이재용 부회장도 불구속 상태에서 재판을 받고 있다.

기업과 공직사회의 유착과 부패는 오래됐지만 그로 인해 대형 참사가 생긴 것은 산업화 시대의 새로운 현상이었다. 1969년 '원조 불도저 서울시장' 김현옥이 시민아파트 2,000동 건설 사업을 시작했는데, 1970년 4월 8일 지은 지 얼마 되지도 않은 서울 마포구 창전동 '와우시민아파트' 한 동이 무너져 70여 명이 죽고 다치는 사건이 터졌다. 공무원에게 뇌물을 주고 사업을 딴 무허가 건설업체가 엉터리 시공을 한 게 원인이었다. 1971년 12월 25일에는 서울 충무로의 23층 빌딩 대연각호텔 커피숍의 프로판가스가 폭발해 불길이 건물 전체를 집어삼켰다. 163명이 죽고 63명이 다친 이 사건의 원인도 소방서를 비롯한 관련 행정기관 공무원들과 업체의 유착이었다. 한국현대사를 억울한 죽음으로 얼룩지게 한 대형 참사는 그 뒤에도 꼬리를 물고 일어났다. 널리 알려진 몇몇 사건들만 돌아보자.

1993년 10월 10일 여객선 서해훼리호가 전북 부안 앞바다에서 침몰해 292명이 숨졌다. 1994년 10월 21일 아침 출근 시간에 한강 성수대교 상판 일부가 무너져 50여 명의 사상자가 났다. 1995년 6월 29일 오후 서울시 서초동에 있던 삼풍백화점 건물이 주저앉아 508명이 사망·실종됐고 900명이 넘는 부상자가 생겼다. 1999년 6월 30일 새벽 경기도 화성군 씨랜드 청소년수련원에 불이 나 유치원생 19명과 인솔교사 4명이 사망했다. 2003년 2월 18일 대구 지하철에 정신이 온전치 못한 사람이 불을 질렀다. 정차 중이던 전동차에 불이 번지자 탑승자 대부분이 대피했는데 맞은편 선로 전동차가 그 옆에 정차하는 바람에 불이 옮겨 붙었다. 기관사가 전동차 문이 닫힌 상태에서 마스터 콘트롤 키를 빼들고 혼자 탈출한 탓에 192명이 죽고 151명이 다치는 참사가 벌어졌다. 2014년 4월 16일에는 인천에서 제주로 가던 여객선 세월호가 전남 진도 앞바다에서 침몰해 경기도 안산시 단원고 학생과 교사, 일반 탑승객 등 304명이 사망·실종됐다.

대한민국 건설회사가 중동을 비롯한 외국 여러 나라에 지은 건물과 교량이 무너진 일은 없었는데 나라 안에 지은 것은 종종 무너졌다. 여러 원인이 있었지만 결정적인 것은 부정부패였다. 우리나라 재벌그룹은 대부분 건설사를 계열사로 보유하고 있다. 없으면 만들었고, 만들지 못하면 인수합병이라도 했다. 그 목적이 불법 비자금 조성이라는 것은 공공연한 비밀이었다. 토목건축사업은 환경, 교통, 안전 등과 관련해 인허가를 받아야 하는 일이 많다. 법을 제대로 지켜 인허가를 받는 것보다 공무원에게 돈을 주고 해결하는 게 훨씬 빠르고 저렴했다. 일단 구조물을 짓고 나면 겉으로 봐서는 철근이나 시멘트가 제대로 들어갔는지 여부를 알기 어렵다. 덜 넣고도 다 넣은 것처럼 서류를 꾸미거나 하청을 주면서 공사비 일부를 리베이트로 받으면 거액의 비자금을 만들 수 있다.

그 비자금의 일부는 인허가권을 쥔 고위공무원과 실무를 맡은 현장공무원, 설계와 감리 또는 안전진단을 하는 전문가들에게 갔고 재벌 총수의 개인금고를 거쳐 대통령과 청와대 참모, 국회의 유력 정치인과 정당으로도 흘러갔다. 1995년 12월 김영삼 대통령이 전두환·노태우 두 전직 대통령을 군사반란과 내란목적 살인혐의 등으로 구속하는 계기가 됐던 소위 '통치자금'은 대부분 재벌 총수들이 그런 방식으로 만들어 바친 뇌물이었다. 윗물이 혼탁하면 아랫물도 흐리기 마련인 법, 우리 사회 전체가 부패문화에 젖었다. 기업·언론·대학·문화예술계까지도 사적 목적을 이루기 위해 공적권력을 휘두르는 '완장문화'가 널리 퍼졌다. 이 모두가 재벌 탓은 아니겠지만, 부패문화의 진원지가 재벌의 금고였다는 것은 분명한 사실이다.

우리에게 재벌은 애증의 대상이다. 국민은 재벌 중심의 경제구조에 문제가 있다는 것을 안다. 그러면서도 재벌기업이 지은 아파트를 선호하며 재벌기업이 만든 텔레비전, 냉장고, 에어컨을 쓰고 재벌기업이 만든 승용차를 탄다. 재벌기업이 만든 옷을 입고 재벌기업이 생산한 스마트폰을 들고 재벌기업이 운영하는 프로 스포츠 경기를 본다. 재벌기업이 만든 화장품을 바르고 재벌그룹의 백화점과 대형마트에서 쇼핑을 하며 재벌기업이 공급하는 생명보험에 가입한다. 청년들은 급여수준이 높고 근로조건이 좋은 재벌기업에 취직하기를 원하며, 자식이 재벌회사에 취직하면 부모는 경사라고 기뻐한다. 재벌은 지금 우리의 일상생활을, 몸과 마음을 지배하며 미래에도 그럴지 모른다. 재벌이 새로운 지배계급으로 헌법 위에 군림하는 사태를 막을 수 있는 방법은 국가권력을 통한 정치·민주적 개입과 통제뿐이다. 이것이 '경제민주화'의 핵심이다.

IMF 경제위기가 남긴 것들

1980년대 중반 한국경제는 '3저 호황'을 누렸다. 달러 가치와 국제유가와 금리가 모두 낮은 가운데 높은 성장률을 기록했다. 미국 행정부가 무역적자를 줄이려고 달러 가치를 낮추는 정책을 쓰자 달러와 강하게 연동되어 있던 우리 돈의 가치도 덩달아 떨어졌다. 그런 상황에서 일본 엔화의 가치가 치솟자 여러 산업 분야에서 일본 상품과 경쟁하던 한국 상품의 가격 경쟁력이 높아져 수출이 급증했다. 중동 정세가 안정되어 원유가격이 떨어졌고 국제금리가 낮아 해외 차입도 수월했다. 자본 차입과 상품 수출에 의존하던 한국 기업의 경영실적이 좋아졌고 시설투자도 늘어났다. 우리 기업들은 외국의 자산을 취득하기 시작했고 정부는 해외여행 규제를 풀었다. 그때가 살기 좋았다는 말이 생판 거짓말은 아니다.

그런데 1987년 6월 민주항쟁 이후 국내 경제환경에 중대한 변화가 일어났다. 노동자들이 노조활동 자유 보장과 임금·근로조건 개선을 요구하는 7~8월 대투쟁을 일으킨 것이다. 12월 대통령선거에서 12·12와 5·18의 주동자였던 민정당 노태우 후보가 36% 득표율로 승리했지만 1988년 4월 총선에서 여소야대(與小野大) 국회가 출현해 민주화는 더욱 진전됐다. 노동조합 조직률이 높아지고 교섭력이 커졌으며 각종 소득분배지표가 크게 개선됐다. 노태우 대통령은 소련·중국·동유럽의 옛 사회주의국가들과 수교해 거대한 수출시장을 새로 열었다. 그는 '북방외교'로 지구촌 냉전체제의 해체로 인한 국제 경제환경의 변화에 적극 대응함으로써 경제발전의 새로운 기회를 창출했다.

1990년대 중반에는 '단군 이래 최대 호황'이라는 말이 나올 정도로 민간 소비와 기업의 설비투자가 활발했다. 김영삼 정부는 '세계화'를 국정운영 방향으로 잡고 경제 질서와 경영 관행을 국제적 기준에 맞추려고 노력했으며 냉전시대의 '자본주의 계획경제'를 '개방형 시장경제'로 전환하려고 외환 거래와 민간기업의 해외 차입 관련 금융규제를 대폭 완화했다. 제2차 세계대전 이후 세계무역기구(WTO) 출범 이전까지는 1948년 발효한 '관세와 무역에 관한 일반협정(GATT)'이 국제통상질서를 규율했다. 우리나라는 제2차 경제개발 5개년계획 실시 첫해였던 1967년 GATT에 가입했고 1995년 1월 지구촌 전체를 관세와 무역장벽이 없는 단일시장으로 통합하는 것을 목표로 출범한 WTO에 들어갔으며 1인당 GDP가 1만 달러를 넘어선 1996년에는 선진국 클럽인 경제협력개발기구(OECD) 회원국이 됐다. 김영삼 대통령은 집권 초기 긴급명령이라는 비상수단을 동원해 금융실명제를 전격 도입하고 공직자 재산등록제도를 실시했다. 급진적 제도혁신으로 국민경제를 투명하게 만들고 정경유착의 고리를 끊은 것이다. 한국경제에 대한 낙관적 전망이 널리 퍼져나갔다. 호황의 이면에서 위기의 징후가 고개를 내밀었지만 그것을 제때 포착한 경제전문가는 거의 없었다.

　1990년대 한국경제는 새로운 과제에 직면했다. 노동력과 자본 투입량을 늘리는 데서 벗어나 생산기술을 높이고 사회자본을 축적함으로써 경제성장의 질적 전환을 이루는 것, 지구촌의 대세가 된 신자유주의와 정보통신혁명의 흐름 위에서 소규모 개방경제(small open economy)인 한국경제의 안정성을 확보하는 것 그리고 산업화 시대에 형성된 경제·사회적 불균형을 완화하는 것이었다. 그러나 기업도 정부도 시민도 무엇을 어떻게 바꿔야 할지 정확하게 인식하지 못했다.

더 근본적인 문제는 저출산 고령화에 따른 인구 변화였다. 정부는 1960년대 이후 '가족계획'이라는 이름의 강력한 출산억제정책을 시행했다. 그런데 소득수준이 올라가고 여성의 사회활동이 늘어나자 1980년대 중반부터 출산율이 빠르게 하락했다. 노동력 투입 증가를 통한 경제성장의 시대가 끝난 것이다. 냉전 붕괴 이후 미국식 신자유주의가 확산되어 자본이 국경을 자유롭게 넘나들게 되면서 자본의 희소성도 감소했다. 노동력 증가속도가 둔화되고 자본의 희소성이 감소하면 생산기술과 사회자본이 국민경제의 번영을 좌우하는 결정적 변수로 등장한다. 그런데 이 둘은 모두 사람 안에, 사람 사이의 관계에 축적된다. 국민 개개인의 인지·정신·정서적 능력과 사회적 관계가 경제적 번영의 열쇠가 되는 시대가 열린 것이다.

IMF 경제위기의 원인은 기체결함과 조종미숙이었다. 김영삼 정부는 국내 금융거래와 민간기업의 자본수입 규제를 완화하면 한국은행의 통화관리 능력이 크게 위축된다는 것을 충분히 고려하지 못했다. 규제의 족쇄에서 풀려난 금융기업들은 선진국에서 낮은 이자율로 들여온 단기외채를 높은 금리로 동남아 기업에 장기 대출해 이윤을 챙겼다. 철강업을 비롯한 국내 기업의 장기투자 프로젝트에 대해서도 비슷한 방식으로 영업했다. 그런데 1990년대 중반 태국과 말레이시아, 인도네시아 등 동남아 국가들이 잇달아 외환위기에 빠졌다. 국내에서도 정경유착으로 인한 불법대출 사건이 이어진 끝에 1997년 여름까지 한보·삼미·진로·대농·한신공영·기아 등 대형 재벌그룹들이 줄줄이 부도를 냈다. 안팎에서 위기 경보가 울린 것이다.[*]

재벌그룹이 줄줄이 무너지자 금융기업은 막대한 부실채권을 떠

[*]   IMF 경제위기 직전 거시경제 상황에 대한 분석은 허찬국, 『1997년과 2008년 두 경제위기의 비교』, 한국경제연구원, 2009, 49~75쪽을 참조했다.

앉았다. 금융기업의 재무 건전성이 나빠지자 한국경제 전체에 대한 신뢰도가 떨어졌다. 외국 금융기업들은 한국경제가 기울기 전에 채권을 회수하려고 단기채무 상환기간 연장을 거부했다. 그러자 당시 맹위를 떨치던 국제투기자본이 한국경제를 먹잇감으로 지목하고 원화와 원화표시 자산을 내다 팔기 시작했다. 서울 외환시장에서 달러 환율이 치솟자 정부는 환율을 안정시키기 위해 보유하고 있던 달러를 외환시장에 쏟아냈다. 외환보유고가 봄눈처럼 녹아 순식간에 30억 달러 수준으로 떨어져 없는 것이나 마찬가지가 됐다. 무디스와 S&P를 위시한 국제신용평가기관들은 재빨리 한국경제 신인도를 낮췄고 환율의 추가 상승을 예측한 수출기업들은 수출대금을 밖에다 묶어 뒀다. 그럴수록 환율은 더 올라갔고 한국경제는 더 불안해졌다.

서울 외환시장에서 달러 공급이 끊기자 기업과 금융기관은 국제거래를 할 수 없게 됐다. 종합주가지수 500선이 무너졌고 800원대였던 달러 환율이 1,000원을 가볍게 돌파했다. 국가부도 위기가 눈앞에 닥친 1997년 11월 21일, 한국경제는 기초가 튼튼해서 외환위기는 없을 것이라는 말을 되풀이했던 정부가 국제통화기금(IMF)에 자금지원을 요청했다. 11월 29일 IMF는 한국에 구제금융을 제공한다고 발표했고 12월 3일 임창렬 경제부총리와 미셸 캉드쉬(Michel Camdessus, 1933~) IMF 총재가 210억 달러 규모의 구제금융 협약서에 서명했다. 캉드쉬 총재는 협약을 충실하게 이행하겠다는 서약서에 김대중, 이회창, 이인제 등 유력 대통령 후보들의 서명을 받았다. 소위 'IMF 경제신탁통치'의 시작이었다.

IMF가 추구한 목표는 명확했다. 박정희 정부가 구축한 중앙통제식 계획경제 요소를 제거하고 미국식 신자유주의 경제시스템을 이식하는 한편 IMF의 구제금융 자금뿐만 아니라 미국, 유럽, 일본의 금융기관이 한국 금융기관과 기업에 제공한 대출금과 이자를 완벽하게 회수하는 것이었다. 우리 정부는 외국자본을 끌어들이기 위해 외국인 직접투자에 대한 제한을 철폐하고 자본시장을 전면 개방했으며 종합금융회사 10곳을 영업정지하는 등 부실금융기업을 퇴출하는 작업에 착수했다. 수익성 낮은 부실기업을 정리한다는 명분으로 금리를 대폭 높이고 정부의 재정지출을 크게 축소했다. 노동시장의 유연성을 확보해야 한다면서 노동자를 쉽게 해고할 수 있도록 하자 실업자 수가 순식간에 130만 명을 넘어섰다. 이 모든 것은 IMF가 중남미와 동남아시아의 구제금융을 받은 나라에 내린 '표준처방'에 따른 것이었다.

1998년 기업 도산의 회오리가 일었다. 나산·현대·극동·거평·한일 등 이름난 재벌그룹들이 부도를 맞거나 대규모 구조조정에 들어갔다. 구조조정은 대량해고와 같은 말이었다. 정부는 철도·통신·전력 등 국가기간산업의 공기업을 민영화 또는 사유화하는 작업을 시작했다. 남해화학·국정교과서·한국종합기술금융·대한송유관공사·포항제철·한국종합화학·한국중공업·한국통신공사·한국담배인삼공사 등을 민간에 매각했다. 금융산업도 퇴출과 인수합병의 파도에 휩쓸렸다. 대동·동남·동화·경기·충청은행이 문을 닫았고 주식은 휴지조각이 됐다. 보람·장기신용·강원은행은 다른 금융기관이 합병했다. 먼저 제일은행이, 그다음에는 외환은행이 외국자본의 수중에 들어갔다.

삼성과 현대를 비롯한 5대 재벌은 정부와 구조조정 협약을 맺었다. 삼성이 포기한 자동차는 한참 시간이 흐른 뒤 프랑스 르노가 인수했고 기아자동차는 현대자동차가 사들였다. 대우그룹은 과도한 인수합병으로 인한 천문학적 규모의 부채 때문에 해체됐고 대우자동차는 미국 GM에 넘어갔다. 정부가 IMF의 긴축재정 요구에 굴복해 사회간접자본을 해외투기자본에 개방하자 엉터리 교통량 예측을 토대로 높은 수익률을 보장한 민자(民資) 고속도로는 손쉬운 사냥감이 됐다. 부실생명보험사 네 개는 알리안츠·삼성·대한·교보생명이 인수했다. 부실금융기관과 부실기업을 회생시키기 위해 막대한 규모의 공적자금을 투입한 탓에 국가채무가 급증했다. 그런 혼란과 고통을 겪은 끝에 대한민국은 2001년 구제금융 전액을 상환함으로써 IMF 경제신탁통치를 이른 시기에 마감했다.

　한국경제의 기체결함은 '죽기에는 너무 큰(too big to die)' 재벌이 국민경제의 중심이라는 것이었다. 삼성·현대·LG·대우·SK 같은 대형 재벌그룹이 망하면 수많은 협력업체와 자금을 대출한 금융기관이 파산하고 노동자는 일자리를 잃는다. 재벌 총수들이 회사를 잘못 운영해 위기에 빠져도 국민경제를 살리기 위해 정부가 회사를 살려준다. 재벌 입장에서는 위험한 투자를 해서 돈을 벌면 자신이 갖고, 방만한 경영을 해서 문제가 생기면 국가와 국민에게 짐을 떠넘길 수 있는 것이다. 이런 식으로 이익을 '사유화'하고 손실은 '사회화'하는 행동을 경제학자들은 '도덕적 해이(moral hazard)'라고 한다. 재벌 대기업은 보험료 한 푼 내지 않으면서도 국가를 최후의 보험자로 써먹은 것이다.

　IMF 경제위기의 두 번째 원인은 정부의 환율관리 실패였다. 기체결함이 있는 비행기를 미숙하게 조종한 것이다. 환율은 세 가지 요인으로 인해 변한다. 장기적으로는 물가인상률이 환율을 좌우한다. 물가인상률이 높은 나라의 화폐는 지속적으로 값이 떨어진다. 단기적으로 환율은 경상수지에 좌우된다. 지속적으로 경상수지 적자를 보는 나라의 화폐는 가치가 떨어진다. 그렇게 해서 수입가격은 오르고 수출가격이 떨어지면 수입이 줄고 수출이 늘어나 경상수지가 균형을 되찾는다. IMF 경제위기 직전까지 달러 환율은 계속 하락했다. 물가인상률이 더 높고 경상수지가 적자인데도 우리 돈의 가치가 계속 오른 것은 환율 변동의 초단기 요인인 자본수지가 대규모 흑자를 냈기 때문이다. 우리나라 기업과 금융기관의 대규모 해외 차입과 외국자본의 직접투자 때문에 서울 외환시장의 달러 공급이 늘어나 환율이 떨어진 것이다. 원화 가치가 실제보다 높게 평가된 덕에 국민은 저렴한 비용으로 해외여행을 즐기고 수입 소비재를 구입했다. '단군 이래 최대 호황'은 착각이었다. 빚을 내서 집을 사고 파티를 즐기고 여행을 했던 셈인데, 국민은 그걸 몰랐다.

　IMF의 표준 처방전은 심한 부작용을 야기했다. 민간가계의 소비지출과 기업의 투자지출이 급감해 경기가 곤두박질한 상황에서 정부가 재정지출을 감축하자 경기는 더 악화됐다. 기업의 차입경영 거품을 뺀다며 이자율을 사채금리 수준으로 올리는 바람에 일시적 유동성 부족에 빠진 우량기업들이 추풍낙엽 신세가 됐고 주식가격이 바닥인 상황에서 강제적으로 공기업 민영화를 추진해 막대한 국가자산의 손실을 입었다. 기업이 노동자를 사실상 마음대로 해고할 수 있게 허용하는 정리해고제를 도입하고 경쟁력 강화를 명분으로 연봉제와 성과급 제도를 확산시키자 노동조합은 힘이 빠졌고 실질임금은 하락했으며 고용에 대한 불안감이 모든 노동자를 덮쳤다.

　비슷한 시기에 외환위기에 빠졌던 말레이시아의 경우 마하티르 총리가 우리 정부와 달리 IMF 자금지원을 거부하고 외환시장과 금융시장에 강력하게 개입해 문제를 해결했다. 어떤 전문가들은 우리도 그렇게 해야 한다고 주장했고, 나중에도 그렇게 하지 않은 게 잘못이었다고 비판했다. 그러나 우리 정부는 그렇게 하고 싶어도 할 수 없었다. 김대중 대통령은 후보 시절 구제금융을 받는 데 찬성했고 취임 후에는 최대한 신속하게 빚을 갚으려고 노력했다. 말레이시아 방식으로 대응할 수 없는 이유가 있었다. 대한민국은 경제의 해외 의존도가 너무 높으며 핵발전소를 제외하면 국내 에너지원이 거의 없다. 모라토리엄을 선언할 경우 우리 기업은 대외결제를 할 수 없다. 에너지와 원자재, 부품을 제때 필요한 만큼 수입하지 못하면 수출을 제대로 하지 못한다. 이뿐만이 아니다. 에너지를 확보하지 못하면 국민의 일상생활에 필요한 모든 것이 멈춰 선다. 서울과 대도시의 고층아파트 승강기와 냉난방이 제대로 가동되지 않는다고 상상해보라. 시민이 이런 상황을 얼마나 오래 참고 견딜 수 있을까? 말레이시아는 더운 지역이라 난방을 하지 않아도 되고 유전이 있어서 에너지를 자체 생산한다. 말레이시아처럼 했다면 한국사회는 총체적 파국을 맞았을 것이다.

대한민국은 IMF 경제신탁통치를 신속하게 벗어났다. 2000년의 경제성장률, 물가인상률, 경상수지 등 주요 거시경제지표가 전반적으로 IMF 경제위기 이전 수준을 회복했고 종합주가지수는 IMF 경제위기 이전보다 높아졌다. 또한 금리는 다시 낮아졌고 환율도 안정을 되찾았다. 1998년 큰 폭의 마이너스 성장을 기록했지만 1999년에는 예상보다 훨씬 빠른 회복 속도를 보인 끝에 10% 수준의 경제성장률을 기록했다. 경상수지는 1998년 390억 달러, 1999년 239억 달러, 2000년 117억 달러 흑자를 기록했다. 제조업이 뚜렷한 상승세를 보였고 반도체, 정보통신, 조선, 자동차산업은 호황을 맞았다. 8,400달러로 주저앉았던 1인당 국민소득은 2000년 1만 1,292달러로 반등했다.

그러나 위기는 끝나지 않았다. 구제금융 직후 9%로 급등했던 실업률이 부실기업의 퇴출과 IMF의 요구에 따른 구조조정 때문에 11%로 더 올라갔다. 김대중 정부는 정부·기업·금융·공공 분야의 구조조정에 대규모 공적자금을 투입하고 정보통신 인프라 건설과 단기적 실업대책, 공공근로사업 확대 등 비상한 수단으로 경기를 진작했다. IMF 경제위기 이후 4년 동안 투입한 공적자금은 155조 원이 넘었다. 2002년 이후는 2012년까지 13조 4,000억 원을 추가 투입한 게 전부였다. 정부는 2020년 3월 기준으로 공적자금 총액의 69.3%인 116조 8,000억 원을 회수했다.* 350만 명이 금모으기운동에 참여하는 등 국민도 IMF 경제위기 극복에 힘을 보탰지만 위기는 IMF 자금을 다 갚은 후에도 해소되지 않았다. 그때 어쩔 수 없이 받아들였던 여러 제도들로 인해 양극화라는 새로운 내부 위기가 생긴 것이다.

데이터로 본 양극화 추이

자본주의 역사에서 경제위기는 끊임없이 반복됐고 그때마다 경제력 집중을 더 심화시켰다. 거시경제의 혼란과 불확실성은 약자를 몰락시켰으며 약자가 사라져 생긴 시장의 공백은 더 강한 자가 차지했다. 우리나라도 예외가 아니어서 IMF 경제위기는 몇 가지 중대한 결과를 남겼다. 더욱 심화된 경제력 집중, 정리해고제 도입과 비정규직 확대 그리고 이른바 낙수효과(落水效果, trickle down effect)의 소멸이다. 쉽게 말하면 중소기업과 자영업자가 몰락했고 노동자의 지위는 약화됐으며 소득 격차가 크게 벌어진 것인데, 이런 현상을 양극화

---

*   금융위원회, 「2020년 1/4분기 현재 공적 자금 운용 현황」.

또는 격차의 확대라고 한다.**

    IMF 경제위기 이후 재벌그룹이 여럿 해체됐지만 삼성, LG, SK, 현대차, 롯데, 한화, 대림, 효성, 코오롱, 두산, 대상, 한솔, 금호, 동부, CJ그룹 등은 더 큰 기업집단으로 성장했다. 정리해고제 도입으로 대량실업의 공포가 노동시장을 뒤덮자 노동조합은 더 약해졌고 실질임금은 하락했다. '공장 일을 내 일처럼 근로자를 가족처럼'이라는 산업화 시대의 구호가 자취를 감췄고 평생고용이나 평생직장도 옛말이 됐다. 기업은 쉽게 정리해고를 할 수 있게 됐고, 파견과 사내하청 등 간접고용이 널리 퍼져 임금노동자의 절반이 비정규직이 됐다.

    김대중 정부가 경제위기의 불길을 잡은 데 이어 노무현 정부는 한국경제를 다시 안정적 기반 위에 올려놓았다. 그런데 그 10년의 진보정부 시대에 우리 사회는 양극화의 골짜기에 깊이 빠져들었다. 정부는 미국식 신자유주의가 대세를 형성한 현실을 인정하고 기회 균등과 공정한 경쟁을 최대한 보장하도록 경제 시스템을 수정했고, 경제적 불평등과 양극화를 완화하기 위해 복지정책을 확대하고 사회안전망을 강화했지만 만족할 만한 성과를 거두지 못했다.

    진보 정부는 국민경제를 잘 관리했다. 김대중 정부와 노무현 정부 집권 기간 평균 경제성장률은 4%가 넘었고 1인당 국민소득은

**   IMF 경제위기 이후 벌어진 사회경제적 양극화의 양상과 심각성을 명료하게 보여주는 대중서로는 조준현, 『중산층이라는 착각』, 위즈덤하우스, 2012를 추천한다. 반면 변양규·설윤·유진성·김영신·임병화·최남석·이소영·김창배·신석훈, 『양극화 논쟁, 그 오해와 진실』, 한국경제연구원, 2012는 양극화 프레임이 과장이라는 견지에서 소득 격차의 확대, 부모의 소득수준에 따른 자녀 교육투자 격차의 확대, 기업의 수익성 격차 확대, 대기업의 유통업 진출과 소매유통 자영업자의 몰락, 아웃소싱과 간접고용의 확대에 따른 노동자 임금 격차 확대, 산업·규모별 기업 수익률 격차 확대, 대기업의 지배력 강화와 부당 내부거래 및 중소기업에 대한 수탈의 심화 등을 다루고 있다. 처방은 미온적이지만 문제의식 자체는 종합적이다. 이 책들을 함께 보면 균형을 유지하면서 양극화의 양상과 원인에 접근할 수 있다.

1998년 7,355달러에서 2007년 2만 2,000달러 수준으로 상승했다. 물가상승률을 3% 수준에서 유지했고 지속적으로 경상수지 흑자를 내서 2007년 말 기준 2,500억 달러가 넘는 외환보유고를 쌓았다. 실업률을 3%대로 내렸고 달러 환율도 IMF 경제위기 전과 비슷한 900원 수준으로 돌려놓았다. 국제신용평가기관들의 한국경제 신인도가 외환위기 전과 같은 A등급을 회복했고 종합주가지수는 처음으로 2,000을 찍었다.

그러나 국민의 실제적 경제생활은 거시경제지표만큼 개선되지 않았으며 중산층과 저소득층의 경제적 지위는 약해졌다. 이런 상황은 몇 가지 통계에서 확인할 수 있다. 소득불평등 또는 소득불균등을 측정하는 지표로 가장 널리 쓰이는 것이 지니계수와 소득 5분위 배율이다. 지니계수는 모든 국민이 완전하게 균등한 소득을 얻으면 0, 한 사람이 모든 소득을 독점하면 1이 된다. 지니계수가 0.3 미만이면 소득분배가 고른 편으로 보며 0.4를 넘어가면 사회불안을 야기할 정도로 불균등하다는 평가를 내린다. 소득 5분위 배율은 최고 소득계층 20%의 평균소득을 최저 소득계층 20%의 평균소득으로 나눈 값이다. 소득 격차가 커질수록 소득 5분위 배율은 높아진다.

우리의 소득분배 통계는 부족한 점이 많다. 정부가 소득분배 관련 데이터를 제대로 작성하지 않아 조사기관과 조사방법에 따라 큰 차이가 난다. 예컨대 지니계수는 여러 종류가 있다. 1인가구를 포함해 전국 모든 가구를 조사한 게 있고 2인 이상 도시근로자 가구만 조사한 것도 있다. 시장소득 지니계수가 있는가 하면 납부한 세금을 빼고 국가보조금을 더해 산출한 가처분소득 지니계수도 있다. 기업이 당기순이익 중 주주에게 배당하지 않고 쌓아두는 '사내유보'를 소득에 넣기도 하고 빼기도 한다. 이런 사정 때문에 경제 분석가와 언론인들은 자신의 주장을 뒷받침하는 데 유리한 데이터를 사용하며 서로 다른 종류의 지니계수를 뒤섞어 쓰기도 한다.

통계청이 전국가구 전체를 대상으로 한 소득분배지표를 발표한 것은 2006년이 처음이었다. 2006년도 시장소득 지니계수는 전국가구 0.330, 2인 이상 비농가 0.312, 2인 이상 도시가구 0.305였고 가처분소득 지니계수는 각각 0.306, 0.291, 0.285였다. 가처분소득 지니계수와 시장소득 지니계수의 격차가 미미한 것은 조세와 복지제도를 통한 국가의 재분배 기능이 매우 빈약하기 때문이다. 2006년도 시장소득 5분위 배율은 전국가구 6.65, 2인 이상 비농가 5.74, 2인 이상 도시가구 5.39였고 가처분소득 5분위 배율은 각각 5.38, 4.83, 4.62였다. 시장소득과 가처분소득의 5분위 배율 격차 역시 그리 크지 않았다. 전국가구 시장소득 지니계수는 2008년과 2009년 0.314로 최고점을 찍었고 2012년에는 0.307로 조금 하락했다. 전국가구 시장소득 5분위 배율은 계속 상승해 2011년 7.86으로 최고점을 찍었고 2012년에는 7.51로 조금 하락했다. 전국가구를 대상으로 조사한 모든 소득분배지표는 2006년 이후 지속적 악화 추세를 보였다.[*] 조사방법이 달라지면 지니계수도 달라진다. 통계청과 금융감독원, 한국은행이 『가계금융복지조사』 결과를 바탕으로 산출한 2012년 전국가구 지니계수는 0.357로, 예전 방법으로 조사한 0.307보다 훨씬 높았다.[**]

---

[*]   통계청 가구동향조사, 「소득분배지표」.

[**]   『한겨레』, 2013년 11월 20일자 보도. 기존의 지니계수는 도시와 농촌을 섞은 1만 2,000 표본가구를 대상으로 하며 재투자와 저축 등 유보분을 제외한다. 새로운 지니계수는 2만 가구를 표본으로 가구의 유보분을 포함한 순수익 전체를 기준으로 삼아 산출한 것이다. 재투자와 저축 등 유보분이 많은 고소득층의 소득이 더 높게 잡히기 때문에 새로운 방식으로 통계를 산출하면 지니계수와 소득 5분위 배율 등 모든 분배지표에서 소득 격차가 더 크게 벌어진다.

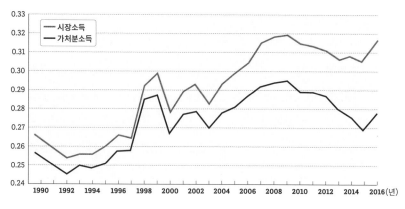

[그림3] 2인 이상 도시가구의 지니계수 변화

양극화의 추세를 보려면 같은 대상을 같은 방법으로 조사한 시계열 데이터가 필요하다. 그래야 IMF 경제위기 이전과 이후 소득분배의 상태를 비교할 수 있다. 아쉽게도 그런 분배지표는 전국가구가 아니라 2인 이상 도시가구를 대상으로 조사한 분배지표밖에 없다. [그림3]은 1990년부터 2016년까지 2인 이상 도시가구의 지니계수 변화 추이를 보여준다. 2인 이상 도시가구의 소득 5분위 배율은 지니계수와 비슷한 동향을 보이기 때문에 시계열 그래프를 따로 싣지 않는다. 시장소득 지니계수는 1990년대 내내 큰 변화가 없다가 1997년 이후 급격하게 상승했으며 그런 현상은 최근까지 그대로 이어졌다. 시장소득과 가처분소득의 지니계수 격차가 0.01에서 0.04 내외로 커진 것은 정부가 다양한 형태로 복지지출을 확대한 데 따른 현상이다.

그래프에 2017년 이후 수치를 넣지 못한 것은 통계청이 2인 이상 도시가구의 소득분배지표 데이터를 공개하지 않아서다. 그래서 최근 몇 년의 상황은 한국은행 등 관련 기관들이 함께 실시한 「가계금융복지조사」의 전국가구 지니계수를 살펴봤다. [그림4]는 2011년

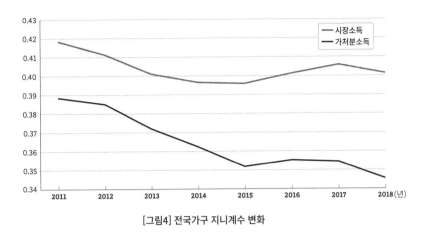

[그림4] 전국가구 지니계수 변화

부터 2018년까지 전국가구 지니계수 시계열 그래프인데, 2인 이상 도시가구보다 수치가 크게 높다. 농가의 소득수준이 도시가구보다 현저히 낮고 소득이 아예 없는 고령 1인가구를 포함하기 때문이다. 고령 1인가구는 지속적으로 늘어나는 추세여서 소득분배가 실제로는 나빠지지 않아도 전국가구 지니계수는 높아진다. 이 기간 시장소득 지니계수는 0.4 내외에서 하향 안정화 경향을 보였고 가처분소득 지니계수는 꾸준히 하락했다. 두 지니계수의 격차는 0.03에서 0.05 안팎으로 커졌다. 고령 1인가구가 빠르게 늘어나는 가운데 일어난 변화였다.

    2010년 이후 지니계수가 안정세를 유지한 것은 일부 비정규직 노동자들을 정규직이나 무기계약직으로 전환해 노동시장 상황을 개선하고 중소기업 고유 업종을 확대 지정해 대기업의 골목상권 진출을 억제한 것 등 몇 가지 이유를 찾을 수 있겠지만, 분명하게 진단하

⁕   국가통계포털, 「가계금융복지조사」.

려면 앞으로 더 깊이 연구해야 할 것이다. 가처분소득 지니계수가 낮
아진 것은 기초노령연금, 노인 장기요양보험, 학교무상급식, 고용지
원, 노인 일자리 사업과 보육비 지원 등 새로운 복지제도의 도입과
기존 사업의 확대를 원인으로 볼 수 있다. 2017년부터는 최저임금 상
승과 소득세 최고세율 인상도 영향을 줬을 것으로 추정한다. 이런 추
측이 옳다면 다음과 같이 정리할 수 있겠다. IMF 경제위기 이후 현
재까지 시장소득 분배는 지속적으로 악화됐다. 정부가 조세와 복지
지출을 통해 중산층과 저소득계층의 가처분소득을 늘리려고 노력했
지만 시장소득 분배의 급격한 악화를 상쇄하기에는 부족했다.

   조금 더 자세하게 살펴보자. IMF 경제위기 직전인 1996년 2인 이
상 도시근로자 가구 시장소득 지니계수는 0.285였다. 이것이 1999년
에는 0.304로 상승했고 2007년에는 0.312를 기록했다. 소득5분위 배
율은 1996년 4.34에서 1999년 4.88로 급증했으며 2007년까지 5.0 수
준을 유지했다. 시장소득 격차 확대가 가처분소득 격차 확대로 이어
지지 않게 하려면 고소득층에게 더 많은 세금을 징수하고 교육·복
지·보건·주거 분야에서 저소득층에게 더 많은 보조금과 서비스를
제공해야 한다. 그러나 진보 정권은 소득세와 법인세 등 누진세를 인
상하지 못했다. 노무현 대통령은 집권 초기 국회와 대결하는 모습을
보이지 않으려고 2003년 한나라당이 주도해 국회에서 의결한 법인
세율 인하 법안에 대해 거부권을 행사하지 않았다. 국민기초생활보
장제도와 노인 장기요양보험제도, 기초연금 등 새로운 제도를 도입
했지만 빠르게 커지는 시장소득의 격차 확대를 막기에 충분하지 않
았다. 진보 정부 10년 동안 임금근로자 가운데 비정규직의 비중이 급
속히 증가했다. 집계방식에 따라 차이가 있기는 하지만 비정규직 비
중은 2007년 40%를 넘었다. 명예퇴직이나 정리해고로 직장을 그만

둔 사람들이 자영업자로 변신하자 전체 취업자 가운데 자영업자 비율이 급증해 35% 수준이 됐다. 그러나 재벌 대기업들이 소비재산업과 유통업에 진출함으로써 골목상권은 붕괴 위기에 빠졌고 영세자영업은 심각한 타격을 입었다.

진보 정부 10년 동안 연평균 4% 수준의 경제성장률을 기록했는데도 소득분배가 악화되고 중하위 소득계층의 경제생활이 어려워진데는 앞서 말한 바와 같이 더욱 심화된 경제력 집중, 정리해고제 도입, 비정규직 확대, 낙수효과의 약화 등 여러 원인이 있었다. 재벌 대기업들은 단가를 일방적으로 깎는 방식으로 협력업체를 약탈했다. 내부거래를 통해 계열사를 부당하게 지원함으로써 그 계열사와 경쟁관계에 있는 기업의 경영을 악화시켰다. 중소 협력업체의 지불능력 악화는 노동자들의 임금과 근로조건 악화와 고용축소로 연결됐다. 게다가 대기업들은 소비재산업과 유통업까지 진출해 영세소기업과 영세 상인들의 몰락을 부추겼다.

노무현 정부가 도입한 비정규직 관련 법률들은 기대와 달리 비정규직의 확산과 비정규직 제도의 악용을 막지 못했다. 중소기업뿐만 아니라 재벌 대기업까지 비정규직 제도를 임금을 삭감하고 노동조합을 파괴하는 데 악용했다. 사내하청, 파견 등의 명목으로 자기네 회사 제품을 만드는 노동자들에 대한 직접고용을 거부했으며 계약해지 방식으로 비정규직의 노조설립을 막았다. 낙수효과 약화 현상도 무시할 수 없다. 예전에는 대기업이 돈을 벌면 전후방 연관효과 때문에 원료나 중간재, 부품을 공급하는 관련 산업과 협력업체도 함께 호황을 맞았다. 그러나 수출대기업이 더 저렴한 외국업체의 중간재와 부품을 직접 조달해 쓰는 '글로벌 소싱(global sourcing)'을 본격화하자 낙수효과는 급격히 약화됐다.

국민은 2007년 12월 대선에서 기업인 출신 이명박 후보를 당선시킴으로써 진보 정부 10년에 대한 불만을 표출했다. 많은 국민이 7% 경제성장으로 1인당 국민소득 4만 달러와 세계 7위 경제대국을 만들겠다는 '747공약'에 기대를 보냈다. 유권자들은 2012년에도 보수 정부를 선택했다. 여론조사 회사들이 발표한 통계를 보면 소득수준이 낮은 유권자일수록 보수정당 후보를 더 많이 지지했다. 다양한 이유가 있겠지만, 경제성장률을 높여야 서민의 경제생활을 개선할 수 있을 것이라는 고정관념도 적지 않은 영향을 미쳤을 것이다. 하지만 앞서 말한 것처럼, 보수 정부가 진보 정부보다 경제성장을 더 잘 이뤘다는 증거는 없으며 경제성장률이 높아진다고 해서 저소득층의 소득이 향상되는 것도 아니다.

이명박 정부의 경제정책은 몇 가지로 요약할 수 있다. 우선 부자감세다. 이명박 대통령은 법인세와 소득세율을 인하함으로써 재임 중 누적효과 100조 원에 육박하는 감세를 했고 혜택은 대부분 대기업 주식 소유자와 고소득층의 몫이었다. 자영업자와 임금근로자 절반이 소득세 면세점보다 낮은 소득을 얻기 때문에 직접세 감세는 중간소득 이하 계층의 국민에게는 단 한 푼의 혜택도 주지 않는다. 대기업의 투자와 부유층의 소비를 유도한다는 목적을 내세웠지만 감세의 투자촉진 효과는 확인되지 않았다. 둘째, 부동산 거래 규제완화로 단기적 경기부양을 시도했다. 하지만 부동산 가격은 오히려 하락했다. 투기의 거품이 낀 상황에서는 규제완화로 부동산 경기를 살리지 못한다는 사실을 확인했을 뿐이다. 셋째, 4대강 사업이다. 초대형 토목공사를 벌여 경기를 부양하려 했지만 환경을 파괴하고 국가의 돈을 건설회사 금고로 이전시켰을 뿐 고용증대와 경기진작 효과는 거의 없었다. 넷째, 수출을 증진하려고 환율을 인위적으로 올렸다. 이 정책은 미국의 리먼 브러더스 파산사태와 맞물려 환율 폭등을 일으킴으로써 달러 표시 1인당 국민소득의 대폭 하락을 불렀다. 양극화의 원인이었던 경제력 집중과 오남용, 정리해고와 비정규직 확산, 낙수효과 감소에 대해서는 아무런 대책도 세우지 않았다.

박근혜 정부의 경제정책은 이명박 정부 경제정책의 연장으로 볼 수 있다. 무엇보다 부자감세 정책을 철회하지 않았다. 박근혜 정부가 처음 편성한 2014년도 정부 예산안에는 기초연금 수급액을 두 배로 올리는 것 이외에 복지지출을 확대하는 정책이 없었다. 그런 상황에서 철도 민영화 정지작업이라는 비난을 받으면서 수서발 KTX 자회사를 설립했고 비영리 의료법인이 영리 자회사를 세울 수 있게 하는 의료법 개정을 추진했다. 공공부문의 사유화 또는 시장화 정책을 강행한 것이다. 비정규직의 정규직 전환을 위한 입법과 정책은 전무했고 재벌 경제력 집중의 폐해를 시정하는 경제민주화 공약도 실종됐다. 규제를 '암 덩어리', '쳐부숴야 할 원수'로 규정하고 아파트 분양가 상한제 폐지, 재건축 요건 완화, 대출규제 완화 등 건설경기 부양을 위한 규제 해체 작업을 했을 뿐이다. 결국 박근혜 정부의 경제정책은 2007년 이명박 후보와의 후보경선 때 내세웠던 '줄푸세' 공약, 다시 말해서 세금을 줄이고 규제를 풀고 법질서를 세우는 것으로 귀착됐다. 이명박 정부의 경제정책에서 4대강 사업 하나를 빼면 곧 박근혜 정부의 경제정책이었다. 기초연금과 장기요양보험, 보육비 지원 확대 등 이전 정부 때부터 제도적으로 시행했던 복지지출 확대를 이어간 것 말고는 소득분배를 개선하고 양극화를 완화하는 효과를 기대할 만한 정책이 없었다.

문재인 정부는 경제정책 기조를 크게 바꿨다. 사회복지 지출을 확대해 중하위 소득계층의 가처분소득을 높여 민간소비를 진작하는

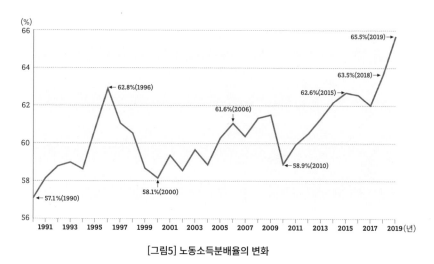

[그림5] 노동소득분배율의 변화

한편 공정거래 질서를 강화하고 고용구조를 개선해 양극화를 완화하는 데 초점을 맞췄다. 집권 초기의 최저임금 대폭 인상과 건강보험 보장성 강화, 공공부문 비정규직의 정규직 전환, 고용보험 확대 등이 그런 정책이었다. 보수야당과 보수언론이 '사회주의', '좌파', '포퓰리즘'이라고 비난했던 문재인 정부의 정책 기조는 양극화 현상이 크게 심화됐던 김대중·노무현 정부의 정책에 대한 반성에 토대를 두고 있다. 성공과 실패를 가늠하기는 이르지만 활용 가능한 몇몇 데이터를 보면 적어도 양극화 완화에는 일정한 성과가 있으리라 예측할 수 있다.

[그림5]는 1990년 이후 노동소득분배율의 변화를 보여준다.° 노동소득분배율은 근로소득이 국민소득 전체에서 차지하는 비율로 노동생산성보다 실질임금이 덜 오르면 떨어진다. 노동소득분배율 하

° 한국은행경제통계시스템, 「연간지표」.

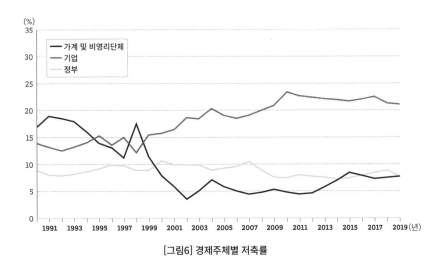

[그림6] 경제주체별 저축률

락은 자산소득 또는 기업소득의 비중이 커졌음을 의미한다. 1990년
대 호황의 정점에서 62.8%를 찍었던 노동소득분배율은 IMF 경제위
기 이후 58.1%로 급락했다. 그 뒤로 60% 근처를 오르내리다가 2015년
이후 꾸준히 상승해 2018년 IMF 경제위기 이전 수준을 회복했다. 대
기업 경영자부터 일용직 노동자까지 근로소득도 사람에 따라 엄청
난 차이가 있으니 이것 하나만 가지고 소득분배가 개선됐다고 하기
는 어렵지만 긍정적인 신호로 해석할 수 있다.

　　[그림6]은 같은 기간 경제주체별 저축률이다.●● IMF 경제위기
이후 정부 저축률은 완만하게 하락했지만 기업과 민간가계의 저축
률은 각각 급상승, 급강하했다. 이것은 [그림5]가 보여주는 현상의
직접적인 결과라고 할 수 있다. 기업은 엄청난 영업이익을 배당하지
않은 채 쌓았고, 그로 인해 몫이 줄어든 민간가계는 저축할 여력이

●●　　같은 자료.

없어진 것이다. 2015년부터 노동소득분배율이 상승한 결과 민간가계의 저축률은 그나마 2000년 이후 가장 높은 수준이 됐다.

거듭 말하지만 한국경제의 잠재성장률과 실질성장률은 1990년 이후 정부의 성향과 무관하게 지속적으로 하락했다. 보수 정부는 경제성장을 장담했고 진보 정부는 양극화 해소에 강한 의지를 보였지만 어느 쪽도 만족할 만한 성과를 내지 못했다. 보수 정부는 부가가치를 많이 내는 신산업 육성에, 진보 정부는 공정한 거래질서 확립에 방점을 찍었지만 어느 정부도 둘 모두 중요한 과제임을 부정하지는 않았다. 정부가 경제개발계획을 기획하고 주도하는 시대는 지나갔지만 그 여운은 아직도 짙게 남아 있다. 우리 국민은 경제성장을 위해 정부가 무언가를 해야 한다고 요구한다. 그래서 김영삼 대통령부터 문재인 대통령까지 민주화 이후 모든 정부가 거의 똑같은 정책을 추진했다. '녹색성장', '신성장 동력 산업 발굴', '혁신성장' 등 그 이름이 무엇이었든 한국경제의 주력이 될 가능성이 있는 고부가가치 산업을 선정해 집중 지원했던 것이다. 애초에 잘못 선정하거나 결과적으로 실패한 분야도 있었지만 한국경제는 지금까지 그런 식으로 성장했고 앞으로도 당분간은 그럴 것이다.

2020년 초 지구촌을 덮친 코로나19 사태로 경제성장에 대한 담론은 일시적으로 위력이 줄었다. 접촉과 이동이 막힌 상황에서 무엇을 할 수 있겠는가. 세계경제 전체가 침체와 하락의 일방통행로에 들어섰고 방역에 실패한 나라일수록 더 심각한 역성장을 기록했다. OECD는 2020년 9월 16일 발표한 보고서에서 세계경제성장률을 −4.5%로 전망했다. 한국은 −1%로 35개 회원국 가운데 그나마 가장 양호했다. 독일·프랑스·이탈리아 등이 속한 유로존 국가의 평균은 −7.9%, 미국과 일본은 각각 −3.8%와 −5.8%였다. 확진자 수가 많을수록 성장률 전망치가 낮았다. 가을 들어 북반구 국가에서 코로나19 확진자가 폭증한 만큼 2020년 세계 주요국의 실제 성장률은 이 전망치보다 더 낮아질 가능성이 크다. 2020년 11월 중순 몇몇 글로벌 제약사가 긍정적인 코로나19 백신 3상 결과를 공개하고 대량생산을 시작했으며, 12월 들어서는 영국과 미국 등에서 백신 접종을 시작했다. 그러나 백신의 효과가 난다고 해도 코로나19 대유행이 가라앉는 데는 긴 시간이 걸릴 것이다.

추격자에서 선도자로

2019년 7월 4일 일본 정부가 한국에 대한 수출규제 방침을 전격 발표했다. 반도체와 디스플레이 생산의 필수 소재인 불화수소와 포토레지스트, 불화 폴리이미드를 '건별 허가' 대상으로 바꿔 일본 기업이 수출할 때마다 정부 허가를 받게 한 것이다. 뒤이어 수출 허가 절차를 간편 적용하는 국가 목록(화이트 리스트)에서 한국을 삭제하는 조처까지 했다. 한국의 전략물자 관리가 허술해서 내린 불가피한 조처라고 주장했지만, 일제강점기 강제징용 피해자에 대한 일본 기업의 손해배상 책임을 인정하고 해당 기업의 국내 보유 자산을 압류한다는 한국 법원의 결정에 대한 불만을 굳이 감추지는 않았다.

우리 정부는 삼권분립이라는 민주주의 원칙에 따라 법원의 판결을 존중해야 한다는 점을 강조하면서 무역을 정치적 보복수단으로 사용한 일본 정부를 비판했고 국민들은 곧바로 대대적인 일본 상품 불매행동을 시작했다. 일본 여행상품 불매운동으로 여객기 운항 편수가 급감했고 맥주와 의류 등 일본 기업의 소비재 판매는 치명타

NO 아베:
2019년 7월 4일 일본 정부가 한국에
수출규제를 강화하는 방침을 전격 발표했고
이는 곧 한국사회에서 일본 기업의 제품을
구매하지 말자는 불매운동으로 이어졌다.

2019년 8월 11일 서대문형무소 인근에
설치된 현수막들. 일본 전부가 아닌 극우
아베 정권의 역사인식 등에 반대한다는
의미가 담겨 있다.

를 맞았다. 여기에 코로나19까지 덮쳐 한일 양국의 인적 교류는 거의 완전히 끊어졌다. 일본 정부는 '고객이 왕'이라는 자본주의 철칙을 무시했다. 한국은 반도체와 디스플레이산업의 최강국이고 건별 허가 대상으로 바꾼 세 품목을 거의 100% 일본에서 수입했다. 최대 고객인 한국이 정치적인 이유로 일본 기업의 제품을 구입하지 않겠다고 해도 문제일 텐데, 거꾸로 일본 정부가 물건을 팔지 못하게 했으니 해괴한 처사가 아닐 수 없었다.

아베 정부는 그런 방식으로 한국 정부를 굴복시킬 수 있다고 믿었던 듯하다. 얼마 지나지 않아 판단착오였음이 드러났지만 일본 정부 당국자들이 아무 근거도 없이 그런 자신감을 가졌던 것은 아니다. 앞서 말했듯이 한국은 반도체와 디스플레이산업의 경우 세계 최강이지만 '소부장(소재·부품·장비)'은 일본에 의존했다. 반도체와 디스플레이뿐만이 아니다. 수출 중심의 산업화 전략을 추진하는 과정에서 제조업 전체가 일본에 의존하는 구조가 자리 잡았고 이는 쉽게 바꿀 수 없다. 따라서 핵심 제조업을 마비시켜 한국경제 전체를 흔들면 문재인 정부도 태도를 바꾸지 않을 수 없을 것이라고 아베 총리는 판단했을 것이다.

한국은 무역으로 살아가는 나라다. 한국의 국민계정과 수출입 통계를 살펴보면 일본 정부 당국자들의 계산법을 이해할 수 있다. 대한민국의 수출액은 1970년 8억 달러를 조금 넘겨 세계 수출액의 0.3%를 차지했지만 2019년은 5,418억 달러로 세계 수출액의 3%에 육박했다. 무역의존도(수출입액 합계 / 명목GDP)는 2011년 86%를 넘었다가 점차 하락해 2019년 63.7%를 기록했다. 2019년 액수 기준 수출

---

* 이하 무역 통계는 산업통상자원부, 관세청, 한국은행 자료를 종합한 한국무역협회 홈페이지(https://www.kita.net)에서 가져왔다.

품의 비중은 농림어업 등 1차산업 2.1%, 경공업 19.7%, 중화학공업 55.8%, IT산업 22.4%였고 가장 많이 수출한 10가지 품목은 반도체·자동차·석유제품·자동차부품·평판디스플레이·합성수지·선박과 해양구조물·철강판·무선통신기기·플라스틱제품이었다. 반도체와 디스플레이가 수출산업의 중심축을 이루고 있는 것이다. 같은 해 수입액은 5,033억 달러였고 10대 수입상품 품목은 원유·반도체·천연가스·석유제품·석탄·무선통신기기·자동차·컴퓨터·정밀화학 원료·의류 등이었는데 원유·천연가스·석탄을 합친 에너지 수입이 전체의 20%가 넘었다.

한 걸음 더 들어가 수출입 실적을 국가별로 살펴보자. 2019년 우리나라의 최대 수출국은 중국(25.1%), 미국(13.5%), 베트남(8.9%), 홍콩(5.9%), 일본(5.2%), 대만, 인도, 싱가포르, 멕시코, 말레이시아 순이었고 최대 수입국은 중국(21.3%), 미국(12.3%), 일본(9.5%), 사우디아라비아(4.3%), 베트남(4.2%), 호주, 독일, 대만, 러시아, 카타르 순이었다. 최대 무역흑자를 낸 나라는 홍콩(301억 달러), 중국(290억 달러), 베트남(271억 달러), 미국(115억 달러), 인도(95억 달러) 등이었고 최대 무역적자를 낸 나라는 일본(192억 달러), 사우디아라비아(181억 달러), 호주(127억 달러), 카타르(127억 달러), 독일(113억 달러) 등이었다. 홍콩은 중개무역 중심지여서 무역흑자 규모가 큰 의미가 없고 사우디아라비아, 카타르, 호주에서 적자를 본 것은 에너지와 원자재, 농산물 수입 때문이었다.

무역통계는 우리나라가 중국, 베트남, 미국, 인도 등에 수출할 상품을 만들기 위해 산유국에서 에너지를 사고 일본과 독일의 '소부장'을 구입했다는 사실을 보여준다. 독일은 자동차와 의료기기, 공작기계 등 전통 제조업의 강자이고 산업화 시대 우리나라에 정부 차원의 상업차관과 인도적 지원을 많이 제공한 나라이니 논외로 하자. 일본은 한국전쟁을 계기로 전후 경제부흥에 박차를 가했고, 국교정상화 이후 지금까지 한 해도 빠짐없이 한국을 상대로 무역흑자를 얻었다. 우리나라는 최근 10년 동안 2,000억 달러가 훌쩍 넘는 누적흑자를 일본에 안겨줬다. 일본의 입장에서는 한국이 미국 다음으로 큰 흑자국이었다. 미국은 1980년대부터 무역 불균형 해소를 요구하며 일본을 압박했고 일본은 자율규제라는 이름으로 대미 수출량을 통제하기도 했지만 우리나라는 한번도 대일 무역적자를 문제 삼지 않았다. 그래서인지는 모르지만, 일본 정부와 국민은 한국인을 만만하게 여기며 한국을 경제 후진국으로 보는 경향이 있다.

일본 정부가 수출규제를 한 소재들을 하나씩 살펴보자. 감광액 포토레지스트는 실리콘 결정을 얇게 저며 반도체 기판 웨이퍼를 제작할 때, 불화수소는 웨이퍼를 깎아 회로도를 새기는 에칭 작업을 할 때 쓴다. 불화 폴리이미드는 평판 디스플레이를 휘는 작업에 필요하다. 아베 정부는 한국 기업들이 이 세 소재의 기존 재고를 소진하고 나면 생산을 제대로 하지 못하리라고 판단했을 것이다. 그러나 이미 알다시피 그것은 오판이었다.

삼성전자와 SK하이닉스, LG디스플레이 등 잠재적 피해자가 된 우리 기업은 유럽 기업의 문을 두들기는 한편 자체 기술개발에 박차를 가했고, 얼마 지나지 않아 그동안 일본에서 전부 조달해왔던 기체 불화수소와 액체 불화수소를 생산하기 시작했으며, 부족분을 유럽과 미국에서 들여왔다. 90% 넘게 일본에서 가져왔던 포토레지스트도 유럽의 거래처에서 물량을 확보하고 생산기술을 개발해 현재 생산 공장을 건설 중이며, 불화 폴리이미드는 이미 대량생산을 시작했다. 20여 년 전부터 포토레지스트와 폴리이미드 기술개발을 지원했

던 산업통상자원부는 소재부품수급대응지원센터를 만들고 대기업
과 중소기업의 협력을 촉진하는 등 100여 개의 핵심 품목 공급을 안
정시키는 데 힘을 쏟았다. 일본 기업의 매출과 영업이익이 급감하자
결국 일본 정부는 수출규제를 일부 완화했지만 우리 기업은 소부장
대일 의존에서 벗어나겠다는 방침을 견지하고 있다.˙

　시장경제에 활력을 제공하는 혁신경쟁은 개별 기업뿐만 아니라
국가 간에도 벌어진다. 산업혁명의 효과를 선점한 영국은 세계를 호
령했으나 독일의 도전을 받았고 미국에 추월당했다. 뒤늦게 산업화
를 이룬 일본은 세계 최고 수준의 전자산업과 자동차산업으로 한때
수출 세계 챔피언 자리에 올랐지만 1990년대부터 장기 침체와 저성
장의 늪에 빠졌다. 미국은 냉전 붕괴 이후 세계 유일의 초강대국으로
올라섰지만 제조업 기반이 무너지고 경제적 양극화의 덫에 걸렸으
며 첨예한 정치적 분열과 사회적 갈등에 흔들리는 중이다.

　한국경제는 선진 산업국을 모방하는 데서 출발해 빠른 속도로
추격했으며 몇몇 분야에서 선도자가 됐다. 기업의 수출입활동을 지
원하는 한국무역협회는 세계 수출시장 점유율 1위를 차지한 한국 상
품의 수를 집계해 발표하곤 하는데, 시장상황이 늘 변하기 때문에 조
사 시점에 따라 상품의 수와 종류에 차이가 있지만 한국의 1위 상품
수는 꾸준한 상승세를 보였다. 2014년 1위 품목은 화학 22개, 철강
11개, 비전자기계 7개 등으로 총 64개였고, 2017년은 화학 31개, 철강
13개, 섬유제품 8개 등 77개였으며 메모리 반도체와 탱커, 특수선 등
31개 품목은 5년 내내 1위 자리를 지켰다.

　가장 많은 1위 품목을 보유한 나라는 단연 중국이다. 그러나 1위

˙　「일본 공격에 일본이 당했다, 수출규제 1년, 韓 놀라운 변화」, 『중앙일보』, 2020년 6월 23일
자 보도 참조.

품목이 많다고 경제 선진국이라고 할 수 없다. 수출시장에는 강아지 간식부터 여객기까지 온갖 물건이 포함되기 때문에 부가가치가 높은 상품이 많아야 성과가 높다. 그런 점에서 일본 신문『니혼게이자이』가 2020년 8월 발표한「2019년 주요 상품·서비스 점유율 조사」를 참고할 필요가 있다. 한국은 스마트폰, D램, 유기발광다이오드(OLED) 패널, 낸드플래시 반도체, 초박형TV, 대형 액정패널, 조선(현대중공업) 등 7개 분야에서 4년 연속 세계 1위를 차지했다. 미국이 25개로 압도적 선두였고 7개였던 중국이 4년 사이에 이동통신기지국과 개인용 컴퓨터, 감시카메라 등 5개를 늘려 2위에 올라섰다. 이미지 센서와 전기이륜차, 디지털카메라 등에서 1위를 지킨 일본은 2018년보다 4개가 줄어든 7개로 한국과 같았다.°° 반도체, 컴퓨터, 이동통신, 바이오, 인공지능, 신재생에너지, 문화산업 등 고부가가치 미래형산업 분야의 혁신경쟁에서 지속적으로 성과를 낸다면 머지않아 한국의 1인당 국민소득이 일본을 넘어서는 날이 올 것이다.

　우리나라는 박정희 시대에 소규모 개방경제로 가는 길을 선택해 성공을 거뒀다. 노태우 정부가 옛 사회주의 국가들과 서둘러 수교한 데 이어 김영삼 정부가 '세계화'를 내걸고 그 흐름을 더 분명하게 만들었기 때문에 이제는 누구도 노선을 바꿀 수 없게 됐다. 김대중 대통령이 첫 자유무역협정(FTA)인 한칠레FTA를 체결했고 노무현 대통령이 지지층의 격렬한 반대를 무릅쓰고 한미FTA를 타결한 것은 그 때문이었다. 자유무역협정은 농산물과 보건, 교육 등 일부 분야를 제외하고 모든 상품과 서비스에 대한 관세를 폐지하는 협정이다. 2020년 현재 칠레, 싱가포르, 스위스·노르웨이·아이슬란드·리

°°　　『한국경제』, 2020년 8월 13일자 보도 참조.

히텐슈타인의 유럽자유무역연합(EFTA), 아세안(ASEAN), 인도, 유럽
연합(EU), 페루, 미국, 터키, 호주, 캐나다, 중국, 뉴질랜드, 베트남,
콜롬비아, 니카라과·온두라스 등 중미 4개국과의 자유무역협정이
발효했다. 영국·이스라엘·인도네시아는 협상을 타결하고 서명했으
며 필리핀·러시아·말레이시아 등과 협상 중이다.[*] 2020년 11월 문
재인 대통령은 역내포괄적경제동반자협정(RCEP)에 서명했다. 아시
아 태평양 지역을 자유무역지대로 통합하는 이 협정은 아세안 10개
국과 한국·일본·중국·호주·인도·뉴질랜드 등이 참여한 다자간 자
유무역협정이다. 인도·호주·중국·뉴질랜드 등은 이미 FTA가 발효
중이니 일본과 아세안 국가들을 추가한 셈이다. 우리나라만큼 많은
국가와 FTA를 맺은 나라는 찾아보기 어렵다.

　　자유무역이 모든 사람에게 좋은 것은 아니다. 자유무역에 참여
하는 국민경제는 '비교우위'가 있는 산업으로 전문화한다. 여러 국가
들이 동시에 관세를 낮추거나 폐지하면 비교우위 산업은 이익을 얻
고 그렇지 못한 산업은 손실을 입는다. 하지만 이익을 얻는 산업의
이익 규모가 손실을 입는 산업의 손실 규모보다 크기 때문에 국가의
부는 늘어난다. 따라서 이익을 얻는 산업의 이익 일부를 조세로 징수
해 손실을 입는 산업과 종사자에게 적절한 보상을 할 수 있다. 가능
성이 있는 산업은 경쟁력을 키울 수 있도록 지원하고, 그렇지 못한
산업과 종사자에게는 다른 산업으로 이동할 수 있는 기회와 비용을
제공하는 것이다. 방식과 규모의 적절성에 대해서는 논란이 있지만,
한칠레FTA 당시 포도와 양다래 농가의 피해를 보상한 데서 시작해
우리 정부는 그런 방식으로 대응해왔다.

---

[*]　통상조약국내대책위원회 홈페이지(https://www.fta.go.kr), 'FTA 추진현황' 참조.

일본 정부의 수출규제 사건은 우리가 국민국가 시대를 살고 있다는 사실을 새삼 일깨워줬다. 냉전 해체 이후 30년의 '신자유주의 세계화'도 그 현실을 바꾸지 못했다. 세계시장을 주도하는 삼성전자와 LG디스플레이 경영자들도 자본에 여전히 국적이 있음을 절감했을 것이다. 미국우선주의와 보호무역주의를 내세워 글로벌 경제질서를 혼란에 몰아넣었던 도널드 트럼프(Donald Trump, 1946~) 대통령의 시대가 끝났으니 세계경제는 자유무역 분위기로 복귀할 것이다. 그러나 인류 전체를 규율하는 '세계제국'이 들어서지 않는 한 우리는 국민국가에서 살아야 한다. 우리의 국민경제는 자유무역의 흐름을 타고 국제 분업체제 안에서 유리한 위치를 차지해야 하며, 우리 정부는 국민적인 합의를 이뤄 그 부작용인 양극화 또는 격차의 확대 문제를 해결해야 한다. 실패하든 성공하든, 대한민국은 그 길을 갈 수밖에 없다.

4

전국적 도시봉기를 통한
한국형 민주화

폭력을 행사하지 않고는 개혁이 불가능한 전제정치에서 폭력 행사는
정당하다. 그런데 그 목적은 오직 폭력을 쓰지 않고도 개혁을 할 수
있는 민주정치를 세우는 것이어야 한다. 민주 헌법과 민주주의적
방법을 파괴하려는 안팎의 공격에 대항하는 폭력 행사 역시
도덕적으로 정당하다. 시민의 저항권을 행사하는 것이기 때문이다.
― 칼 포퍼, 『열린사회와 그 적들 I』

한국 민주화운동의 알고리즘

1984년 가을 프로야구 한국시리즈에서 롯데 자이언츠 최동원 투수가 다시는 볼 수 없을 전설을 썼다. 삼성 라이온즈를 상대로 일곱 경기를 치르는 동안 선발과 중간계투, 마무리를 오가며 4승을 거둬 팀을 정상에 올려놓은 것이다. 나는 7차전 경기를 관악경찰서 유치장에서 봤고 그해 겨울을 영등포구치소 0.7평짜리 독방에서 보냈다. 고백하자면 나는 평생 누군가를 때린 일이 '거의' 없다. 초등학생 때 얄밉게 구는 누이동생을 한 번 쥐어박은 것 그리고 말년병장 시절 상습적으로 후임병을 괴롭힌 상병을 슬리퍼로 때려본 것이 내가 기억하는 전부다. 「폭력행위 등 처벌에 관한 법률」을 위반한 죄로 옥살이를 하면서 내 신세를 한탄했다. "하필이면 왜 이런 나라에 태어났단 말인가. 프랑스나 독일, 영국, 미국 같은 나라에 태어났다면 좋았을걸!" 그 나라들이 부유해서가 아니라 자유로운 나라여서 그랬다. 그때까지 우리는 세상과 삶에 대한 생각을 있는 그대로 표현하지 못하고 살았다. 그래서인지 나는 무엇보다도 자유가 좋다.

민주주의 선진국도 원래부터 그랬던 것은 아니다. 중세 유럽에는 엄격한 신분제도가 있었고 교회와 귀족계급이 종교적 도그마와 무자비한 폭력으로 민중을 착취하고 억압했다. 미국에는 19세기 중반까지 노예제도가 있었다. 그들이 자유와 민주주의를 거저 얻지 않았다는 사실을 나는 잘 알고 있었다. 어느 나라 할 것 없이 처절한 폭동, 반란, 혁명과 반혁명을 겪은 끝에 오늘에 이르렀다. 우리 앞에는 두 갈래 길이 있었다. 하나는 대한민국을 떠나 더 자유롭고 풍요로운 나라로 가서 더 나은 삶의 기회를 찾는 것이었고, 많은 사람이 그 길을 갔다. 다른 하나는 대한민국을 그런 나라로 바꾸는 것이었는데 더 많은 사람이 그 길을 선택했고 나도 그 대열에 있었다.

　1980년대까지만 해도 우리는 다른 나라 사람들이 어떻게 사는지 잘 몰랐다. 외국에 가기 어려웠고 정부가 언론보도를 통제했기 때문이다. 특히 전두환 정부는 언론사에 날마다 '보도지침'이라는 것을 보내서 신문 방송의 편집권을 행사했고, 외국 신문이나 잡지도 검열했다. 하지만 지금은 다르다. 대한민국뿐만 아니라 지구 반대편에서 벌어지는 일까지 마음만 먹으면 실시간으로 알 수 있다. 우리는 2013년 12월 경찰이 철도노조 집행부를 체포하려고 민주노총 본부가 있는 경향신문사 빌딩 현관 유리를 박살 내던 장면과 대학가에서 시작해 거리의 전봇대까지 옮겨 붙었던 '안녕 대자보'의 소박한 문장들을 실시간으로 보았고, 2014년 4월에는 바다 밑으로 가라앉는 세월호의 아이들이 가족에게 마지막으로 보낸 사랑의 고백을 있는 그대로 보고 들었다. 학교에 다닌다는 이유로 총격을 당한 무슬림 소녀의 얼굴을, 미국의 버락 오바마(Barack Obama, 1961~) 대통령이 백악관 청소 노동자와 주먹인사를 교환하는 모습을, 트럼프 대통령이 멕시코 국경에 세운 장벽을 온라인 동영상과 트위터, 페이스북 등과 같은 SNS에서 목격했다. 우리는 다른 나라 사람들이 사는 모습에 비춰 우리의 삶과 공동체의 현실을 인식하고 성찰한다.

　나는 죽는 날까지 대한민국에 살고 싶다. 그렇지만 다른 나라에 가서 다르게 살 기회를 얻는 것도 나쁘지 않은 선택이라고 생각한다. 2009년 어느 이민 컨설팅 회사가 진행한 조사에서 한국인은 호주, 캐나다, 미국 순으로 태어나고 싶은 나라를 꼽았다.* 2011년 한 취업 포털 회사가 직장인들에게 설문했더니 호주, 스위스, 일본, 캐나다,

---

* 　『프라임경제』, 2009년 1월 21일자 보도 참조.

프랑스, 영국, 미국, 뉴질랜드, 핀란드, 스웨덴 등에서 살고 싶다고 대답했다.●● 2016년 3월 시장조사 전문회사인 엠브레인의 조사에서 는 응답자의 61.1%가 '요즘 같아선 한국에 다시 태어나고 싶은 마음 이 없다'고 했고, 다시 태어나도 대한민국에 태어나고 싶다는 사람은 26.5%에 불과했다. 76.9%가 이민을 한번쯤 생각해본 적이 있었고 이민을 간다면 호주, 캐나다, 뉴질랜드, 미국과 유럽 나라를 택하겠 다고 했다.●●●

　사람들은 왜 이런 나라에서 태어나거나 살고 싶다고 할까? 무 엇보다 국민소득 수준이 높아서다. 게다가 보육, 교육, 노후생활의 어려움을 국가와 사회가 함께 거드는 사회복지제도를 잘 갖췄고 자 연환경도 깨끗하며 개인의 자유와 권리를 철저히 보장한다. 러시아 와 중국처럼 땅이 넓고 인구가 많아서 영향력이 큰 나라를 제외하면, 21세기 지구촌의 주역은 모두 민주주의를 제대로 하는 부국(富國)들 이다. 2016년 엠브레인의 조사에서 응답자들은 한국에 다시 태어나 고 싶지 않은 이유로 '삶의 여유가 없고 복지제도가 미비하며 경쟁이 너무 치열하다는 점'을 들었다.

　어느 쪽이 먼저일까? 민주주의를 이뤘기 때문에 경제적으로 번 영했을까, 아니면 경제가 발전했기 때문에 민주주의가 가능했던 것 일까? 어느 것도 먼저가 아니다. 이 둘은 선순환(善循環, positive feed - back)관계에 있다. 어느 특정한 시점에는 경제발전과 민주주의가 대 립하는 것처럼 보이기도 한다. 그러나 길게 보면 경제번영과 민주주 의는 함께 진전했다. 무엇이 이런 선순환관계를 만드는 것일까? 원 하는 삶을 스스로 옳다고 믿는 방식으로 살아가려는 욕망이 작동하

●●　　『경향신문』, 2011년 2월 23일자 보도 참조.
●●●　엠브레인, 「2016 이민 및 이민자 수용정책 관련 인식 조사」.

기 때문이다. 그렇게 살아가려면 무엇보다 먼저 자유가 있어야 한다. 자유를 누리려면 물질의 결핍이 주는 억압을 극복해야 하고, 부당한 제도와 낡은 관념의 속박에서 벗어나야 한다. 개인의 자기중심적 선택에 대한 국가의 간섭과 강제를 철폐해야 효과적으로 경제번영을 이룰 수 있다고 한 애덤 스미스(Adam Smith, 1723~1790)의 견해는 특수한 상황에서 일시적으로만 타당하다는 것이 이론적으로 입증됐다. 그러나 장기적 관점에서 스미스는 옳았다. 개인의 자유를 부당하게 억압하는 사회는 경제번영을 오래 유지하지 못한다.

산업화를 이룬 동력이 물질의 결핍이 주는 억압에서 벗어나려는 욕망이었다면, 민주주의를 세운 힘은 부당한 외적 강제와 제도의 억압에서 벗어나 자유와 존엄을 누리려는 욕망이었다. 민주주의의 요체는 첫째가 주권재민(主權在民)이다. 권력의 정당성 또는 정통성은 국민에게서 나온다. 다수 국민의 동의를 받지 않고 들어선 권력은 인정할 수 없다. 둘째는 국가권력의 제한과 분산, 상호견제다. 민주주의는 국가권력의 오남용을 막기 위해 입법권과 사법권, 행정권을 분리하고 선출 공직자의 임기를 제한하며 권력기관들이 서로를 감시하고 견제하게 한다. 셋째는 법치주의다. 시민의 자유와 권리는 오로지 법률로만 제한할 수 있으며, 정부는 헌법이 부여한 권한의 범위 내에서 법률에 따라 국가를 운영해야 한다. 피치자뿐만 아니라 통치자까지, 법률은 만인을 똑같이 구속해야 한다.

'민주화'는 전제정치 또는 독재체제를 민주주의체제로 바꾸는 것이고, 그것을 위한 개별적이고 집단적인 노력과 행동을 '민주화운동'이라고 한다. 민주화의 역사를 살피려면 먼저 민주주의와 독재를 나누는 기준을 명확히 해야 한다. 산업화의 역사를 서술하면서 로스토의 경제이론을 활용했는데, 민주화의 역사를 서술하는 데는 자유주의 철학자 칼 포퍼(Karl Popper, 1902~1994)의 정치이론을 차용한다. 포퍼의 기준에 따르면 다수 국민이 원할 때 평화적으로 정권을 교체할 수 있으면 민주국가, 불가능하면 독재국가다.* 평화적 정권교체를 가능하게 하는 법률과 제도가 아예 없으면 민주주의가 아니다. 그런 제도가 있다고 해도 정상적으로 작동하지 않아서 사실상 불가능하다면 그 역시 마찬가지다.

　1959년 대한민국은 민주주의 국가가 아니었다. 평화적 정권교체를 할 수 있는 제도는 있었지만 제대로 작동하지 않았다. 무엇보다도 자신의 견해를 자유롭게 형성하고 표현할 수 있는 자유가 없었다. 자유롭고 공정한 선거를 하지 않았다. 사상과 표현, 집회와 결사의 자유를 비롯해 대한민국 헌법이 보장한 시민의 자유와 기본권을 짓밟았다. 갖가지 방법으로 부정투표를 저질렀고 개표 결과까지 조작했다. 다수 국민이 원해도 평화·합법적으로 정치권력을 교체할 수 없었다.

　민주주의는 단순히 제도의 총합이 아니라 제도와 행태와 의식의 복합물이다. 합리적인 제도가 있어도 행태가 비뚤어지면 소용이 없다. 권력집단과 유권자의 행태는 욕망과 감정, 의식과 관습을 비롯한 여러 요소가 좌우한다. 좋은 헌법이 있다는 것만으로는 충분하지 않다. 집권세력 또는 통치자가 헌법과 민주주의 기본원리를 존중해야 하며 시민이 자기의 권리를 제대로 알고 행사해야 한다. 그래야 민주주의를 실현할 수 있다. 통치자가 헌법과 법률 위에 군림하고, 시민이 그것을 별 문제의식 없이 받아들이거나 굴종하면 헌법은 종이쪽지에 지나지 않는다.

---

* 칼 포퍼, 『열린사회와 그 적들 I』, 이한구 옮김, 민음사, 2006, 209쪽.

포퍼가 특정한 계획이나 목표에 입각해 사회 전체를 개조하는 사회혁명을 강력하게 반대한 것은 인간의 능력에 한계가 있다고 봤기 때문이다. 사람은 눈앞의 현실조차 있는 그대로 인식하지 못한다. 미래를 올바로 설계할 능력은 말할 나위도 없다. 특정한 목표 또는 가치를 실현하기 위해 사회 전체를 재조직하려는 동기는 고상할지 모르지만 혁명가들의 청사진이 옳고 훌륭하다는 증거는 없다. 혁명가들이 폭력으로 국가권력을 장악한 다음 자신들이 그린 청사진에 따라 재조직한 사회가 혁명 이전의 사회보다 훌륭하다는 보장도 없다. 정의·평등·인간해방 등 내세우는 목표가 무엇이든, 추상적인 선을 실현하려고 폭력으로 사회를 재조직하는 혁명은 반드시 전체주의 독재로 귀결된다. 그런 확신을 지녔기에 포퍼는 추상적인 선을 실현하려는 혁명보다 현실의 구체적인 악을 제거하는 개혁과 개량에 집중하자고 호소했다.

그러나 포퍼도 모든 종류의 혁명에 반대하지는 않았다. 전제정치를 타도하고 민주주의를 세우는 정치혁명은 열렬히 옹호했다. 민주주의는 최선의 인물이 권력을 장악해 최대의 선을 실현하도록 하는 제도가 아니라 최악의 인물이 권력을 잡아도 악을 마음껏 저지르지 못하게 하는 제도다. 그것은 현실에 존재하는 구체적인 악을 최소화함으로써 사회를 지속적으로 개량해나가는 데 필수불가결한 전제조건이다. 이렇게 본다면 전제정치를 타도하고 민주주의를 실현하기 위해 민중이 폭력을 행사하는 것은 불가피하고 정당하다. 단, 민중의 저항권 행사는 독재를 타도하고 민주주의 정치체제를 세우는 데서 멈춰야 한다.* 대한민국의 정치혁명은 포퍼가 지지한 바로 그

---

*　　같은 책, 217~218쪽.

혁명이었다.

　전제정치를 타도하는 유일한 방법은 민중이 저항권을 행사하는 것이다. 시민이 스스로 조직하고 궐기해 경찰과 군대, 사법기관과 정보기관을 동원한 권력집단의 폭력을 힘으로 제압해야 정치혁명을 할 수 있으며 그 방법은 나라의 환경과 특성에 따라 달라진다. 대한민국은 국토가 좁고 인구가 도시에 밀집해 있으며 문화의 균질성이 매우 높다. 사계절의 변화가 뚜렷하고 겨울이 너무 추우며 정글이나 넓은 산악 지역도 없다. 북쪽은 철책으로 단절됐고 나머지는 바다로 가로막힌 사실상 섬나라다. 중국과 베트남, 중남미와 달리 특정 지역을 근거지로 삼아 장기항전을 벌일 수 없으며 중동 지역처럼 인접 국가에 무장투쟁 기지를 만들 수도 없다. 게다가 국가는 엄청난 규모의 상비군과 경찰력을 보유하고 있다. 이런 조건에서 민중이 저항권을 행사할 수 있는 방법은 '연속·동시다발·전국적 도시봉기'뿐이었다. 다른 방법으로는 국가의 폭력에 맞설 수 없었다.

　민주화운동가는 물론이요 사회주의혁명가들도 테러를 투쟁방법으로 쓰지 않았던 데는 그만한 이유가 있다. 소위 '남조선민족해방전선(남민전)' 활동가들은 자금을 마련하려고 재벌 회장 집을 털었지만 사람을 해치지 않았다. 부산 미문화원 방화사건이나 동의대 사태에서 무고한 시민과 경찰관들이 목숨을 잃었지만 일부러 사람을 죽이려고 사건을 일으키지는 않았다. 독일과 일본 적군파가 벌인 시설 파괴, 요인 암살, 항공기 납치와 같은 일은 우리 민주화운동 역사에서 한 번도 없었다. 테러는 대중의 참여를 북돋우는 데 적합한 투쟁 방법이 아니었기 때문이다. 대한민국의 민주화운동가들은 남이 아니라 자기 자신을 죽였다. 스스로 목숨을 버림으로써 대의를 알리고 대중의 관심과 각성을 일으키려 했다.

역사와 인간을 정중하게 대하는 사람들은 그렇게 목숨을 끊은 이들을 기억하려고 노력한다. 전태일 이후 그런 분들이 선택한 방법은 주로 분신과 투신이었다. 대부분 대학생과 노동자였던 그들은 민주화, 광주민주항쟁 진상규명, 미국의 독재정권 지원 중단, 노조활동의 자유 보장, 임금과 근로조건 개선 같은 것을 요구했다. 청계천 평화시장 노동자 전태일(1970), 서울대 학생 김상진(1975)과 김태훈(1981), 운수 노동자 박종만(1984), 경원대 학생 송광영(1985), 구로공단 신흥정밀 노동자 박영진, 서울대 학생 이재호·김세진·이동수·박혜정(이상 1986), 서울교대 학생 박선영, 하남 신흥정밀 노동자 표정두(이상 1987), 성남 고려피혁 노동자 최윤범, 운수 노동자 이문철(이상 1988), (주)통일 노동자 이영일, 노동운동가 최동(이상 1990), 전남대 학생 박승희, 안동대 학생 김영균, 경원대 학생 천세용, 전민련 사회부장 김기설, 성남피혁 노동자 윤용하, 광주 시민 이정순과 차태권, 보성고 학생 김철수, 인천 운수 노동자 석광수(이상 1991) 등이 널리 알려져 있다.* 분신과 투신은 1986년과 1991년에 가장 많았다. 1986년은 전두환 정부의 인권탄압이 절정을 이룬 가운데 광주민주항쟁의 진상을 알게 된 청년들이 전두환과 미국에 크게 분개한 때였고, 노태우 정부 중반이었던 1991년은 민주화에 대한 기대가 허물어진 시기였다. 특히 명지대생 강경대 씨가 시위 도중 경찰에 타살당한 사건으로 학생들의 반정부투쟁이 격화하면서 '분신정국'이라는 말이 나올 정도로 많은 청년이 자신의 몸을 불살랐다.

'연속·동시다발·전국적 도시봉기'로 민중이 저항권을 행사한 최초의 사례는 3·1운동이었다. 3·1운동의 목적은 민주화가 아니라

---

* 이 명단은 민주화운동기념사업회 연구소 엮음, 『한국민주화운동사 연표』, 선인, 2006을 참조해 작성했다.

민족해방이었지만 민주화운동은 그 방식을 그대로 이어받았다. 두 번째 사례는 민주주의 정치혁명의 한국적 전형(典型)인 4·19였다. 우리 국민은 '연속·동시다발·전국적 도시봉기'를 통해 독재자를 축출하고 정권을 교체했다. 세 번째 사례는 1987년 6월 민주항쟁이었다. 승리한 6월 민주항쟁과 비극으로 끝난 광주민중항쟁의 차이는 딱 하나, 광주민중항쟁이 '국지적 도시봉기'였다는 사실뿐이다. 만약 그 때 서울·부산·대구·울산·대전 등 다른 대도시의 시민들이 함께 궐기했다면 신군부가 광주 한곳에 그토록 많은 병력을 집중 투입해 그렇게 많은 시민을 살상할 수는 없었을 것이다.

우리나라 민주화의 역사를 상세하게 알고 싶은 독자에게는 민주화운동기념사업회가 발간한 『한국민주화운동사1~3』을 권한다.** 본문만 합쳐서 2,300쪽이나 되는 세 권짜리 책에 정부 수립 이후 노태우 정부까지, 넓은 의미에서 민주화운동이라고 할 수 있는 모든 사건을 체계적으로 정리해놓았다. 이 책을 읽으면 우리 민주화운동의 역사는 동일한 사건의 무한반복이었다는 느낌이 들 것이다. 착각이 아니다. 우리의 민주화운동은 수십 년 동안 같은 '패턴'을 되풀이했다. 그 패턴은 다음과 같은 '알고리즘(순서도)'으로 요약할 수 있다.

집권세력 또는 정부가 권력을 오남용하고 부정부패를 저지른다. 야당과 재야(在野)인사들이 진상규명과 책임자 처벌을 요구하는 성명서를 발표한다. 재야인사는 지식인·종교인·문화인 등 영향력 있는 시민사회 인사들을 말한다. 대중이 크게 호응하지 않으면 집권세력은 신경 쓰지 않고 같은 행태를 반복한다. 그러면 야당과 재야의 투쟁대열에 청년학생들이 가세한다. 교내에서 규탄선언문을 발표하

**   민주화운동기념사업회 연구소 엮음, 『한국민주화운동사 1~3』, 돌베개, 2008~2010.

고 항의집회를 하다가 거리시위를 벌인다. 시민이 여기에 합세하지 않으면 정부는 적당히 진상을 은폐하고 몇몇 책임자를 처벌하는 시늉을 하면서 경찰을 동원해 주동자를 구속하고 시위를 진압한다. 그렇게 해서 투쟁이 끝나고 나면 집권세력은 또다시 독재와 부정부패를 저지른다.

같은 패턴의 투쟁이 또 일어나 일반 시민의 호응을 불러일으키는 데까지 나아가면 이제 공안당국이 나선다. 소요사태의 배후에 불순세력과 북한이 있다고 주장하면서 간첩단 사건이나 반국가단체 조직사건을 터뜨린다. 비판적인 언론보도를 통제하고 친정부 언론을 동원해 엄청난 국가적 위기가 온 것처럼 시민을 세뇌한다. 웬만하면 이런 정도로 상황이 끝난다. 그래도 끝나지 않으면 최루탄과 몽둥이로 무장한 경찰력을 투입해 시위자를 마구잡이로 연행하고 구속한다. 지치고 겁이 난 시민은 분노를 삭이며 일상으로 돌아간다. 집권세력은 다시 독재와 부정부패를 저지른다.

가끔은 아주 많은 국민이 공분을 느낀 나머지 야당과 재야, 학생들의 투쟁에 열렬히 호응하는 경우가 생긴다. 그럴 때 민주화운동의 전국조직이 출현한다. 야당과 재야, 학생단체, 노동단체와 농민단체 등 각계각층의 대표들이 '국민협의회'나 '국민운동본부'라는 전국조직을 만드는 것이다. 줄이면 '국본', 익숙한 이름이다. 국본은 투쟁목표를 제시하고 구호를 정하며 지방으로 소식을 확대하고 집회 장소와 시간과 행동강령을 선포한다. 이 모든 행동의 전술적 목표는 '연속·동시다발·전국적 도시봉기'를 일으키는 것이며 전략적 목표는 독재정권을 타도하고 민주주의를 세우는 것이다. 그런 사태를 막으려고 집권세력은 사용할 수 있는 모든 수단을 남김없이 동원한다. 국본의 주요 인사를 체포하고 활동가들을 예비 검속하며 경찰을 투입해 시위 예정 장소를 봉쇄하고 물샐틈없는 검문검색을 벌인다. 대통령이나 국무총리가 담화를 발표해 소요사태 주동자를 엄벌하겠다고 겁을 주고 공안기관과 친정부 언론을 동원해 배후에 불순용공세력과 북한이 있다고 비난한다. 이렇게 해서 간신히 진압에 성공하면 집권세력도 잠시 조심한다. 민심을 수습한다며 내각을 개편하고 유화책을 발표한다.

그런데도 투쟁열기가 가라앉지 않으면 사태가 정말 심각해진다. 여러 도시에서 동시에 대규모 거리시위가 벌어질 경우 정부는 속수무책이 된다. 예컨대 전국 10대 도시에서 100만 명 정도의 시민이 동시에 시위를 벌일 경우 전국 경찰을 다 투입해도 제압하지 못한다. 시위대는 큰길을 점거하고 구호를 외치다가 불리하면 뒷골목을 통해 다른 장소로 이동해 다시 도로를 점거한다. 진압경찰은 방패와 곤봉, 방독면을 비롯한 보호 장구를 주렁주렁 매달고 있어서 기동력이 현저히 떨어진다. 만화 〈톰과 제리〉를 연상시키는 싸움이다. 시위대 규모가 커지면 본대에서 떨어져 나온 진압경찰이 거꾸로 포위되어 장비를 빼앗기고 얻어맞는 상황이 생긴다. 결국 경찰은 주요 시설 근처에 병력을 모아 진을 치고 장기전에 들어간다. 서울 같으면 청와대와 세종로 정부청사 근처 대로와 골목에 병력을 집중배치하고 시위대와 대치하는 것이다. 도심을 장악한 시위대는 여유 있게 정부를 규탄하는 거리집회를 연다. 그러면 점점 더 많은 시민이 모여든다.

이럴 경우 정부가 쓸 수 있는 무기는 계엄령을 선포해 군 병력을 투입하는 것밖에 없는데, 매우 위험하다는 게 문제다. 1964년 6·3사태나 1979년 부마항쟁 때 정부는 군 병력을 투입해 시위를 진압하는 데 성공했다. 하지만 4·19 때는 계엄군 수뇌부가 시위진압을 거부했다. 군이 발포를 하고서도 투쟁을 진압하지 못하면 그것도 큰일이다.

4·19 때는 경찰에게 발포를 지시한 사람이 사형을 당했다. 진압에 일시 성공하는 경우에도 나중에 문제가 될 수 있다. 광주민중항쟁 때 특전사 병력에게 발포 명령을 내린 자들은 그 책임을 피하려고 모든 증거를 인멸하고 끝끝내 사실을 부정했다. 1987년 6월 전국 수십 개 도시에서 100만 명 이상이 동시에 거리시위를 벌였을 때 전두환 대통령은 계엄령 선포를 검토했지만 실행하지 못했다. 그 대신 노태우 민정당 대통령 후보를 앞세워 6·29선언을 발표하고 직선제 개헌과 민주화를 약속했다. 박근혜 대통령 탄핵 촛불집회 때도 조현천 기무사령관을 비롯한 일부 장성들이 계엄령 선포와 병력 배치계획을 세웠지만 미수에 그쳤다. 너무나 위험한 행위였기 때문이다.

'연속·동시다발·전국적 도시봉기'는 다양한 '현행법 위반 행위'를 수반한다. 도로점거·투석·화염병 투척·야간시위 등 시위대가 하는 모든 행동이 실정법과 충돌한다. 그러나 다수 국민이 헌법을 지키고 민주주의를 실현하기 위한 정당하고 불가피한 수단으로 받아들일 경우 그 모두는 주권자가 저항권을 행사한 정당행위가 된다. 한국의 민주화는 이런 방식으로 이뤄졌다.

6월 민주항쟁의 승리와 더불어 '연속·동시다발·전국적 도시봉기'라는 운동의 패턴은 종착점에 이르렀고 새로운 경로와 전략을 찾아야 하는 상황이 왔다. 그런데 역사에도 '관성의 법칙'이 작용한다. 긴 세월에 걸쳐 자리를 삽은 사고방식과 행동양식은 하루아침에 사라지거나 달라지지 않는다. '연속·동시다발·전국적 도시봉기'를 통해 정치적 요구를 제시하고 관철하는 전략은 민주화 이후에도 한동안 살아남았고 때로는 만만치 않은 위력을 발휘했다. 사람은 누구나 성공한 경험을 소중하게 여긴다. 그래서 과거와는 성격이 다른 도전에도 예전에 성공했던 방식으로 응전하는 경향이 있다. 민주주의 시

1987년 6월 10일:
6월 민주항쟁 당시 명동 거리로 뛰쳐나온
학생과 직장인의 모습.

대에 어울리는 새로운 전략과 행동양식이 등장하는 데는 긴 시간이
걸릴 수밖에 없었다.

　우리의 민주화운동은 세 단계를 거쳤다. 5·16에서 10월 유신까
지는 '맹아기'였다. 4·19는 곧바로 5·16이라는 북풍한설(北風寒雪)을
만났지만 죽지 않고 생명력을 키웠다. 10월 유신부터 6월 민주항쟁
까지 유신체제 9년과 제5공화국 7년은 '성장기'였고 그 한가운데 광
주민중항쟁이 있었다. 이 시기 국민은 민주화를 이루는 데 필요한 열
망과 능력을 축적했다. 시민의 힘으로 국가폭력을 이겨내지 않고는
민주주의 정치제도를 세울 수 없었기 때문에 성장기의 민주화운동
은 민주주의 정치혁명을 지향할 수밖에 없었다. 6월 민주항쟁 이후
현재까지는 '민주주의 성숙기'라 할 수 있다. 우리는 세 차례 평화적
정권교체를 이뤘고 헌법 정신에 맞게 국가를 운영하도록 권력집단
의 행태를 개선했으며, 다양한 방식으로 정치에 참여함으로써 민주
주의 수준을 높였다.

　대한민국이 민주주의 국가임은 의심할 여지가 없다. 시민은 사
상과 표현의 자유를 비롯해 헌법이 보장하는 기본권을 거의 아무런
제약 없이 누린다. 신문 방송은 자유라고 말할 수 있는 수준을 넘어
최소한의 견제도 받지 않는 사회권력이 됐다. 대통령과 정부는 권력
행사를 절제한다. 한때 국민은 이 모든 것을 너무나 당연하게 여긴
나머지 '어제 내린 눈'처럼 새롭지도 귀하지도 않은 것으로 내했으며
우리의 민주주의는 완성단계에 이르렀기에 누구도 되돌릴 수 없으
리라 믿었다. 그러나 2008년 이후 몇 년 동안 이런 믿음은 착각에 지
나지 않았다는 사실이 드러났다. 우리의 민주주의는 대통령과 집권
세력이 헌법을 존중하려고 노력할 때만 제대로 작동했다.

　재집권한 '산업화세력'은 헌법을 무시하고 법치주의를 파괴했

다. 2008년 미국산 쇠고기 수입 검역위생조건 완화를 비판하는 대규모 촛불집회가 열렸을 때 정부는 서울시청과 광화문 광장 일대를 봉쇄함으로써 집회의 자유를 짓밟았다. 정부를 비판하는 시민을 뒷조사하고 해코지하는 '민간인 불법 사찰'을 저질렀다. 2012년 대통령 선거 때는 국가정보원과 국군 기무사령부, 국가보훈처 등 여러 국가기관이 온라인 여론을 조작하는 방식으로 정치에 개입했고 정부는 관련자들의 '개인적 일탈'이라며 진상을 은폐했다. 원세훈 국정원장 등 대선 불법개입 주모자들에게 선거법 위반혐의를 적용한 검찰총장을 내쫓기 위해 '혼외아들'로 지목한 어린이의 개인정보를 불법으로 수집해 언론에 유포했다. 2014년에는 서울시 공무원이었던 탈북자 유우성을 간첩으로 만들기 위해 국가정보원과 검찰이 중국 정부의 공문서를 위조해 법원에 제출한 사실이 드러났지만 국정원장과 검찰총장은 아무 책임도 지지 않고 몇몇 실무자들의 사표제출과 구속으로 꼬리를 잘랐다. 정부가 범죄조직처럼 행동한 것이다.

진보든 보수든 모든 권력집단은 감시와 견제가 느슨해지면 권력 오남용 유혹에 빠진다. 이럴 때 시민이 참여하고 비판하고 저항하지 않으면 민주주의 제도는 껍데기로 전락한다. 그런데도 다수의 국민은 이명박 정부의 행태를 용인했고 박근혜 대통령을 당선시킴으로써 산업화세력의 연속 집권을 허락했다. 신문 방송이 보도한 여론조사를 보면 세월호 참사 두 달이 지난 2014년 6월까지도 국민 다수가 박근혜 대통령이 국정수행을 잘한다고 답했다.[*] 2016년 10월 JTBC 〈뉴스룸〉이 이른바 '최순실 국정농단'의 증거인 태블릿의 파일

---

* 　갤럽과 리얼미터의 여론조사에서 박근혜 대통령의 국정수행 부정평가가 긍정평가를 앞지른 것은 세월호 참사 후폭풍과 문창극 총리 후보자 파동이 진행 중이던 2014년 6월 하순이 처음이었다.

내용을 보도한 후에야 국민은 박근혜 대통령에 대한 신뢰를 접었다. 다시 말하지만 민주주의는 제도와 행태와 의식의 복합물이다. 대통령과 집권세력이 헌법과 법률을 준수하려는 의지를 지니고 있을 때만 제대로 작동한다면, 그 민주주의는 아직 성숙하지 않았다.

　이승만 정부 시절 한 외신기자는 한국에서 민주주의를 기대하는 것은 쓰레기통에서 장미꽃이 피기를 바라는 것이나 마찬가지라고 했다. 주한미군사령관을 지낸 장군은 한국 국민이 강자를 맹목적으로 추종하는 쥐떼와 같다고 말했다. 그러나 대한민국은 쓰레기통이 아니었으며, 국민은 쥐떼가 아니었다. 세계인이 주시하는 가운데 우리는 보란 듯이 자유를 쟁취하고 민주주의를 세워냈다. 평화적 권력교체를 할 수 있는 제도를 만들고 그에 맞는 시민의식과 행동양식을 발전시켰다. 헌법을 무시하고 법률을 위반한 대통령을 탄핵하고 질서정연하게 새 대통령을 뽑았다. 우리의 민주화 역사는 자유에 대한 욕망과 꿈, 정의를 향한 열정과 헌신, 존엄을 지키기 위한 분투와 희생으로 엮은 여정이었다. 그러나 우리는 그 길을 다 걷지 않았고 민주주의는 아직 완성되지 않았다.

맹아기: 5·16에서 10월 유신까지

　우리 세대에게 '박정희'는 고유명사가 아니라 보통명사였다. 박정희는 곧 대통령이고, 대통령은 박정희였다. 대통령을 다른 이름과 연결하거나 박정희라는 이름에 대통령을 붙이지 않는 것은 모두 불경스러운 행위로 간주했다. 내가 두 돌이 되기 전에 권력을 잡았던 그는 내가 대학생이 됐을 때에도 여전히 대통령이었다. 나는 유아기와 청소년기 그리고 청년기의 시작을 온전히 박정희 대통령과 함께 살았다.

1961년 5·16부터 1972년 10월 유신까지 민주화운동의 목표는 박정희 정권 타도라기보다는 정부의 잘못을 비판하고 바로잡는 것이었다. 정부가 언제나 주도권을 행사했고 모든 싸움에서 이겼다. 4·19의 봉화를 올렸던 중고등학생이 대학생과 사회인이 되어 재야 세력과 함께 민주화운동의 전위(前衛)가 된 것은 자연스러운 일이었다. 민주화운동의 후위(後衛)는 수십 년 구절양장의 우여곡절을 거쳐 오늘날 '더불어민주당'이라는 이름을 쓰는 정당이었고 운동의 주력(主力)은 조직되지 않은 시민이었다. 전위는 강력한 탄압을 받으면서도 정부에 맞서 싸움으로써 대중의 관심을 불러일으키고 용기를 북돋웠으며 시민이 참여할 수 있는 정치적 공간을 만들었다. 투쟁의 성과를 챙기고 뒷수습을 하는 것은 진보적 야당의 몫이었다. 전위가 대학생에서 시민단체로 바뀌었고 인터넷망과 이동통신기기로 무장한 시민이 예전과 달리 스스로를 조직한다는 점에서 차이가 있기는 하지만, 이와 같은 민주화운동의 대오(隊伍)는 4·19부터 박근혜 대통령 탄핵 때까지 같은 구조를 유지했다.

모든 국민이 '군인 박정희'의 쿠데타와 '대통령 박정희'의 장기 집권에 반대했던 것은 아니다. 5·16과 3선 개헌뿐 아니라 10월 유신까지도 환영하고 지지한 국민이 적지 않았다. 그때는 서민 가정에 전화가 없었기 때문에 5·16에 대한 국민의 판단을 객관적으로 확인할 수 있는 여론조사 자료가 없다. 하지만 일반 시민은 물론이요, 대학생과 지식인들 사이에도 군사정부에 무엇인가를 기대하는 분위기가 있었다. 5·16이 일어났을 때 4·19 주역들은 민주당 장면 정부를 지키려고 궐기하지 않았다. 박정희 장군이 여러 차례 공언한 민정이양과 병영복귀 약속을 파기했지만 국민은 1963년 대통령선거에서 그의 손을 들어줬다.

　　무려 7명의 후보가 출마했던 그 선거에서 박정희 후보는 강력한 반공주의와 더불어 경제적 자주와 자립을 강조하는 '민족적 민주주의'를 이념으로 내걸었다. 그런데 유력한 경쟁자였던 윤보선 후보는 박정희 후보의 남로당 전력을 폭로하고 민족적 민주주의를 공산주의 또는 결과적으로 공산주의를 편드는 중립주의로 몰아가는 색깔론을 펼쳤다. 박정희 대통령을 추앙하는 산업화세력이 '친북'이니 '종북'이니 이념공세를 하면서 민주화세력의 치를 떨게 한 그 이후의 상황과 비교하면 황당하겠지만 그때는 그렇지 않았다. 전쟁이 멈추고 겨우 10년이 지난 시점에 '빨갱이 마녀사냥'의 위력이 어떠했을지 상상해보라. 막판에 허정과 송요찬 등 야권 후보들이 사퇴해 윤보선 후보가 사실상 야권 단일 후보가 됐다. 민주화세력의 대통령 후보 단일화 문제는 민주화 이후 생긴 것이 아니다. 그것은 이승만 정부 때부터 2012년 대선에 이르기까지 언제나 중대한 정치적 현안이었던 것이다.

　　박정희 후보는 470만 표를 얻어 455만 표를 얻은 윤보선 후보를 간신히 눌렀지만 떳떳한 승리는 아니었다. 군사정부는 호남을 중심으로 흉년이 든 농촌에 원조 밀가루를 대량 살포했다. 중앙정보부의 공작정치를 가동하고 공무원 조직을 선거에 동원했으며 군 부재사 투표에서 대규모 부정을 저질렀다. 하지만 박정희 후보가 오로지 부정선거로 이겼다고 할 수는 없다. 그는 호남에서 압승했고 1956년 제3대 대통령선거 때 진보당 조봉암 후보의 표가 많이 나왔던 선거구에서도 이겼다. 도시에서는 전반적으로 졌지만 교육수준이 높은 소시민계층과 진보적 청년층의 지지를 받았다. 만약 내가 그때 젊은 유권자였다면 누구를 찍었을까? 쿠데타 주모자를 뽑기도 싫었겠지만 윤보선 후보를 지지할 수도 없었을 것 같다. 경제적 자주·자립이라는 공약을 미국원조를 거부하는 반미주의로, 민족적 민주주의를 가리켜 공산주의를 편드는 중립주의라고 비난하는 어리석음에 어찌 편들 수 있었겠는가.*

박정희 후보는 미국원조자금이 52%를 차지한 6,000억 환 규모의 1961년도 추가경정예산을 '경제적 대미예속'이라고 비판했다. 1959년 시설 부문 미국원조 2억 800만 달러 가운데 공업화를 위한 시설의 비중이 22%에 불과하다는 사실을 들어 미국이 한국의 경제발전에 관심이 없다고 지적했으며, 원조 총액의 30%를 차지한 미국 잉여농산물 도입으로 농산물 가격이 폭락하고 농가경제가 몰락하는 현실을 개탄했다. 막대한 기업부채 규모와 연간 5,000만 달러에 이른 무역적자를 거론하면서 민족경제를 살려내겠다고 약속했다.** 타당한 현실인식이고 진취적인 제안이었다.

박정희의 참모들 가운데 가장 중요한 인물은 서울대 사범대학 교육학과를 다니다 육군사관학교로 진학해 군인이 됐던 예비역 준장 김종필이었다. 그는 5·16 직후 중앙정보부를 만들어 첫 부장을 지냈고 1963년에는 공화당 당의장이 됐으며 2004년까지 아홉 번이

---

* 이상우, 『박정희시대』, 중원문화, 2012, 159~191쪽. 대통령선거전의 사상논쟁은 박정희와 비밀협상을 하러 1961년 8월 서울에 온 북한 정부의 밀사 황태성을 간첩으로 몰아 처형하는 사건으로 이어졌다. 황태성은 형 박상희의 친구였고 박정희와도 가까웠다. 청년 박정희는 대구사범학교와 만주군관학교에 지원할 때 그에게 조언을 구했으며 남로당에 입당할 때도 황태성이 보증을 섰다. 항일독립운동을 한 황태성은 북한 무역성 부상을 지냈으며 김일성 주석의 밀사로 박정희 국가재건최고회의 의장과 대화하려고 서울에 왔다. 그런 사람을 간첩으로 몰아 사형한 것은 적국의 사신을 처형한 행위나 마찬가지였다.

** 박정희, 조갑제 해설, 『국가와 혁명과 나』, 지구촌, 1997, 39~75쪽. 이 책 초판은 1963년 대통령 선거 직전에 출간됐다. 당시 박정희 개인뿐만 아니라 그를 보좌한 핵심 참모들의 시국인식과 국가비전을 보여주는 문헌이어서 역사적 가치가 있다.

나 국회의원을 했다. 부정축재자로 몰려 정치활동을 금지당했던 전
두환 정부 시기를 제외하고, 박정희 정부에서 김대중 정부까지 무려
40여 년 동안 정권의 '2인자'였다. 술도 잘하고 골프도 잘 치며 책도
많이 읽었던 김종필은 우리 정치사의 흥미로운 인물 가운데 하나다.
대선이 끝난 직후였던 1963년 11월 초, 그는 고려대에서 강연을 한
데 이어 서울대 문리대에 가서 학생들과 토론했다.

후일 6·3사태를 주도한 서울대 민족주의비교연구회(민비연) 소
속 학생들이 참석한 이 토론회에서 김종필은 외국자본의 지배에서
벗어나 경제자립을 이루고 수구사상, 사대주의, 급진적 서구사상과
자유방임적 퇴폐를 탈피하며 정서적으로는 '양키즘'을 배격하는 것
이 민족적 민주주의의 핵심이라고 주장하면서 공화당과 박정희를
'민족적 민주주의'를 실현할 조국 근대화의 주체라고 추켜세웠다. 공
화당은 곧이어 치른 국회의원 총선에서 의원 정수의 60%가 넘는
110석을 차지했다. 반정부 학생 대표들과 공개토론을 한 것을 보면
김종필은 군사쿠데타의 주역이자 대통령의 오른팔이었지만 낭만적
정치인이기도 했다.

박정희 정부는 한일국교 정상화 문제로 첫 번째 위기를 맞았다.
한일국교 정상화 협상은 1951년에 시작했는데, 이승만 정부는 한일
합병조약을 포함해 1910년 이전 대한제국과 일본이 체결한 모든 조
약을 무효로 하고 일제강점기 수탈과 착취에 대한 배상과 징용 조선
인의 미지급 임금 등에 대한 청구권을 행사하려 했다. 일본을 압박하
려고 한반도 주변 해역 50~60해리에 평화선을 긋고 침범한 일본 어
선을 나포했다. 하지만 일본은 우리의 요구를 어느 하나도 받아들이
지 않았다. 대한제국과 맺은 조약은 합법적이고 유효하다고 주장했
고 일제강점기 수탈에 대한 배상 의사도 전혀 없었다. 오히려 일본인

이 한국에 두고 떠난 재산에 대한 청구권을 주장하면서 한국 정부가 선포한 평화선 철폐를 요구했다. 협상은 아무 진전도 이루지 못했다. 그런데 1960년 들어 미국이 새로운 안보조약을 체결해 일본을 동아시아 군사동맹의 중심에 세우고 거기에 한국을 묶으려 하자 장면 정부는 자의 반 타의 반으로 실질적인 논의를 시작했다.

1961년 말 김종필 중앙정보부장은 오히라 일본 외상과 마주앉았고 1962년 가을 '무상 3억 달러, 정부차관 2억 달러, 민간차관 1억 달러 이상'을 일본이 제공하는 조건으로 청구권문제에 대한 합의를 했는데, 그 요지가 소위 '김종필 – 오히라 메모'로 남았다. 그런데 한일 당국자들의 설명이 엇갈렸다. 한국 정부는 그 돈을 청구권 자금이라고 했지만 일본 정부는 '경제협력자금 및 독립 축하금'이라고 했다. 야당과 재야인사들은 이것을 굴욕외교로 규정하고 범국민투쟁위원회를 만들어 전국을 돌면서 집회를 열었다. 1964년 3월 서울의 주요 대학 학생들이 5·16 이후 처음으로 거리시위를 벌였고 전국 대학교와 고등학교로 집회시위가 확산됐다. 그러나 그것은 정권타도 투쟁이 아니라 당당한 대일외교를 촉구하는 집단적 의사표현일 뿐이었다.

1964년 3월 30일 박정희 대통령이 서울의 대학생 대표들을 면담했고 다음 날 전국 대학생 대표들이 '김종필 – 오히라 메모'를 비공식적으로 확인했다. 정부를 비판하면서 거리시위를 벌이는 대학생 대표들을 직접 만나 얼굴을 맞대고 대화한 것을 보면 박정희 대통령도 정치인답게 행동하려는 마음이 있었던 듯하다. 하지만 그렇게 되기에는 인내심이 부족했다. 마침 일본 기업들이 공화당에 수천만 달러의 창당자금을 제공했다는 의혹이 불거졌고 정권 실세들이 국유지를 불법 불하받아 거액을 챙긴 사건이 터졌으며 중앙정보부가 대학생들을 감시하고 사찰한 사실이 드러났다. 박정희 정부 공화당을 부패한 친일세력으로 간주한 서울대 문리대 학생들은 5월 20일 '민족적 민주주의 장례식'을 열어 '조국 근대화' 이념을 공개 비판했다.

그러자 정부는 무력행사로 돌아섰다. 경찰은 거리시위를 폭력 진압했고 무장군인들이 법원에 난입해 시위 주동자를 구속하라고 판사를 협박했으며 중앙정보부 요원들은 불법 연행한 시위 주동자들을 고문했다. 6월 3일 전국 주요 도시에서 박정희 대통령 하야를 요구하는 거리시위가 벌어졌다. '6·3사태' 또는 '6·3항쟁'이라고 하는 대중투쟁이었다. 수만 명의 시위대가 세종로 일대를 점거하고 최루탄에 맞서 격렬한 투석전을 벌였다. 서울 시내 상황이 4·19 때와 비슷한 분위기로 흐르자 박정희 대통령은 휴교령과 계엄령을 내리고 수도경비사령부 병력을 투입해 도시를 장악했다.

정부는 야당과 혁신계 인사들을 배후로 지목하고 이념공세의 칼을 빼들었다. 8월 14일 중앙정보부는 도예종, 이재문, 박현채, 김중태, 김정강, 현승일, 김정남, 김도현 등 기자·교사·대학생이 인민혁명당이라는 지하당을 만들어 북한의 지령을 받아 국가변란을 일으키려고 한일회담 반대투쟁을 벌였다면서 47명을 구속했다. 서울지검 이용훈 부장검사와 김병리, 장원찬 등 수사검사들이 양심상 도저히 기소할 수 없다며 기소장 서명을 거부하기도 했던 소위 '1차 인민혁명당 사건'은 법원이 도예종 씨를 비롯한 일부 피고인에게 반공법 위반 혐의로 유죄선고를 내렸지만 북한과 연계됐다는 증거는 하나도 나오지 않았다.

1965년 2월 한일 양국은 「한일기본조약」에 가조인했고 6월 22일에는 「한일기본조약」과 네 건의 부속 협정문에 외무부 장관들이 정식 서명했다. 「한일기본조약」은 「한일강제병합조약」을 포함해 대한

제국과 일본제국이 체결한 모든 조약과 협정이 무효임을 선언했고, 일본은 대한민국 정부를 유엔결의 제195호에 따른 한반도의 유일 합법정부로 인정하며 외교관계를 수립하기로 했다. 네 건의 부속 협정은 일부 약탈 문화재 반환을 합의한「문화재 및 문화협력에 관한 협정」, 연안 기점 12해리 수역의 배타적 관할권을 인정한「어업협정」, 해방 이전 일본 거주 대한민국 국민과 가족의 영주허가를 규정한「재일교포 법적 지위와 대우에 관한 협정」, 무상 3억 달러와 장기저리 차관 2억 달러로 양국 국민 간의 청구권문제를 완전히 그리고 최종적으로 해결된 것으로 확인한「재산 및 청구권문제 해결과 경제협력에 관한 협정」이었다. 바로 이 협정을 근거로 일본 정부는 징용, 징병, 정신대, 일본군 '위안부' 강제동원 피해자들의 개별적 청구권이 모두 소멸됐다고 주장해왔다.[*] 우리 대법원의 강제징용 피해자들의 청구권 인정 판결에 따라 법원이 해당 기업의 한국 자산을 압류한 결정을 비난하면서 2019년 전격적인 무역제재 조처를 내렸을 때 일본 정부가 펼친 논리도 똑같았다.

한일협정 조인과 국회의 비준 절차가 진행된 8월까지 여진이 계속됐다. 2학기가 시작되자 정부는 대학을 미리 폐쇄하고 학생운동 리더들을 잡아들이는 한편 비판적 언론인을 테러·납치·폭행하면서 언론보도를 강력하게 검열하고 통제했다. 서울에 위수령을 내려 다시 군 병력을 투입했으며「반공법」위반, 내란음모죄, 내란선동죄를 적용해 서울대생들을 무더기로 구속했다. 350여 명이 내란죄와 소

---

[*]   이도성 엮음, 『실록 박정희와 한일회담』, 한송, 1995, 32~34쪽 참조. 이 책은 한일 양국 국가원수와 외교 관계자들이 주고받은 서신과 각급 회의록을 통해 한일협정 체결의 전후 상황과 맥락을 정밀하게 재구성했다. 한일협정의 내용과 성격, 이후 한국사회와 한일관계에 미친 영향을 종합적으로 살피는 데는 민족문제연구소, 『한일협정을 다시 본다』, 아세아문화사, 1995가 도움이 될 것이다.

1964년 3월 1일:
한일협정에 반대하는 플래카드를 들고
가두시위를 벌이는 경기고 학생들.

요죄로 구속당하는 시련을 겪으면서 한일회담 반대투쟁을 벌였던 당시의 청년들에게는 '6·3세대'라는 이름이 붙었다. 그 투쟁을 주도했거나 나중 정계·학계·언론계에서 명성을 얻은 인물로는 김중태, 손학규, 이재오, 김덕룡, 현승일, 이명박, 정대철, 이부영, 서청원, 박관용, 하순봉, 김경재 등을 들 수 있다. 그런데 세월이 흐르면서 그들 중 상당수는 투쟁의 대상이었던 정치세력에 합류했고 그때 20대 청년으로서 거리시위에 참여했던 세대는 고령 유권자가 되어 보수정당을 압도적으로 지지했다. 사랑도 움직이는데, 정치적 신념이라고 그렇지 않겠는가. 그러나 6·3사태가 4·19를 계승한 것이었음은 의심할 여지가 없다.

　박정희 정부는 중앙정보부를 중심으로 정보정치와 언론통제를 강화하고 대학과 재야인사들을 감시했다. 하지만 학생운동과 야당, 재야도 차근차근 투쟁 역량을 키웠다. 박정희 대통령은 1964년 베트남에 의료지원단과 공병단을 파견했고 1965년 수송단과 공병으로 구성된 비둘기부대와 해병 청룡부대를 보냈다. 1966년 이후 한국 정부는 백마부대와 맹호부대를 포함해 연인원 30만 명이나 되는 전투부대를 파병했고 미국 정부는 한국군 현대화를 지원하고 한미 경제협력을 확대했다. 베트남 파병은 야당도 국민도 크게 반대하지 않아서 수월하게 넘어갔다. 하지만 노무현 정부가 3,000명의 전투부대에 비전투 임무를 주며 이라크에 파병한 2004년에는 전국적인 대규모 반대시위가 벌어졌다. 40년 동안 대한민국의 살림살이가 달라졌고 국제정세와 한미관계에 대한 국민의 생각도 달라졌으니 당연한 일이었다.

　하지만 권력형 부정부패 사건에 대한 민심은 그때도 예민했다. 1966년 9월 『경향신문』이 삼성의 사카린 밀수사건을 특종 보도했다. 일본 미쓰이물산이 울산 한국비료 공장건설사업과 관련해 100만 달러의 리베이트를 제공한 사실이 핵심이었다. 박정희 대통령 측근과 삼성 관계자는 현금 대신 대량의 사카린 원료를 건설자재로 위장해 들여온 다음 그것을 처분해 정치자금과 공장 건설비, 한국비료 운영비로 쓰려고 모의했다. 정경유착과 밀수 범죄의 진상이 드러나자 이병철 회장은 한국비료를 국가에 헌납하기로 하고 경영 일선에서 물러났으며 아들 이창희 씨가 총대를 메고 구속됐다. 야당은 밀수 재벌 처단을 요구했고 국회 본회의장에서 김두한 의원은 범죄행위를 비호하는 국무위원들에게 똥물을 끼얹기도 했으며 효창운동장 규탄대회에는 수만 명의 시민이 참여했다. 정부가 박정희 대통령을 '밀수왕초'라고 비난한 장준하 선생을 국가원수 명예훼손 혐의로 구속하자 대학가는 정부와 재벌의 유착과 부정부패를 규탄하는 집회로 끓어올랐다.

박정희 대통령은 윤보선 후보와 리턴매치를 벌인 1967년 5월 제6대 대통령선거에서 4년 전보다 훨씬 큰 116만 표 차이로 이겼다. 6월 국회의원선거에서는 개헌 의석을 확보하려고 대통령과 장관들이 전국을 돌면서 개발공약을 쏟아내고 공무원을 선거운동에 동원하기도 했다. 중앙정보부와 검찰이 온갖 빌미를 잡아 야당 선거운동원을 구금하는 동안 공화당 조직은 막걸리, 고무신, 쌀, 밀가루, 현금을 집집마다 돌렸다. 공개투표를 하다 발각된 사례도 있었고 미리 기표한 투표용지를 무더기로 투표함에 집어넣은 증거도 숱하게 드러났다. 야당 참관인을 내쫓은 다음 야당 후보의 표를 무효표로 만들기도 했다. 그렇게 해서 결국 공화당은 의원 정수의 74%인 130석을 차지했다.

정부가 대학에 휴업과 조기방학 조처를 내리자 부정선거 규탄

집회는 고등학교로 확산됐다. 그러자 김형욱 중앙정보부장이 초대형 사건을 터뜨렸다. '동베를린을 거점으로 활동한 북괴 대남적화공작단' 사건, 세칭 '동백림(東伯林) 사건'이었다. 이 사건은 독일 프랑크푸르트대학에서 유학하면서 북한대사관과 접촉해 북한을 오갔던 임석진 박사가 『조선일보』 독일특파원 이기양 기자 실종사건 때문에 양심의 가책을 느끼고 박정희 대통령에게 직접 자신의 행위를 고백한 데서 시작됐다. 중앙정보부는 프랑스 파리에서 활동하던 작곡가 윤이상, 화가 이응로를 비롯한 관련자 30여 명을 한국으로 유인하거나 대사관에 모은 후 강제 압송했다.*

　　1967년 7월 8일 수사 결과를 발표한 중앙정보부는 임석진·정하용·황성모·최창진 교수와 정규명 등 유럽 유학생, 장덕상 『중앙일보』 파리특파원을 비롯해 66명을 검찰에 송치하고 23명에게 간첩죄 또는 간첩미수죄를 씌웠다. 신민당 6·8총선무효화투쟁위원회의 장준하 의원과 부완혁 집행위원도 엮어 넣으려고 했다. 하지만 최종심에서 간첩죄를 선고받은 사람은 하나도 없었다. 정규명·정하룡·조영수 등이 사형과 무기징역형을 선고받았지만 모두 1970년 성탄절 특사로 풀려났다. 그러나 이 사건의 정치적 위력은 컸다. 여름방학이 시작되자 대학가의 부정선거 규탄투쟁은 식어버렸고 선거 무효를 주장하면서 장외투쟁을 벌이던 신민당은 원내로 복귀했다.

　　1960년대 후반 유럽과 미국은 베트남전 반대와 사회문화 개혁 요구가 뒤범벅된 청년세대의 '68혁명'이 한창이었지만 한국은 여전히 반공주의라는 이념의 벽에 갇혀 있었다. 1968년 1·21사태와 북한의 미국 푸에블로호 납치사건, 울진·삼척 무장공비사건이 일어나자

---

*　　이수길, 『개천에서 나온 용』, 리토피아, 2007, 118~123쪽.

반공·반북 정서가 하늘을 찔렀고 전국에서 관제 규탄대회가 벌어졌다. 7월 20일 중앙정보부는 '통일혁명당 사건'을 발표하고 158명을 체포해 96명을 기소했다.[*] 이 시기에 박정희 대통령은 병영국가 북한에 맞서기 위해 대한민국 역시 '병영국가'로 개조하기로 결심한 듯하다. 병영의 기본은 인원 점검이다. 정부는 국민 전체를 조직적으로 통제하려고 주민등록제도를 도입했고 향토예비군을 창설해 군복무를 마친 남자 250만 명을 정기적으로 병영에 소환했으며 대학입시에 반공도덕 과목을 신설했다. 초중고등학교 학생과 교사에게 반공교육을 실시했으며 전국 고등학생과 대학생이 군사교육을 받도록 했다.

박정희 대통령은 1969년 초부터 3선 개헌 작업에 착수했다. 기술적으로는 "대통령은 1차에 한하여 중임할 수 있다"고 규정한 헌법 조항의 '1차'를 '2차'로 고치는 간단한 작업이었지만 정치적 과정은 복잡했다. 먼저 내부의 개헌반대론자들을 회유하고 고립시켜 공화당 의원들이 만장일치로 3선 개헌안을 채택하게 했다. 그러자 신민당과 재야인사들이 반대투쟁에 나섰고 상황은 대학생 교내집회, 거리시위, 중고등학생 가세, 휴교령 발동으로 이어졌다. 신민당과 재야는 '3선 개헌 반대 범국민투쟁위원회'를 만들어 전국을 돌며 반대집회를 열었다.

중앙정보부는 십요한 공삭을 벌여 일부 야당의원들의 3선 개헌 지지성명을 이끌어냈고 여름방학이 끝났는데도 대학 문을 열지 않았다. 일부 대학생들이 전기와 수돗물 공급이 끊긴 학교 도서관을 점

---

[*] 김종태, 이문규 등은 사형당했고 육군사관학교 교관이던 신영복은 무기징역을 선고받은 후 20년을 복역했다. 『감옥으로부터의 사색』과 '어깨동무체' 서예글씨로 널리 알려졌던 신영복 성공회대 석좌교수가 바로 그 사람이다.

거해 장기농성을 벌였는데 시 낭송, 노래 부르기, 마당극과 연극 공연을 하면서 농성대오를 유지하는 새로운 투쟁방식을 선보였다. 공화당은 1969년 9월 14일 새벽 국회의사당 본회의장이 아닌 별관에서 개헌안과 국민투표법을 날치기 의결했다. 대학이 다시 시위 열풍에 휩싸이자 정부는 또 휴교령을 내렸다. 10월 17일 개헌 국민투표에는 77.1%의 유권자가 참여했고 65.1%가 찬성했다.

1971년 4월 27일 제7대 대통령선거를 앞두고 학생군사교육(교련) 철폐투쟁이 벌어진 대학가에는 휴강, 교내집회, 거리시위가 이어졌다. 투표일을 코앞에 둔 4월 20일, 김재규 국군보안사령관이 서울대와 고려대에 다니던 재일동포 학생들을 포함해 50여 명이 연루된 '재일교포 유학생 간첩단 사건'을 발표했다. 민중봉기를 일으켜 정부를 전복하려고 암약하던 유학생 간첩들에게 북한이 교련반대투쟁을 벌이도록 지령을 내렸다는 것이었다. 대학생들은 곧바로 교련철폐투쟁을 전격 중단하는 '작전상 후퇴'를 했다. 그런데 이 선거에서 박정희 후보는 정치 신인이나 다름없던 김대중 후보에게 고전을 면치 못했다. 여러 차례 죽을 고비를 넘기면서 끈질기게 싸운 끝에 최초의 평화적 정권교체를 이룩한 정치인 김대중은 바로 이 선거에서 탄생했다고 해도 과언이 아니다.

김영삼, 이철승과 3파전을 벌인 신민당 대통령 후보 경선에서 역전승을 거둔 '40대 기수' 김대중 후보는 미·일·중·소 4대국의 한반도 평화보장론, 3단계 통일론, 자립경제와 빈부격차 완화를 위한 대중경제론으로 의제를 선점했으며 향토예비군과 학생 군사교육 폐지를 약속하는 등 우리 정치사 최초의 정책선거를 펼쳤다. 4월 18일 백만 청중이 모인 서울 장충단공원 유세에서 김대중 후보는 "이번에도 정권교체를 하지 못하면 박정희 씨의 영구집권 총통시대가 오는

것"이라고 했다.* 재야인사들은 '민주수호국민협의회'를 결성해 전
국적인 투개표 참관과 부정선거 감시운동을 조직했고 교련철폐투쟁
을 중단한 대학생 수천 명이 정부의 방해공작을 피하기 위해 신민당
참관인으로 등록하고 전국 산간벽지의 투표소로 흩어졌다. 순수성
을 지키기 위해 특정 정당과 손잡지 말아야 한다는 고정관념을 깨뜨
린, 학생운동이 정당과 조직적으로 연대한 최초 사례였다.

　　김대중 후보는 득표율 8%, 득표수 90만 표 차이로 졌다. 공무원
을 동원한 관권선거와 금품 살포, 군 부재자 부정투표, 야당 참관인
매수와 부정 투개표 등 만만치 않은 부정선거를 한 사실을 고려하면
사실상 이긴 선거라고 할 수 있다. 곧이어 치른 국회의원 총선에서
공화당은 득표율 4.4% 차이로 신민당을 눌렀다. 하지만 의석 3분의
2를 확보하는 데 실패함으로써 합법적으로 개헌을 해서 박정희 대통
령의 영구집권을 도모할 수 있는 길이 막히고 말았다. 10월 유신이라
는 현직 대통령의 친위쿠데타는 바로 이 총선에서 배태됐다.

　　박정희 대통령이 3선을 하면 총통이 될 것이라고 한 김대중 후
보의 예언은 불행하게도 적중했다. 박정희 대통령은 거칠 것 없는 태
도로 독재의 길을 열었다. 무엇보다도 언론 검열과 언론인 탄압을 크
게 강화했다. 1970년대 초 민주화운동의 '톱스타'는 단연 시인 김지
하였다. 정부는 재벌·국회의원·고급공무원·장성·장차관을 도적으
로 묘사한 담시(譚詩) 「오적(五賊)」을 발표한 그를 구속했다. 잠시 풀
려나 있으면서 다음 작품 「비어(蜚語)」를 발표하자 곧바로 「반공법」
을 걸어 다시 구속했고 잡지 『사상계』와 『씨올의 소리』를 등록 취소
했으며 잡지 『다리』의 필자와 편집자들을 「반공법」 위반으로 구속

* 　김대중, 『김대중 자서전 1』, 삼인, 2010, 243쪽.

했다. 기자들이 언론자유수호선언을 했지만 언론사 경영진과 편집 간부를 협박·회유해 보도를 통제했다. 정부는 사법부도 장악했다. 검찰이 공안사건에 대해 무죄판결을 내린 현직 판사들에 대해 수뢰혐의로 구속영장을 청구하자 판사들의 집단 사표 제출과 법관 독립선언이 이어졌다. 하지만 판사들은 결국 중앙정보부 통제 아래 들어갔고 헌법의 3권 분립 조항은 효력을 잃었다.

1971년 하반기가 되자 권력형 부정부패를 규탄하고 교련폐지를 요구하는 학생시위가 다시 불붙었다. 정부는 위수령을 발동하고 서울 주요 대학에 군을 투입해 무려 2,000여 명의 대학생을 체포했다. 시위 주동자를 제적하고 서클을 해체했으며 교내 간행물을 폐간하고 제적 학생과 교련 수업을 거부한 학생들을 강제 징집했다. 중앙정보부는 사법연수원생 조영래와 서울대생 심재권·이신범·장기표·김근태 등이 정부기관 습격과 혁명위원회 구성 등 9단계의 국가전복 음모를 꾸몄다는 '서울대생 내란예비음모사건'을 발표했다. 그래도 민심이 가라앉지 않자 '북한의 남침 책동 강화'를 이유로 국가비상사태를 선포하고「국가안보에 관한 특별조치법」을 국회에서 날치기 처리해 대통령이 언론·출판·집회·결사의 자유와 노동3권 등 헌법의 기본권을 제한할 수 있게 했다. 친위쿠데타 예행연습이었다.

1972년 박정희 대통령은 극적인 사건을 두 번 일으켰다. 첫 번째는 7월 4일 남북한 당국이 동시에 발표한「7·4남북공동성명」이다. 이후락 중앙정보부장과 북한의 파트너가 비밀리에 남북을 오가면서 협상한 끝에 박정희 대통령과 김일성 주석의 명을 받아 대리서명한 공동성명이었다. 자주·평화·민족대단결의 3대 원칙에 입각해 통일을 추진하기로 한 성명이 나오자 국민은 군사·이념적 대결이 끝나고 남북이 평화롭게 공존하는 시대가 올 것이라는 희망에 들떴다. 두

번째 사건은 불과 석 달 후 일으킨 유신쿠데타였다. 10월 17일 밤 박
정희 대통령은 비상계엄령을 선포하고 남북대화와 통일이라는 새로
운 역사적 과제를 수행하려면 냉전시대에 만든 헌법을 고쳐 새로운
정치체제를 세워야 한다고 주장하는 특별선언을 발표했다. 광화문
에 탱크를 세우고 정부기관과 언론사 등 민간 주요 시설에 군 병력을
투입했으며 국회의 권한을 국무회의에 넘기고, 모든 형태의 정치활
동을 금지했다. 현직 대통령이 헌법의 효력을 정지시키는 친위쿠데
타를 일으킨 것이다.

　　박정희 대통령은 용의주도한 독재자여서 모든 것을 미리 준비했
고 계획대로 집행했다. 계엄령 선포 열흘째였던 10월 26일 비상국무
회의가 개헌안을 심의하게 한 다음 27일 곧바로 공고했다. 11월 21일
계엄령 아래서 토론이나 찬반운동은 완전히 봉쇄한 가운데 국민투
표를 실시했는데, 믿기 어렵겠지만 유권자의 91.9%가 투표했고 투표
자의 91.5%가 찬성했다. 3선 개헌도 흔쾌히 찬성하지는 않았던 국민
이 종신집권을 열어주는 헌법개정안에 압도적인 찬성표를 던진 것
은 공포 분위기에 굴복했기 때문이다. 절반의 반혁명이었던 5·16과
달리 10월 유신은 평화적 정권교체의 가능성을 완벽하게 차단한 완
성형 반혁명이었다. 대한민국은 반쪽 민주주의 국가에서 완전한 독
재국가로 전락했다.

　　유신헌법의 핵심은 몇 가지로 요약할 수 있다. 첫째, 국민은 통
일주체국민회의 대의원을 뽑고 통일주체국민회의 대의원이 대통령
을 뽑는다. 박정희 대통령은 야당 성향 인사의 출마를 막고 지지자들
만 대의원이 되게 함으로써 영구집권의 꿈을 이뤘다. 둘째, 국회의원
정수의 3분의 1을 대통령이 지명하고 국회의원을 한 선거구에서 둘
씩 뽑도록 선거법을 고쳤다. 여당의원과 대통령이 임명한 유신정우

회 국회의원을 합쳐 의원 정수의 3분의 2가 되게 만든 것이다. 그걸
로도 모자랐는지 국정감사권마저 폐지해 국회를 대통령의 명령에
따라 법률을 통과시키는 '통법부'로 개조했다. 셋째, 대통령에게 국
회해산권과 헌법 효력을 정지시킬 수 있는 긴급조치권을 부여했다.
대통령이 무제한 권력을 행사할 수 있게 한 것이다.

　제3공화국 헌법에는 대통령의 국회해산권이 없어서 국회의원
3분의 2의 동의를 받지 않으면 헌법을 개정할 수 없었다. 그래서 박
정희 대통령은 폭력으로 국회를 해산했다. 유신헌법 초안을 작성한
사람은 중앙정보부와 청와대 파견 근무를 했던 김기춘 검사로 알려
졌다. 그로부터 20년 후인 1992년 대통령선거 때 그는 공무원과 공
공기관장들을 모아놓고 화끈한 지역감정 조장 발언을 한 '초원복집
사건'●을 일으켰다. 다시 20여 년이 지난 2013년에는 박근혜 대통령
의 비서실장이 되어 국정운영을 전횡함으로써 '기춘 대원군'이라는
별명을 얻었다. 그랬던 그가 박근혜 대통령 탄핵 이후 구속 기소됐고
문화예술계 블랙리스트를 만들어 진보 성향의 문화예술인과 단체에
대한 정부의 재정지원을 막았다는 등의 '사소한 범죄 혐의'로 유죄선
고를 받았으니, 웃지 못할 역사의 희극이 아닐 수 없다.

　계엄령을 해제한 직후인 12월 15일 통일주체국민회의 대의원
선거를 했다. 읍·면·동에서 한 명씩 모두 2,359명을 뽑았는데 대의

●　1992년 12월 11일, 김기춘 전 법무부장관은 부산에 있는 '초원복집'에서 김영환 부산시장,
박일용 부산경찰청장, 김대규 부산 기무부대장, 이규삼 안기부 부산지부장, 우명수 부산교육감,
정경식 부산지검장 등 공무원들을 상대로 김영삼 민자당 후보를 당선시키기 위해 '민간에서 지역
감정을 불러일으켜야 한다'고 말했다. 정주영 통일국민당 후보 진영에서 이 대화를 도청·폭로해
큰 파문이 일었지만 위기감을 느낀 부산·경남 유권자들은 김영삼 후보에게 몰표를 던졌다. 이 사
건은 국가기관의 불법 선거개입, 지역감정 조장, 유권자들의 비이성적 투표행태 등 한국 정치의
후진성을 적나라하게 드러냈으며, 30여 년 세월이 흐른 현재까지도 우리 국민은 그 후진성을 완
전히 극복하지 못했다.

원은 정당에 가입할 수 없었으며 특정 정당이나 정치인을 지지하거
나 반대하는 견해를 밝혀서도 안 됐다. 12월 23일 박정희 대통령은
선거유세도 공약 발표도 없이 단독 출마해 100% 찬성으로 임기 6년
의 제8대 대통령이 됐고 1978년 똑같은 연극을 해서 제9대 대통령이
됐다. 유신체제는 선거제도 그 자체를 없애버린 완벽한 독재였기에
국민이 저항권을 행사하는 것 말고는 민주화를 이룰 방법이 없었다.
연속·동시다발·전국적 도시봉기를 일으켜 정권을 타도하는 민주주
의 정치혁명의 시대가 열린 것이다.

성장기1: 10월 유신에서 10·26까지

대구 수성못유원지 뒤편 산자락에 있는 수성관광호텔(현 '호텔
수성')은 박정희 대통령이 묵었던 방에 자수를 넣은 8폭 병풍과 생활
소품을 1970년대 모습 그대로 진열해놓고 있다. 나는 중학생 시절
대구공항에서 그 호텔로 가는 신천변 길가에 위치한 학교에 다닌 탓
에 종종 행사에 불려나가곤 했다. 양팔 간격으로 길가에 늘어서 있다
가 시커먼 승용차가 줄지어 가면 손을 흔들고 손뼉을 치는 게 임무였
다. 대통령이 어느 차에 탔는지 알 수 없어서 후미 차량이 다 지나갈
때까지, '건성건성 지지 않고' 열렬히 박수를 쳤고 예성과 날리 헬기
로 지나갈 때는 하늘을 향해 손을 흔들었다. 그때 사회선생님은 유신
체제를 이렇게 설명했다. "우리는 서양 사람과 체형이 달라서 양복
을 입으려면 수선을 해야 한다. 민주주의도 그렇다. 유신체제는 서양
의 민주주의를 우리 현실에 맞게 손질한 '한국적 민주주의'다." 어딘
지 미심쩍었지만 그저 그런가 보다 했다. 시험문제가 달라졌을 뿐 우

리 일상에는 특별한 변화가 없었기 때문이다.

그런데 1975년 고등학생이 되자 모든 것이 달라졌다. 일주일에 사흘 교련복을 입고 등교해 군사훈련을 받았다. 얼룩무늬 교련복 앞섶에 흰색 머플러를 하고 종아리에는 일본 군인들처럼 '각반'을 찼다. 나무총을 들고 제식훈련과 총검술을 익혔고 카빈총을 1분 안에 분해·조립하는 법을 배웠으며 섭씨 36도를 웃도는 땡볕 아래 '연병장'에서 얼차려를 받았다. 춘계행군대회(봄소풍)와 추계행군대회(가을소풍) 때는 목총을 메고 네 시간을 걸어가 점심 도시락을 먹은 다음 다시 네 시간을 걸어 학교로 돌아왔다. 가을마다 '검열관' 앞에서 행진과 분열, 총검술을 시연했다. 선거가 없어졌고 학생회는 학도호국단으로 바뀌었으며 반장은 소대장, 학년회장은 대대장, 전교회장은 연대장이 됐다. 학도호국단 간부는 학교에서 임명했고 애국조회 때 '교장선생님에 대하여 경례!' 구호는 '임석상관(臨席上官)에 대하여 받들어 총!'으로 바뀌었다. 머리카락 길이는 2cm 이하여야 했다. 할 수 있고 해야 하는 일은 오로지 학교의 방침에 복종하면서 대입 예비고사와 본고사 준비를 열심히 하는 것뿐이었던 우리에게 유신체제는 학교가 군대로 변하는 것이었다.

학교만 그런 게 아니었다. 우리가 교장선생님에게 대들지 못한 것처럼 국민은 대통령에게 대항하지 못했다. 학교든 사회든, 오직 복종할 의무만 있었다. 유신 이후 1979년 10월 '부마항쟁'까지 7년 동안 대중적인 반정부투쟁은 한 번도 일어나지 않았다. 야당, 재야인사, 지식인, 대학생이 구속당하고 박해받은 사건이 있었을 뿐이다. 유신 정권의 철권통치는 너무나 강력했다. 중앙정보부는 '예방적 목적'에 입각한 조직사건을 연달아 터뜨렸다. 1973년의 고려대 노동문제연구소 김낙중을 중심으로 한 '고려대 침투 간첩단 사건', 내란음모 혐의를 씌운 '고려대 검은 10월단 사건', 시인 김남주와 역사학자 박석무를 엮어 넣은 '전남대 함성지 사건', 박형규·권호경·김동완 등 기독교 목회자들을 구속한 '남산 부활절연합예배 사건'이 대표적이다. 그들이 한 일은 유신체제를 비판하는 유인물을 만들거나 민주화를 요구하는 정치적 의사표시를 한 것뿐이었다. 구속영장도 없이 수십 일씩 불법 구금한 가운데 고문을 해서 진술서를 받아냈지만 북한과 연계되거나 내란을 모의한 증거는 없었다.

　1973년 8월에는 김대중 납치사건이 터졌다. 이후락 중앙정보부장이 그를 도쿄의 호텔에서 납치해 현해탄에 수장하려 한 사건이다. 이 작전을 실행한 주일 외교관은 나중에 두둑한 현금을 들고 미국으로 이주했는데 그때 중학교 1학년이었던 아들이 35년 지난 2011년 주한 미국대사가 되어 서울에 왔다. 중앙정보부는 김대중을 죽이지 못하고 자택 근처에 내려줬고 대학가에서 유신철폐투쟁 분위기가 일렁이기 시작했다. 10월 2일 서울대 문리대에서 시작된 교내시위가 경북대를 비롯한 다른 대학으로 번져나가자 중앙정보부는 10월 25일 '유럽 거점 대규모 간첩단 사건'을 발표했는데 중앙정보부에 끌려간 서울대 법대 최종길 교수가 목숨을 잃었다. 중앙정보부는 그가 총책 이재원에게 포섭되어 북한에 갔으며 공작금을 받고 정보를 제공하는 등 간첩행위를 했다는 사실을 자백하고 조사받던 중 투신자살했다고 발표했지만 2006년 2월 법원은 국가의 배상판결을 내림으로써 중앙정보부의 고문살인과 사체유기 혐의를 인정했다. 11월 들어 대학생들의 동맹휴학과 교내시위가 전국 대학에서 일어났고 경기고, 대광고, 광주일고 등 고등학교까지 번졌다.

　기자들은 언론자유수호 결의대회를 열었고 재야인사들은 시국선언을 발표했다. 민주수호국민협의회가 '개헌청원 100만인 서명운동'을 시작하자 신민당이 합류했고 문인들도 집단으로 가세했다. 그러자 박정희 대통령은 유신헌법이 부여한 비상대권을 휘둘렀다. 1974년 1월 8일 대통령 긴급조치 1호와 2호를 발동해 유신헌법을 비판하거나 개헌을 청원하는 행위를 금지하고 개헌청원 서명운동 주동자들을 대거 구속해 군법회의에 넘겼다. 대학생들은 연속·동시다발적 유신반대투쟁을 전개하기 위해 전국적인 연대를 모색하면서 1974년 3월 개학과 동시에 여러 대학에서 민청학련(민주청년학생연맹)이라는 이름을 적은 유인물을 뿌렸다. 4월 3일 박정희 대통령이 특별담화를 발표하고 '민청학련이라는 반국가단체'를 뿌리 뽑기 위한 긴급조치 4호를 발동했다. 민청학련 가입·연락·선전뿐 아니라 수업거부·집회·농성, 관련 사실에 대한 보도행위까지 모두 처벌대상으로 삼았다. 위반자는 영장 없이 체포해 비상군법회의에 회부하며 형량을 최소 징역 5년에서 사형까지로 정했다. 비상군법회의는 이철·유인태·김병곤·나병식·김지하·이현배·여정남에게 사형을, 유근일 등 7명에게는 무기징역을 선고했다. 하지만 사형을 구형받은 후 최후진술에서 '영광입니다'라고 했던 그들은 1년도 지나기 전에 대부분 형집행정지로 풀려났다. 대통령도 그들이 죄가 없다는 사실을 알고 있었던 것이다.

　　그런데 1974년 5월 27일 비상군법회의 검찰부가 10년 전 지하로 잠복한 인혁당 사건 관련자들이 반국가단체를 재건하려 했다고 발표한 '인민혁명당재건위원회' 사건 또는 '제2차 인혁당 사건'은 달랐다. 정부는 그들이 재일조총련 간첩과 함께 민청학련을 배후조종했다고 주장했고 군법회의는 민청학련 관련자까지 포함해 14명에게 사형을 선고했다. 이 사건의 실상을 알린 것은 김지하 시인이었다. 민청학련 사건으로 구속됐다가 1975년 2월 석방된 그는『동아일보』

에 연재한 옥중수기『고행1974』에서 하재완·이수병 등 인혁당 사건 구속자들에게 들은 중앙정보부의 잔혹한 고문과 허위조작 실상을 폭로했다. 이 수기는 김지하 시인의 재구속,『동아일보』백지광고 사태, 기자 대량해고 사태로 이어졌다.[*] 정부의 압력을 받은 기업들이 광고를 취소해『동아일보』광고의 지면이 백지로 나오자 시민들이 돈을 보내『동아일보』를 격려하는 광고를 실었다. 내 기억에 최후까지 남은 기업광고는 안국약품의 감기약 '투수코친'이었다. "동아일보 만세, 투수코친도 만세!"라고 쓴 독자 광고가 아직도 기억에 선연하다.

민청학련 사건은 반정부투쟁을 압살하려 했던 정부의 의도와 다른 결과를 낳았다. 1974년 12월 25일 민주화세력은 '민주회복국민회의'를 창립했다. 윤보선·백낙준·유진오·김재준·김수환·정일형·강신명·김대중·윤형중·함석헌·이병린·천관우·이희승·이태영·김영삼·홍성우·함세웅·한승헌 등 저명한 정치인과 재야인사들이 하나의 조직으로 결합한 것이다. 김영삼 씨를 총재로 선출한 신민당이 적극적인 개헌투쟁에 나서자 박정희 대통령은 곧바로 역공을 취했다. 유신헌법에 대한 국민의 신임을 묻기 위해 국민투표를 하겠다는 특별담화를 발표한 것이다. 그는 국민투표에 자신이 있었다. 언론자유와 토론을 모두 봉쇄한 가운데 행정조직을 동원해 찬반 국민투표를 하는 것은 손쉬운 일이었기 때문이다. 야당이 거부의사를 밝혔지만 1975년 2월 12일 국민투표를 밀어붙였다. 투표율 79.8%에 찬성률 73.1%가 나왔다. 1972년 유신헌법 제정 당시의 투표율 91.9%에 찬성률 91.5%와 비교하면 둘 다 현저히 낮았다. 불길한 조짐이었다.

---

[*] 1974년과 1975년『동아일보』기자 대량 해직 사건은 김주언,『한국의 언론통제』, 리북, 2009, 103~113쪽 참조.

1975년 4월 8일 대법원(재판장 민복기)이 서도원·김용원·이수병·우홍선·송상진·여정남·하재완·도예종 등 대학생이 아닌 인혁당 관련 피고인 8명의 항소를 기각해 사형을 확정하자 정부는 다음 날 새벽 지체 없이 사형을 집행했다. 스위스 제네바에 본부를 둔 국제법학자협회는 이날을 '국제 사법사상 암흑의 날'로 규정했다. 함세웅 신부 등 가톨릭 사제들이 장례미사를 지내려고 하자 경찰은 크레인을 동원해 영구차를 탈취해서 일부 시신을 화장해버렸다. 시신에 남은 고문 흔적도 함께 사라졌다. 문정현 신부는 영구차 탈취를 막다가 차에 깔렸고[**] 그때 입은 부상 때문에 평생 다리를 절어야 했다. 민청학련과 인혁당 관련자들은 민주화 이후 열린 재심에서 모두 무죄판결을 받았고 재심 재판장은 사법부의 잘못을 사과하면서 국가의 배상금 지급을 결정했다.

베트남에 사회주의 통일 정부가 들어선 1975년 봄 박정희 대통령은 '유언비어 날조 유포, 헌법에 대한 부정·반대·왜곡·비방, 헌법개정 청원 선전·선동, 긴급조치에 대한 비방 행위' 등을 처벌대상으로 규정한 긴급조치 9호를 발동했다. 학생의 집회·시위·정치 관여를 금지하고 위반한 학생과 학교와 단체에 대해서는 주무장관이 제적·해임·해산·폐쇄 조처를 취할 수 있게 했으며, 이런 조처를 사법적 심사의 대상으로 삼지 못하게 함으로써 사법부의 권한도 박탈해버렸다. 긴급조치 위반 사건을 허가 없이 보도하는 것도 긴급조치 위반이어서 기자들은 입을 다물어야 했다. 눈 감고 귀 막고 입 다문 채 살지 않으면 누구든 범죄자가 될 수 있었다. 1979년 10월까지 긴급조치 9호 위반으로 구속된 사람은 1,400여 명이었고 1,000여 명이 유

[**]   이건혜, 『박정희는 왜 그들을 죽였을까』, 책보세, 2013, 133~151쪽.

죄선고를 받았다. 나중에 헌법재판소는 1호부터 9호까지 모든 긴급
조치를 위헌으로 판결했다.

정부는 대학생들을 무더기로 제적하고 감옥과 병영으로 보냈으
며 정부를 비판한 대학교수와 기자를 해고했다. 한신대의 안병무·
문동환, 연세대의 서남동·이계준·양인응·김규삼, 고려대의 이문
영·김용준·김윤환·이세기 교수를 해직했고 재임용 심사제도를 도
입해 이화여대 김윤숙, 덕성여대 염무웅, 한양대 리영희, 연세대 성
내운·송리성 등 400명이 넘는 교수들을 쫓아냈다. 『동아일보』와
『조선일보』 사주들은 정부에 굴복해 언론자유수호투쟁을 벌인 기자
들을 대량 해고했다. 검찰은 1976년 3·1절 명동성당 기념미사에서
민주구국선언을 발표한 이우정·문동환·윤반웅·이문영·안병무·서
남동·은명기·문익환·이태영·함세웅·김승훈·김대중과 이희호 부
부·정일형 의원을 연행하고 '정부전복 선동' 혐의를 씌워 20명을 구
속했다. 일제에 징병됐다 탈출한 후 6,000리 길을 걸어 임시정부를
찾아갔던 '영원한 광복군 장준하'는 1975년 8월 17일 경기도 포천 약
사봉 계곡에서 시신으로 발견됐다. 2013년 묘소 이장 때 모습을 드
러낸 그의 두개골에는 망치 크기의 동그란 구멍이 있었다. 실족사가
아니라 타살이었던 것이다.°

민청학련 사건 이후 대학가에서는 소규모 교내시위만 벌어졌
다. 대학 교정에 사복형사와 전투경찰이 상주하면서 선언문 첫 문장
을 다 읽기도 전에 시위 주동자를 체포했다. 1975년 4월 11일, 서울대

°   장준하 선생의 생애와 사상, 죽음의 진상에 관해서는 고상만, 『장준하, 묻지 못한 진실』, 돌
베개, 2012 참조. 고상만은 2003년 대통령직속 의문사진상규명위원회 조사관으로서 장준하 선생
의문사 사건을 맡았던 인물이다. 진상규명위원회는 장준하 선생 사건을 '진상규명 불능'으로 결정
했다.

농과대의 시국성토대회에서 김상진 씨가 유신체제를 비판하는 연설을 한 후 반독재민주화투쟁의 단호한 결의를 보이려고 복부를 칼로 찔렀다. 5월 22일 서울대 관악캠퍼스에서 김상진 추도식을 한 학생들이 긴급조치 9호 선포 이후 첫 시위를 벌여 80명이 체포됐고 29명이 유죄선고를 받았다. 이처럼 살벌한 분위기에도 1976년 가을 축제 행사 끝에 시위를 벌인 서울대를 시작으로 1977년에는 한신대·서울대·감신대·이화여대·성균관대·고려대·연세대·전북대·국민대 등에서 반정부 교내시위가 일어났다. 1979년까지 이 대학들 외에도 계명대·영남대·강원대·경희대·부산대·동아대·전남대·한국외대·마산대·경남대 학생들이 교내시위를 벌였다. 그러나 시위 소식은 신문과 방송에 단 한 줄도 나오지 않았다. 중앙정보부는 1979년 3월 노동자와 농민, 여성들을 대상으로 시민교육을 하던 크리스천 아카데미 간사 한명숙과 이우재·황한식·장상환·김세균·신인령, 대학교수 정창렬·김병태·유병묵, 아카데미 원장 강원룡 목사, 거기서 교육을 받은 농민단체와 노조 활동가들을 대거 구속하면서 그들이 사회주의혁명을 획책했다고 발표했다. 이른바 '크리스천 아카데미 사건'이었다.

중앙정보부는 대학생과 재야인사를 단속하느라 신경을 곤두세웠지만 불길은 다른 곳에서 일어났다. 농민운동과 노동운동이었다. 1976년 가을 고구마 농사가 풍년이었는데 농협이 약속과 달리 전량 수매하지 않아 고구마가 썩어갔다. 가톨릭농민회는 주산지 함평군에서 대책위원회를 만들어 피해보상요구투쟁을 시작했다. 함평군 고구마 농가 피해 전액이 1억 원 정도에 지나지 않았지만 농협이 보상을 거부하자 싸움은 전라남도 전역으로 퍼져나갔다. 1977년 4월 농민들은 광주를 시작으로 서울과 전국 대도시를 돌면서 불합리한 농정의 실상을 폭로했다. 한국전쟁 이후 처음 벌어진 대규모 농민투쟁이었다. 가톨릭농민회를 비롯한 농민단체들은 이때부터 역량을 키워 1990년 전국농민회총연맹(전농)을 결성했다.

노동운동도 힘을 키우고 있었다. 1979년 8월 경찰은 신민당사를 급습했다. YH무역 노동조합원들이 돈을 빼돌리고 노조를 탄압할 목적으로 위장폐업을 한 악덕사업주를 처벌하고 회사를 살려달라며 신민당사에 들어오자 신민당 지도부는 그들을 보호해줬다. 그 노동조합의 지부장은 25년 후 민주노동당 국회의원이 된 최순영 씨였다. 경찰은 신민당사에 들어가 조합원들을 체포하면서 신민당 당직자와 국회의원에게도 폭력을 휘둘렀고, 그 와중에 조합원 김경숙 씨가 4층에서 떨어져 목숨을 잃었다. 신민당은 강력한 대정부투쟁을 하지 않을 수 없게 됐다.

그런 분위기에서 '사꾸라'로 비난받던 이철승 의원을 누르고 신민당 총재가 된 김영삼 의원이 선명야당의 기치를 들자 중앙정보부는 치밀한 정치공작으로 법원을 움직여 신민당 총재단 직무정지 가처분 판결을 내리게 했다. 그게 끝이 아니었다. 김영삼 총재가 『뉴욕 타임스』 인터뷰에서 유신정권을 강력하게 비판하자 공화당과 유정회 소속 의원들은 10월 4일 본회의장 주변에 무술경위를 배치한 가운데 김영삼 의원을 제명해버렸다. 제1야당 탄압에 대한 비판 여론이 들끓자 공안 당국은 77명을 구속한 남민전(南民戰, 남조선민족해방전선) 사건을 터뜨렸다.

남민전 사건의 시작은 동아건설 최원석 회장 집 강도 사건이었다. 경찰 수사에서 단순 강도 사건과 다른 점이 드러나자 중앙정보부는 그물질하듯 조사를 해서 이 사건을 만들어냈다. 이재문, 신향식 등 몇 사람이 반유신투쟁 지하조직의 청년학생위원회를 만든 것을

'북한공산집단의 대남전략에 따라 국가변란을 기도한 사건'으로 규정해 「국가보안법」과 「반공법」을 적용한 것이다. 이재문 씨는 고문 후유증으로 옥사했고 신향식 씨는 사형당했으며 다른 관련자들은 최장 10년 징역을 살았는데, 북한과 연계됐을 가능성을 전혀 알지 못한 채 민주화투쟁 조직인 줄 알고 관계를 맺은 사람들은 후일 민주화운동 관련자로 인정받았다. 이 사건으로 시인 김남주가 구속됐고, 무역회사 주재원으로 프랑스에 있던 홍세화 씨는 망명허가를 받아 '파리의 택시운전사'가 됐다.

그러나 이런 정도로 가라앉힐 수 없을 만큼 민심이 들끓고 있다는 사실은 며칠 지나지 않아 드러났다. 1979년 10월 16일, 부산대생들이 교내시위를 벌인 다음 삼삼오오 무리를 지어 거리로 나갔다. 그런 정도의 소규모 거리시위는 예전에도 가끔 있었다. 그런데 이번에는 상황이 완전히 달랐다. 부산 시민이 학생들의 대오에 합류해 시내 전역에서 시위를 벌인 것이다. 공안당국은 부산대 학생운동과 시민운동의 핵심 고리가 600여 명의 회원을 가진 '양서협동조합'이라고 판단했다. 1981년 전두환 정부가 만들어낸 소위 '부림(釜林)사건'은 바로 이 양서협동조합 관계자들을 반국가단체로 엮은 것으로, 양우석 감독의 영화 〈변호인〉(2013)에서 세금 전문 변호사 노무현이 인권 변호사로 변신한 계기가 됐던 '부동연 사건'으로 나왔다. 그러나 그날의 부산시위는 누가 미리 조직한 게 아니었다. 부산은 김영삼 총재의 정치적 근거지여서 정부 여당의 폭주에 대해 시민이 다른 어느 지역보다 격한 분노를 느끼고 있기에 벌어진 일이었다.

시위가 낮밤 없이 계속되자 정부는 10월 18일 새벽 부산에 계엄령을 선포하고 공수특전단 병력을 투입해 진압했다. 하지만 경남대 학생들이 시작한 시위에 시민이 합류한 마산시위는 더 크게 불붙었다. 창원의 보병 39사단을 투입했지만 10월 19일 밤에도 시위가 이어지자 제5공수여단을 들여보냈다. 군과 경찰은 부산과 마산 일대에서 1,600여 명을 체포했다. 부산과 마산 시민이 며칠 동안 궐기했던 이 일을 '부마항쟁'이라고 한다. 부마항쟁은 국지적 도시봉기여서 독재정권을 타도하는 정치혁명에 이르지 못했다. 그러나 집권세력에 큰 충격을 줬고, 유신체제는 내분으로 무너졌다.

1979년 10월 26일 밤, 서울 궁정동 안전가옥 만찬장에서 김재규 중앙정보부장이 차지철 경호실장과 박정희 대통령을 권총으로 쏘았다. 김재규 부장의 군법회의 진술에 따르면 박정희 대통령은 이렇게 말했다. "사태가 더 악화되면 내가 직접 발포 명령을 내리겠다. 자유당 때 최인규나 곽영주가 발포 명령을 했으니까 총살됐지 내가 발포 명령을 하는데 누가 날 총살하겠느냐." 차지철 경호실장은 맞장구쳤다. "캄보디아에서는 300만 명이나 죽였는데 우리가 100만에서 200만 명 희생시키는 것쯤이야 뭐가 문제겠습니까."* 김재규는 '각하'와 '자유민주주의'가 양립할 수 없다고 판단하고 '야수의 심정으로 유신의 심장을 쏘았다.' 5·16이 정당하다면 10·26도 정당하다고 주장했던 그는 1980년 5월 24일 교수대에 올랐다.**

박정희 대통령은 '자기 성공의 희생자'라고 할 수 있다. 생물학적 생명을 빼앗은 것은 총탄이었지만 정치적 생명을 앗아간 것은 그가 이룬 성공이었다. 그는 물질적 풍요를 바라는 대중의 욕망을 무제한 분출시키고 그 탁류에 기대어 권력을 유지했지만 절대빈곤의 수렁에서 빠져나온 대중은 다른 욕망에 끌렸다. 자유·정의·민주주의·인간적 존엄을 원했다. 박정희 대통령이 그 욕망을 존중하지 않자 많

*   문영심, 『바람 없는 천지에 꽃이 피겠나』, 시사IN북, 2013, 171쪽.
**   김대곤, 『김재규X파일』, 산하, 2005, 112~117쪽.

은 국민이 그를 버렸다. 김재규 중앙정보부장으로 하여금 방아쇠를 당기게 한 것은 그와 같은 민심에 대한 두려움이었다. 나는 10·26을 그렇게 이해한다.

성장기2: 10·26에서 6월 민주항쟁까지

1979년 10월 27일 새벽, 서클 공부방으로 쓰던 봉천동 꼭대기 달동네 자취방에서 '대통령 유고'와 '계엄령 선포'를 알리는 라디오 긴급뉴스를 들었다. 박정희가 죽었다! 우리는 기쁨에 넘쳐 서로를 얼싸안았다. 처마 밑에 조기를 달던 집주인 아주머니가 우리를 나무라셨다. "학생들 너무 좋아하진 마. 그래도 사람이 죽은 거잖아." 그렇지 않아도 찜찜하던 참이었다. 독재자도 사람이 아닌가. 사람이 죽었다는데 기뻐하는 것은 왠지 인간의 도리에 어긋나는 것 같았다. 모든 것이 일그러졌던 시대, 내 마음도 그렇게 구겨져 있었다.

휴교령이 풀린 11월 하순, 학생회 부활문제를 논의하는 과대표 회의에 갔다. 학교에 상주하던 경찰 병력이 사라졌고 회의실에 학생처 직원도 사복형사도 나타나지 않았다. 늦은 밤 비탈길을 내려오면서 소리 질렀다. "자유다! 만세!" 곧 좋은 세상이 올 것 같았다. 하지만 섣부른 기대였다. 어느 날 자취방에 모여 공부하기로 했던 서클 친구들이 자정이 다 되어서야 나타났다. 한강대교가 봉쇄되어 버스가 양화대교 쪽으로 돌았는데 거기도 막혀 있어서 할 수 없이 걸어왔다고 했다. "쿠데타가 난 거야! 그렇지 않으면 한강 다리가 막힐 리 없지!" 1979년 12월 12일 밤이었다. 며칠 후 우리는 전두환·노태우·정호용·박희도·장세동 등의 신군부(新軍府)가 반란을 일으켜 정승화 육군참모총장을 체포하고 군권을 장악했다는 사실을 알았다. 눈앞이 캄캄해졌다.

1980년 5월 15일 오후, 나는 몇만 명인지 모를 대학생들과 함께 서울역 광장에 있었다. 경찰은 남대문 근처 도로를 차단했고 시민들은 광장 주변과 고가도로에서 우리를 지켜보았다. 해가 기울어 어둠이 깔리기 시작한 광장에서 자유롭고 평화로운 대한민국을 상상하니 아찔하게 설레면서도 겁이 났다. 피가 강물처럼 흐르고 주검이 산더미를 이룬 광경이 우리를 기다리고 있는 것은 아닐까 싶어서.

어디서 무슨 일이 벌어지고 있는지 알 수 없었다. 그때는 휴대전화도 카톡도 트위터도 유튜브도 없었다. 남대문 근처에서 누군가 버스를 몰고 와 경찰 대오를 덮쳤다는 소문이 들렸고 용산 효창운동장과 강남 잠실운동장 인근에 중화기와 장갑차로 무장한 대규모 군 병력이 집결하고 있다는 정보가 들어왔다. 총학생회장들이 어디선가 대책회의를 한다고 했다. 마이크로버스 위에 서서 집회를 이끄는 학생들이 누구인지 알 수 없었다. 변변한 방송시설도 없었고 거리시위의 목적을 알리는 유인물도 더는 남아 있지 않았다. 우리가 지닌 것은 '전두환은 물러가라', '계엄령을 해제하라' 따위의 구호를 손으로 휘갈겨 쓴 피켓과 플래카드, 맨주먹과 휴대용 확성기뿐이었다.

'무장한 군인들이 들어오면 난 죽겠지. 스물한 번째 생일이 두 달 남았는데, 벌써 죽어야 한다니. 억울할 거야 없지. 민주주의는 피를 먹고 자라는 나무라는데, 그게 내 피일 수도 있는 거야.' 그렇게 생각했다. 하지만 모두가 나와 같은 건 아니었다. 대학에 들어온 지 석 달이 채 되지 않은 저 신입생들은 어찌되나. 자신과 세상의 관계에 대해, 권력과 역사에 대해, 삶과 죽음에 대해 얼마나 고민했을까. 선배들을 따라와 착한 아이처럼 줄지어 앉은 저 청년들의 죽음을 누가 책임져야 하나. 책임질 수나 있는 것일까. 이 광장이 시산혈해(屍山血海)가 되면 민주주의 정치혁명을 이룰 수 있을까? 그렇게 될 수도 있지만 아닐 수도 있다고 생각했다. 학생들을 살리려면 일단 집회를 끝내고 학교로 돌아가야 하는데, 그렇게 하면 제대로 싸워보지도 못하고 비참한 패배를 당할 것 같았다.

'지하 지도부' 선배들이 그 자리에서 철야농성을 하자는 연설을 하라고 했다. 여섯 달 후 이른바 무림(霧林)사건으로 '일망타진'당한 서울대 학생운동 지하조직의 형들이었다. 학회(學會)라는 이름으로 활동한 공부모임의 가장 활동적인 회원들을 모은 이 조직은 총학생회 부활을 준비했고 학생회칙을 만들었으며 주요 직책 후보를 내정했고 실제로 당선시켰다. 심재철도 나도, 그 조직의 결정에 따라 총학생회장과 대의원회 의장이 됐다. 그들이 그 혼돈 속에서 어떻게 나를 찾아냈는지 모를 일이다.

나는 마이크로버스 위에 올라가 휴대용 확성기를 들고 연설을 했다. "우리의 형이요, 오빠이며, 국민의 아들인 군인들은 우리에게 총을 쏘지 않을 것입니다. 그들이 오면 박수로 반겨주면서 충심으로 호소합시다. 우리는 오늘 밤 이곳을 지켜야 합니다. 이 집회를 해산하면 신군부의 역습을 이겨낼 수 없습니다. 학우 여러분, 역사의 대의와 나라의 미래가 우리에게 달려 있습니다." 정확한 기억은 아니지만 그런 요지로 말했다. 이 연설 때문에 나는 강력한 투쟁을 주장한 '매파'로 알려졌다. 하지만 그것은 정직한 연설이 아니었다. 두려움과 번민을 감추고 '조직의 명령'을 수행했을 뿐이다. 장소를 옮겨가며 회의를 하던 총학생회장들이 집회해산과 대학별 교내농성을 결정했다. 더 준비하고 더 많은 시민의 이해와 지지를 구함으로써 더 크고 성공적인 투쟁을 전개하자는 취지였다. 정부가 휴교령을 내리면 전국의 모든 대학생이 일제히 가두투쟁에 나서자는 결의를 덧붙였다. 곳곳에서 항의와 욕설이 터져나왔지만 학생들은 대오를 지어 각자의 학교로 걸어 돌아갔다. 이른바 '서울역 회군'이었다.

나는 이 싸움이 결국 패배로 끝날 것이라고 생각했다. 서울역 광장을 지켜도 질 것이요, 학교로 돌아가도 질 것이다. 시민들이 저렇게 구경만 하고 있는데 무슨 수로 신군부의 폭력을 이길 것인가. 그러던 차에 철수 결정이 나오자 가슴 밑바닥에 안도감이 차올랐다. '내일모레 죽는 한이 있어도 일단 오늘 죽는 것은 면했다. 저 신입생들이 죽지 않아도 된다.' 걸어서 한강대교를 건너는데 대오 한가운데서 누군가 '십 원짜리', '백 원짜리' 욕을 섞어가며 지도부를 성토하는 소리가 들렸다. 가로등 불빛에 비친 그는 단정해 보이는 여학생이었다. 이름을 물어보았다. 심상정. '아, 저 친구가 여러 학회의 여학생들을 모아 별도의 서클을 만든 다음 학생운동 지도부에 들어가겠다고 해서 우리 조직의 형들을 열 받게 만들었던 그 심상정이구나.' 그 뒤 6년 동안 그를 보지 못했다.

인류 역사는 반란·봉기·내전·혁명·전쟁의 연속이었다. 사태의 원인과 계기, 전개과정과 결과는 모두 달랐지만 한 가지는 같았다. 사건의 한가운데에 있던 사람들을 덮친 게 혼돈이었다는 것이다. 무리지어 힘으로 부딪치는 격동의 순간에 사람들은 저마다의 동기와 지향에 따라 제각기 활동한다. 모두에게 익숙한 일상의 소통방식이 무너진 상황에서는 냉철한 논리와 이성이 아니라 감정과 충동이 행동을 지배한다. 어디서 무슨 일이 어떻게 벌어지고 있는지는 아무도 모른다. 많은 시간이 흐른 후 역사가들이 사태의 전모를 정리하고 해석하면 비로소 그게 무엇이었는지 알 수 있다. 우리 민족의 역사, 대한민국 역사도 그렇다. 제주 4·3사건, 한국전쟁, 4·19, 5·16, 광주민중항쟁, 6월 민주항쟁, 그 사태의 한복판에 있던 사람들이 본 것은 언제나 혼돈이었다.

1980년 5월 15일의 서울역 광장도 그랬다. 누구도 5월 14일과 15일 서울을 비롯한 대도시에서 벌어진 대학생 거리시위를 기획하지 않았다. 그것은 우연과 필연이 뒤섞여 벌어진 사건이었다. 5월 13일 밤 서울의 연세대와 한국외국어대 학생들이 각자 학교 근처 거리에서 시위를 벌었다. 누가 어떤 의도로 그랬는지 그때도 몰랐고 지금도 모른다. 당시 대학가에는 유신체제를 연장하려 하던 신군부와 어떻게 투쟁해야 할지를 두고 생각을 달리하는 두 흐름이 있었다. 하나는 전면적 정치투쟁을 벌여야 한다고 주장한 여러 자생적 학생조직이었고, 다른 하나는 정치정세와 국민여론, '3김'이 이끈 여야 정당들의 움직임과 보조를 맞춰가면서 점진적으로 투쟁수준을 높여나가려 한 주요 대학의 총학생회였다. 5월 13일 밤 가두시위를 벌인 것은 아마도 전면투쟁론을 주장한 급진적 자생조직이었을 것이다.

자정이 다 된 시간에 고려대 학생회관에 모인 서울의 총학생회 대표들은 거리시위를 벌이기로 결정했다. 군복무를 마치고 복학해 나이도 많고 믿음직했던 고려대 총학생회장 신계륜이 모임을 이끌었다. 나는 심재철 대신 그 회의에 갔다. 우리는 정부가 휴교령을 내릴 명분을 얻었다고 판단했다. 학생들 사이에 전면투쟁을 요구하는 목소리가 급격하게 세를 불리는 형국이라 거리시위를 더 막기도 어려웠다. 충분한 준비를 하지 못했다는 사실을 알았지만 앉아서 선제공격을 당할 수는 없었다. 전국의 대학 총학생회에 결정사항을 알렸다. 5월 14일 아침 우리는 교문의 경찰 봉쇄망을 무너뜨리고 도심으로 나갔다. 혼돈은 그때 시작됐다. 서울의 어느 대학 총학생회도 가두시위를 이끌지 못했다. 방송시설도 없었고 전투조직도 갖추지 못

1980년 5월 15일:
전국 10만여 명의 대학생이 참가한 서울역
광장의 집회 모습.

해서 대오가 모두 흐트러졌다. 학생들은 사방에서 광화문으로 나아
갔지만 세종로 사거리와 남대문의 경찰 방어망을 뚫지 못했고 신군
부는 전국적 학생시위를 단숨에 제압하려고 육군 병력을 이동 배치
하는 중이었다.

　5월 17일 오후 전국 대학 총학생회장들이 향후 투쟁방침을 논의
하던 이화여대 회의장에 경찰이 급습했다. 총학생회장 심재철의 체
포 여부는 알 수 없었다. 학생처장 이수성 교수가 총학생회장실로 전
화를 해서 오늘 밤은 편한 곳에서 자라고 했다. 계엄군이 들어오니까
도망치라는 뜻이었다. 그는 그 전화를 한 죄로 계엄사 합수부에 끌려
가 큰 고초를 겪었다. 복학생 형들과 친구들이 나가자고 했지만 캠퍼
스를 비워두는 게 내키지 않았다. 농성하던 학생들을 모두 내보내고
밤이 깊을 때까지 총학생회장실에서 전화를 받았다. 전국 각지의 학
생회 간부들이 전화를 했다. 서울 상황을 설명하고 휴교령이 내릴 경
우 학교 근처에서 시위를 벌이기로 한 결정을 상기시켰다. 10시 반쯤
비상계엄을 제주도까지 확대한다는 라디오 뉴스를 들었다. 복도에
나가보니 건장한 남자들이 쇠사슬로 묶어둔 학생회관 4층 현관문을
뜯고 있었다. 그때 전화벨이 울렸다. 다시 들어가 수화기를 들었다.
공주사대 총학생회였다. "여기도 계엄군이 진입했으니 빨리 피하세
요!" 그렇게 외치고 돌아서는데 이단옆차기가 날아왔다. 허벅지를
밟혔다. 이마에 닿는 총구가 서늘했다. 나는 계엄사 합동수사본부에
편입되어 있던 경찰청 특수수사대로 끌려갔다. 계엄군은 교정과 기
숙사에 남아 있던 모든 사람을 소총과 몽둥이, 군홧발로 짓밟았다.
모든 대학 교정에서 비슷한 상황이 펼쳐졌고 '서울의 봄'은 그렇게
끝났다.

　돌이켜보면 그때 우리 국민은 아직 민주주의를 누리는 데 필요

한 용기와 의지를 충분히 갖추지 못하고 있었다. 김재규 중앙정보부
장이 박정희 대통령을 죽였지만 독재는 끝나지 않았다. 10·26에서
5·18까지, 약 일곱 달은 안갯속이었고 그 너머에 있는 것이 유신의
연장일지 새로운 민주주의일지는 알 수 없었다. 권력의 심장을 잃어
버린 집권 공화당은 '영원한 2인자' 김종필을 새 총재로 선출했다. 그
는 신민당 김영삼 총재를 만나 시국 수습책을 논의했고 재야인사 김
대중은 가택연금에서 풀려나 정치활동을 재개했다.

　　정부는 1979년 12월 6일 통일주체국민회의를 소집해 대통령 권
한을 대행하던 최규하 국무총리를 제10대 대통령으로 선출했다. 우리
는 최규하 대통령의 임무가 유신체제의 안락사(安樂死)일 것이라 생
각했다. 헌법개정과 선거 관리를 제대로 해서 새로운 정부가 출범하
면 유신체제는 조용히 사라질 것이라 믿었다. 최규하 정부는 긴급조
치 9호를 해제하고 양심수들을 일부 석방했다. 그런데 전두환, 노태
우, 정호용 등 육군사관학교 11기를 중심으로 한 정치군인들이 12월
12일 밤 수도경비사령부 30경비단에 지휘부를 설치하고 수경사, 특
전사, 보병 9사단 등 휘하 병력을 동원해 정승화 육군참모총장을 체
포하는 등 온건파 국군 지휘부를 제거했다. 국민은 계엄사의 철저한
언론통제 때문에 12·12의 내막을 몰랐고 전두환이 정권을 잡을 계획
을 꾸미고 있다는 사실도 알지 못했다.

　　봄이 와서 언 땅이 녹으면 모든 풀과 나무가 한꺼번에 움튼다.
유신체제라는 겨울공화국이 물러날 기미를 보이자 그동안 억눌려
있었던 모든 욕망이 한꺼번에 터져 나왔다. 1980년 신학기가 되자
전국의 대학생들이 학생회를 결성하고 계엄령 해제, 병영집체훈련
폐지, 어용교수 퇴진, 재단비리 척결을 요구하는 투쟁에 나섰다. 교
수들은 교수협의회를 만들 준비를 갖춰갔으며 언론인들도 검열의

폐지와 언론자유를 요구하는 모임을 잇달아 결성했다. 노동조합 설립 붐이 일었고 곳곳에서 임금인상과 근로조건 개선을 요구하는 파업이 일어났다. 물질적 풍요·자유·인간적 존엄성을 향한 열망을 한꺼번에 표출한 것이다.

4월 21일 '사북사태'가 터졌다. 강원도 정선군의 동원탄좌 노동자들이 어용노조 지부장 사퇴와 임금인상을 요구하면서 시작한 파업이 회사 측과 경찰의 강경대응과 부딪쳐 폭동으로 비화했다. 광부들이 사북읍 일대를 점거한 이 사건은 사흘 만에 노사합의로 막을 내렸지만 언론은 '공포의 탄광촌', '무법천지 사북', '곡괭이 도끼 무장 파괴 방화' 등 끔찍한 제목을 달아 대대적으로 보도함으로써 국민의 불안감을 부추겼다.* 구로공단과 울산, 부산, 인천 등 대규모 사업장이 밀집한 곳에서도 잇달아 파업과 노사충돌이 빚어졌다.

정치 상황도 불길한 방향으로 흘렀다. 개헌안 공청회를 하는 등 국회가 분주하게 움직였지만 신현확 국무총리는 정부가 개헌을 주도하겠다고 했고 언론에 대통령직선제가 아닌 내각제 또는 이원집정부제 개헌론이 나돌았다. 4월 14일 계엄사 합동수사본부장을 겸하고 있던 전두환 보안사령관이 중앙정보부장 자리를 차지했다는 발표가 나오자 대학가에서 전면투쟁론이 고개를 들었다. 5월 초부터 전국 주요 대학 학생회는 신입생들의 병영집체훈련 거부투쟁을 접고 비상계엄 해제를 요구하는 정치투쟁을 시작했고 5월 14일과 15일 전국에서 동시다발적 거리시위를 벌였다. 사실상 대학생들만의 투쟁이었다. 시민들은 참여하지 않았다. 본대 없이 선봉대 혼자 뛰어다녔던 이 싸움은 결국 5월 17일 밤 신군부가 전국 주요 대학에 계엄군

---

* 사북사태의 진상에 대해서는 탁경명, 『80년 4월의 사북』, 강원일보사, 2007, 11~54쪽 참조.

을 투입하자 끝이 났다. 휴교령이 내려지자 연속·동시다발·전국적 시위를 벌이기로 한 약속은 지켜지지 않았다. 유일하게 약속을 지킨 광주에서만 국지적 민중봉기가 일어났다.

　광주민중항쟁의 시작은 1979년 10월의 부마항쟁과 비슷했다. 김영삼 씨에 대한 정치적 박해가 부마항쟁의 기폭제가 됐던 것처럼 신군부가 김대중 씨를 체포하자 광주 시민은 격분했다. 5월 18일 아침 전남대 앞에서 학생과 계엄군이 충돌했다. 계엄군이 학교 밖으로 나와 학생들을 짓밟는 광경을 본 시민이 시위에 합세했고 도시 전체가 궐기했다. 여기까지는 부마항쟁과 같았다. 그런데 광주 시민은 부산·마산 시민보다 더 절박했고 더 용감했다. 공수부대는 시내 곳곳에서 대검을 장착한 소총과 '충정봉(忠情棒)'이라는 박달나무 몽둥이로 마구잡이 폭력을 휘둘렀다. 부상자와 사망자가 속출하자 시위는 더 격렬해졌고 계엄사는 더 많은 병력을 보냈다.

　계엄군이 시민에게 총을 쏘자 비무장시위는 무장투쟁으로 비화했다. 5월 21일 오후 1시 경이었다. 전남도청 정문 앞에 진 치고 있던 제11공수여단 병력이 갑자기 흘러나온 애국가 연주에 맞춰 일제히 M16소총과 M60기관총을 공중으로 발사했다. 그래도 시위대가 흩어지지 않자 총구를 사람에게 겨눴다. 전일빌딩, 상무관, 수협 전남지부 건물 옥상에서 저격수들이 조준사격을 했다. 그것은 명백한 계획적 집단발포였다. 5월 19일과 20일에도 제11공수여단과 제3공수여단 병력이 권총과 M16을 발포해 수십 명의 사상자가 나왔지만 돌발적 사건이었다. 그러나 도청 앞 발포는 달랐다.

　분개한 시민들은 광주 시내뿐만 아니라 나주, 화순, 장성, 영광, 담양 등 인근 지역 파출소와 예비군 무기고를 습격해 카빈소총과 M1소총을 확보했고 화순탄광의 다이너마이트를 반출했다. 시민군이 먼저 총을 쏘았기 때문에 자위권 차원에서 발포했다는 신군부의 주장은 거짓이었다. 군의 모든 기록 가운데 최초로 등장하는 무기탈취 사례는 광주 전투교육사령부 「작전상황일지」에 남은 5월 21일 오후 1시 35분 전남 '화순파출소 무기 피탈' 사건이다.* 특전사가 전남도청 앞에서 발포를 할 때는 시민들에게 총이 없었다. 시민이 무장항쟁을 시작하자 경찰관들이 광주를 빠져나갔다. 특전사 병력은 외곽에서 교통과 통신을 차단하고 인근 지역으로 가는 민간차량을 저격했으며 주둔지 인근의 민가를 돌며 여자와 어린이까지 살상했다. 다른 도시에서는 민중봉기가 일어나지 않았기 때문에 신군부는 특전사 3개 여단 3,500명, 보병 20사단 5,000명, 광주 전투교육사령부 소속 병력 1만 2,000명 등 무려 2만이 넘는 병력을 광주시 일원에 집중 투입했다.

도청을 점령한 시민군은 부대를 편성하고 치안질서를 유지했으며 시민은 그들에게 음식과 물을 제공했다. 시민자치에 들어간 광주 시내는 평온했다. 병원에는 헌혈 신청자들이 줄을 섰고 도청 공무원들이 다시 출근했다. 시민사회 원로들이 수습대책위원회를 만들어 광주 상무대에 있던 계엄분소를 방문했지만 계엄사는 협상을 거부했다. 5월 22일 석간 『동아일보』가 처음으로 보도할 때까지 다른 지역의 시민은 광주에서 무슨 일이 벌어지고 있는지 몰랐다. 신군부는 언론을 동원해 광주 시민을 폭도로 규정했다.

5월 27일 새벽 계엄사는 6,000여 명의 병력으로 '상무충정작전'을 실시했다. 도청을 중심으로 최후의 항전을 준비한 시민군은 카빈총과 M1소총을 든 157명뿐이었다. 계엄군은 전남도청에서 윤상원

* 　정상용 외, 『광주민중항쟁』, 돌베개, 1990, 228~229쪽.

씨를 비롯한 13명을 사살하고 100여 명을 체포했으며 또 다른 거점이었던 광주공원과 전일빌딩을 점령했다.[*] 도청 앞 상무관에 있던 희생자 시신 129구를 덤프트럭에 싣고 가서 망월동 산비탈에 묻었다. 5·18유족회의 집계에 따르면 항쟁 당시 사망자는 166명, 행방불명 65명이었고 부상 후 사망자는 400명이 넘었다. 군경 사망자는 27명이었는데 군인들끼리 벌인 오인전투 사망자가 많았다. 계엄사는 2,500명이 넘는 시민과 대학생을 체포했고 600명 이상을 검찰에 송치했다. 정동년·배용주·박남서는 군법회의와 대법원이 사형을 선고했고 홍남순·정상용·허규정·윤석루 등 7명에게 무기징역, 김상윤·김성용·명노근·전옥주·윤강옥 등 11명은 징역 20년에서 10년, 다른 152명에게는 징역 10년에서 5년의 형을 내렸다. 그러나 그들은 2년이 채 지나지 않아 모두 풀려났다.

　　광주민중항쟁은 민주주의 정치혁명의 가능성과 당시 민주화운동의 한계를 보여줬다. 전제정치를 타도할 수 있는 유일한 방법은 연속·동시다발·전국적 도시봉기라는 것 그리고 아직 대한민국 국민은 그 과업을 수행하는 데 필요한 준비를 갖추지 못했다는 사실이 드러났다. 신군부가 광주에서 무자비한 살상을 저지를 수 있었던 것은 다른 지역 시민이 계엄군의 폭력에 굴복했기 때문이라고 생각한 이들은 깊은 죄책감을 느꼈다. 1987년의 민주헌법쟁취국민운동본부 활동가들은 1980년 광주의 아픔을 되새기며 어느 지역도 고립되지

---

[*]　　전일빌딩에는 계엄군의 헬기 사격 증거가 남아 있다. 2017년 국립과학수사연구원은 외벽과 내부 기둥에 남은 탄흔 245개를 조사한 끝에 헬기 사격으로 보는 게 합당하다고 판단했고, 5·18 진실규명지원단은 육군본부의 작전계획과 항공운항일지 등 관련 기록을 근거로 5월 27일 새벽 61항공대 소속 UH-1H기동 헬기에서 M60기관총을 쏜 것이라는 결론을 내렸다. 광주광역시는 이 건물을 매입해 '전일빌딩245'로 리모델링했으며 광주민주항쟁 전시장과 콘텐츠산업지원센터 등이 입주했다.

1980년 5월 21일:
광주 금남로를 가득 메운 시위대.

않도록 투쟁계획을 꼼꼼하게 점검했다.

전두환은 유신쿠데타 이후 박정희 대통령의 철권통치를 능가하는 야만행위를 스스럼없이 저질렀다. 김대중·문익환·예춘호·이해동·조성우·이신범·이해찬·설훈 등 재야와 학생운동 핵심 인사들을 내란음모 혐의로 군법회의에 넘겨 김대중 씨에게는 사형, 다른 사람들에게는 징역 10년 이상의 중형을 선고했다. 김영삼 씨를 비롯한 야당 정치인들의 정치활동을 봉쇄했고 김종필·이후락·김진만 등 유신정권의 실세들을 부정축재자로 몰아 공직에서 몰아냈으며 정부 공무원과 공공기관 임직원 9,000여 명을 숙청했다. 전두환의 국가보위비상대책위원회(국보위)는 기자들을 대량 구속·해고했으며, 신문과 방송을 통폐합하고 『창작과비평』, 『문학과지성』, 『뿌리깊은 나무』, 『기자협회보』 등 정기간행물 172종을 폐간하게 했다. '보도지침'이라는 것을 매일 내려보내 방송과 신문의 내용뿐만 아니라 편집까지 일일이 통제했다. 1986년 김주언, 김태홍 등 용감한 기자들이 실상을 폭로할 때까지 대부분의 언론사들이 그 보도지침을 준수했다.*

국보위는 대학생과 교수를 무더기로 제적·해직했고 노동조합을 해산했으며 원풍모방, 반도상사, 콘트롤데이타, 청계피복 노동조합 간부들을 해고했다. 불량배 소탕이라는 명목으로 불법 연행한 시민 4만여 명을 삼청교육대에서 고문하고 학대해 300명 넘게 죽이고 3,000여 명에게 영구장애를 입혔다. 국보위가 한 일 가운데 그나마 대중의 호감을 산 것은 과외 금지와 대입 본고사 폐지, 졸업정원제를 명분으로 한 대학 입학정원 대폭 확대, 야간통금 해제를 검토한 정도가 고작이었다.

---

* 폭로의 경위와 '보도지침'의 전모에 대해서는 김주언, 앞의 책, 415~497쪽 참조.

　　신군부는 1980년 8월 최규하 대통령을 내쫓았다. 유신헌법에 따라 '합법적으로' 대통령이 됐던 그가 군소리 없이 물러나자 전두환은 통일주체국민회의를 소집해 100% 찬성으로 제11대 대통령이 됐다. 모든 신문·방송이 그를 미화하고 찬양하는 특집보도와 특집기사를 내보냈다. 1980년 9월 29일 공고한 '제5공화국' 헌법안은 유신헌법과 별 차이가 없었다. 대통령 임기를 7년 단임으로 했고 통일주체국민회의 이름을 대통령선거인단으로 바꿨다. 대통령이 국회의원 3분의 1을 임명하는 제도를 없앴지만 비례대표를 의원 정수의 3분의 1로 하고 제1당에 비례의석의 3분의 2를 주는 괴상한 제도를 도입했다. 10월 22일 실시한 국민투표에 95.5%의 유권자가 투표했고 91.6%가 찬성했다. 유신헌법 국민투표에 이어 다시 국가폭력에 굴복한 것이다. 그때 나는 논산 신병훈련소에 있었다. 연대본부 투표소에 갔더니 당직 장교가 보는 앞에서 하라 해서 반대에 기표했다. 그는 어이없다는 얼굴로 나를 보았다. 동료 훈련병 누구도 투표에 대해 말하지 않았다.

　　총선까지 156일 동안 국회 기능을 대신한 국보위는 215건의 안건을 의결했는데 야당 정치인 835명을 정치활동 금지 대상자로 정한 특별조치법, 집회와 시위를 사실상 금지한 「집회와 시위에 관한 법률」, 이름을 국가안전기획부(안기부)로 바꾼 「중앙정보부법」, 「반공법」을 흡수 통합한 「국가보안법」 등이 거기 포함됐다. 전두환 대통령은 1981년 1월 하순 김대중 씨의 형량을 사형에서 무기로 감형하고 계엄령을 해제했다. 미국 행정부와 국제사회의 인정을 받기 위한 '사대주의적 유화책'이었다.

　　국가안전기획부로 이름을 바꾼 중앙정보부는 충성을 서약한 사람들을 모아 민주정의당(민정당)이라는 집권당을 창당했고 야당 시

능을 할 민주한국당(민한당, 총재 유치송)과 한국국민당(국민당, 총재 김
종철)도 만들었다. 그래서 사람들은 민정당을 전두환 1중대, 관제야
당인 민한당과 국민당을 2중대, 3중대라 했다. 2월 25일 대통령선거
인단을 체육관에 불러 모은 전두환은 2중대, 3중대의 유치송과 김종
철을 출마시켜 모양새를 갖추고 90%라는 '소박한' 득표율로 제12대
대통령이 됐다. 한 달 후 실시한 제11대 국회의원 총선에서 민정당은
득표율 36%로 비례의석 61석을 포함해 전체 의석의 54.7%인 151석
을 차지했다. 당시 강원도 화천 전방부대에 근무하고 있었던 나는 투
표용지는 없고 선거공보만 든 봉투를 받았다. 투표용지는 대대본부
서무병이 모두 1번을 찍어 발송했다고 들었다. 당시 군 부재자투표
는 다 그런 식이었다.

　　전두환 정부는 광주민중항쟁의 전국적 확산을 두려워했다. 부
마항쟁도 광주민중항쟁도 모두 학생운동이 뇌관이었다. 제5공화국
이라는 이름을 붙인 새로운 유신체제를 안정적으로 유지하려면 학생
운동을 뿌리 뽑고 재야 민주화운동 세력을 고립시켜야 했다. 1980년
하반기의 공포 분위기 속에서도 대학생들은 산발적 저항을 계속했
다. 경희대, 연세대, 성균관대를 비롯한 전국 20여 개 대학 학생들이
전두환 정부를 규탄하는 유인물을 살포하거나 교내시위를 벌였다.
학생운동을 제거하기로 마음먹은 안기부와 보안사, 경찰과 검찰은
1980년 12월 남명수 등 서울대 학생들이 교내시위를 하면서 뿌린
「반파쇼학우투쟁선언」을 추적하는 합동수사를 편 끝에 유신시대와
1980년 봄 서울대 학생운동을 주도한 조직을 찾아냈다. 다수의 졸업
생을 포함해 복잡하게 얽힌 인간관계를 '범죄조직'으로 만들려고 하
니 안개처럼 모호한 점이 많아 '무림사건'이라 했다는 그 사건으로
김명인, 한홍구 등 수십 명이 감옥이나 병영으로 끌려갔다.

대학생과 노동자를 결합해 전국적 투쟁을 하려던 조직도 적발
했다. 전국민주노동자연맹을 만든 이태복과 흥사단아카데미를 기반
으로 전국민주학생연맹을 결성한 이선근은 여러 도시에 조직을 만
들어 대학가시위를 일으켰다. 공안당국은 1981년 6월 두 사람과 관
련자들을 체포해 남영동 치안본부 대공분실에서 무시무시한 고문을
가한 끝에 '국가 변란을 목적으로 한 반국가단체'를 결성한 혐의를
씌워 기소했고 법원은 무기징역형을 선고했다. 대학생이 중심이었
던 이 사건에는 '학림(學林)사건'이라는 별칭이 붙었다. 비슷한 시기
에 부산의 학생운동 활동가와 양서협동조합 회원들을 두 달 넘게 불
법구금하고 고문해 조작한 반국가단체 사건은 부산의 무림사건이라
고 해서 '부림사건'이 됐다. 하지만 그런 상황에서도 그해 전국 각지
의 대학생들은 40회나 교내시위를 했다.

  광주민중항쟁 이후 학생운동의 이념과 운동방식은 급진적 변화
를 겪었다. 군복무를 하고 있던 나를 면회하러 온 친구들이 처음 듣
는 행진곡풍의 '운동가요'를 불렀고 마르크스의『공산당선언』, 레닌
의『무엇을 할 것인가』와『일보전진 이보후퇴』, 마오쩌둥의『모순
론』·『실천론』같은 논문을 읽는다고 했다. 노동자를 조직해야 혁명
을 할 수 있기 때문에 교내시위를 해서 구속되는 사람 빼고는 신분을
위장해 공장으로 갈 준비를 한다고 했다. 친구들은 남의 주민등록증
에 자기 사진을 바꿔 붙이는 법을 익혔고 제조업체에 취직하는 데 필
요한 기술을 배우러 학원에 다녔다. 청년지식인들이 민주화를 넘어
사회혁명을 목표로 한 급진적 운동을 벌이기 시작한 것이다. 반미주
의와 사회주의가 빠르게 확산되어가던 1982년 3월 부산 미문화원
방화사건이 터졌다. 문부식, 김은숙, 이미옥 등이 문화원에 불을 질
렀고 유승렬과 박원식 등이 인근 건물에서 '미제국주의 반대'와 '살

인마 전두환 타도'를 주장하는 유인물을 뿌렸다. 그런데 뜻하지 않게 그곳에서 공부하던 학생 한 사람이 목숨을 잃었고 부상자도 여럿 생겼다. 법원은 배후 조종자로 지목된 김현장과 문부식에게 사형을, 김은숙과 이미옥에게 무기징역형을 선고했다.

1983년 5월 군에서 제대하고 보니, 나는『공산당선언』과『자본론』말고는 읽은 책이 별로 없는 '학습 지진아'였다. 마르크스, 레닌, 마오쩌둥, 스탈린, 트로츠키 등 유럽과 중국 사회주의혁명가들의 영문판과 일본어판 책과 논문을 싸들고 문경새재에 있는 시골마을에 들어가 석 달 동안 고시 공부하듯 읽었다. 그런데 하산해보니 세상은 더 멀리 가 있었다. 내가 읽었던 논문은 모두 유행이 지났고 주체사상 학습이 새로운 흐름이 되어 있었다. 후배들과 어렵게 약속을 잡아 토론을 했다. 주제는 '휴전선을 어떻게 볼 것인가'와 '한국사회의 성격을 어떻게 규정할 것인가'였다.

나는 휴전선이 사실상 국경선과 마찬가지라고 보았다. 한반도에는 체제를 달리하는 두 개의 국가가 있다. 남한의 혁명은 남한 민중, 북한의 혁명은 북한 민중의 임무다. 두 국가의 혁명이 관계를 맺어야 할 특별한 이유는 없다. 북한은 사회주의를 표방하는 전체주의 독재국가고 남한은 자본주의체제를 가진 군사독재국다. 북한은 자주성이 높지만 남한은 군사·정치·경제적으로 미국에 의존하는 반쪽짜리 주권국가다. 대한민국을 더 자주적인 민주주의 국가로 만드는 것이 우리가 할 일이고 북한 사회를 바꾸는 것은 북한 사람들이 할 일이다. 그렇게 말했더니 후배들은 다음번 약속에서 바람을 맞혔다. 나를 '구제불능 자유주의자'로 보고 '자른' 것이다.

우리에게 전두환은 절대악(絕對惡)의 화신이었다. 광주학살과 난폭한 인권탄압을 겪은 만큼 그렇게 생각할 수밖에 없었다. 절대악의 화신에게 영혼의 상처를 입은 청년지식인들은 세상과 자신을 구할 이념을 찾아 나섰다. 사회주의 성향이 강한 이들은 러시아혁명을 모델로 삼는 민중민주주의(PD) 노선을 받아들여 자본주의 경제체제가 모든 악의 근원이라고 믿으면서 마르크스주의 이론과 러시아혁명사, 레닌의 전략·전술을 연구했다. 노동자계급을 조직하고 정치적으로 지도함으로써 사회주의혁명을 일으키는 것을 임무로 받아들였다. 민족주의를 낡은 부르주아 사상으로, 북한을 민족주의를 내세우는 전체주의 독재국가로 간주했던 그들은 북한에 비판적인 진보정파가 됐다.

　광주학살의 배후에 미국의 입김이 작용했다는 점을 중시한 청년들은 민족해방(NL) 노선으로 결집했다. 모든 사회악의 근원은 미제국주의다. 분단도 독재도 자본주의적 악덕도 모두 미제국주의 때문에 생겼다. 미국의 지배와 간섭을 배제하지 못하면 민주화도 사회정의도 통일도 이룰 수 없다. 대한민국은 제정 러시아와 다르다. 노동자계급을 조직하는 것만으로는 부족하며 중산층과 소자산계급을 포함해 각계각층 모든 민중을 반미의 깃발 아래 결속해야 혁명이 가능하다. 그렇게 생각했던 이들 중에는 민족자주를 최고의 가치로 표방하는 북한 정권을 혁명의 지도부로 인정해야 한다고 주장하면서 단파 라디오로 북한 대남선전조직인 한국민족민주전선(민민전)이 송출한 '구국의 소리' 방송을 녹취해 학습자료로 삼기도 했다. '반半식민지, 반半봉건사회'인 한국의 혁명은 '민족해방 민주주의혁명'이라는 게 그들의 주장이었다.

　대한민국 사회 내부에서 자생적 사회주의자와 주체사상파가 생긴 것은 전두환 정부의 학살과 독재가 만들어낸 '이념적 열병'의 부작용이었다. 적지 않은 국민이 청년들의 반정부투쟁과 반미투쟁을 응원했던 것은 그들의 주장이 옳다고 여겨서가 아니라 독재정권과 용감하게 싸웠기 때문이다. 국민은 경제적 풍요와 자유, 인권, 인간적 존엄을 원했다. 전두환 정부가 그런 욕망의 표현을 폭력으로 억눌렀기 때문에 학생운동을 지지했다. 6월 민주항쟁 때 대중이 선택한 구호는 '독재타도 민주쟁취', '호헌철폐 직선개헌'이었다. '헌법제정 민중회의'나 '미군철수 양키 고 홈' 구호를 외칠 수 없었다. 시민이 호응하지 않았고 때로는 대놓고 면박을 줬기 때문이다. 독재정권이 대중의 욕망을 거스를 수 없었던 것과 마찬가지로 1980년대의 '혁명전사'들도 대중의 욕망을 무시하지 못했다.

1982년과 1983년 전국 대학에서 각각 60회가 넘는 교내시위와 작은 규모의 거리시위가 일어났다. 이 시기 정부를 상대로 싸울 수 있었던 것은 오로지 대학생뿐이었다. 그러나 유신시대와 마찬가지로 시위 주동자는 교내에 상주하고 있던 사복형사와 경찰에게 5분을 버티지 못하고 체포됐다. 그들은 조금이라도 오래 버티기 위해 건물 옥상에 밧줄을 매고 공중에 매달린 상태로 선언문을 읽는가 하면 식칼이나 횃불로 '무장'을 하는 등 기묘한 버티기 전술을 선보였다. 재야와 야당 정치인들도 힘을 내기 시작했다. 정치활동을 금지당하고 자택에 연금되어 지내던 김영삼 씨가 1983년 5월 민주화를 요구하면서 23일이나 단식했다. 신문기자들은 검열을 피하려고 '재야인사의 식사문제'라는 희한한 말을 만들어냈고 독자들은 금방 알아차렸다. 1982년 12월 형집행정지로 풀려나 미국으로 망명했던 김대중 씨도 연대투쟁을 선언했다. 1983년 9월에는 학생운동 출신 청년들이 민주화운동청년연합(민청련, 의장 김근태)을 결성했다. 5·18 이후 처음으로 공개적으로 만든 민주화운동 단체였다.

그런데 전두환 정부가 12월 말 갑자기 유화책을 발표해 제적 대학생 1,400여 명의 복학을 허용하고 양심수 172명을 석방했다. 대학 교정에 상주했던 경찰 병력을 빼내고 야당 정치인들의 정치활동 규제도 완화했다. 조금 인심을 써도 된다는 자신감의 발로였는지는 모르겠지만 계산착오였음이 드러나는 데는 긴 시간이 걸리지 않았다. 눌려 있던 대중의 욕망이 용수철처럼 튀어 올랐고, 민주화운동의 불길은 순식간에 사회의 모든 분야로 번졌다.

1984년 3월 대학이 문을 열자 대학생들은 학도호국단 철폐를 요구하며 학생회 부활을 추진했다. 학원자율화와 사회의 민주화를 요구하는 교내집회와 시위도 집계할 수 없을 정도로 늘어났다. 혹독한 공안통치 아래서 강력한 비밀조직을 구축한 학생운동은 이념적 성향을 있는 그대로 표출했다. 처음에는 PD 계열이 분위기를 이끌었다. 문용식, 안병룡, 윤성주 등 청년 활동가들이 『깃발』이라는 소책자를 발간하고 여러 대학에 민주화추진위원회라는 조직을 만든 다음 그것을 모아 민주화투쟁학생연합을 결성했다. 그들은 9월 청계피복노동조합 합법성 쟁취대회와 결합해 동대문 일대에서 격렬한 거리시위를 벌였고 구로공단과 부평역 등 공단이 밀집한 지역에서 노동악법 개정을 요구하는 시위를 했다. 11월에는 민정당 중앙당사를 점거했다가 264명이 체포됐다.

1985년 봄에는 주민등록증을 위조하거나 경력을 속이고 공장에 들어갔던 활동가들이 존재를 드러냈다. 그 수가 얼마였는지 정확한 통계는 없다. 적게 보는 사람은 5,000명, 많게 보는 사람은 2만 명이 넘었으리라 추정한다. 정부는 1970년대의 대표적인 노동조합들을 강제 해산시켰지만 1984년 한 해 동안 130개가 넘는 노동조합이 새로 출범했다. 그해 4월 대우자동차 부평공장 노동자들이 어용노조와 회사 측에 맞서 열흘간 파업투쟁을 벌였다. 홍영표, 송경평 등학생운동 출신 운동가들이 주역이었다. 김우중 회장은 직접 농성 노동자 대표와 협상해 문제를 해결했으며 그들이 감옥에서 나오자 유럽 각국의 대우자동차 판매법인으로 파견했다. 재벌 총수들 중에 이렇게 한 사람은 김우중 회장밖에 없었다.

6월에는 경찰이 파업을 한 구로공단 대우어패럴 노동조합의 김준용 위원장 등 간부들을 연행한 데 항의하면서 인근 여러 회사 노동조합들이 연대파업을 했다. 이 '구로동맹파업'은 노동조합의 연대의식을 드러낸 보기 드문 사건이었다. 공안당국은 심상정을 연대파업의 주모자로 지목했다. '노학연대'의 깃발을 든 대학생들이 참여하고 민청련을 비롯한 민주인권단체들이 가세하면서 구로공단 일대에서 대규모 거리시위가 벌어졌다. 구로동맹파업을 일으킨 노동운동가들은 서울노동운동연합(서노련)을 결성해 『노동자신문』을 발간했다. 재야세력은 민주통일민중운동연합(민통련, 의장 문익환)으로 결집했다. 전두환 정부의 유화 조치가 열어준 정치적 공간을 야당과 재야, 학생운동과 노동운동 세력이 신속하게 점령한 것이다.

1985년 전두환 정부는 심각한 위기를 맞았다. 2월 12일에 치른 제12대 국회의원 총선에서 국민은 정권에 대한 비판의식을 강력하게 표출했다. 1984년 5월 민주화추진협의회(민추협)를 만들어 야당 부활 작업을 시작한 '양김'은 투표일을 겨우 25일 앞둔 시점에 이민우 씨를 총재로 세워 신한민주당을 창당했다. 대학생들은 총선 유세장을 전두환 정부의 독재와 부정부패를 폭로하는 무대로 활용했다. 이민우 총재가 출마한 서울 종로·중구 유세장에는 10만 시민이 결집하는 등 전국 각지의 후보 연설회장이 인파로 붐볐다. 신한민주당은 득표율 29%를 얻어 35%를 받은 민정당을 턱밑까지 추격했다. 신한민주당은 관제야당 민한당과 국민당을 밀어내고 단숨에 제1야당이 됐으며 서울에서는 42.7%를 얻어 27%를 얻은 민정당을 압도했다. 민청학련 사건 때 전국에 수배전단이 붙었던 '돌아온 사형수 이철'이 서울 성북구에서 국회의원이 됐다. 당선자들이 대거 신한민주당으로 이적하자 전두환의 제2중대 민한당이 무너졌다.

민정당이 총선에서 사실상 패배하자 전두환 정부는 정국 주도권을 상실했고 신민당과 재야는 거센 공세를 폈다. 주류가 PD 계열에서 NL 계열로 넘어간 학생운동은 학습 서클과 비밀결사 수준을 넘어 자치조직인 총학생회 자체를 전투조직으로 전환하고 전국학생총연합(전학련, 의장 김민석)을 결성했다. 전학련은 산하에 '민족통일 민주쟁취 민중해방 투쟁위원회'(삼민투, 위원장 허인회)라는 '선봉대'를 편성했다. 광주민중항쟁 5주년을 맞아 전학련은 광주항쟁 진상규명과 학살원흉을 처단하라는 요구를 내걸고 전국 80개 대학 5만여 명의 대학생이 참여한 시위를 벌였다.

5월 23일 서울 5개 대학 '5월 투쟁특위' 소속 대학생 73명이 서울 미국문화원을 점거했다. 한국군 작전통제권을 보유한 미국이 공수특전단과 보병 20사단의 광주 투입을 허용한 것을 사과하고 독재정권 지원을 중단하라고 요구하면서 나흘간 미국문화원을 점거했던 대학생들은 내외신 기자회견을 한 다음 전원 연행됐다. 삼민투를 국가보안법상의 이적단체로 규정한 정부는 현장을 지휘했던 함운경, 고진화 등을 구속하고 전학련 의장 김민석을 수배했으며 기관지『깃발』을 발간했던 '민추위'를 고리로 삼아 민청련을 학생운동의 배후로 몰았다. 경찰은 민청련 김근태 의장을 서울 남영동 치안본부 대공분실에 구금했고 고문기술자 이근안 경감 등이 물고문과 전기고문을 했다. 정지영 감독의 영화 〈남영동 1985〉(2012)는 바로 그 사건을 재현한 것이다. 김근태 의장은 고문한 사람의 얼굴과 이름, 방법, 시간을 상세하게 기억해뒀다가 변호인과 가족에게 알렸다.

　　견디다 못한 정부는 학원안정법을 제정하려고 했다. 대학에 선도교육위원회를 만들고 학생운동 단체를 대학당국이 해산할 수 있도록 하는 법률이었는데 장세동 안기부장과 허문도 청와대 정무수석이 주동자였다. 야당, 재야, 대학생 단체가 공동투쟁위원회를 만들어 강력하게 대항하자 정부는 결국 법 제정 작업을 중단했다. 1985년 11월 재야세력이 마지막 무기를 빼들었다. 민주화운동의 지휘부였던 민통련이 '민주헌법쟁취위원회'를 결성한 것이다. 여기에 호응해 전학련 산하 '군부독재타도 및 파쇼헌법철폐투쟁위원회'(위원장 김의겸) 소속 서울 14개 대학 학생 191명이 민정당 중앙정치연수원을 기습 점거했다. 1986년 2월 '양김'의 민주화추진협의회가 '민주개헌 천만인 서명운동'을 시작하자 전학련이 범국민개헌서명운동본부를 띄웠고 김수환 추기경, 한국기독교교회협의회, 성공회 정의실천사제단, 조계종 승려, 여성계 인사, 대학교수들의 개헌 요구 성명과 공동선언이 줄을 이었다. 봇물이 터진 것 같은 형세였다.

　　시민의 민주화투쟁에 대한 호응이 점차 높아가던 그 시기에 학생운동은 정상궤도를 벗어나기 시작했다. 서울대 학생운동가 김영환이 쓴 '강철서신' 시리즈가 지하 베스트셀러로 등극했다. '간첩 박헌영으로부터 무엇을 배울 것인가' 같은 자극적 제목을 단 팸플릿에서, 그는 김일성의 관점으로 박헌영을 비판하면서 주체사상의 '수령관'과 '품성론'을 전파했다. 학생운동의 대세를 장악한 NL 계열의 조직들은 구국학생연맹, 애국학생회, 구국학생동맹 등 민족주의 냄새가 물씬 풍기는 이름을 내세웠고 공개조직에는 '반미자주화반파쇼민주화투쟁위원회'처럼 반미와 민주화를 결합한 이름을 붙였다. 구국(救國)은 일제강점기 민족해방투쟁시대 말이었지만 대한민국을 미제 식민지라고 보는 사람들에게는 여전히 매력이 있었다.

강철 김영환은 반제청년동맹이라는 비밀결사를 만들어 활동했다. 남파간첩과 접촉한 그는 1991년 강화도 해안에서 반잠수정을 타고 평양에 가서 김일성 주석을 만났으며, 1992년 하영옥 등과 주체사상을 지도이념으로 하는 민족민주혁명당(민혁당)을 결성하고 지역조직을 만들기 위해 사람들과 접촉했다. 그렇지만 실제로 본 북한의 실상이 생각했던 것과 달라 번민하다가 1997년 초 민혁당을 스스로 해산했다. 해군이 1998년 말 거제도 남쪽 해상에서 격침한 북한 반잠수정에서 단서를 발견하지 않았다면 민혁당은 그저 몇몇 청년지식인들이 벌인 '이념의 소꿉놀이'로 끝났을 것이다. 공안당국은 민혁당 조직원들을 구속했는데 이 사건을 계기로 '반제민족혁명운동가' 김영환은 '북한해방운동가'로 전향했다. 그가 '강철서신'으로 운동권의 스타가 됐을 때, 학생운동 선배들은 그 유행에 휩쓸린 후배들을 말렸다. 북한이 무늬만 사회주의국가일 뿐 실제로는 개인숭배와 독재가 일상화된 전체주의 국가라는 것은 굳이 가보지 않아도 알 수 있었다. 그런데도 '북한인권운동가'로 전향한 그들은 주체사상을 경계하라고 했던 이들을 '종북세력'이라고 비난했다. 인간의 부박함에는 한계가 없다.

1986년 3월부터 신민당이 개헌추진위원회 지방지부 결성대회와 현판식을 열자 학생과 재야는 이 행사를 이용해 선전전을 펴고 거리시위를 벌였다. 부산에서 시작해 광주, 대구, 대전, 청주를 거쳐 인천 현판식을 연 5월 3일 시위가 절정이었다. 신민당과 민통련, 대학생뿐만 아니라 노선을 달리하는 수도권의 모든 공개·비공개 운동단체가 저마다 자기의 주장을 담은 유인물을 들고 모여 제각기 다른 구호를 외치면서 경찰과 충돌했다. 5만 명이 넘는 군중이 정오부터 밤

늦은 시각까지 시위를 벌인 인천 시내는 최루탄과 돌, 각목과 화염병
이 난무하는 전쟁터가 됐다. 인천 민정당사가 불타자 정부는 5·3인
천사태를 폭력봉기로 규정하고 민통련 문익환 의장과 장기표 정책
실장을 포함한 주요 간부를 구속했으며 보안사 요원들이 잠실의 아
파트를 급습해 김문수·서혜경 등 서노련 조직원 13명을 송파 분실로
연행해 엄청난 고문을 가했다. 원풍모방 노동조합 출신 이옥순 위원
장과 1970년대 한일도루코노동조합 위원장으로서 학생 출신 노동운
동가의 '롤모델'이었던 김문수 지도위원이 이끌었던 서노련은 이때
무너졌다. 정부는 5·3사태와 관련해 129명을 구속하고 60여 명을 수
배했다. 서노련에서 활동했던 시인 박노해는 백태웅 등과 손잡고 사
회주의노동자동맹(사노맹)을 결성했다.

　　1986년 10월 24일 안기부는 '마르크스레닌주의당 결성기도사
건' 관련자 100여 명을 체포해 13명을 기소했다. 하지만 1986년 하반
기에 학생운동을 지배한 것은 마르크스레닌주의가 아니라 주체사상
과 민족해방혁명론이었으니 '뒷북수사'를 한 셈이었다. NL 계열 학
생조직이 자신의 노선을 관철하기 위해 독자적 전국조직 '전국반외
세반독재애국학생투쟁연합'을 결성하자 경찰은 결성식을 연 건국대
에 최루탄을 쏘면서 진입했고 학생들은 건물 안에서 사흘을 버텼다.
무장헬기와 소이탄, 최루액을 동원해 건물에 진입한 경찰은 무려
1,525명을 체포하고 1,288명을 구속함으로써 단일 사건 신기록을 세
웠다. '건대사태'로 알려진 이 사건은 전두환 정부와 학생운동이 7년
내내 벌였던 기나긴 싸움의 절정이었다.

　　1987년 국민의 관심은 헌법개정 여부에 집중됐다. 전두환 대통
령의 임기가 1년밖에 남지 않았기 때문에 헌법을 바꾸지 않으면 또
5,000명의 선거인단이 차기 대통령을 뽑게 된다는 것을 누구나 알

았다. 민주화세력은 최소 요구인 대통령직선제 회복에 초점을 맞추었다. 그런데 1월 14일, 어찌 보면 필연적이고 달리 보면 우발적인 사건이 터져 대한민국의 진로를 바꿨다. 서울대 언어학과 3학년 박종철 씨가 서울 남영동 치안본부 대공분실에서 물고문을 받던 중 목숨을 잃은 것이다. 『중앙일보』가 그 사실을 최초 보도했고 『동아일보』가 더 많은 사실을 취재해 더 크게 보도했다. 강민창 치안본부장은 수사관이 범죄사실을 추궁하면서 주먹으로 책상을 '탁' 치자 박종철 씨가 '억' 하고 죽었다고 발표했다. 이 사건 초기 『동아일보』 기자들의 활약은 기록할 만한 역사적 가치가 있다. 『동아일보』는 시신에 피멍자국이 있었다는 부검 관련 소식에 이어 쇼크로 인한 심장마비가 아니라 물고문으로 인한 사망이었다는 것을 암시하는 의사의 검안소견서를 보도했다. 그때의 『동아일보』는 이후의 『동아일보』와 다른 신문이었다. 비난여론이 끓어오르자 검찰이 경찰관 두 사람을 구속했고 전두환 대통령은 유감을 표명하면서 치안본부장과 내무부장관을 경질했다.

　　그러나 그 정도로 수습할 수 있는 사건이 아니었다. 구속자 가족 모임인 민주화실천가족협의회(민가협)의 어머니들이 남영동 대공분실 앞에 드러누웠고 전국의 대학생들이 고문살인 규탄집회를 열었으며 신민당 국회의원들은 국정조사권 발동을 요구하며 국회 농성을 시작했다. 김근태 민청련 의장 고문사건 진상을 규명하기 위해 재야, 종교계, 여성계, 시민사회단체가 구성했던 '고문 및 용공조작 저지 공동대책위원회'가 활동을 재개했다. 2월 7일 서울 명동성당을 비롯해 전국에서 열린 추도행사가 거리시위로 번지자 5·18 이후 처음으로 시민이 박수를 치며 호응했다.

　　야당은 강력한 전투태세를 갖췄다. 신민당의 '대주주'는 김영삼과 김대중 '양김'이었는데 '고용사장'인 이민우 총재가 내각제 개헌을 매개로 정부와 타협하려는 움직임을 보이자 양김은 신당 창당에 합의했고 신민당 국회의원들은 대부분 통일민주당에 합류했다. 그런데 신당의 창당발기인 대회가 열린 4월 13일 전두환 대통령이 특별담화를 발표했다. 화가 잔뜩 난 표정으로 텔레비전 화면에 등장한 그는 개헌을 하지 않을 것이며 계속 개헌을 주장하면서 불법을 저지르는 사람을 엄단하겠다고 말했다. 소위 '4·13호헌선언'이었다. 뉴스를 보면서 우리는 휘파람을 불었다. "넌 이제 죽었어!"

호헌선언은 타오르는 불에 기름을 부었다. 또 7년을 '체육관 대통령'의 독재 아래 산다는 것을 끔찍한 일로 여기는 국민이 많았기 때문에 그날부터 '호헌철폐투쟁'이 불붙었다. 야당과 대학생, 종교인, 대학교수 등 기존의 세력 범위를 넘어 여성단체, 화가, 문인, 연극인, 법조인, 의사, 교사, 약사, 한의사, 간호사, 영화인, 연예인들의 호헌반대성명 발표가 줄을 이었다. 대한상공회의소, 한국무역협회, 한국경영자총협회, 이북5도민중앙연합회, 실향민호국운동중앙협의회, 한국반공연맹, 대한노인회, 한국노총 등이 호헌지지 성명을 냈고 대부분의 신문과 방송이 호헌선언을 긍정적으로 보도했지만 국민의 개헌 요구는 끌 수 없는 불길이 됐다.

5월이 되자 전국 62개 대학 학생들이 광주민중항쟁 추모집회를 열었고 명동성당은 '광주민중항쟁 제7주기 미사'를 집전했다. 그런데 그 미사에서 천주교 정의구현사제단 김승훈 신부가 대형 폭탄을 터뜨렸다. 구속된 경찰관 두 사람 이외에도 박종철 씨를 죽인 범인이 더 있다는 사실이었다. 김승훈 신부는 고문살인범 황정웅 경위, 반금곤 경사, 이정오 경장이 현직에 있고 치안본부의 전석린 경무관과 유정방 경정이 사건을 조작했으며 강민창 치안본부장이 사건은폐와 범인조작에 개입했다는 사실을 공개했다. 사흘 후 검찰은 고문경관이 셋 더 있다는 사실을 인정했고, 『동아일보』는 김성기 법무부장관과 서동권 검찰총장이 범인 축소·은폐 사실을 알면서도 석 달 동안 감췄다고 보도했다. 정부는 임시국무회의를 열어 내각 총사퇴를 결정했고 전두환 대통령은 내각을 전면 교체했다. 검찰은 공안수사의 대부로 통하던 치안본부의 박처원 치안감을 구속했고 6월 민주항쟁 후에는 강민창 당시 치안본부장도 구속했다.

정당, 재야, 학생, 각계각층의 단체 대표들이 '민주헌법쟁취국민운동본부(국본)'를 결성했다. 발기인은 지역대표 352명, 종교계 683명, 정치인 213명, 각계각층 대표 943명 등 모두 2,191명이었는데 고문은 함석헌·홍남순·강석주·문익환·윤공희·김지길·김대중·김영삼이었고 상임공동대표는 박형규·김승훈·지선·계훈제·이우정·송건호·박용길·고은·양순직·김명윤·한승헌이었으며 감옥에 있던 김근태 민청련 의장은 비상임 공동대표를 맡았다. 오충일 목사가 위원장을 맡은 상임집행위원회에는 이해찬·임채정·장영달·이미경·김부겸·이재오·박계동·이규택 등 청년 활동가들이 포진했다. 대변인은 인명진 목사, 인권위원장은 이상수 변호사였으며 노무현 변호사는 부산 국본의 상임집행위원장, 문재인 변호사는 집행위원이었다. 국본의 주요 인사들 가운데 네 사람이 대통령이 됐고 국무총리·장관·국회의원이 된 사람은 헤아리기 어려울 정도로 많다. 김영삼·이재오·박계동·인명진 등 후일 보수진영으로 간 사람도 있지만, 대부분은 김대중·노무현·문재인 대통령과 함께 국가운영에 중요한 역할을 했다는 점에서 김대중·노무현 정부에 이어 문재인 정부도 6월 민주항쟁의 결실이었다고 할 수 있다.

1987년 6월 10일 오전 민정당은 전당대회를 열어 노태우 씨를 대통령 후보로 선출했다. 국본은 그 행사를 겨냥해 같은 날 오후 6시 전국 주요 도시에서 '박종철 고문살인 은폐조작 규탄 및 민주헌법쟁취 국민대회'를 열었다. 그날 국민의 가장 큰 관심사는 연세대생 이한열 씨의 생사문제였다. 6월 9일 연세대생들이 6·10국민대회 참가 결의대회를 마치고 교문 앞에서 시위를 벌이던 중 경영학과 2학년 이한열 씨가 총류탄(SY-44)에 뒷머리를 맞아 혼수상태에 빠졌다. 다음 날 아침 신문들은 그가 피를 흘리며 다른 학생의 품에 안겨 있는 사진을 크게 실었다.

6월 10일 오후 여섯 시, 나는 유인물 몇백 장을 품에 감추고 서울시청 광장에 있었다. 국본 지도부 인사들이 대회 개막을 선포하기로 한 성공회 본부를 경찰이 미리 봉쇄했지만, 미사에 참여할 피아노 반주자 등으로 위장해 잠입한 몇몇 인사들이 여섯 시에 종탑으로 올라갔다. 종소리와 동시에 유인물 뭉치가 날아올랐고 구호가 터져 나왔다. 서울시청 일대는 눈 깜짝할 사이에 시위대로 뒤덮였다. 최루탄이 터졌고 버스와 택시, 승용차들이 경적을 울렸다. 남산 힐튼호텔에서 대통령 후보 지명 축하연을 하던 민정당 국회의원들이 최루탄 가스에 쫓겨 흩어졌다. 전국 22개 도시에서 50만 명의 시민이 밤늦게까지 시위를 한 그날 경찰은 4,000여 명을 체포했다. 서울에서는 경찰이 시위대에 밀려 청와대와 세종로 정부종합청사 부근 전략거점으로 후퇴했고 일부 시위대는 명동성당에 들어가 농성하면서 싸움을 이어나갔다. 명동 일대는 아무나 와서 대자보를 붙이고 연설을 해도 되는 '해방구'가 됐다.

노동자와 학생운동 출신 노동운동가, 청년지식인이 뒤섞인 자생적 비밀결사에 속해 있었던 우리는 한 시간 간격으로 세 곳의 중간 집결지를 정하고 나갔지만 오판이었음을 금방 알았다. 유인물은 잠간 사이에 동났고 조직원들은 모두 흩어져 찾을 수가 없었다. 그렇게 큰 시위가 벌어지리라고는 예상하지 못했다. 1980년 5월 15일 서울역 광장에서 그랬던 것처럼, 1987년 6월 10일 서울 도심에서 내가 본 것도 혼돈이었다. 그러나 이번에는 무섭지 않았다. 넥타이를 맨 젊은 직장인과 더 나이 든 시민이 함께했기 때문이다. 게다가 국본이라는 지도부가 있었고 양김이 이끄는 야당도 있었다.

6월 18일 '최루탄 추방 국민대회'는 더 큰 파도였다. 전국 16개 도시에서 150만 명이 참여한 이날 시위의 하이라이트는 서울이 아니라 30만 명이 참여한 부산시위였다. 부산 시민은 길바닥에서 교대로 쉬면서 밤새 싸웠다. 연속·동시다발·전국적 도시봉기가 본격 시작된 것이다. 경찰은 전국에서 1,500여 명을 연행했지만 시위를 통제할 수 없었다. 정부가 계엄령을 선포할 것이라는 소문이 떠돌았고 주한미군방송(AFKN)이 미군가족과 군속의 외출자제령 보도를 내보냈다. 레이건 대통령이 전두환 대통령에게 긴급친서를 보냈고 국무부 동아시아 담당 차관보가 급히 서울에 왔다. 6월 24일 통일민주당 김영삼 총재가 청와대에서 전두환 대통령과 만나 민심을 수용하라고 요구했다. 회담을 마치고 나온 김영삼 총재는 협상이 결렬됐다고 선언했다. 그가 투박한 부산 사투리로 "햅상은 갤랠됐다"고 선언하는 장면이 내가 본 정치인 김영삼의 여러 모습 중 단연 최고였다.

세 번째 파도였던 6월 26일 '국민평화대행진'에는 전국 33개 도시와 4개 군에서 180만 명이 참여했다. 맨손으로 시위를 한 6·10대회와 달리 시민들은 도처에서 투석전을 벌였고 대학생들이 던진 화염병에도 거부감을 보이지 않았다. 조심스럽게 사태 추이를 지켜보던 광주 시민이 마침내 궐기했다. 이번만큼은 결코 고립되지 않을 것임을 확신한 광주시민 20만여 명이 거리로 나온 것이다. 목포·순천·

여수·광양 등 전남 전역의 도시에서도 수만 명이 시위를 벌였다. 경찰은 전국에서 3,500여 명을 연행했지만 점점 수세에 몰렸다. 30개가 넘는 경찰서와 파출소가 불탔고 민정당 지구당사와 공공기관 건물 여러 곳에도 화염병이 날아들었다. 경찰차량 20여 대가 불타고 부서졌다. 전국 수십 개 도시에서 동시에 시위를 하면 10만여 명의 경찰력으로 진압할 수 없다는 사실이 명백하게 드러났다. 아무도 정부와 경찰을 두려워하지 않았으며 다음번에는 얼마나 더 큰 시위가 벌어질지 가늠할 수도 없었다.

6월 29일 민정당 노태우 대통령 후보가 8개 항의 시국수습 특별선언(6·29선언)을 발표했다. 대통령직선제 개헌, 김대중 사면과 정치범 석방, 국민 기본권과 언론자유 보장, 지방자치제 실시와 교육자율화, 자유로운 정당활동 보장 등을 담은 이 선언으로 전국적 도시봉기는 막을 내렸다. 전두환 정부는 야권의 분열을 일으키면 선거를 통해서 재집권을 할 수 있다는 희망을 품고 6·29선언을 했으며 실제로 성공했다. 그러나 그들이 12·12군사반란과 광주학살 그리고 천문학적 부정부패를 저지른 죄를 벗은 건 결코 아니었다.

7월 5일 이한열 씨가 숨을 거뒀다. 7월 9일 서울역 광장에서 백만 시민이 운집한 영결식이 열렸다. 이 행사는 6월 민주항쟁의 에필로그였다. 영결식이 끝나고 경찰이 해산을 종용하면서 페퍼포그와 최루탄을 쏘자 시민들은 조용히 흩어졌다. 그늘은 헌법을 고치고 선거를 하면 정권을 바꾸고 민주화를 할 수 있을 것이라 기대했지만 그 희망은 다섯 달 뒤 물거품이 됐다. 하지만 6월 민주항쟁이 결실을 맺지 못한 것은 아니다. 시민의 정치투쟁이 소멸된 공간은 노동자들이 채웠다. 독재정권의 정치적 억압이 약화되자 곧바로 전국 곳곳에서 노동자들의 노동조합 결성과 파업, 거리시위가 폭발했다.

노동자들은 재벌그룹 대공장에 노동조합을 만들었다. 7월 5일 현대엔진을 시작으로 현대미포조선 등 대규모 사업장의 노조설립 신고가 줄을 이었다. 마산·창원·울산 등 영남 지역 중화학공업 대공장을 휩쓴 노동조합 결성과 임금·근로조건 개선투쟁은 중장비를 동원한 거리시위로 이어졌다. 8월 22일 거제 대우조선 노동자 이석규 씨가 거리시위 도중 경찰이 쏜 직격 최루탄에 맞아 사망했다. 검찰은 노동자들을 지원한 노무현 변호사와 이상수 변호사를 '장례방해' 혐의로 구속했다. 이 사건을 계기로 투쟁은 수도권 중소기업으로 확산됐으며 정부의 강경대응과 여론의 비난에도 불구하고 9월까지 지속됐다. 1987년에만 1,500개에 육박하는 노동조합이 새로 생겼고 조합원 수는 23만 명이 늘었으며 7월에서 9월까지 3,300건이 넘는 노동쟁의가 발생했다. 그러나 가을이 되어 헌법개정이 이뤄지고 대통령 선거가 다가오자 국민의 관심은 정치로 모였다.

성숙기: 87년체제의 명암

1987년 6월 민주항쟁은 연속·동시다발·전국적 도시봉기로 독재정권을 타도하고 민주주의 제도를 회복하는 민주화운동을 완성했다. 대한민국은 다수 국민이 원하면 평화·합법적으로 정권을 교체할 수 있는 나라가 됐다. 민주주의 정치제도를 활용해 현실의 구체적인 악을 제거하거나 완화함으로써 사회를 지속적으로 개량할 수 있게 된 것이다. 6월 민주항쟁 이후 지금까지 우리의 민주주의는 깊어지고 넓어졌다. 완숙하지는 못했지만 우여곡절을 겪으면서도 성숙하는 중이다.

민주적 제도가 있다고 해서 민주주의가 이뤄지지는 않는다. 그에 맞는 생각을 하고 그에 맞는 행동을 해야 성숙한 민주사회를 만들수 있다. 제도가 무엇보다 중요하다. 길게 보면 제도는 의식과 행태의 산물이지만 단기적으로는 특정한 제도가 그에 맞는 의식과 행태를 북돋우기 때문이다. 한국 민주주의는 1987년 가을 여야 정당들이합의하고 국민이 승인한 제도의 틀 안에서 작동해왔다. 그 제도의 틀을 '87년체제'라고 하자. 87년체제는 민주주의혁명의 산물이지만 민주화 이전의 낡은 문화와 결합해 민주주의 성숙을 더디게 했다.

87년체제의 핵심은 대통령중심제와 5년 단임제, 결선투표가 없는 단순다수제, 국회의원 소선거구제 등으로 요약할 수 있다. 지역주의라는 낡은 의식, 동원정치라는 후진적 문화와 결합해 여러 부작용을 빚은 87년체제는 정치 지도자 '1노 3김'의 동상이몽(同床異夢)과 이해타산의 산물이었다. 25년의 군사독재로 인한 '정치적 인사 적체'를해소하는 데 적합한 방편이었기에 그들은 누가 대통령이 되든 5년만하고 나가는 데 합의했고, 그 취지를 확실하게 하려고 헌법 제128조2항에 임기를 늘리거나 중임을 허용하는 헌법 개정을 할 경우에도현직 대통령에게 적용하지 않는다는 안전장치를 넣었다. 국회의원은 선거구마다 한 사람을 뽑는 소선거구제를 도입했다. 이 제도는 전국 평균 득표율이 높은 정당보다 특정 지역에서 몰표를 받는 정당에유리하다. '1노 3김'은 각자 대구·경북, 부산·경남, 호남, 충청지역에서 압도적 지지를 받고 있었다. 대통령선거 결선투표를 배제한 것도마찬가지였다. 결선투표를 하면 1차 투표 순위가 어떻게 되든 양김가운데 한 사람과 노태우 후보의 맞대결을 피할 수 없었다. 노태우는그것이 두려웠고 야권 단일 후보 자리를 양보할 생각이 없었던 김대중과 김영삼은 표가 잘 나뉘기만 하면 자신이 대통령이 될 수 있다고 믿었다.

6월 민주항쟁도 4·19와 마찬가지로 새로운 권력주체를 만들어 내지 못했다. 재야와 학생운동 세력은 민주주의 정치혁명을 이루기 위해 연속·동시다발·전국적 도시봉기를 조직하는 데는 유능했지만 전리품을 챙길 역량은 없었다. 거리시위에 참여해 민주주의 정치혁명의 본대를 형성했던 시민은 '1노 3김'이 합의한 87년체제가 어떤 결과를 가져올 것인지 알지 못했다. 그래서 6월 민주항쟁의 후위였던 야당의 두 지도자가 사실상 모든 것을 결정할 힘을 얻었다. 1987년에 개정한 현행 헌법에 큰 문제가 있다는 건 아니다. 권력구조 관련 조항을 제외하고 보면, 현행 헌법은 국민의 기본권을 분명하게 보장한 민주적 헌법이다.

우리 헌법은 국민의 저항권을 인정하고 군의 정치적 중립을 명시했다. 제10조부터 제37조까지 신체의 자유와 표현의 자유, 노동3권과 집회·결사의 자유를 비롯한 시민의 기본권을 명확하게 보장했다. 대통령의 권한을 축소하고 국회와 사법부의 권한을 대폭 확대해 권력의 분산과 상호견제를 강화했다. 국회의 국정감사권을 부활하고 법관의 독립성을 높였으며 헌법재판소를 설치했다. 최저임금제를 명시하고 성장, 안정, 적정한 소득분배, 독과점 폐해 방지, 경제민주화를 위해 국가가 규제와 조정을 할 수 있도록 길을 열어뒀다. 시각에 따라 비판할 소지가 없는 건 아니지만 민주주의 선진국의 헌법에 견줘 손색이 없다.

1987년 10월 27일의 헌법개정 국민투표 때는 78%의 유권자가 투표했고 93%가 찬성했다. 12월 16일 제13대 대통령선거를 맞은 국민은 대통령을 내 손으로 뽑는다는 기쁨에 들떴다. 하지만 내게 이 선거는 끔찍한 악몽이었다. 나는 양김이 후보 단일화를 할 것임을 믿

어 의심치 않았다. 후보 선출방식을 둘러싼 줄다리기 끝에 김대중 씨
가 추종자들을 통일민주당에서 탈당시켜 평화민주당을 창당했지만
어떻게든 대선에는 한 사람만 나갈 것이라고 생각했다. 김대중 총재
가 더 훌륭한 사람인 만큼 최악의 경우에는 그가 양보를 할 것이라고
내심 기대했다. 그러나 양김은 후보 단일화를 하지 않았다. 재야인사
와 대학생이 양당 당사를 점거해 농성을 하면서까지 단일화를 요구
했지만 끝내 거부했다. 평민당 인사들은 이른바 '4자 필승론'을 폈
다. 나는 그것이 로또 당첨을 바라는 것이나 마찬가지라고 보았다.
그러나 어쨌든 야당의 두 지도자는 각자 출마했고, 야당과 민주화세
력은 정파로 분열했으며, 국민은 지역으로 갈라졌다.

　민정당 노태우 후보가 유효표의 36.6%를 얻어 대통령이 됐다.
통일민주당 김영삼 후보는 28.0%, 평화민주당 김대중 후보는 27.1%,
신민주공화당 김종필 후보의 득표율은 8.1%였다. 유신체제와 제5공
화국을 같은 정권으로 보면 55.1%의 유권자가 정권교체를 지지했는
데도 결과적으로 실패한 것이다. 억울하고 분했지만 할 수 있는 일이
없었다. 엄청난 희생을 치르면서 민주화를 이뤄 놓고서 12·12군사반
란과 광주학살, 제5공화국 강권통치와 권력형 부정부패의 제2인자
를 대통령으로 뽑았으니 슬프고 분할 뿐이었다.

　김대중 대통령은 회고록에서 이때 후보 단일화를 하지 않은 것
을 후회했다. 김영삼은 노태우, 김종필과 손잡고 민주자유당을 만들
어 보수 정권의 대통령이 됐다. 김대중은 네 번째 도전에서 대통령이
됐지만 '유신본당' 김종필과 권력을 분점한 탓에 소신대로 국정을 운
영하지 못했다. 후보 경선에서 패배하고서도 독자 출마를 해서 무려
500만 표를 분산시켜준 이인제 후보가 아니었다면 김대중 후보는
이회창 후보를 이기지 못했을 것이다. 이인제 씨는 선한 의도가 있어

야만 선을 행할 수 있는 것은 아니라는 역설을 온몸으로 보여줬다. 경선탈락 - 탈당 - 신당창당 - 독자출마로 이어진 그의 반칙행위는 비판받아 마땅하지만 그것 덕분에 진보 정권 10년을 경험할 수 있었기에 나는 텔레비전 뉴스 화면에서 그의 얼굴을 볼 때마다 감사의 마음을 되새기곤 했다.

1987년 대통령선거가 공정하고 깨끗했던 것은 아니다. 선거를 보름 정도 앞두고 대한항공 858기 실종사건이 터졌다. 정부는 범인 김현희를 선거일 직전에 김포공항으로 데리고 들어와 모든 신문과 방송의 뉴스를 도배함으로써 거센 북풍(北風)을 일으켰다. 민정당은 공무원과 통반장을 동원해 유권자에게 돈을 뿌렸다. 노태우 후보의 여의도 유세 때 마포대교는 인파로 가득 찼다. 차량 통행이 불가능했기 때문에 사람들은 마포대교를 도보로 건너 여의도에 가서 조직책에게 돈 봉투를 받은 다음 다시 걸어서 마포로 나왔다. 전두환 대통령은 재벌에게 천문학적 규모의 정치자금을 걷어 노태우 후보를 지원했다. 야당 후보들도 각자 구할 수 있는 만큼 돈을 구해서 썼다. 그러나 어쨌든 노태우 대통령은 국민의 선택을 받았다. 그는 양김의 분열이, 북풍과 지역감정에 휘둘리고 부패선거를 용인한 국민의 의식과 행태가 만든 대통령이었다. 누구를 원망할 것인가.

1988년 4월 26일 제13대 국회의원 총선에서 집권 민정당은 125석을 얻었지만 광주·전남북은 단 한 석도 없었다. 평민당은 70석을 얻어 제1야당이 됐지만 수도권과 광주·전남북에서만 당선자를 냈다. 통일민주당은 주로 수도권과 부산·경남에서 59석을 얻었다. 공화당은 35석을 얻었는데 대부분 충청 지역 의석이었고 영호남에서는 한 석도 없었다. 여야 4당 득표 기반은 1987년 12월 대통령선거 득표 결과와 일치했다. 1980년대 민주 대 독재로 양분되어 있던 민심이 대구·경북, 부산·경남, 광주·전남북, 대전·충남북으로 갈라진 것이다. 그런데 1990년 초 노태우, 김영삼, 김종필이 '3당 합당'으로 민주자유당이라는 거대 여당을 만들었다. 그러자 지역구도는 호남 대 비호남으로 단순화됐으며 그 후 25년 넘게 한국 정치를 압도적으로 지배했다. 박근혜 대통령 탄핵 사태를 통과하면서 약화 조짐을 보였지만 영호남 지역은 2020년 4월 제21대 총선에서도 각각 특정 정당이 압도적 강세를 보였다.

김영삼 대통령은 민주자유당을 신한국당으로 바꿨다. 이회창 총재가 신한국당을 한나라당으로 바꿨다. 박근혜 대통령은 한나라당을 새누리당으로 바꿨다. 그 정당은 탄핵 이후 두 차례 이름을 바꿔 2020년 하반기에 '국민의힘'이라는 이름을 달았다. 2022년 대선에 패하면 또 바꿀 가능성이 높다. 평민당은 재야세력과 3당 합당을 거부한 통일민주당 잔류세력을 흡수한 이후 여러 차례 분열과 통합을 반복했고 다양한 이름을 썼다. 2004년 열린우리당이 분당해 나간 이후 민주당은 노무현 대통령을 탄핵했다가 총선에서 참패했지만 결국 열린우리당과 다시 합쳤다. 2014년에는 안철수 박사의 조직과 통합해 새정치민주연합이 됐다가 그가 호남 지역구 의원들을 이끌고 탈당해 '국민의당'을 만든 2015년에는 제20대 총선을 앞두고 더불어민주당으로 바뀌었다. 박정희 시대 신민당의 전통을 물려받은 이 신보적 사유주의 정당은 2016년 총신부터 2017년 대통령선거, 2018년 지방선거 그리고 2020년 총선까지 전국선거를 네 번 연속 이겼다.

노동자·농민을 기반으로 삼은 진보정당은 현실정치에 안착하지 못했으며 다른 제3당 실험도 실패했다. 1988년 한겨레민주당, 1992년 정주영 회장의 국민당, 이기택 씨가 이끌었던 '꼬마민주당',

2008년 문국현 씨의 창조한국당, 2010년 지방선거에 나섰던 국민참여당, 2016년 총선 국민의당까지 어느 정당도 거대 양당 사이에서 안정적 기반을 구축하지 못하고 소멸했다. 결선투표 없는 국회의원 소선거구제와 지역구도의 장벽을 넘지 못한 것이다. 2020년 4월 국회의원 총선은 보수–자유주의 양당체제를 완성했다.

민주화운동의 전위였던 재야와 학생운동, 노동운동, 여성운동, 농민운동, 지식인운동은 정치, 민중운동, 시민운동으로 갈라져 87년체제에 통합됐다. 정치 진입의 주요 통로는 '김대중당'이었다. 김대중 후보가 3위로 낙선해 엄청난 비난을 받고 있던 1987년 12월 100여 명의 재야인사들이 평민당에 입당했고 다음 해 총선에서 여럿이 당선했다. 김대중 총재는 1997년 대통령선거를 앞두고 새정치국민회의를 창당할 때까지 여러 차례 이런 방식으로 재야인사와 학생운동 출신 신인을 영입했다. 이해찬·임채정·한명숙·장영달·박영숙·심재권·우원식·김민석·신계륜·임종석·송영길·우상호·이인영 등이 모두 이런 경로를 밟았다. 정도는 덜했지만 '김영삼당'도 그런 역할을 했다. 노무현·김광일 등이 1988년 통일민주당을 통해 정치에 입문했다. 김영삼 대통령은 정치군인 집단인 하나회를 숙청하고 긴급명령으로 금융실명제를 도입해 인기가 치솟았던 1994년 민중당 출신 이재오·김문수와 학생운동 출신 심재철·손학규 등을 신한국당에 영입했고 1997년 대통령선거 직전에는 김대중 총재의 정계복귀에 반발해 야권통합추진위원회(통추)에서 갈라져 나온 이부영·김부겸·제정구 등을 받아들였다. 2000년 제16대 총선 때는 김영춘·원희룡·고진화 등 소위 386세대 학생운동 리더 일부가 이회창 총재의 한나라당에 들어갔다.

또 한 갈래는 노동운동과 농민운동, 도시빈민운동 등 소위 '기층

운동(基層運動)' 또는 민중운동에 투신했다. 그들은 많은 시련을 겪으
면서 여러 대기업 노동조합과 금속노조를 비롯한 산별연맹, 전교조
와 언론노조 등의 공공부문 노동조합을 건설했다. 그 토대 위에서 민
주노총을 세웠으며 전농 탄생을 도왔다. 전국 각지의 다양한 빈민운
동단체와 영세상인단체가 탄생하는 과정에도 기여했다. 그들은 기
층 대중이 자신의 요구를 들고 스스로 정당을 조직해야 국가를 변화
시킬 수 있다는 신념을 품고 진보정당을 만들었다. 1987년 대통령선
거 때 '민중후보 백기완' 선거운동을 시작으로 정치적 결집을 시도한
그들은 민중당 실험을 거쳐 민주노총과 전농을 조직적 기반으로 한
민주노동당을 창당했다. 민주노동당은 2004년 17대 총선에서 10명
의 당선자와 13%의 정당득표율을 기록해 기대를 모았다. 그러나 내
부의 노선투쟁과 조직운영의 비민주성 문제로 분열과 이합집산을
거듭한 끝에 정치적 영향력을 상실했다.

　　세 번째 갈래는 시민운동이었다. 참여연대, 환경운동연합과 녹
색연합, 소비자 생활협동조합, 민족문학작가회의, 민족예술인총연
합, 인도주의실천의사회, 건강실천약사회, 참교육학부모회, 인권운
동사랑방, 정신대문제협의회, 여성민우회, 민주언론시민연합, 어린
이보육공동체, 빈곤층자활운동단체, 마을공부방 등 민주화 이후 그
종류와 수를 헤아리기 어려울 정도로 다양한 자생적 시민운동단체
가 출현했다. 1988년 시민이 주주가 되어 『한겨레』 신문을 창간한 것
도 같은 흐름이었다. 시민운동의 첫 세대 주역은 거의 대부분 민주화
운동의 용광로에서 단련된 사람들이었다. 고인이 된 박원순 서울시
장과 환경재단 최열 대표 등을 대표 인물로 거명할 수 있을 것이다.

　　4대강 사업 반대투쟁의 전면에 섰다가 이명박 정부의 먼지 털
기 수사로 억울한 옥살이를 한 최열 대표는 환경운동의 개념조차 서

지 않았던 시기에 최초의 환경운동단체를 만들었다. 1983년 군복무를 마치고 나온 직후였다. 안타깝게도 너무 일찍 세상을 떠난 '영원한 청년운동가' 이범영 선배가 '한국공해문제연구소'라는 간판이 붙은 서울 혜화동 골목의 소박한 사무실로 나를 데리고 갔다. 소장은 농화학을 전공한 최열, 연구원은 갓 대학을 졸업한 젊은 여성 한 사람이 다였다. 우리는 최열 소장을 놀렸다. "이런 시국에 한가하게 무슨 공해문제를 연구한다는 거야? 짜장면 시켜 먹고 놀기엔 좋네!" 그때까지만 해도 환경문제에 대한 인식이 약했다. 나는 초등학생 때 교실에서 수은을 가지고 놀았고 청년이 되어서는 기름이 잘 빠져서 좋다며 석면 든 슬레이트에 삼겹살을 구워먹었다. 최열 소장은 듣도 보도 못한 레이첼 카슨의 책『침묵의 봄』에 대해 열변을 토했다.[*] 1982년 출범한 대한민국 최초의 민간 환경운동단체 한국공해문제연구소는 공해추방운동연합을 거쳐 1993년 여러 환경단체를 통합한 환경운동연합으로 발전했다. 최열 환경재단 대표는 민주화 이전부터 환경운동을 시작한 선각자였으며 영향력 큰 시민운동가였다.

1987년 이후 민주화운동은 전제정치를 타도하는 저항운동에서 헌법정신을 실현하는 시민참여운동으로 전환했으며 종종 격렬한 반정부투쟁을 전개했다. 민주주의 제도는 세웠지만 국가안보를 명분으로 국민의 자유와 기본권을 짓밟는 국가권력의 공안통치 행태는 사라지지 않았기 때문이다. 대표적인 사건이 1989년 3월 문익환 목사의 북한 방문이었다. 그는 '통일논의의 물꼬를 트기 위해' 정부의

---

[*]   레이첼 카슨,『침묵의 봄』, 김은령 옮김, 에코리브르, 2011. 문학과 생물학을 전공한 카슨은 1962년 출간한 이 책에서 살충제와 제초제의 환경파괴와 해악을 논증하고 고발함으로써 미국 사회뿐만 아니라 전 세계에 엄청난 충격을 줬다. 여러 저작에서 인간이 만든 화학물질과 방사능이 지구 환경과 생태계에 미치는 악영향을 흥미롭고 쉽게 서술한 카슨은 '생태학의 어머니'라는 평가를 받았다.

허락을 받지 않고 평양에 가서 김일성 주석을 비롯한 북한 수뇌부를 만났고 노태우 정부는 이 사건을 빌미 삼아 공안통치로 회귀했다.

4·19 직후 남북학생회담을 추진했던 것처럼 6월 민주항쟁 직후 대학생들도 통일운동에 뛰어들었다. NL 계열이 주도권을 쥔 학생운동은 '반미자주화투쟁'의 일환으로 통일운동을 폈다. 가장 극적인 사건은 한국외국어대 학생 임수경의 북한 방문이었다. 그는 일본과 베를린을 거쳐 1989년 6월 30일 평양 순안공항에 도착했다. 평양에서 열린 세계청년학생축전에 한국의 전국대학생대표자협의회(전대협) 대표로 참가한 임수경을 평양 시민은 열광적으로 환영했지만 대한민국에서는 살벌한 공안정국이 조성됐다. 전대협은 1993년 한국대학총학생회연합(한총련)으로 재편됐고 정부는 한총련을 이적단체로 규정했다.

1990년 1월의 전격적 3당 합당으로 국회는 개헌의석을 확보한 민자당 독무대로 변했다. 정부가 선포한 '범죄와 폭력에 대한 전쟁'은 반정부세력에 대한 정치적 선전포고이기도 했다. 국회를 완전히 장악한 노태우 정부는 힘으로 대학생들의 반정부투쟁을 제압하려 했다. 그런 상황에서 1991년 4월 명지대생 강경대 씨가 시위 도중 경찰에 맞아 사망한 사건이 일어나자 대학가는 시위의 소용돌이에 휩싸였다. 두 달 동안 전국에서 2,361회나 반정부집회가 열렸고 열세 건의 분신과 의문사가 꼬리를 물었다. 안기부와 검찰은 분신한 청년 활동가 김기설 씨의 자살을 교사했다는 혐의를 조작해 아무 죄도 없는 강기훈 씨를 구속한 '유서대필사건'을 만들어냈다.* 김지하 시인이 『조선일보』에 '죽음의 굿판을 거두라'면서 재야와 학생운동을 비판하는 글을 기고해 파문을 일으킨 것도 이때였다.

6월 민주항쟁 당시 민주통일민중운동연합(민통련) 중심으로 결속해 있던 재야 진보세력은 전국민족민주운동연합(전민련, 공동대표 이부영 이창복)을 거쳐 1991년 민주주의민족통일전국연합으로 조직을 확대 재편했다. 노동자, 농민, 대학생 등 각계각층의 운동단체 14개와 13개 지역운동단체가 결합한 전국연합은 1997년 사실상 해산했고 2008년 한국진보연대로 전환했다. 경기동부, 울산, 인천연합 등 NL 계열 지역운동단체들은 조직적으로 민주노동당에 결합해 당권을 장악했으며 대북정책 노선과 조직노선의 차이를 견디지 못한 노회찬, 심상정 등의 정치인들이 2008년 민주노동당과 결별하고 진보신당을 창당했다. 2011년에는 민주노동당과 진보신당 다수파가 국민참여당과 손잡고 통합진보당으로 합쳤지만 2012년 총선 비례대표 경선 부정 문제로 폭력사태가 터져 경기동부, 울산연합을 제외한 세력이 탈당해 정의당을 창당했다. 2014년 박근혜 정부는 소위 '이석기 내란음모사건'을 빌미로 정당 해산을 청구했고 법원은 내란음모 혐의에 대해 무죄를 선고하고 내란 선동 등 다른 혐의를 유죄로 인정해 이석기 의원에게 징역 9년을 선고했으며 헌법재판소는 통합진보당을 위헌정당으로 규정해 해산을 결정했다. 그 정당의 당원들은 민중당이라는 정당으로 결속해 있지만 현실정치와 국회에는 아무런 영향력을 행사하지 못한다.

누가 하는 어떤 것이든, 민주주의와 관련한 헌법의 규정을 실현

---

*　　강기훈 씨는 시종일관 검찰이 사건과 증거를 조작했다고 주장했지만 법원은 검찰의 주장을 받아들여 징역 3년을 선고했다. 2014년 서울고등법원은 1991년 국립과학수사연구원 필적 감정의 신빙성을 부정하고 암과 싸우고 있던 그에게 무죄를 선고했으며 2015년 5월 14일 대법원은 검찰의 상고를 기각하고 원심을 확정했다. 강기훈 씨는 수사검사였던 강신욱 전 대법관과 신상규 전 검사장, 유서 필적 감정을 맡았던 김형영 전 국과수 문서감정실장을 상대로 손해배상 청구 소송을 냈지만 1심과 2심 재판부는 소멸시효가 지났다는 이유를 들어 그들의 손해배상 책임을 인정하지 않았다. 강기훈 씨는 여전히 투병 중이고 대법원은 2020년이 다 가도록 손해배상 소송에 대한 상고심 결과를 내놓지 않았다.

하려는 활동은 민주화운동으로 볼 수 있다. 우리는 대통령에 대해서, 정당에 대해서, 통일문제에 대해서, 혁명에 대해서, 그 무엇에 대해서든 자신의 견해를 자유롭게 표현할 권리가 있다. 표현의 자유는 정부가, 또는 압도적 다수의 국민이 옳다고 생각하는 견해를 보장하는 것이 아니다. 대다수 국민이 터무니없다고 판단하는 견해까지도 제한 없이 표현할 수 있도록 하기 위한 것이다. 비록 진리가 아니라 할지라도 그 견해를 표현하는 행위가 다른 사람의 자유와 권리를 부당하게 침해하지 않는다면 제약하지 말아야 한다. 이것이 헌법의 정신이며 민주주의의 기본원리다. 그런데도 노태우 정부는 남북관계와 통일정책에 대한 대학생과 시민의 의사표현을 탄압했다.

　　김영삼 정부는 노동법을 날치기 의결했다. 1996년 12월 26일 새벽, 신한국당 소속 의원 154명이 야당에 회의 개최 사실도 통보하지 않은 채 버스를 대절해 국회 본회의장에 몰래 들어가 파견근무제, 정리해고제, 파트타임근로제와 변형시간근로제 등 노동자의 지위에 엄청난 악영향을 주는 조항이 담긴 노동관계법을 의결했다. 공안당국이 민주노총 지도부에 대한 구속영장을 청구하고 체포조를 투입하는 등 초강경 대응에 나섰지만 민주노총이 시작한 노동법 날치기 무효화 요구 총파업은 하루 최대 35만 명 넘는 노동자가 참여할 정도로 커졌고 천주교의 시국미사, 대학교수와 지식인의 시국선언, 시민단체의 노동법 재개정 요구 성명이 줄을 이었다. 농민들은 쌀과 음식을 싣고 와 농성 노동자를 격려했으며 대학생과 시민은 파업현장을 격려 방문하고 파업을 지지하는 신문광고를 냈다. 해외교민들도 정부여당을 규탄하고 파업을 지지하는 집회를 했다. 내가 있던 독일 마인츠대 한국 유학생들도 돈을 모아 『한겨레』에 총파업 지지 생활광고를 냈을 정도였다.

1997년 1월 26일:
노동법 개정 철회를 요구하는 한국노총과
민주노총 조합원들.

한 달 가까이 이어진 노동법 날치기 무효화 투쟁 분위기는 마치 6월 민주항쟁 전야(前夜) 같았다. 개정 노동법의 내용도 문제가 있었지만 더 큰 문제는 정부가 국회법의 의결 절차를 지키지 않았고 헌법이 보장한 노동3권을 존중하지 않은 것이었다. 임금과 근로조건에 심각한 악영향을 주는 법률 개정을 막기 위해 노동자들은 파업을 할 권리가 있다. 파업을 하면 생산이 중단되고 기업이 타격을 받는다. 바로 그렇기 때문에 기업은 노동자들이 파업을 하지 않도록 성의를 다해 교섭해야 한다. 국민경제에 악영향을 주고 기업 경영에 손실을 입힌다는 것을 이유로 파업행위를 처벌한다면 노동조합 자체가 의미가 없으며 노동3권을 보장한 헌법 조항도 효력을 잃는다. 종교인, 지식인, 농민, 대학생, 시민이 노동법 날치기 무효화를 요구하는 총파업을 지지하고 연대한 것은 헌법정신과 민주주의를 실현하기 위해서였다. 결국 김영삼 대통령이 날치기 행위에 대해 사과했고 국회는 임시국회를 열어 노동법을 되돌려 놓았다.

1997년 12월 대선에서 최초의 평화적 정권교체를 이룸으로써 우리의 민주주의는 한 단계 성숙했다. 김대중 대통령은 공안통치를 하지 않은 최초의 대통령이었다. 그는 야당과 언론의 입을 막거나 시민의 기본권 행사를 제약하지 않았으며 국가인권위원회를 만들어 정부와 국가기관이 시민의 자유와 인권을 부당하게 억압하지 못하도록 견제하게 했다. 그런데 그런 대통령이 정리해고제를 도입하는 등 노동법을 개정함으로써 노동자의 지위를 현저히 약화시켰다. 1996년 정부여당이 날치기 처리했던 것과 거의 비슷한 내용이었다. 정부는 정리해고제 반대 파업을 경찰력으로 해산하고 주동자를 구속했지만 대규모 파업이나 시민사회의 연대투쟁은 벌어지지 않았다. 그 이유는 두 가지다. 첫째, 구제금융을 제공한 IMF가 노동시장

유연화라는 명분을 내세워 정리해고제 도입을 강요했다. 둘째, 김대중 대통령은 노사정위원회를 통해 노동계와 합의하려고 노력했으며 고용을 유지하는 기업을 지원하는 등 정리해고의 충격을 최소화하려고 노력했다. 그래서 국민은 벼랑 끝에 몰려 파업을 하는 노동자들의 심정에 공감하면서도 정부를 심하게 비난하지는 않았다.

노무현 대통령은 권위주의를 무너뜨렸다. 평검사들과 치열한 공개토론을 함으로써 대통령이 검찰을 정치적으로 이용하지 않겠다는 의지를 분명히 했으며 국정원장의 독대보고를 받지 않았다. 자신의 대선자금 가운데 일부가 불법이라는 사실이 밝혀지자 국민에게 사과했다. 한칠레FTA 폐기를 주장하며 서울 도심에서 시위를 하던 농민이 경찰의 진압과정에서 사망한 사고가 났을 때도 공개 사죄하고 경찰청장을 경질했다. 한나라당과 민주당이 손잡고 대통령 탄핵을 추진했을 때 열린우리당 의원들에게 육탄으로 저지하지 말라고 했다. 국회에 탄핵권이 있고, 탄핵을 의결해도 헌법재판소 결정이 남아 있는 만큼 헌법 절차에 따라 다투는 것이 옳다고 했다. 이라크 파병 등 중요한 문제에 대해 국가인권위원회가 대통령과 다른 견해를 밝혀도 문제 삼지 않았다.

하지만 그런 대통령이 이끄는 정부도 민주주의 원리에 어긋나는 행동을 했다. 대표적인 사례가 2003년 '부안 사태'였다. 산업자원부와 한국수력원자력(한수원)은 사용 후 핵연료를 포함한 방사선폐기물 저장시설인지 중저준위 폐기물만 저장하는 시설인지 정확하게 밝히지 않았다. 부안 군수는 부안 군민과 인접 시·군 주민들의 의견을 제대로 수렴하지 않고 유치 신청을 했다. 대통령은 그런 사실을 제대로 보고받지 못한 채 정책결정을 내렸다. 결과적으로 정부가 국민을 속이고 민주적 절차를 무시한 것이다. 환경운동단체가 중심이

된 부안 핵폐기물 저장시설 반대운동은 전국으로 퍼졌고 시위대와
경찰의 심각한 충돌을 야기했다. 결국 정부가 잘못을 인정하고 재공
모 절차를 거쳐 주민투표 찬성률이 가장 높았던 경주시에 방폐장을
설치하는 것으로 매듭지었다. 한칠레FTA와 한미FTA 체결, 이라크
파병, 용산 미군기지 평택 이전과 관련해서도 비슷한 사태가 일어났
다. 그러나 정부는 정부대로 절차를 지키려고 노력했고, '범국본'은
범국본대로 헌법의 기본권을 충분히 행사하면서 의사표시를 했다.
민주주의 국가 어디에서나 일어나는 정상적인 과정이었다고 할 수
있다.

2004년 봄의 탄핵규탄 촛불집회는 매우 이례적인 사건이었다.
우리 현대사에서 시민이 현직 대통령을 지키려고 연속·동시다발·
전국적 집회시위를 벌인 일은 이전에도 이후에도 없었다. 탄핵규탄
촛불집회의 투쟁대상은 야당이었다. 임기가 넉 달밖에 남지 않은 한
나라당과 민주당 국회의원들이 국민이 뽑은 임기 5년 대통령의 직무
를 겨우 1년 만에 정지시킨 것을 국민은 받아들이지 않았다. 4월 총
선에서 열린우리당이 과반의석을 얻고 헌법재판소가 탄핵소추를 기
각함으로써 대통령 탄핵은 야당이 국회의 헌법적 권한을 오남용한
것으로 결론이 났다. 이 촛불시위는 국회가 국민의 주권을 부당하게
침해한 데 대한 항의였으므로 헌법을 지키는 민주화운동으로 해석
해도 좋을 것이다.

2008년 미국산 쇠고기 수입 반대 촛불시위는 또 다른 의미가
있다. 미국산 쇠고기로 인한 광우병 발병 확률은 매우 낮았다. 문제
는 아무 예고도 하지 않고 최소한의 공론화 과정도 없이, 국민이 전
혀 알지 못하는 가운데 대통령과 정부가 독단으로 결정한 데 있었다.
시민은 이명박 정부가 다른 일도 모두 그런 식으로 하지 않을까 우려

했다. 여중생들이 광화문 인근에서 작은 촛불집회를 시작했을 때 그
것이 국민운동으로 확산할 것으로 예상한 사람은 드물었다. 그런데
그 촛불집회가 재야, 학생운동, 시민단체, 야당 등 전통적인 민주화
운동 세력과 전혀 상관없는 젊은 어머니와 직장인을 끌어들여 연
속·동시다발·전국적 집회시위로 이어졌다. 시민은 물대포와 최루
액을 동원한 진압과 경찰차벽에도 굴하지 않았다. 대통령의 거짓 사
과 말고는 별다른 성과를 거두지 못하고 끝났지만, 촛불집회는 자발
적으로 행동하면서 수평적으로 연대할 줄 아는 새로운 정치적 주체
의 출현을 예고했다.

 2013년 시민들은 다시 촛불을 들었다. 이번에는 2012년 대통령
선거에 국정원과 기무사, 국가보훈처 등 국가기관이 불법 개입한 것
을 규탄하고 진상규명과 책임자 처벌을 요구하는 집회였다. 천주교
정의구현사제단이 박근혜 대통령 하야를 요구하는 시국미사를 열었
다. 국가기관의 대선개입은 이명박 대통령이 국가기관을 정치적으
로 사유화해서 같은 당의 박근혜 후보를 당선시키기 위해 국민을 상
대로 온라인 심리전을 벌인 조직범죄였다.

 촛불집회는 2016년 겨울 절정에 올랐다. 소수의 시민이 박근혜
대통령의 사임을 요구하면서 광화문 광장 한 귀퉁이에서 촛불을 들
고 시작한 집회가 국회의 대통령 탄핵과 헌법재판소의 탄핵 인용 결
정을 촉구하는 전국적 대규모 집회로 발전했다. 대통령 탄핵이라는
목표를 이뤘다는 점에서 넉 달 넘게 이어진 이 집회는 '촛불혁명'이
라는 이름을 얻었다. 혁명의 전조는 오래전부터 보였다. 2014년 4월
세월호 참사 때 박근혜 대통령은 업무를 아예 하지 않는 것 아니냐는
의혹을 받았고 2015년 5월 메르스 사태는 대통령의 업무수행 능력
에 대한 의심을 불렀다. 2015년 11월 광화문시위에서 경찰의 물대포

에 맞아 쓰러졌던 농민운동가 백남기 씨가 끝내 의식을 회복하지 못
하고 숨을 거둔 2016년 9월에는 민주주의가 껍데기만 남았다는 인
식이 널리 퍼졌다. 그리고 바로 그 무렵 재벌기업들이 돈을 내서 만
든 미르재단과 K스포츠재단에 박근혜 대통령의 '절친' 최순실이 관
여한 의혹이 불거졌고 청와대가 문화예술계의 비판적 인사들을 정
부 지원 대상에서 배제하고 여러 불이익을 줬다는 '블랙리스트 사건'
이 알려졌다. 대통령 탄핵을 입에 올리는 정치인들이 나타났다.

촛불혁명의 뇌관은 2016년 10월 24일 저녁에 폭발했다. JTBC
〈뉴스룸〉이 최순실의 국정 개입을 증명하는 태블릿PC를 입수해 특
종 보도하자 탄핵과 하야라는 단어가 포털사이트 실시간 검색어로
떠올랐다. 다음 날 박근혜 대통령이 연설문 작성에 도움을 받았다고
해명했지만 진상을 축소·은폐하려는 거짓말이었다는 것이 곧바로
드러났다. 10월 26일 밤 서울에서 대통령 퇴진을 명시적으로 요구하
는 촛불집회가 열렸고 며칠 사이에 전국으로 퍼져나갔다. 여러 시민
사회단체들이 '박근혜 정권 퇴진 비상국민행동'이라는 단체를 결성
했고 민주노총 등 대중단체가 합류하면서 집회의 규모는 눈사태처
럼 불어났다. 12월 3일 6차 집회에는 전국 주요 도시에서 1987년 6월
민주항쟁 때를 능가하는 200만 명 이상의 시민이 참여했고 유권자
의 80%가 하야 또는 탄핵에 찬성한다는 여론조사 결과가 알려졌다.
12월 9일 국회는 찬성 234표, 반대 56표, 무효 7표로 대통령 탄핵안
을 의결했다. 야당 민주당과 국민의당 의원들뿐만 아니라 집권당 의
원들도 절반 가깝게 찬성표를 던졌다. 대의기관인 국회가 국민의 뜻
을 제대로 대의한 것이다.

국회의 탄핵으로 박근혜 대통령의 직무가 정지되자 시민은 숨
고르기에 들어갔고 촛불집회는 잦아들었다. 그러나 헌법재판관들이

2016년 11월 19일:
박근혜 대통령 퇴진을 요구하는 4차 주말
촛불집회가 열린 광화문 광장.

국회의 탄핵 결정을 인용할지 기각할지를 두고 갖가지 추측이 난무
하자 시민들은 신속한 탄핵 인용을 요구하며 다시 촛불을 들었다.
2017년 2월 25일 17차 집회와 3월 4일 19차 집회에 다시 100만 명 넘
는 시민이 모였다. 3월 10일 오전 헌법재판소는 전원일치로 '대통령
박근혜 파면' 결정을 발표했다. 주권재민 원리와 법치주의 훼손, 직
권 남용, 직무상 비밀 유출, 특별검사의 조사와 압수수색 불응 등의
이유를 들어 국민의 신임을 배반한 대통령은 파면하는 것이 마땅하
다고 했다. 헌재 결정 후에도 몇 차례 더 열리긴 했지만 대형 촛불집
회는 3월 4일이 사실상 마지막이었다.

촛불혁명은 우리 정치역사에서 완전히 새로운 사건이었다. 박
근혜 대통령이 임명한 황교안 총리가 권한을 대행했으니 4·19처럼
정권을 무너뜨린 혁명은 아니었다. 헌법개정을 목표로 삼았던 6월
민주항쟁과 달리 헌법에 있는 탄핵 제도를 실행해서 국회와 헌법재
판소가 대통령을 파면하게 하는 데 초점을 뒀다. 다섯 달 동안 이어
진 야간집회는 처음부터 끝까지 평화로웠고 정부는 집회와 시위의
자유를 보장했다. 돌멩이 하나 날지 않았고 최루탄 한 발 터지지 않
았다. 헌법과 법률이 정한 대로 60일 안에 선거를 해서 새 대통령을
뽑았고 5월 9일 당선한 문재인 후보는 다음 날 아침 곧바로 취임했
다. 미국의 월스트리트 점령시위, 홍콩의 우산시위, 파리의 노란조끼
시위보다 훨씬 많은 시민이 참여했지만 비교할 수 없을 정도로 발랄
하고 평화로웠다. 21세기 지구촌에서 현직 대통령의 탄핵과 새 정부
수립을 그토록 질서정연하게 이뤄낸 나라는 없었다.

87년체제는 그대로지만 우리의 의식과 행동양식은 더 성숙했
다. 시민들은 예전보다 더 다양한 방식으로 더 폭넓고 더 활발하게
정치에 참여한다. '명박산성'과 물대포가 등장한 2008년 이후 박근혜

대통령 탄핵 때까지 우리의 민주주의가 위기에 빠졌거나 퇴행했다는 비판이 나왔지만 겉으로 드러난 양상이었을 뿐이다. 보수정당 집권기에도 우리의 민주주의는 그런대로 잘 작동했다. 대통령과 정부가 헌법을 무시하고 법치주의를 파괴하는 행위를 했지만 권력의 제한과 분산, 상호견제를 통해 국가기관이 시민의 자유와 권리를 부당하게 침해하지 못하게 하는 제도는 무너지지 않았고 국민의 생각과 행동양식은 발전했다. 우리의 민주주의는 앞으로 더 성숙할 것이다.

5

단색의 병영이
무지개색 광장으로

인간이 불완전한 상태에서는 서로 다른 의견이 존재하는 것이
유익하듯이, 삶의 실험도 다양하게 이뤄질 필요가 있다. 다른
사람에게 피해를 주지 않는 한, 각자의 개성을 다양하게 꽃피울 수
있어야 한다. 각자의 고유한 개성이 아니라 전통이나 관습에 따라
행동하게 되면, 인간을 행복하게 만드는 중요한 요소 가운데 하나이자
개인과 사회발전의 불가결한 요소인 개별성을 잃게 된다.
– 존 스튜어트 밀, 『자유론』

늙어가는 대한민국

산업화도 민주화도 쉬운 일이 아니다. 그런데도 대한민국은 반세기 동안 둘 모두를 성취해 근본적으로 다른 사회가 됐다. 우리는 '난민촌'에서 출발했지만 산업화 시대의 '병영'을 지나 시민 각자의 개성과 다양한 문화가 꽃피는 민주주의 '광장'으로 옮겨왔다.

나는 산업화와 민주화를 이룬 힘이 대중의 욕망이었다고 주장했다. 사회·문화적 변화도 마찬가지였다. 욕망의 위계 가장 높은 곳에 있는 자아실현의 욕망이 동력이었다. 자아실현을 하려면 '살아가는 방식(life style)'을 스스로 선택하고 그에 따른 책임을 감당해야 한다. 살아가는 방식은 신념이나 이상 같은 철학뿐만 아니라 구체적인 일상생활을 설계하는 취향과도 밀접한 관련이 있다. 언제 잠들고 깨어날지, 무엇을 먹으며 어떻게 입을지, 어떤 직업을 선택하며 무엇으로 여가를 보낼지, 결혼을 할지 말지, 어떤 책을 읽고 어떤 노래를 부를지, 자녀를 몇이나 낳을지, 종교를 가질지, 어떤 신을 어떻게 믿을지, 이웃이나 직장 동료와 어떤 관계를 맺을지, 어느 정당을 지지하며 어떤 방식으로 자신의 정치적 의사를 표현할지, 우리는 각자 선택하고 결정한다. 살아가는 방식을 보면 그 사람의 신념과 취향, 개성과 욕망을 짐작할 수 있다.

난민촌에서 태어난 나는 병영에서 유년기와 청년기를 보냈고 지금은 광장에 산다. 병영시대 정부가 한 일의 목적과 결과가 모두 나빴다고 생각하지는 않는다. 괜찮은 방법으로 훌륭한 목적을 제대로 이룬 면도 있었고, 나쁜 방법으로 좋은 목적을 이루기도 했으며, 목적과 방법과 결과 모두 흉한 것도 많았다. 그때의 시민들은 국가의 명령에 복종하면서 병영사회의 양지를 찾으려고 애쓰며 살았다. 그

러나 자유를 찾으려고 병영의 담벼락을 허물다가 박해당한 사람도
있었다. 외롭고 힘든 일이어서 그런 인생을 선택한 이가 많지 않았지
만 때가 되자 믿을 수 없을 만큼 많은 시민이 그들의 손을 잡았다. 권
력자의 신민(臣民)이 아니라 민주공화국의 주권자로서 자유롭게 원
하는 인생을 살고 싶다는 욕망을 충족하고 싶어서 함께 병영의 담벼
락을 무너뜨렸다.

광장의 시민은 국가의 부속품이 아니며 대통령의 부하도 아니
다. 시민이 대한민국을 위해 있는 게 아니라 대한민국이 시민을 위해
있다. 사람은 그 어떤 위대한 이념이나 가치를 실현하는 도구가 아니
라 그 자체가 목적인 존재다. 누구든 자신이 원하는 삶을 스스로 옳
다고 믿는 방식으로 살 때 행복을 느낀다. 우리 모두는 행복하게 살
권리가 있는 존엄한 인간으로서 똑같은 무게로 타인의 존엄성을 존
중해야 한다. 나는 이런 생각을 '자유주의적 각성'이라고 한다.

산업화와 민주화를 이루는 동안 '자유주의적 각성'을 북돋우는 사
회생물학적 변화가 조용히 찾아들었다. '저출산 고령화' 현상이다. 인
간은 한정된 지리적 공간에서 군집(群集)을 이루고 사는 사회성 동물
이다. 우리는 1945년부터 한반도의 38선 또는 휴전선 남쪽의 10만km²
정도밖에 되지 않는 공간에서 살았다. 대한민국은 반도국가가 아니
라 북쪽을 휴전선이 차단한 섬나라다. 북쪽 바닷길과 뱃길이 모두 끊
겨 있으니 사실은 섬보다 못하다. 그런 곳에서 인구가 70년 동안 두
배가 됐다. 모든 종의 생활은 개체 수의 변화에 큰 영향을 받는다. 인
구구조가 급변하면 생활환경과 사회적 관계, 사고방식과 행동양식
도 따라 변한다.

[그림7]은 1960년부터 2020년까지 인구증가 추세와 2060년까
지 전망치를 보여준다. 1960년대 10년 동안 대한민국 인구는 723만

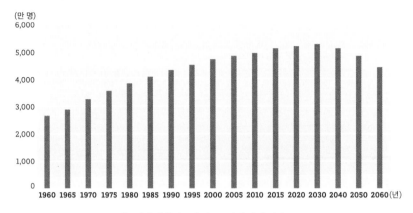

[그림7] 대한민국의 인구증가 추세와 전망

명이 증가했다. 그 후에도 계속 늘어났지만 증가 추세가 점차 완만해
져 1970년대에는 588만 명, 1980년대에는 475만 명, 1990년대에는
414만 명이 증가했다. 2000년대 첫 10년 인구증가는 240만 명으로
1960년대의 3분의 1, 1980년대의 절반 수준이었다. 2020년 추계인구
는 5,178만 명으로 2010년보다 220만 명 정도 많다. 그런데 2020년
통계를 보니 매월 출생자 수가 사망자 수보다 적어서 7월까지만 인
구가 1만 633명 자연 감소했다. [그림7]은 인구가 2030년 5,216만 명
수준에서 정점을 찍을 것이라고 예측하지만, 귀환 재외국민이나 결
혼이민자 등 사회적 인구증가를 고려하지 않을 경우 2019년이 인구
정점이 될 가능성이 크다.

　한국의 인구변화 양상이 특별하지는 않다. 유럽과 북아메리카,
아시아 가릴 것 없이 산업화와 민주화를 이룬 모든 나라가 같은 양상
의 변화를 겪었다. 인구의 해외 유출이나 유입을 고려하지 않은 자연
적 인구증감은 출산율과 사망률이 좌우하며, 출산율은 자녀 출산에
대한 욕구와 피임기술 수준에 달려 있고 사망률은 생활환경에 따라

달라진다. 일반적으로 사망률이 먼저 낮아지고 뒤이어 출산율이 하락하기 때문에 인구변화는 네 단계를 거친다.

1단계 전통사회는 출산율과 사망률이 모두 높아서 인구가 크게 증가하지 않았다. 산업화와 더불어 2단계에 들어가자 출산율은 여전히 높은 가운데 사망률이 빠르게 하락해 인구가 급증했다. 소득수준 향상으로 대중의 영양상태가 좋아져 면역력이 강해졌고, 상하수도 분리와 예방접종을 비롯한 국가의 공공보건정책으로 전염병 사망자가 크게 줄었으며, 의료기관과 의사가 늘어나고 의약품과 치료기술이 발전해 어지간한 병에 걸려도 죽지 않았다. 3단계에서는 출산율이 하락했다. 산업화가 높은 단계로 진전되어 더 많은 여성이 경제활동을 했고 성평등 의식이 높아졌으며 여성들이 원하는 삶을 추구하려고 피임기술을 활용해 임신과 출산을 통제했다. 인구는 증가했지만 속도는 현저히 느려졌다. 4단계에 들어가면 사망률과 출생률이 모두 낮아서 인구가 늘어나지 않으며 줄어들기도 한다. 서유럽 국가들은 산업혁명 이후 300여 년에 걸쳐 이러한 인구변화를 겪었다. 하지만 대한민국은 한국전쟁 이후 겨우 두 세대 만에 1단계에서 4단계까지 나아갔다. 패턴은 전형적이었지만 속도가 빨랐다.

사망률이 낮아진 이유를 보자. 정부는 콜레라, 홍역, 천연두, 결핵, 소아마비, 말라리아 같은 악성 전염병과 장내 기생충을 효과적으로 퇴치했다. 국가주도 계획경제를 실시해 단기간에 산업화를 이루고 국민소득을 높였다. 1953년 정전협정 이후 전쟁이 없었다. 전염병과 전쟁, 굶주림이라는 전통적 인구증가 억제 요인이 힘을 잃은 것이다. 1960년 우리 국민의 출생 시 기대여명(life expectancy)은 55년 정도였다. 1960년에 출생한 아기는 평균 55년 정도 살 것으로 전망했다는 뜻이다. 환갑잔치를 할 충분한 이유가 있었다. 출생 시 기대여명은 1970년 61.9년, 1980년 65.7년, 1990년 71.3년, 2000년 76.0년, 2010년 80.8년으로 높아졌다. 2020년 기준 출생 시 기대여명은 80년이 넘는데 여자가 남자보다 6년 정도 길다. 이제 환갑은 그저 60번째 생일일 뿐이다.

출산율은 사망률보다 더 빠르게 하락했다. 여러 지표가 있지만 여성 한 사람이 평생 낳는 자녀의 수를 나타내는 합계출산율을 활용한다. 합계출산율이 2.1이면 인구의 자연증가는 0이 된다. 한국전쟁 이후 1973년까지는 합계출산율이 4.0을 넘었고 연간 신생아 수는 100만 명을 넘나들었다. 그러나 1974년 처음으로 4.0 아래로 떨어진 합계출산율은 1977년 3.0 아래로 내려갔고 1984년에는 2.0에도 미달했다. 그러나 세기가 바뀔 때까지 우리는 저출산 현상을 국가의 문제로 인식하지 않았다. 합계출산율이 1.085를 기록했고 신생아 수가 43만 5,000명에 불과했던 2005년 비로소 국민은 인구감소 시대가 왔다는 사실에 충격을 받았고 정부는 전통적 출산억제정책을 버리고 출산장려정책으로 돌아섰다. 합계출산율은 세계 최저 수준인 1.20 안팎을 오르내리다가 2018년 0.977, 2019년 0.918로 급락했으며 2020년은 0.9 아래로 떨어질 전망이다.

대한민국은 지구촌 모든 나라 중에서 가장 빠른 속도로 늙어가는 중이다. [그림8]을 보라. 1960년 전형적인 피라미드였던 인구구조가 2020년에는 받침이 좁은 항아리 모양이 됐다. 2060년이 되면 위는 볼록하고 아래는 좁고 길어져 핵폭발 버섯구름과 비슷한 형태로 변하고 20세기 출생자가 거의 다 사망한 2100년에는 아래 위가 거의 비슷한 막대 형태가 될 전망이다. [그림9]는 우리의 현대사를 압축해서 보여준다. 사회가 혼란하고 전쟁이 일어나면 아기가 덜 태어나고 어른들이 죽는다. 그래서 일제의 징병·징용과 극단적 수탈에

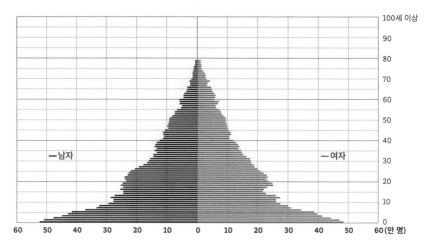

[그림8] 1960년 인구 피라미드

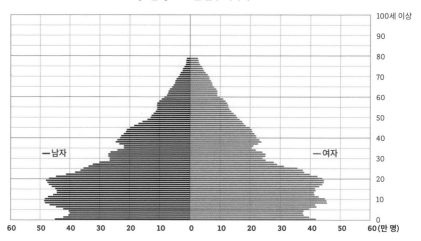

[그림8-1] 1980년 인구 피라미드

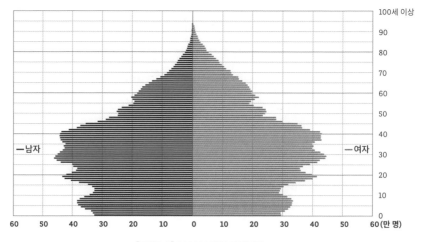

[그림8-2] 2000년 인구 피라미드

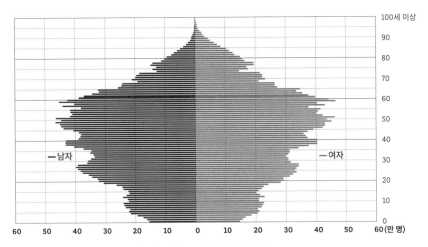

[그림8-3] 2020년 인구 피라미드

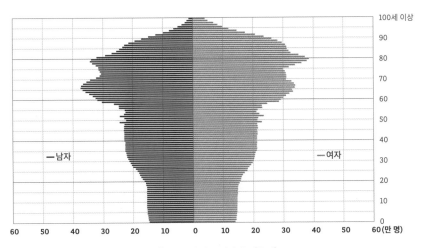

[그림8-4] 2060년 인구 피라미드(추정)

이어 해방 직후의 경제·정치적 혼란이 찾아든 1943~1946년생은 수가 적고 한국전쟁 기간인 1950~1953년생도 그렇다. 부모의 수가 적으면 자식의 수도 적기 마련이어서 1964~1967년생과 1976~1978년생도 상대적으로 적다. 전후 1차 베이비부머인 1955~1963년생과 2차 베이비부머인 1968~1975년생의 자녀인 1979~1983년생과 1992~1997년생도 상대적으로 많다. 그러나 전반적인 저출산 현상 때문에 베이비부머였던 부모세대보다 청년세대의 수가 훨씬 적고 2000년 이후에는 베이비붐의 흔적을 알아보기 어렵게 됐다.

저출산 현상은 산업화와 출산억제 정책의 합작품이었다. 정부는 출산율 억제를 정책 목표로 설정했으며 강압적인 방법을 동원해 그 목표를 달성했다. 우리의 어머니 세대는 생기는 대로 아이를 낳았기 때문에 1960년대에는 6남매가 보통이었고 셋 이하면 자식이 귀하다고들 했다. 남아선호 사상이 만연했고 노동시장은 고학력 사무관리직과 저학력 생산직으로 양분되어 공부를 해야 사람 노릇을 한다는 전통적인 의식이 더욱 강고해졌다. 부모들은 아들 교육에 집중했지만 소득수준이 높아지고 자녀 수가 줄어들자 딸에게도 동등한 기회를 주었다. 제대로 공부하고 사회에 진출한 여성들은 아내와 어머니에 머물지 않고 자기 자신으로 살아가려 했다. 여기에 인구증가를 억제하는 국가정책이 가세했으니 출산율이 급락한 것은 당연한 일이었다.

인구감소는 나쁜 일인가? 그렇게 말할 수는 없다. 지구촌도 대한민국도 인구가 줄어드는 게 바람직하다. 호모사피엔스는 천적이 없는 종이며 보이지 않는 세균과 바이러스까지 거의 다 통제한다. 스스로 개체증가를 억제하지 않으면 무한증식해서 생태계에 재앙을 안길 수 있다. 그런데도 호모사피엔스는 만족을 모른다. 개체 수가

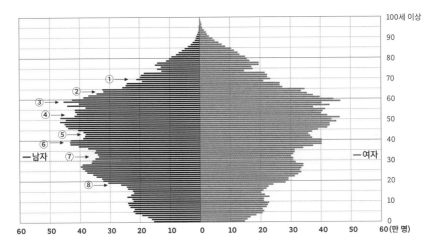

① 8·15해방 전후 혼란기(1945년생) ② 한국전쟁(1953년생) ③ 베이비붐(1961년생)
④ ①의 영향(1967년생) ⑤ ②의 영향(1977년생) ⑥ ③의 영향의 영향(1981년생)
⑦ ④의 영향 및 강력한 가족계획사업 영향(2006년생) ⑧ 혼인·출산지연 및 기피 현상

[그림9] 2020년의 인구 피라미드

80억에 다가섰고, 날이 갈수록 더 많은 자연의 에너지와 자원을 소비하며, 지구 전체를 파괴할 수 있는 핵물질을 축적했고, 너무 많은 탄소가스와 화학물질을 배출해 지구 대기의 화학적 구성과 기후를 바꾸는 지경에 이르렀다. 인간이 버린 플라스틱 폐기물은 미세플라스틱이 되어 다시 인간의 몸속에 들어온다. 지구에게 인간은 암과 같은 존재다. 암 환자가 죽으면 자신도 죽는데, 암세포는 오로지 증식에만 몰두한다. 호모사피엔스의 행동양식이 암세포와 무엇이 다른가.

저출산 현상은 '자유주의적 각성'에 유리한 환경을 제공했다. 모든 인간은 존엄하며 사람의 가치는 돈으로 환산할 수 없다. 우리의 도덕적 직관은 그렇게 말하지만 현실은 그렇지 않다. 사람의 생명과 존엄성도 '희소성(稀少性)'과 '지불 능력'이라는 경제논리를 완전히

벗어나지는 못한다. 사람도 너무 많으면 대접을 받지 못한다. 물질적
능력이 없는 경우에도 그렇다. 많은 사람이 비참하고 가난하게 사는
사회에서는 서로가 서로를 사람답게 대우하지 않으며 집단은 개인
을 존중하지 않는다. 산업화의 성공과 저출산 현상은 사람의 희소성
과 가치를 높였다. 돈이 많고 자손이 귀하면 당연히 사람을 귀하게
여기게 된다. 스스로를 귀하게 여길수록 사람들은 부, 명예, 지위, 쾌
락의 추구를 넘어 자신의 삶에 의미를 부여하려는 욕망에 더 끌리게
되며 자신의 존엄을 아는 사람일수록 타인의 존엄성도 더 진지하게
받아들인다. 대한민국이 무지개색 광장으로 진화하는 데 유리한 환
경이 조성된 것이다.

가족계획과 기생충박멸

우리 세대는 난민촌과 병영을 체험했다. 선명하게 남아 있는 기
억을 몇 가지만 되살려본다. 학교에 채변 샘플을 제출하고 회충약을
한 움큼 받아먹었다. 〈새마을 노래〉를 들으면서 새벽에 거리청소를
했다. 선생님한테 혼나지 않으려면 꼭 참석해야 했다. 학교 근처 산
에 송충이를 잡으러 다녔다. 나뭇가지를 젓가락 삼아 집었는데 터지
면 아주 끔찍했다. 식목일에는 야산에 나무를 심었고 날이 가물 때는
개울에서 물을 길어야 했다. 물통을 들고 산비탈에 오르는 일이 쉽지
는 않았다. 울진·삼척 무장공비 사건, '이중간첩 이수근'* 사건이 터
졌을 때 반공데모를 하러 시내에 갔다. '국민교육헌장'을 암송하지

---

* '이중간첩 이수근' 사건에 대해서는 이 책 6장 373쪽에 자세히 서술했다.

못하면 벌을 섰다. 담임선생님이 도시락 검사를 해서 잡곡이 섞이지 않은 도시락을 가져온 아이들을 혼냈다. 의무적으로 예금통장을 만들었고 저축을 많이 한 학생은 교장선생님 표창장을 받았다. 부모님이 용돈을 주지 않아서 저축을 할 수 없었던 나는 부당하다고 생각했다. 친구들이 미제 콘돔으로 풍선을 만들어 가지고 놀았다.

경찰 아저씨가 길에서 장발을 한 형들과 미니스커트 입은 누나들을 잡아갔다. 송창식의 노래 〈왜 불러〉가 방송금지곡이 됐다. 어니언스니 펄시스터즈니 바니걸즈니 하던 가수들의 이름이 갑자기 우리말 이름으로 바뀌었다. 결혼식과 장례식을 너무 성대하게 치르면 '가정의례준칙' 위반으로 처벌했다. 어떤 선생님은 전깃줄로 성적이 좋지 않은 학생들의 발바닥을 때렸다. 나는 중학생 때 짝과 귓속말을 나눴다는 이유로 영어선생님에게 뺨을 수십 대 맞은 적이 있다. 학교는 일상적으로 폭력이 난무하는 인권의 사각지대였다. 고등학교에서는 학생들의 과목별 시험점수와 석차를 복도 벽에 크게 써 붙였다. 대통령이나 정부를 욕하면 쥐도 새도 모르게 잡혀간다는 소문을 들었다. 대입 면접을 볼 때 교수님이 데모를 하겠는지 여부를 물었다. 그게 옳은지 아닌지 지금은 알지 못한다고 했다가 야단을 맞았다. 그게 다 난민촌과 병영의 일상이었음을 나는 세월이 흐른 후에야 비로소 이해했다.

난민촌을 병영으로 개조한 수단은 폭력이었다. 그러나 폭력만 가지고 나라를 병영으로 만든 것은 아니다. 병영은 난민촌보다 살기가 나았다. 국가를 병영처럼 만들려면 국민의 기본적인 욕망을 채워 줘야 한다. 무엇보다 세 끼 밥을 먹고 깨끗한 물을 마시고 옷을 입고 지붕과 벽이 있는 곳에서 잘 수 있어야 한다. 연로한 부모를 봉양하고 자녀를 양육하는 데 필요한 소득을 얻을 수 있어야 한다. 병에 걸

리지 않아야 하고 병이 들면 치료를 받을 수 있어야 한다. 현실은 비
록 힘들지라도 열심히 일하면 더 잘살 수 있다는 희망을 품을 수 있
어야 한다.

하지만 그것만으로는 충분하지 않았다. 병영에는 군기가 있어
야 한다. 국민이 북한에 대한 적개심을 가지고 조국 근대화라는 국가
목표를 개인적 인생 목표와 일치시키도록 '건전한 가치관'을 심어주
고 사상과 이념을 통일해야 한다. 복종하는 자를 포상하고 저항하는
자를 엄벌함으로써 국가와 대통령을 두려워하게 만들어야 한다. 그
래서 '산업입국', '수출보국', '잘살아보세', '하면 된다', '국론통일', '체
력은 국력', '공장 일을 내 일처럼 근로자를 가족처럼' 같은 구호를 곳
곳에 걸었다.

출산율을 억제한 것은 지구를 구하기 위해서가 아니라 1인당 국
민소득을 신속하게 높이기 위해서였다. 제2차 세계대전이 끝난 후
'빈곤의 악순환(vicious circle of poverty)' 이론이 유행했고, 절대빈곤
극복이 최대 과제였던 대한민국은 그 영향을 받았다. 1961년 장면 정
부가 세운 최초의 경제개발 5개년계획 목표가 바로 '빈곤의 악순환
을 타파'하는 것이었다. 그 이론의 요체를 한마디로 정리하면 가난한
나라는 가난하기 때문에 계속 가난하다는 것이다.

국민 개인을 중심에 두고 빈곤의 악순환 이론을 보면 설득력이
있다. 가난한 사람은 저축을 할 수 없다. 저축을 하지 못하면 자산을
형성하지 못한다. 생기는 대로 아이를 낳으면 살기가 더 힘들어진다.
아이들을 학교에 보내는 대신 무엇인가 일을 해서 돈을 벌게 해야 한
다. 그러나 모두 다 그렇게 하기 때문에 노동시장에는 유휴노동력이
넘치고 임금수준은 하락하며, 결국 아무리 일해도 가난에서 빠져나
오지 못한다. 악순환에서 벗어나려면 자녀를 적게 낳아 소비지출을

줄이고, 자식을 학교에 보내 지식과 기술을 배우게 해야 한다.

국가를 중심에 두고 보아도 그렇다. 가난한 나라는 사람이 많고 자본이 없다. 자본을 형성하려면 국민총생산 가운데 소비를 줄이고 저축을 늘려야 한다. 여기서 저축은 다음 시기 생산과정에 투입할 기계, 원료, 건물 등의 자본재를 생산하는 것을 의미한다. 국민을 부유하게 만들려면 사람들이 더 많은 물질적 자본을 가지고 일할 수 있게 해야 한다. 전문용어로는 자본장비율을 높여 노동생산성을 높이는 것이다. 그런데 인구가 너무 빠르게 증가하면 자본장비율을 올리기가 어렵다. 물질적 자본뿐만 아니라 교육과 훈련을 통해 만드는 인적자본도 축적하기 힘들다. 그런 나라는 계속해서 자본이 부족한 나라로 머물러 있게 된다.

경제를 발전시키려면 악순환의 고리를 끊어야 한다. 박정희 대통령이 선택한 방법은 일단 외국에서 차입한 자본을 지렛대 삼아 산업을 육성하고, 기업이 돈을 벌어 국적자본을 축적하게 하는 것이었다. 그렇게 하려면 숙련된 기술자가 필요하다. 숙련된 노동자를 얻으려면 교육과 훈련을 시켜야 했다. 그런데 사람들이 자녀를 너무 많이 낳았기 때문에 제대로 공부시킬 수 없었고, 무상교육을 시행할 만한 국가재정이 없었다. 이런 상황에서 자녀를 많이 낳는 것은 국가로 보나 가정으로 보나 결코 바람직하지 않았다.

문제를 먼저 인식한 '선각자'들이 가족계획운동을 시작했다. 1950년대 후반 국립보건연구원장을 지낸 윤유선 박사와 중앙의료원장 이종진 박사, 보건사회부 윤석우 보건과장 등 의사 출신 공무원들은 인구대책 없이는 국민보건 향상을 이룰 수 없다고 판단해 정부에 가족계획사업을 건의했다. 양재모·김학묵·황태식·신한수 교수 등이 1961년 4월 창립한 대한가족계획협회가 그 중심에 섰다. 제헌

국회의원과 장면 정부 보사부장관을 지낸 독립운동가 나용균 선생,
미국 의학박사로 세브란스의전 학장을 지낸 김명선 선생이 울타리
역할을 했다.°

　대한가족계획협회는 정부의 지원을 받으면서 맹렬하게 활동했
다. 1962년부터 지방조직을 만들고 불임시술을 할 수 있는 의사를
양성했다. 1966년 세 자녀 갖기 운동을 시작했고 1971년에는 둘 낳기
운동을 전개했으며 콘돔 사용을 홍보하고 여성 피임시술을 보급했
다. 정부는 경제개발계획에 인구증가율 목표를 포함시키고 행정력
을 총동원해 출산억제정책을 밀고 나갔다. 낙태는 엄연히 불법이었
지만 임신중절 수술을 전문으로 하는 산부인과들이 큰돈을 벌었다.
1961년 "알맞게 낳아서 훌륭하게 키우자"로 시작한 가족계획 구호는
1963년 "덮어놓고 낳다보면 거지꼴을 못 면한다"와 1971년 "딸·아들
구별 말고 둘만 낳아 잘 기르자"를 거쳐 1980년 "잘 키운 딸 하나 열
아들 안 부럽다"까지 갈수록 강력해졌다.°° 남성 불임시술 팀이 예비
군훈련장을 순회했고 즉석에서 정관수술을 받으면 훈련을 면제해주
었는데, 그 수가 1974년부터 1990년까지 무려 48만 명이나 됐다.°°°
셋째 아이를 소득세 가족공제 대상에서 제외했고 국민건강보험도
적용해주지 않았다. 1988년 정부는 인구증가율 1% 목표를 조기 달
성했다고 발표했다. 합계출산율 2.0이 무너져 인구감소가 시간문제
라는 사실이 분명해진 1984년 이후에도 출산억제정책을 밀고 나간
것이다.

　대한가족계획협회는 대한민국의 출산율을 세계 최저 수준으로

°　　대한가족계획협회, 『가협30년사』, 1991, 110~112쪽.
°°　 같은 책, 26~27쪽.
°°°　같은 책, 374쪽.

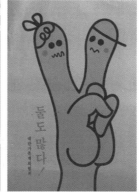

가족계획 구호의 변화:
사회경제가 시대에 따라 변화하면서 국가가 발표하는 가족계획도 함께 달라졌다. 1974년(위 왼쪽) "딸·아들 구별 말고 둘만 낳아 잘 기르자"는 10년 만인 1983년(위 오른쪽) "둘도 많다!"로 바뀌었다.

2000년에 들어서는 다시 다자녀를 강조하며, 2009년(아래 왼쪽) "자녀에게 가장 큰 선물은 동생"임을 내세웠고, 이후 저출산이 심화되자 2016년(아래 오른쪽)에는 "여러분~ 부모자녀 되세요!"를 강조하며 출산을 장려했다.

떨어뜨리는 눈부신 성과를 거둠으로써 소멸의 위기를 자초했다. 일을 너무 잘한 탓에 할 일이 없어졌고 사회적 비난까지 받았다. 경제 전문가들은 인구가 줄어들면 경제성장 동력이 저하될 것이라 주장했고 언론은 강력한 출산장려정책을 써야 한다는 기사를 쏟아냈다. 그러자 대한가족계획협회는 '코페르니쿠스적 전회(轉回)'를 단행했다. 1999년 대한가족보건복지협회로 이름을 바꾸고 성교육, 성상담, 모유수유 홍보, 산모와 신생아 보건지원사업을 시작한 데 이어 2005년에는 인구보건복지협회로 다시 이름을 바꿨다. 지금은 가임기 여성 건강증진, 출산·양육 환경개선, 출산장려 캠페인 등 출산율 높이기 운동을 한다.

저출산이 그런 것과 마찬가지로 고령화도 병리현상이 아니다. 고령화는 산업화와 공공보건정책의 성공이 불러들인 자연스러운 현상이다. 국민소득이 높아지면 식생활과 주거환경, 개인위생이 나아진다. 의료기관이 늘어나고 의료기술이 발전해 국민이 병에 걸려도 적절한 치료를 신속하게 받을 수 있다. 정부는 1946년 처음으로 국립중앙보건소를 설치했고 1956년 국회와 지방자치단체는 보건소법과 보건소조례를 제정했다. 1970년대 말까지 전국 거의 모든 시·군에 200여 개의 보건소를 설치했으며 농어촌과 도서벽지 읍면에 1,300개가 넘는 보건지소를 세웠다. 보건소와 보건지소에는 의사와 공중보건의사를 보냈고 의료시설이 전혀 없는 농어촌 마을 단위 보건진료소에는 간호사를 보건진료원으로 채용해 상주시켰다.

국민건강보험 제도가 없고 민간의료기관들이 크게 부족했던 1970년대 후반까지 전국 주요 도시의 대학병원과 보건소-보건지소-보건진료소로 이어지는 국가 보건행정체제는 개인위생과 공중보건에 대한 홍보, 식품위생에 대한 감시·감독, 보건통계 작성, 각종

전염병 예방과 관리, 급성 질환자에 대한 응급조치 등 여러 중요한
역할을 했다. 2000년 이후 정부는 보건소를 도시형과 농촌형으로
구분해 서로 다른 역할을 맡기고 낡은 보건소와 보건지소를 신축하
는 사업을 꾸준히 했다. 민간의료기관이 없고 고령자가 많은 농어촌
지역 보건소는 도시 병의원과 비슷한 역할을 하고 있으며, 도시형 보
건소는 지역보건사업과 당뇨 등 비전염성의 만성질환 관리, 금연 등
의 건강증진사업을 수행한다.

　　대한민국의 공공보건정책은 눈부신 성공을 거뒀다. 여러 사례
가운데 가장 흥미로운 것은 기생충박멸협회의 활동이다. 1964년 영
어신문『코리아타임스』는 장기에서 1,063마리의 각종 기생충이 나
온 아홉 살짜리 여자아이의 사진을 보도했다. 기생충을 제거했지만
아이는 장 괴사로 사망했다. 사진을 찍은 사람은 '구바울'이라는 한
국 이름을 쓰면서 1947년부터 20년 넘게 전주 예수병원에서 봉사했
던 미국인 의사 크레인(Paul S. Crane) 박사였다. 박정희 대통령이 미
국을 방문해 케네디·존슨 대통령과 회담할 때 통역을 하기도 했던
구바울 박사는 전국적인 기생충박멸운동을 시작했다. 여기에 우리
나라 '기생충학 1호 박사'인 임한종 박사를 비롯해 이영춘, 서병설 등
전문가들이 열정적으로 뛰어들었다.[•]

　　1964년 기생충 연구자와 의사, 보건전문가들이 손잡고 한국기
생충박멸협회를 창립했다. 그들은 절대빈곤으로 고통받는 국민이
소중한 영양분을 기생충에게 빼앗기는 현실을 안타까워했다. 정부
와 국회는 사업을 뒷받침할 「기생충질환예방법」을 제정했다. 한국
기생충박멸협회는 문교부와 손잡고 1969년부터 학생들에 대한 대

[•]　　임한종, 『중랑천에서 빅토리아 호 코메 섬까지』, 한비미디어, 2013.

변검사와 집단투약사업을 시작한 이래 1995년까지 사업장 근로자, 군인들을 포함해 연인원 3억 명 이상을 검사했고 8,000만 명에게 약을 지급했다. 1960년대 기생충 감염률은 확실한 통계가 없다. 1971년 최초로 실시한 전국 실태조사에서 82.6%로 나타났던 기생충 감염률은 1976년 63.1%, 1981년 41.1%, 1986년 12.9%, 1992년 3.8%로 줄었다.[*] 2012년 질병관리본부가 실시한 '제8차 전국민장내기생충감염 실태조사'에서 나온 감염률은 2.6%였고 2020년 제9차 조사 결과도 크게 다르지 않게 나올 것이다.

전후 베이비부머들은 한국기생충박멸협회를 몰라도 채변검사는 안다. 채변검사는 즐겁지는 않지만 정겨운 추억이다. 내가 처음 채변봉투를 받은 것은 한국기생충박멸협회와 문교부가 학생들에 대한 집단 기생충 검사를 시작한 1969년, 초등학교 4학년 때였던 것 같다. 조그만 흰색 종이봉투 안에 더 작은 비닐봉지가 들어 있었다. 나뭇가지로 대변을 찍어 비닐봉지에 담고 인적사항을 기재한 종이봉투에 넣어 제출했다. 검사 결과가 나오면 담임선생님과 양호선생님이 교실을 돌면서 기생충 종류에 따라 조금씩 다른 약을 주셨다. 반 친구들 대부분이 선생님 앞에서 약을 먹어야 했다. 나는 회충약을 받았는데, 한 주먹이나 될 만큼 양이 많아서 아주 고역이었다. 요즘은 초콜릿 맛이 나는 구충제 한 알로 여러 종류의 기생충을 없앨 수 있다.

우리나라의 기생충박멸사업은 세계보건기구가 인정한 모범사례였다. 한국 제약회사들은 값싸고 우수한 구충제를 생산한다. 그런데 한국기생충박멸협회도 대한가족계획협회와 마찬가지로 '자기 성공의 희생자'가 되고 말았다. 전국 13개 시도에 지방조직을 만들고

---

[*] 기생충박멸협회·보건사회부, 『제2차 한국 장내기생충 감염현황』, 1976, 24~26쪽; 채종일, 『한국형 기생충관리 ODA사업모델 개발』, 한국국제보건의료재단, 2011, 63~80쪽.

청사도 갖췄는데, 정작 기생충을 박멸하고 나자 업무가 사라진 것이다. 협회의 보건전문가들은 새로운 과제를 찾아냈다. 국민소득이 높아지면서 '후진국형 문제'인 기생충과는 전혀 다른 '선진국형 문제'가 나타났다. 그들은 1982년 한국건강관리협회를 설립해 성인병 예방사업과 근로자 건강진단사업을 시작했고, 1986년 한국기생충박멸협회를 한국건강관리협회로 통합했다. 한국건강관리협회는 오늘날 건강검진, 비만과 고지혈증 등 만성질병과 암 예방, 청소년 건강 증진, 금연 등 질병 예방활동에 역량을 집중하고 있지만 기생충박멸협회 시절의 업무를 이어받아 1990년대 중반 중국을 시작으로 북한, 라오스, 캄보디아, 수단 등 기생충 퇴치사업이 필요한 나라들에 사업 노하우와 구충제를 지원하고 있다.

임신과 출산은 개인이 선택할 문제여서 국가가 개입해야 할 철학·이론적 근거는 없지만 국가의 개입이 꼭 나쁘다고 하기는 어렵다. 만약 국가의 출산억제정책이 나쁜 것이라면 요즘의 출산장려정책 역시 마찬가지일 것이다. 기생충박멸에 반대할 사람도 흔치 않다. 그러나 국가가 홍보와 지원을 하는 데 그치지 않고 강제로 채변검사를 하고 구충제를 먹이는 데는 반대할 사람이 있을 것이다. 이 두 가지는 우리 세대가 겪었던 국가통제 가운데 찬성할 근거가 가장 뚜렷한 사례였다. 점심시간 때 학생들을 운동장에 집합시켜 보건체조를 하도록 한 것도 훌륭한 보건정책이었다.

좋은지 아닌지 불분명한 정책도 많았다. 아침 6시에 '이장님 방송'으로 박정희 대통령이 작사·작곡했다는 〈새마을 노래〉를 틀어 온 국민을 깨운 것, 학생 도시락 혼식을 강제한 것, 쌀막걸리 제조와 유통을 금지한 것, 거리에서 장발과 미니스커트를 단속한 것, '불건전한 가요'를 방송금지한 것, 미신 타파를 명분으로 무속을 비롯한 민

족의 전통문화를 말살한 것, 가정의례준칙을 만들어 개인의 소비생
활을 규제한 것, '불온한 도서'를 판매금지한 것, '음란한 영화'를 검
열하고 가위질한 것, 에로영화 상영관에서도 국민의례를 하고 '대한
늬우스'를 보도록 강제한 것 등에 대해서는 찬반이 있을 수 있다. 나
는 개인적으로 타인에게 부당한 피해를 주지 않는 개인의 취향과 선
택의 자유를 국가권력이 제약하고 침해하는 것은 불합리할 뿐만 아
니라 헌법에도 어긋난다고 생각한다.

민둥산을 금수강산으로

대한민국은 '금수강산'이 아니었다. 사람이 쉽게 접근할 수 있는
야산은 대부분 나무 한 그루 없는 민둥산이었다. 1960년대 전국 민
둥산은 332만 헥타르나 됐다. 하지만 지금은 민둥산 면적이 그때의
5%도 되지 않으며 숲에 들어선 나무의 밀도는 열 배나 높다.* 숲만
놓고 본다면 우리의 국토는 민둥산에서 푸른 산으로 놀라운 변신을
이뤘다.

한반도의 숲은 조선 후기 인구가 늘면서 훼손되기 시작했고 일
제강점기 수탈과 해방 전후의 혼란, 한국전쟁을 거치면서 돌이키기
어려울 정도로 황폐해졌다.** 직접적 원인은 가정의 난방과 취사 연

---

* 이하 삼림녹화에 대한 서술은 배재수·주린원·이기봉, 『한국의 삼림녹화 성공요인』, 국립
산림과학원, 2010을 주로 참조했다.
** 이경준·김의철, 『민둥산을 금수강산으로』, 기파랑, 2010, 20~29쪽. 이 책은 두 임학전문가
가 쓴 대중서로 감동적인 내용과 일화가 많다. 그런데 어디에 어떤 나무를 심을지 전문적인 지식
을 제공한 임업전문가와 민간육림가의 노력을 전혀 거론하지 않은 채 모든 것을 박정희 대통령의
결단과 지시 덕분이라고 설명하는 위인전식 서술방법 때문에 널리 읽히지 않는 것이 안타깝다.

료로 나무와 숯을 쓴 것이었다. 화전도 큰 문제였다. 정부가 대대적
인 치산녹화 10개년사업을 시작했던 1973년, 전국 농가의 13%가 넘
는 30만 호가 화전민(火田民)이었고 화전 경작지가 12만 5,000헥타
르나 됐다.••• 산에 불을 질러 나무와 풀을 불태우고 그 자리에 경작
을 하는 화전민이 조선시대에만 있었던 게 아니다. 도벌(盜伐)도 심
각했다. 가난한 농어민들은 연료로 쓰기 위해 어린 나무와 낙엽을 자
르고 긁어가는 '생계형 도벌'을 했고 다 자란 나무를 무더기로 잘라
가는 '상업형 도벌'도 흔했다.

정부는 이승만 대통령 때부터 화전과 도벌을 막기 위해 무진 애
를 썼다. 한국전쟁이 한창이던 1951년 임시수도 부산에서 「산림보호
임시조치법」을 만들고 조림사업을 했지만 소용이 없었다. 박정희 대
통령도 국가재건최고회의 의장 시절 「산림법」, 「사방사업법」, 「국토
녹화 촉진에 대한 임시조치법」 등을 만들어 화전과 도벌을 막고 조
림을 하려 했으며 1966년 화전정리에 관한 법률을 제정해 강력한 단
속을 실시했다. 그러나 '부역'이라는 이름으로 국민을 강제 동원한
조림사업은 원인을 해소하지 못했기 때문에 실패했다. 화전민은 하
고 싶어서 화전을 일군 것이 아니다. 농촌 주민들이 나무와 숯을 연
료로 쓴 것도 마찬가지였다. 그들은 땅이 없었고 다른 연료를 구입할
돈이 없었다. 산림행정 당국은 상업형 도벌을 막고 싶었지만 인력과
예산이 없었다.

그랬던 숲이 1970년대 중반부터 되살아났다. 1972년 유신쿠데
타 직후 정부는 비상국무회의에서 「산림개발법」을 제정하고 치산녹
화 10개년계획을 세웠다. 화전경작 1년 수익에 해당하는 돈을 생계지

••• 　같은 책, 101쪽.

원금으로 주고 화전민을 이주시키는 한편 행정조직과 인원을 확충해 생계형 도벌과 상업형 도벌을 단속했다. 이 사업은 큰 성과를 냈는데 성공요인은 다른 데 있었다. 인구의 45%였던 농촌 인구가 10년 동안 28%로 급감했고 도시 가정의 연료가 석탄·석유·전기로 바뀐 것이었다. 국민소득이 지속적으로 증가하고 취업과 사업 기회가 늘어나자 상업형 도벌도 줄었다. 정부는 국유림과 사유림을 명확히 구분해 삼림소유권을 확립하는 한편 행정력을 동원해 대규모 조림사업을 벌였다.

　　1973년 조림이 필요한 산림은 264만 헥타르로 전체의 39%였다. 정부는 100만 헥타르를 먼저 조림하면서 비용을 아끼려고 국민을 동원했다. "국토를 울창하게 만드는 것이야말로 가장 순수한 애국의 길"이라는 대통령 특별담화를 발표했고 "애국가를 부르며 산으로 가자"는 구호를 내세워 산주뿐만 아니라 모든 국민이 마을과 직장, 가정과 단체, 기관과 학교를 통해 조림사업에 참여하는 '국민식수운동'을 펼쳤다. 농촌 마을 반경 2km 안의 야산은 주민들이 나무를 심어 기르게 했고 도시의 공공기관과 학교에도 책임 구역을 할당했다. 공무원과 공공기관 종사자, 학생들을 동원하고 민간 기업에도 '자발적 참여'를 '강제'했다. 그렇게 해서 1979년 100만 헥타르 조림 목표를 달성했고 산비탈과 해안의 토사를 막는 사방사업(砂防事業)도 목표의 절반 정도는 이뤘다.*

　　많이 심은 나무는 이태리포플러와 현사시나무, 낙엽송, 리기다소나무, 아까시나무, 산오리나무, 잣나무, 편백나무, 해송, 삼나무, 밤나무 등이었다. 우리나라의 토양과 기후에 잘 적응할 수 있는 나무

＊　　같은 책, 71~73쪽.

들 중에 농가소득을 올리고 목재산업과 연료산업에 활용할 수 있는 수종을 선택했는데, 세월이 흐르면서 돈이 되지 않는 아까시나무, 산 오리나무, 해송 등은 돌보지 않거나 베어낸 탓에 점차 사라졌고 소나무와 참나무 등 토종 나무들이 그 자리를 차지했다. 오늘날 우리 숲에는 침엽수와 활엽수가 비슷한 비율로 자리 잡고 있으며 밀도가 너무 높아 간벌을 하지 않으면 사람이 출입하기 어려운 곳이 많다.

기억할 가치가 있는 성공사례가 많은데 영일지구 사방사업이 단연 두드러진다. 일제강점기부터 벌거숭이였던 경상북도 포항시 영일읍(당시에는 영일군 흥해읍) 오도리 일대 4,538헥타르를 대통령이 특별지시에 따라 숲으로 바꾼 사업이다. 박정희 대통령은 헬기를 타고 지나다가 본 황무지를 조림하는 데 특별한 관심을 기울였다. 이곳은 이암(泥巖)과 혈암(頁巖) 지대여서 돌이 바스러지고 흙이 빗물에 씻겨나가 풀도 잘 자라지 않았다. 산림청은 산허리에 콘크리트를 치고 파일을 박아 지반을 안정시키고 구덩이를 파서 흙과 비료를 집어넣는 특수공법을 썼는데 급경사면이라 밧줄을 타고 내려가 작업을 해야 했다. 1973년부터 5년 동안에 당시로서는 엄청난 규모인 38억 원의 예산을 들였고 산림전문가, 공무원, 산악전문가, 군 특수부대를 포함해 연인원 355만 명의 인력을 투입했으며 돌 230만 개, 떼 2,241만 매, 객토와 비료 213만 톤을 들이붓고 묘목 2,389만 본을 심었다. 흥해읍 용천마을에는 온갖 악조건을 이겨내고 조림에 성공해 '영일만 전투' 또는 '영일만 혈투'라는 별명이 생긴 그 사업의 성공을 기념하는 '영일사방준공기념비'가 있다.**

그렇게 해서 살아난 숲은 수십 년 동안 온 나라를 휩쓴 부동산

**   같은 책, 142~147쪽.

투기 광풍을 그럭저럭 견뎌냈다. 여러 이유가 있었지만 그린벨트 (green belt)를 지정한 도시계획법의 개발제한구역 제도가 일등공신 이었다. 산업화를 본격 시작한 1960년대 후반부터 우리 사회는 대규모 이농과 인구의 도시집중 현상으로 몸살을 앓았다. 정부는 1971년 대도시의 팽창을 막고 근교 농지와 임야를 보존하기 위해 도시계획법에 개발제한구역을 지정할 근거를 설치했다. 정부가 보상 없이 광역 그린벨트를 만들 수 있게 함으로써 전국의 토지개발권을 사실상 국유화했던 1947년 영국의 「도시농촌계획법」을 본 뜬 것이었다.* 정부는 1971년부터 1977년까지 여덟 차례 국토면적의 5.5%인 5,397km²를 그린벨트로 지정했는데, 서울을 비롯한 5대 도시 주변, 춘천·청주·전주·제주 등 시가지 팽창이 예상되는 도청소재지 인근, 마산·창원·진해·울산·여천 등 중화학공업단지 주변, 충무·진주 등 관광자원과 자연환경을 보존할 필요가 있는 14개 도시 권역이었다. 60%가 산림이고 27%가 농경지였던 그린벨트의 토지소유자 5만여 명은 오랫동안 재산권 행사에 제약을 받았다.**

　　그린벨트 규제는 매우 강력하다. 개발제한구역에서는 지정 목적을 위반하는 건축물을 설치할 수 없고 지정 전에 지은 건축물은 증개축밖에 하지 못한다. 건축자재를 실어내거나 나무를 자르거나 토지 형질을 변경해서도 안 된다. 땅을 매각하려면 허가를 받아야 해서 값이 오르지 않았다. 그러나 토지소유자는 어떤 보상도 받지 못했다. 건설교통부장관이 지도를 펴놓고 금을 그으면 그것으로 그만이었다. 요즘 같으면 땅 주인들이 피해자 전국조직을 만들어 반대시위를

* 한국토지주택공사 토지주택연구원, 『개발제한구역40년: 1971~2011』, 국토해양부, 2011, 13~14쪽.
** 같은 책, 22~23쪽.

하고 지역구 국회의원 사무실에서 농성을 하고 국토부장관 규탄투
쟁을 하겠지만 그때는 누구도 대통령이 하는 일을 감히 막아서지 못
했다.

오늘날 정부는 시민의 재산권 행사를 함부로 제약하지 못한다.
2003년 전북 부안군에 방사능폐기물 처리장을 지으려 했던 계획을
취소해야 했고 외곽순환고속도로 사패산 터널 공사와 부산 천성산
터널 공사는 자연 생태계 파괴에 대한 우려와 스님들의 강력한 반대
투쟁 때문에 오래 지연됐다. 서울 용산 미군기지가 옮겨간 평택 대추
리, 해군기지를 세운 제주 강정마을, 한전이 고압선 송전선을 설치한
경남 밀양시 상동면에서 지역주민들과 시민단체들은 길고 끈질긴
반대투쟁을 벌였다. 제주도의 제2공항 건설사업도 똑같은 난관에 봉
착했다. 그러나 병영시대 대한민국은 그렇지 않았다. 정부의 정책을
내놓고 반대하는 것은 병사가 사령관의 명령을 거역하는 것과 같았
다. 중앙정보부 지하실에 끌려갈 위험을 무릅쓰고 대통령에게 대들
토지소유자는 없었다. 그린벨트 지정은 훌륭한 정책이었지만 인권
과 정의를 짓밟으며 정책의 효율을 추구했던 독재체제의 특성을 분
명하게 보여줬다.

민주화 이후 그린벨트 토지소유자들은 정부와 국회에 진정서를
내고 언론에 억울함을 호소했지만 소용이 없었다. 어떤 제도든 일단
만들고 나면 바꾸기 어렵다. 땅 주인만 손해를 보고 다른 국민은 모
두 혜택을 보는 제도여서 여론은 압도적으로 그린벨트 존속을 지지
했다. 그린벨트 거주자들조차 전면해제는 찬성하지 않았다.[***] 그러
니 정부와 국회가 성의 있는 태도를 보일 리 없었다.

[***]   권용우·변병설·이재준·박지희, 『그린벨트』, 박영사, 2013, 168~169쪽.

1988년 9월 새 헌법에 따라 헌법재판소가 출범하자 그린벨트 토지소유자들은 헌법재판소에 위헌 심판을 청구했다. 헌법재판소는 정부나 국회만큼 대중의 눈치를 보지 않는다. 국민여론을 살피기는 하지만 기본적으로는 헌법 조문과 법리적 해석에 입각해 판단하고 결정한다. 그런데 동작이 몹시 굼뜬 기관이라서 10년이 지난 1998년에 가서야 헌법불합치 결정을 내놓았다. 속 시원하게 지주 편을 든 것도 아니었다. 개발제한구역 지정 자체는 공익을 위해 재산권 행사를 제한한 것이어서 위헌이 아니지만 재산권 행사를 통해 수익을 얻을 기회를 박탈당한 토지소유자에게 아무런 보상을 하지 않는 것은 위헌이라고 하면서 국회가 보상 관련 입법을 할 때까지 새로 개발제한구역을 지정하지 못하게 한 정도였다.•

국회는 2000년 별도의 「개발제한구역법」을 제정해 토지소유자와 해당 지방자치단체가 경제적 보상을 받을 근거를 만들었고 2002년에는 「국토의 계획 및 이용에 관한 법률」로 관련 조항을 이전했다. 2001년 김대중 대통령이 선거공약에 따라 지방 중소도시 일곱 개 권역의 그린벨트를 전면 해제한 이후 정부는 대도시 인근 그린벨트를 부분적으로 조정하고 해제하는 작업을 여러 차례 되풀이했으며 그린벨트를 유지하는 경우에도 휴양림, 캠핑장, 복지시설, 서민주택, 공공기관의 입주를 허용해 토지소유자의 불이익을 줄였다.

산림녹화사업과 그린벨트 제도는 산업화와 환경보호 사이의 복잡한 관계를 보여준다. 산업화는 불가피하게 생태계와 환경을 파괴한다. 하지만 산업화로 얻은 경제적 자원과 능력을 잘 활용하면 훼손된 환경을 어느 정도는 복원하고 보호할 수 있다. 그린벨트는 수도권

• 헌재 개발제한구역 위헌심판 결정문(1998. 12. 24., 89헌마214, 90헌바16, 97헌바78 병합).

과 부산, 대구, 광주, 대전, 울산, 창원 권역에 남아 있으며 대부분 사유지인 임야와 논밭이다.**

금서, 금지곡, 국민교육헌장

밥을 먹게 해주고 겁을 주면서 국민을 복종하게 만들 수는 있지만 그것만으로 장기 집권을 유지하기는 어렵다. 할 수만 있다면 국민이 스스로 복종하게 만드는 게 더 낫다. 그런 방법 중 하나가 교육과 미디어를 장악해 대중을 세뇌함으로써 사상을 통일하고 가치관을 통제하는 것이다. 국가의 목표를 자기 인생의 목표로 받아들인 사람은 겁을 주지 않아도 알아서 협력하고 복종한다. 이 일을 누구보다 잘해낸 것이 바로 북한 권력자들이다. 히틀러와 스탈린도 일시적으로 성공했다. 박정희 대통령도 똑같은 시도를 해서 절반 성공했다.

우리 세대는 국민교육헌장을 암송했다. 교실 칠판 바로 옆에 걸어놓고 날마다 읽고 외었다. 반공주의와 국가주의를 주입한 국민교육헌장의 첫 문장은 이랬다. "우리는 민족중흥의 역사적 사명을 띠고 이 땅에 태어났다." 이것은 인간을 국가의 부속품으로 간주하는 전체주의적 '존재론'이다.*** 박정희 대통령이 장기집권을 위한 3선 개헌 작업을 은밀하게 준비하던 1968년, 정부는 국민교육헌장을 선포했다. 제국주의 시대 일본 정부가 천황과 국가에 대한 충성심을 고취하려고 선포했던 '교육칙어(教育勅語)'를 연상시킨 국민교육헌장의

**　　한국토지주택공사 토지주택연구원, 앞의 책, 455~458쪽.

***　　임종명, 「국민교육헌장과 국민생산」, 전남대학교 호남학연구원 편, 『박정희정권의 지배이데올로기와 저항담론』, 전남대학교 호남학연구원, 2009, 99쪽.

핵심은 다음 구절이었다. "우리의 창의와 협력을 바탕으로 나라가
발전하며, 나라의 융성이 나의 발전의 근본임을 깨달아, 자유와 권리
에 따르는 책임과 의무를 다하며, 스스로 국가 건설에 참여하고 봉사
하는 국민정신을 드높인다." 민족중흥이라는 사명에 복무하기 위해
태어난 존재이니 기꺼이 국가의 명령에 따르라는 말이었다.

국민교육헌장은 누구도 이의를 제기하거나 비판해서는 안 되는
'신성한 말씀'이어서 그에 대한 비판은 국가를 부정하는 행위로 간주
했다. 1978년 송기숙·명노근·이홍길·홍승기 등 전남대 교수 11명은
'우리의 교육지표'라는 성명에서 물질보다 사람을 존중하며 진실을
배우고 가르치는 교육을 하기 위해 학교를 인간화·민주화해야 한다
고 주장하면서 국민교육헌장은 제정 경위와 내용 모두 민주교육의
정신에 어긋나며 일제하 교육칙어를 연상케 한다고 비판했다. 성명
의 초안은 서울대 백낙청 교수가 작성했다.[*] 정부는 관련 교수들을
전원 해직하고 송기숙 교수와 성명서를 외신기자들에게 배포한 연
세대 성내운 교수를 구속했다. 이런 일로 대학교수들을 구속한다는
게 어처구니없는 일로 보이겠지만 당시에는 그렇지 않았다. 감히 국
가가 하는 일에 반기를 들다니! 그러나 민족중흥의 역사적 사명이라
는 것은 존재하지 않으며 그런 사명을 띠고 태어난 사람 역시 없다.
그래서 그 헌장은 1993년 초등학교 교과서에서 지워졌고 정부의 공
식 행사에서도 자취를 감췄다.

하지만 '국기에 대한 맹세'는 민주화시대에도 살아남았다. 충남
교육청 공무원이 1968년에 처음 만든 맹세문은 "나는 자랑스런 태극
기 앞에 조국의 통일과 번영을 위하여 정의와 진실로서 충성을 다할

---

[*]   신일섭, 「1978년 교육지표 사건의 역사적 의의」, 전남대학교 호남학연구원 편, 앞의 책, 136쪽.

것을 다짐합니다"였는데 문교부가 문구를 살짝 바꿔 전국 학교에 하달했다. "나는 자랑스런 태극기 앞에 조국과 민족의 무궁한 영광을 위하여 몸과 마음을 바쳐 충성을 다할 것을 굳게 다짐합니다." 정부가 국민으로 하여금 국가에 대해 공개적으로 충성을 맹세하게 하는 행위를 아무 법률적 근거도 없이 강제한 것이다. 그게 마음에 걸렸는지 1980년 국무총리가 국기에 대한 경례를 할 때 국기에 대한 맹세를 낭독하라는 훈령을 내렸고 1984년에는 대통령령으로 '대한민국 국기에 대한 규정'에 관련 조항을 넣었다.

"조국과 민족의 무궁한 영광"이 무엇인지는 사람마다 다르게 생각할 수 있다. 그런데 그게 무엇이라고 생각하든, 조국과 민족의 무궁한 영광을 위해 몸과 마음을 바쳐 충성하는 것은 가치 있는 일인가? 그 판단도 사람마다 다를 것이다. 우리 헌법이 국민 각자에게 준 것은 교육, 근로, 납세, 국방의 의무뿐이다. 그런데 교육과 근로는 권리에 가깝기 때문에 국민의 의무는 결국 소득을 얻으면 법에 따라 세금을 내는 것 그리고 건강한 남자라면 군대에 가는 것밖에 없다. 이것만 제대로 하면 된다. 다른 방법으로 몸과 마음을 바쳐 충성을 다할지 말지는 각자 선택할 문제다. 할 마음은 있지만 공개적으로 고백하기가 쑥스러우면 맹세를 하지 않고 해도 된다. 헌법은 양심의 자유라는 이름으로 그렇게 할 권리를 보장한다. 정부가 시민에게 공개적으로 국가에 대한 충성을 맹세하도록 강요하는 것은 헌법 위반이라고 생각한다.

국기에 대한 맹세를 포함한 국민의례는 오남용 정도가 매우 심했다. 운동장에서 공을 차는 아이들도, 바쁘게 길을 가던 어른들도 애국가 연주가 울려 퍼지면 일제히 '동작 그만'에 들어가야 했다. 하던 일을 계속할 경우 간첩이라는 의심을 받을 수 있기 때문이었다.

〈애마부인〉 같은 에로영화를 보려고 간 영화관에서 애국가를 부르고 국기에 대한 맹세를 하는 건 생뚱맞고 민망한 일이었다. 공무원이나 군인, 정당과 정치인이 하는 행사에서는 적절한 수준에서 할 필요가 있겠지만 아침부터 삼겹살을 굽고 소주잔을 돌리는 초등학교 동문체육대회나 어버이날 시골마을 경로잔치에서까지 국민의례를 하는 것은 심하게 지나치다. 그러나 이런 이의를 제기하면 곧바로 누군가 욕설과 손가락질을 한다. "북한 가서 살아라!", "대한민국 국민 맞냐!"

민주화 이후에도 국가주의 문화양식은 사라지지 않았다. 참여정부 막바지였던 2007년에야 정부는 "나는 자랑스러운 태극기 앞에 자유롭고 정의로운 대한민국의 무궁한 영광을 위하여 충성을 다할 것을 굳게 다짐합니다"로 국기에 대한 맹세의 문구를 약간 바꿨다. "조국과 민족의 무궁한 영광"이라는 국가주의적 표현을 "자유롭고 정의로운 대한민국의 무궁한 영광"이라는 '친헌법적' 표현으로 수정하고 "몸과 마음을 바쳐"를 삭제한 것이다. 헌법상 주권자인 시민 개개인이 국가에 종속되지 않는 사회를 만드는 것은 이토록 지난하다.

학교 안에 국민교육헌장이 있었다면 학교 밖에는 새마을운동이 있었다. 공식 기록에 따르면 새마을운동은 1970년 4월 22일 박정희 대통령의 지시로 시작됐다.※ 계기는 경북 청도군 청도읍 신도1리 주민들의 자발적인 마을환경 개선, 유실수 재배를 통한 소득증대, 마을하천 정비, 지붕개량사업이었다. 박정희 대통령은 이 마을의 사업을 전국에 확산하려고 농촌새마을운동을 벌였다. 1971년 국가시책 최우선 과제로 지정했고 1972년에는 대통령령을 제정해 새마을운동중

※ 　새마을운동중앙회, 『새마을운동40년』, 2010, 295~399쪽.

국기에 대한 맹세:
중앙대 100주년 기념식에 참석한 졸업생과
재학생이 태극기 앞에 서서 가슴에 손을
얹고 있다. '국기에 대한 맹세'는 지금도
여전히 각종 행사의 식순에 포함되어 있다.

앙협의회를 만들었으며 공무원 노력봉사 명령까지 내렸다. 새마을
운동의 주요 사업은 마을길 넓히기, 농로 확장, 작은 교량과 마을회
관 세우기, 창고와 축사 개량, 소하천과 소류지 정비, 주택개량, 간이
급수시설과 하수도 설치, 농어촌 전화 보급, 새마을공장과 마을 숲
가꾸기 등이었다.* 이 사업을 위해 새마을지도자, 새마을금고, 새마
을기, 새마을지도자대회, 새마을모자, 새마을회관, 새마을사업장을
만들었고 1976년에는 공공기관 건물에 태극기와 함께 새마을기를
게양하라는 지침을 내렸으며 새마을연수원을 짓고 도시새마을운동
도 시작했다. 오늘도 새마을기는 바람에 나부끼고 정부와 지방자치
단체는 새마을운동에 돈을 지원한다.

　　새마을운동중앙회는 우리 현대사의 살아 있는 화석이다. 2008년
12월 새마을지도자대회 치사에서 이명박 대통령은 새마을운동 정신
을 계승하고 실천할 '선진화 3대운동'을 제안했다.** 박근혜 대통령은
새마을운동의 세계화를 추진하라고 지시했으며, 2013년 10월 20일
전남 순천에서 열린 전국새마을지도자대회에서 "제2의 한강의 기적
을 일으키기 위해 새마을운동의 정신을 살려 국민의 힘을 하나로 모
으는 계기를 또다시 마련해야 할 때"라고 강조했다. 안전행정부는
지자체나 국제기구와 긴밀히 협력해 "새마을운동을 지구촌에 전파
하고 제2의 범국민운동으로 승화할 수 있도록" 새마을운동중앙회를
크게 지원한다는 계획을 발표했다. 농림부는 '함께하는 우리 농어촌
운동'을 제2의 새마을운동으로 확대 추진하겠다고 했고, 미래창조과
학부는 박근혜 정부의 핵심 국정비전인 '창조경제'를 21세기 새마을
운동으로 적극 추진해야 한다고 주장했다.***

*　　　노화준, 『한국의 새마을운동』, 법문사, 2013, 18~25쪽, 142쪽.
**　　새마을운동중앙회, 앞의 책, 472~474쪽.

국가권력으로 개인의 생활방식을 통제하는 것이 정치군인의 발명품은 아니다. 조선시대와 일제강점기, 미군정과 이승만 정권 때도 그런 방법을 썼다. 대표적인 것이 야간통행금지 제도였다. 권력자는 사람들이 밤에 돌아다니는 것을 좋아하지 않는데, 나쁜 짓을 많이 한 권력자일수록 더 그랬다. 조선시대에는 도성과 국경 근처에서만 야간통행금지가 있었다. 그런데 1945년 9월 미군정청이 '포고 1호'에서 서울과 인천 지역 전체를 야간통행금지 지역으로 묶어 오후 8시부터 새벽 5시까지 시민이 꼼짝할 수 없게 만들었다. 이승만 정부는 1954년 야간통금을 전국으로 확대했으며 1955년에는「경범죄처벌법」을 만들어 내무부에 통금 통제권을 줬다. 여러 차례 변경된 끝에 자정부터 새벽 4시까지로 시간을 고정했던 야간통금 제도는 세월이 흐르면서 조금씩 느슨해졌다. 제주도는 1964년, 충청북도는 1965년에 해제했고 1966년에는 수출상품을 실어 나르는 열차와 트럭의 야간통행을 허용했다. 유명 관광지역도 예외적으로 풀었다. 자본주의사회에서는 돈이 이데올로기보다 힘이 세다.

인간의 기억은 선택적이고 주관적이다. 야간통금은 신체의 자유에 대한 심각한 구속이었지만 어떤 이들은 즐거운 추억으로 간직한다. 그때는 자정이 다가오면 버스와 지하철이 북새통이었다. 집에 도착하기 전에 통금 사이렌이 울리면 자기 발로 파출소나 경찰서에 가서 기다리다가 오전 4시가 지나 귀가해야 했다. 술집과 학원은 심야영업을 할 수 없었고 기업은 야간교대를 하기 어려웠다. 국제선 항공기가 통금 때문에 김포공항에 내리지 못하고 일본으로 회항한 일도 있었다. 부처님 오신 날, 크리스마스, 12월 31일은 통금이 없어서

*** 『헤럴드경제』, 2014년 3월 8일자 보도.

사람들은 단순히 밤거리를 걸을 목적으로 밖에 나갔다. 중학생 시절 크리스마스 때 대구 시내 동성로에 나갔다가 어른들 어깨 틈에 끼어 발을 땅에 딛지도 못하고 둥둥 떠다녔던 기억이 난다.

국민을 학살하고 집권한 전두환 정부는 콤플렉스 때문인지 국민을 즐겁게 해주려고 노력했다. '정의사회 구현'이라는 구호를 내걸고 여당 이름을 '민주정의당'으로 지은 것도 그런 취지로 해석하는 게 마음이 편하다. 전두환 정부는 스포츠·스크린·섹스를 부추기는 3S정책을 썼다. 정부가 참혹한 인권유린과 공안통치를 저지르는 동안 국산 에로영화 개봉이 봇물을 이뤘고 컬러 방송을 시작한 텔레비전에는 쇼 프로와 드라마가 넘쳐났으며 프로야구가 출범했다.

야간통금을 해제한 데는 여러 이유가 있었지만 표면적 계기는 서울올림픽이었다. 우리나라는 1981년 88올림픽 개최권을 획득했고 뒤이어 86아시안게임 개최권도 땄다. 50년 동안 휴전상태인 독재국가에서 올림픽을 한다고 하니 국제여론이 좋지 않았다. 정부는 대한민국이 안전하고 평화로운 나라임을 과시하려고 1982년 1월 5일 일부 지역을 제외하고 통금을 해제했고 1988년 완전히 폐지했다. 심야작업 교대를 할 수 있게 된 기업들은 2교대를 3교대로 바꿔 24시간 공장을 돌렸다. 극장과 술집, 학원이 심야영업을 시작했고 영화관도 주말 심야상영을 했으며 대중교통과 택시 운행시간이 연장됐다. 야간통금 해제가 경제성장률을 높이는 데 도움이 된 것은 말할 나위도 없다.

병영의 기본은 점호와 피아(彼我) 구분이다. 그래서 정부는 온 국민이 주민등록증을 만들게 했다. 대한민국 국민 누구나 만 17세가 되면 동사무소에서 열 손가락 지문을 찍고 주민등록증을 발급받아야 한다. 주민등록증이 없으면 국민으로 인정받지 못하며 정상적인 사회생활을 할 수 없다. 주민등록증의 핵심은 주민등록번호와 지문 그리고 사진이다. 최초의 주민등록제도는 1942년 조선총독부가 도입했다. 일본 호적법에 바탕을 둔 「조선기류령」을 제정해 징용과 징병 등 식민지 수탈을 수월하게 했다. 1962년 국가재건최고회의가 제정한 「주민등록법」의 목적도 일제의 기류령과 비슷했다. 현행 주민등록증과 주민등록번호가 생긴 것은 1968년 가을이다. 정부는 북한의 간첩이나 공작원들의 침투를 막고 이미 침투한 간첩을 쉽게 찾아낼 수 있도록 하겠다며 모든 국민에게 고유번호를 부여했다. 1970년 개정한 「주민등록법」은 "치안상 특별한 경우에는 주민등록증을 제시하도록 함으로써 간첩이나 불순분자를 용이하게 식별·색출하여 반공태세를 강화"할 수 있도록 했다.[*]

　　시행 초기 주민등록번호는 열두 자리였지만 1975년 생년월일 여섯 자리+숫자 일곱 자리로 변경했다. 뒷자리 첫 번째는 남녀(남자 1, 여자 2)를 나누고 그다음 다섯 자리는 출생신고를 한 동사무소의 고유번호와 그 동사무소에서 그날 한 출생신고 순서를 나타내며 마지막 숫자는 기술적인 오류 검증에 필요해서 붙였다.[**] 재외동포는 뒷자리가 다 0이다. 남자는 1000000 또는 3000000, 여자는 2000000 또는 4000000이다. 석 달 넘게 한국에 머물면 재외동포 전용 임시 주민등록번호를 주며 2년 넘게 머물면 국내거소 신고번호를 발급한다. 주민등록번호 때문에 해외동포들은 인터넷 실명 확인을 받을 수 없었다. 탈북자들은 국정원의 교육장소인 경기도 안성의 하나원 주소를 본적지로 하는 번호를 받는다. 그래서 탈북자에게는 비자를 주지 않는 중국 정부가 하나원 주변 동사무소 코드번호가 든 주민등록

---

[*]　　헌법재판소 헌법재판연구원, 『주민등록번호제에 대한 헌법적 쟁점』, 2013, 5~7쪽.

[**]　　같은 책, 11쪽.

번호를 가진 사람들에 대해 비자 발급을 거부하는 웃지 못할 일도 생겼다. 박정희 대통령과 육영수 여사의 주민등록번호 뒷자리는 1000001과 2000001이었다. 고유번호가 00인 동사무소는 없지만, 특별한 신분이라 특별한 번호를 준 것이다.

주민등록번호 덕분에 국가는 편리하게 국민을 관리할 수 있었다. 우리는 국가가 우리 각자에게 발급한 고유 식별번호를 평생 벗어나지 못한다. 주민등록번호만 보면 그 사람의 나이와 출생지, 성별을 바로 알 수 있다. 송아지 귀를 뚫고 바코드가 든 명찰을 붙여 사육, 도축, 유통의 전 과정과 원산지까지 확인할 수 있게 하는 것과 다르지 않다. 원산지를 증명할 수 없는 정육을 수입 쇠고기가 아닌지 의심하는 것처럼 주민등록번호가 없는 사람은 북한 간첩으로 의심한다. 국가가 국민에게 고유 식별번호를 부여하고 지문을 보관하고 주민등록증에 사진을 붙여 관리하면 간첩 침투와 범죄자 색출에 편리한 점이 많다. 미성년자 유흥업소 출입을 단속하는 데도 효과적이다. 그런데 스마트폰 개통, 금융계좌 설치, 인터넷뱅킹 신청, 신용카드 발급, 운전면허증 발급, 부동산 거래 등 우리의 디지털시대 경제활동이 주민등록번호라는 병영시대의 유산 위에서 이뤄지자 심각한 문제가 생겼다. 인터넷 금융거래 보안정보의 기초인 주민등록번호가 다른 개인정보와 함께 유출되어 인터넷 금융범죄의 무기가 된 것이다. 주민등록제도 도입 당시에는 누구도 상상하지 못했던 '디지털 부작용'이었다.

2014년 1월에 터진 농협·롯데·국민카드 개인정보 유출 사건을 계기로 정부와 국회는 주민등록번호를 입력하지 않고 인터넷 본인인증을 할 수 있는 방안을 모색했다. 하지만 온라인에서 남의 주민등록번호를 사용하는지 여부를 확인하는 것은 기술적으로 매우 어렵

다. 그래서 주민등록번호 전체를 다시 만들고 국가기관 말고는 주민
등록번호를 수집하거나 보유하지 못하게 하자는 주장도 나왔다. 지
구촌 문명국가들 가운데 우리와 같은 주민등록제도를 가진 나라는
거의 없다. 주민등록번호는 병영국가의 살아 있는 유산이다.

병영의 통일성을 유지하려면 '건전한' 사고방식과 행동양식을
북돋우는 동시에 '불건전한' 사상과 문화를 차단함으로써 국민이 정
신적으로 '오염'되지 않도록 해야 한다. 특히 어린이와 청소년을 잘
보호해 '건전한 국민'으로 키워내야 한다. 그렇다면 어떤 사상과 문
화가 '불건전한' 것인가? 객관적 기준은 없다. 권력자가 모든 것을 판
단하고 결정한다. 무엇보다 문제가 되는 것이 '불온서적'이다. 건전
한 책은 마음의 양식이 되지만 불건전한 책은 영혼을 타락시키고 사
회를 혼란하게 만든다. 그런 책은 판매할 수 없게 해야 한다. 그렇게
확신한 공안당국이 '판매금지도서목록'이라는 것을 만들었다.

2006년 개교 60주년을 맞은 서울대가 해방 이후 60년 동안 판
매가 금지됐던 책 가운데 역사적 의미가 있는 스무 권을 발표한 적이
있다. 『전환시대의 논리』(리영희), 『신동엽전집』(신동엽), 『순이삼촌』
(현기영), 『타는 목마름으로』(김지하), 『문제는 리얼리즘이다』(게오르
그 루카치), 『빨치산의 딸』(정지아), 『사회주의 인간론』(에리히 프롬),
『무림파천황』(박영창), 『죽음을 넘어 시대의 어둠을 넘어』(황석영),
『한국전쟁의 기원』(브루스 커밍스), 『해방 전후사의 인식』(송건호 외)
등이었다. 『죽음을 넘어 시대의 어둠을 넘어』는 광주민중항쟁 참가
자들이 쓴 항쟁기록을 소설가 황석영이 손질해서 출판한 책이다.
1980년대 중반 '넘어넘어'라는 약칭으로 회자됐던, 광주민중항쟁의
진실을 널리 알린 최초의 공개 출판물이었다. 금서가 된 바람에 더
유명해진 무협소설 『무림파천황』이 불온서적 지목된 이유는 좀 우

습다. 정파(正派)와 사파(邪派)의 대결을 변증법으로 설명한 딱 한 쪽 때문이었다. 그때 공안당국자들은 변증법과 마르크스주의를 같은 것으로 취급했다.

한길사 김언호 사장이 1970년대 중반부터 일기에 목록을 적어 뒀다가 1987년 5월에 공개한 판매금지도서는 무려 1,400종이었다.* 민주화운동기념사업회가 공개한 판금도서목록은 더욱 방대하다. '불온서적'에 대한 규제는 조선시대부터 있었다. 조선 왕조는 천주교 서적을 비롯해 공식 이데올로기인 성리학에서 벗어나는 서적을 금지했다. 일제강점기 조선총독부는 조선 독립과 사회혁명을 주장하는 서적의 출판 판매를 봉쇄했다. 미군정은 조선로동당과 관련된 정치 사상서 판매를 막았다. 이승만 정부는 이데올로기와 관련한 외국도서의 국내 출판 자체를 금지했다. 그러나 당시에는 출판시장이 아직 발전하지 않아서 금서가 될 만한 책이 그리 많지는 않았다. 4·19로 탄생한 제2공화국에서는 도서 판매금지가 사라졌다. 그러나 박정희 정부는 공산주의·사회주의 계열 서적과 월북 작가의 작품, 외국 사회주의 성향 작가의 책을 금지했다. 공안당국이 본격적으로 판금도서 목록을 작성한 것은 1972년 유신쿠데타 이후였다. 출판산업이 성장해 책 발간 종수와 판매량 모두 빠르게 늘어나면서 자본주의 출판시장이 국가권력의 사상통제에 도전하자 금서목록을 대폭 확장한 것이다.

유신시대에는 중앙정보부의 지휘 아래 법무부, 문교부, 문화공보부, 국방부, 내무부 등 유관기관들이 협력해 목록을 정했다. 명분은 국가안보를 위협하는 불온서적과 미풍양속을 해치는 음란서적

---

* 「1987년 5월 기록한 판금도서목록」, 『오마이뉴스』, 2007년 6월 4일자 보도 참조.

규제였지만 정부를 비판하거나 당국자들의 눈에 거슬리는 모든 서적이 판금대상이 됐다. 대표적인 예를 보자. 『길을 묻는 그대에게』(김동길), 『지성과 반지성』(김병익), 『이성과 혁명』(허버트 마르쿠제), 『전환시대의 논리』(리영희), 『학교는 죽었다』(에버레트 라이머), 『죽으면 산다』(장준하), 『어느 돌멩이의 외침』(유동우), 『순이삼촌』(현기영), 『해방의 길목에서』(박형규)가 포함됐다. 금서목록은 수필, 문학평론, 철학, 르포르타주, 소설, 사회비평 등 장르를 가리지 않았다.

　누가 어떤 절차를 거쳐 금서를 정하는지, 그 결정이 문제가 있을 경우 누구에게 어떤 방법으로 이의를 제기할 수 있는지는 알 수 없었다. 영등포구치소 보안과 교도관도 제멋대로 금서를 정했으니 중앙정보부도 몰랐을 것이다. 1979년 교내시위를 하다 구속된 선배에게 과학철학자 토마스 쿤(Thomas S. Kuhn)의 『과학혁명의 구조(The Structure of Scientific Revolutions)』 영문판을 차입하려다 거부당했다. "'혁명의 과학적 구조'라는 책을 어떻게 시국사범한테 허용할 수 있겠어요?" 오역이라고 항의하자 교도관은 그래도 '혁명'이라는 말이 있으니 절대 안 된다고 했다. 그렇지만 미국 마르크스주의 경제학자 폴 스위지(Paul Sweezy)의 『자본주의 발전이론(The Theory of Capitalist Development)』은 제목이 건전해 보인 덕에 무사히 차입했다.

　전두환 정부는 유신시대의 금서목록에 『김형욱 회고록』(박사월), 『혁명의 연구』(에드워드 H. 카), 『한국전쟁의 기원』(브루스 커밍스), 『이야기 경제학』(김수길), 『변증법이란 무엇인가』(황세연), 『겨레와 어린이』(이오덕 외) 등 더 많은 책을 추가했다. 민주화운동기념사업회가 파악한 판매금지도서목록은 노태우 정부까지였는데 그때는 레닌·마오쩌둥·스탈린 등 사회주의혁명가들의 책과 소련 등 동유럽 사회주의국가에서 나온 역사서, 북한 주체사상과 관련된 책을 모조리 금지했다. 김영삼 - 김대중 - 노무현 대통령 때는 정부 차원의 목록이 존재하지 않았던 듯하다. 그러나 2008년 드러난 국방부의 장병 금서목록에서 보듯 개별 국가기관의 목록은 살아 있었다. 23권의 국방부 금서목록에는 『지상에 숟가락 하나』(현기영), 『북한의 우리식 문화』(주강현), 『통일, 우리 민족의 마지막 블루오션』(전상봉), 『미국이 진정으로 원하는 것은』(노암 촘스키), 『미군 범죄와 한미 SOFA』(주한미군범죄근절운동본부), 『소금꽃 나무』(김진숙), 『나쁜 사마리아인들』(장하준), 『김남주 평전』(강대석), 『대한민국史』(한홍구), 『세계화의 덫』(하랄드 슈만 외), 『삼성왕국의 게릴라들』(프레시안) 등이 들어 있었다. 목록이 공개되자 시민은 그 책들을 베스트셀러로 만들어 줌으로써 국가의 사상통제에 반격을 가했다.

대중가요에 대한 통제는 책보다 더 심했다. 정부는 1962년 6월 출범한 민간 '방송윤리위원회'를 1964년 법정기구로 바꿨고 1966년에는 문화예술 전반을 규제하는 '한국예술문화윤리위원회'를 만들었는데 이것이 1976년 '공연윤리위원회(공윤)'로 이름을 바꿨고 1999년 '영상물등급위원회(영등위)'로 변신했다. 이 위원회들은 영화 시나리오, 노랫말, 악보, 게임 등 모든 문화상품을 사실상 검열했다. 배후에 중앙정보부를 비롯한 공안기관이 있었음은 말할 나위도 없다.

방송윤리위원회에서 공연윤리위원회에 이르기까지 음악방송 심의규정은 대동소이했다. 국론을 분열시키거나 사회의 공공질서를 문란하게 하는 것, 미풍양속을 해치거나 퇴폐풍조를 조장하는 내용, 국민의 생활윤리를 해치거나 청소년 선도를 그릇되게 하는 것, 외래 풍조의 무분별한 도입과 모방, 패배·자학·비탄적인 작품, 선정·퇴폐적인 내용을 방송금지했다. 그렇게 해서 방송금지를 당한 노래의 누적 건수는 1976년 771곡, 1983년 834곡, 1996년 301곡이었다.•

병영국가 시절 방송금지곡에는 재미난 게 많다. 국민가수 이미자의 데뷔곡 〈동백아가씨〉는 왜색, 길옥윤의 〈사랑하는 마리아〉는 표절, 배호의 〈영시의 이별〉은 야간통금제도 위반이라는 이유로 금지했다. 〈빗속의 여인〉, 〈커피 한 잔〉, 〈미인〉, 〈님은 먼 곳에〉 등 한국 록의 아버지로 일컬어지는 신중현의 노래는 그가 대마초 사건으로 구속당한 1975년 이후 한동안 통째로 묶였다. 노래가 아닌 작곡가를 문제 삼은 경우였다. 이장희의 〈그건 너〉는 퇴폐적, 김추자의 〈거짓말이야〉는 불신풍조 조장, 김민기가 작사·작곡하고 양희은이 부른 〈늙은 군인의 노래〉와 송창식의 〈왜 불러〉는 가사 불건전이 이유였다. 1966년 〈뜨거운 안녕〉을 타이틀곡으로 한 쟈니 리의 앨범은 35만 장을 판매하는 대성공을 거뒀는데 여기에 들어 있던 김문응 작사, 길옥윤 작곡의 〈내일은 해가 뜬다〉도 걸려들었다. "사노라면 언젠가는 좋은 때도 올 테지"라는 가사가 권력자들의 심기를 불편하게 만든 탓이다. "그렇다면 지금은 나쁜 때란 말이냐!" 이 노래는 대학가 운동가요집에 〈사노라면〉이라는 제목으로 실린 탓에 오랫동안 작곡자 미상의 구전가요로 알려졌다. 1983년에는 한일관계에 악영향을 미친다는 이유로 개그맨 정광태의 〈독도는 우리땅〉을 일시 방송 금지했다.

작곡자, 가수, 가사에 아무런 문제가 없는데 시국상황 때문에 금지당한 노래도 있었다. 가장 희한한 사례가 1960년대 후반 공전의 히트를 기록한 나훈아의 〈사랑은 눈물의 씨앗〉이다. 정인숙 사건 때문이었다. 1970년 3월 17일 밤 11시, 서울 마포구 합정동 절두산 근처 강변도로에서 모델이자 배우이며 고급 요정 '선운각' 호스티스였던

---

*   문옥배, 『한국 금지곡의 사회사』, 예솔, 2004, 103~105쪽, 134쪽.

25세 여인 정인숙 씨가 총상으로 사망했다. 오빠 정종욱도 허벅지에 총상을 입은 채 운전석에서 발견됐다. 사건 그 자체보다 더 큰 문제는 정인숙의 세 살 난 아들이었다. 항간에는 아버지가 정일권 국무총리, 박정희 대통령 또는 이후락 청와대 비서실장이며 그 비밀을 감추기 위해 정인숙을 암살했다는 소문이 나돌았다. 희대의 '섹스 스캔들' 또는 '청부살인 사건'이 터진 것이다.

검찰은 정종욱 씨를 범인으로 지목해 구속했지만 파문은 가라앉지 않았다. 신민당이 정부 고위층의 개입 의혹을 제기했고 국회 본회의에서 김상현 의원이 청부살인이라고 주장했다. 그러자 공화당 소속 차지철 의원이 욕을 퍼부었고 여야 의원들이 맞붙어 본회의장은 난장판이 됐다. 결국 박정희 대통령은 정일권 국무총리를 해임했다. 검찰은 정인숙의 집에서 박정희 대통령, 정일권 국무총리, 김형욱 중앙정보부장, 박종규 청와대 경호실장을 비롯해 수십 명에 이르는 장관, 차관, 국군 장성, 5대 재벌그룹 회장, 국회의원들의 이름과 연락처, 만난 일시와 장소가 적힌 수첩과 장부를 발견했고 그 명단이 언론에 흘러나갔다. 세간에는 '육박전'이라는 말이 돌았다. 육영수 여사가 정인숙과의 관계를 추궁하면서 부부싸움을 하던 중 박정희 대통령이 던진 재떨이에 맞아 눈두덩이 시퍼렇게 멍들었다는 소문 때문이었다.

가수 나훈아에게 불똥이 튄 것은 '노가바(노래 가사 바꿔 부르기)' 때문이었다. 사람들은 "사랑이 무어냐고 물으신다면 / 눈물의 씨앗이라고 말하겠어요"를 "아빠가 누구냐고 물으신다면 / 청와대 미스터라고 말하겠어요"로 바꿔 불렀다. 정인숙 사건은 끝내 진상이 밝혀지지 않았다. 경찰은 살해도구인 권총을 찾지 못했으며 범행현장을 제대로 감식하거나 보존하지도 않은 채 사고차량을 서둘러 폐기했다. 19년의 기나긴 형기를 마치고 석방된 정종욱 씨는 동생을 죽인 것은 저격수였고 자신은 억울한 옥살이를 했다고 주장했다. 그의 말에 따르면 아들을 데리고 미국으로 갈 예정이던 정인숙은 타워호텔에서 누군가를 만난 뒤 돌아오는 길에 서교동 자택 근처 골목에서 총을 맞았고 정종욱은 저격수에 납치되어 절두산 인근 강변도로로 끌려가다 허벅지에 총을 맞았다.* 법원은 유족에게 현장에서 압수한 물품을 돌려주었는데 거기에는 1.7캐럿 다이아몬드 반지, 롤렉스시계, 미화 2,000달러, 300만 원짜리 정기예금증서, 180만 엔과 200만 엔 일본은행 수표, 소액의 상업은행 자기앞수표와 현금이 들어 있었다.** 정인숙의 아들은 장성한 후 친자확인 소송을 했지만 정일권 씨가 노환으로 사망한 탓에 친자 여부는 끝내 확인하지 못했다.

민주화 이후에도 정부는 방송 사전심의제도를 폐지하지 않았다. 1993년 가수 정태춘 씨가 의미 있는 싸움을 시작했다. 공연윤리위원회의 사전심의를 받지 않고 음반을 제작·발표함으로써 문화관광부가 자신을 고발하게 만든 다음 사전심의를 강제한 「음반 및 비디오물에 대한 법률」에 관한 위헌심판을 제청한 것이다. 여기에 '서태지와 아이들'이 그 싸움을 키웠다. 4집 앨범 '컴백홈' 수록곡 〈시대유감〉에 대해 공윤이 수정을 지시하자 가사 전체를 삭제하고 연주곡만 수록하는 방식으로 검열에 대항했고 서태지의 팬들은 격렬하게 공윤을 비난했다. 결국 공윤은 1996년 6월 사전심의제를 폐지했고 넉 달 후 헌법재판소는 사전심의제도가 표현의 자유를 규정한 헌법 제21조 위반이라는 결정을 내렸다. 대중예술인들이 끈질긴 싸움을 벌여 일제강점기 이래 1990년대까지 존속해온 사전검열제도를 폐

---

* 정성일, 『저는 당신의 아들이었습니다』, 행림, 1993, 68~85쪽.
** 같은 책, 194쪽.

지한 것이다.

　박정희 대통령은 젊은 시절 초등학교 교사였다. 그 자신은 교양
있는 사람이 아니었지만 교양 있는 사람을 존중하는 마음은 있었다.
그렇지 않았다면 전국의 모든 학생과 교사를 동원한 자유교양대회
를 했을 리 없다. 초등학생 때 담임 선생님이 어떤 효자 이야기를 읽
어준 다음 '도전 골든벨' 비슷한 방식으로 문제를 냈다. '주인공인 효
자는 죽어가는 어머니를 살리려고 손가락을 깨물어 어머니 입에 피
를 흘려 넣었다. 효자가 깨문 손가락은 어느 손가락이었나?' 나는 우
리 반 대표선수가 됐고 비슷한 방식으로 다른 반 대표선수들과 겨뤄
학교 대표선수로 뽑혔다. 여름방학 내내 학교에 나가서 고전을 읽고
독후감을 쓰고 쪽지시험을 보며 준비했지만 대구 지역예선에서 탈
락했다. 중학생 때도 똑같은 일을 겪었는데 그때『논어』,『신약』,『그
리스로마 신화』,『삼국유사』 같은 책을 뜻도 모르고 읽었다. 지식을
다루는 일에 종사하는 50대와 60대 시민은 다들 '대통령기쟁탈 전국
자유교양대회'의 추억을 간직하고 있을 것이다.

　나라의 품격은 국민의 교양수준이 좌우한다. 교양수준을 높이
려면 인류 문명의 위대한 성취를 담은 동서양의 고전을 읽어야 한다.
그렇게 확신한 지식인들이 1960년대 초 단체를 만들어 고전독서운
동을 벌였는데 그런 단체 중에 한국자유교양협회가 있었다. 협회는
1966년부터『동아일보』와 함께 고전읽기 국민운동을 벌이면서 정
부의 재정지원을 받아 동서양 고전 100권을 번역·보급하고 중등학
교와 대학에 관련 강의를 개설했으며 기업과 농어촌에 독서클럽을
만들었다. 고전 100권은『삼국유사』,『징비록』,『삼국사기』,『퇴계사
상문선』,『율곡사상문선』,『목민심서』,『대동야승』을 비롯한 우리
민족의 고전과 공자·맹자·장자·노자·묵자·사마천·아리스토텔레

스·플라톤·마키아벨리·루소·스미스·데카르트·헤겔·칸트·다윈·프로이트·스피노자·니체 등 동서고금의 위대한 철학자들이 쓴 저작을 두루 망라했다.[*]

이어령·현승종·양주동·구상·박종홍 등 당대의 저명한 지식인과 문인들이 고전독서운동에 힘을 보탰다. 그런데 정부의 지원이 들어오면서 고전독서운동은 암기능력을 테스트하는 경연대회로 전락했다. 1968년 11월 제1회 대통령기쟁탈 전국자유교양대회가 열렸고 정일권 국무총리가 시상을 했다. 마치 고교야구대회나 전국체전을 할 때처럼 전국 학교와 시도에서 선발한 대표선수들이 출전해 독후감을 쓰고 필기시험을 보았다. 이 대회 전성기였던 1974년에는 전국 학생의 90%가 지역예선에 참가했고 육영수 여사가 입상자를 초대해 다과를 베풀었다. 1975년 마지막 대회를 할 때까지 한국자유교양협회는 132종 800만 부의 고전을 보급했다. 이 대회는 암기식 과열경쟁, 도서보급과 관련한 비리, 스파르타식 훈련의 부작용 때문에 없어졌다고 하지만 근본적인 원인은 고전독서가 병영사회와는 어울리지 않는다는 데서 찾는 게 맞을 것이다.

"우리는 왜 날마다 명복을 비는가"

병영국가의 최대 피해 집단은 노동자였다. 국가가 특정한 가치관을 강제 주입하면 국민이 아프고 불편하다. 원하는 삶의 방식을 자유롭게 선택하지 못하면 삶에 대한 회의가 생긴다. 병영국가 대한민

[*] 자유교양대회에 관한 서술은 권보드래·천정환, 『1960년을 묻다』, 천년의상상, 2012, 「9장 박정희 군사독재시대의 '교양'과 자유교양운동」을 참조.

국의 적은 북한만이 아니었다. '국외공산계열'인 소련, 중국, 동유럽
사회주의국가도 적이었다. '국외공산계열'의 이념적 창시자인 마르
크스는 만국의 프롤레타리아트가 단결해 부르주아지가 지배하는 자
본주의체제를 타도하라고 선동했다. 그래서 병영국가 권력자들은
노동자를 북한과 '국외공산계열'의 잠재적 협력자로 보았으며 그들
이 계급으로 각성하거나 단결하지 못하도록 특별한 관심을 기울였
다. 여기서 특별한 관심이란 철저한 감시와 무자비한 억압을 의미한
다. 노동자들은 심리적 억압뿐만 아니라 생존권과 인권을 박탈당하
는 물리적 고통도 겪어야 했다.

정부는 노동자들이 국제적 연대의식을 가지지 않도록 세계적으
로 통용되는 5월 1일 노동절 대신 3월 10일을 '근로자의 날'로 정했
다. 노동3권을 억눌렀고 노동조합을 개별 기업 단위로만 만들게 했
으며 상부조직도 한 개만 허용해 한국노총 외에는 자주적인 연맹을
만들 수 없게 했다. 한국노동조합총연맹(한국노총)은 해방 직후 사회
주의 성향의 조선노동조합전국평의회(전평)에 대항하기 위해 급조
한 대한독립촉성노동총연맹을 모태로 한 조직으로, 어용노조 역할
을 하다가 1960년 한국노총으로 이름을 바꿔 오늘날까지 존속하고
있다. 한국노총은 정부와 손잡고 자주적인 노동조합을 탄압했으며
전두환 대통령의 호헌선언을 지지하는 성명을 냈다. 1987년 여름 노
동자대투쟁 때는 아무런 행동도 하지 않았으며 민주화 이후 선거 때
는 편의에 따라 여당과도 연합했고 야당과도 연합했다.

자주적인 노동조합연합체는 광장의 시대가 열린 후에야 나타났
다. 1995년 11월 출범한 전국민주노동조합총연맹(민주노총)이다.
1996년 노동법 날치기 항의 총파업을 치르면서 대중적 기반을 구축
한 민주노총은 산업별 노조를 기반으로 삼았는데 자동차 회사 노동

조합들이 속한 금속노조와 전국교직원노동조합, 공공운수연맹 등이 핵심이다. 민주노총은 1997년 최초의 평화적 정권교체 이후 10여 년 동안 조직·정치적 영향력을 확대해 민주노동당의 국회 진출을 도왔다. 하지만 만성적인 정파갈등과 대기업 노동조합의 자기중심적 행태 등으로 대중의 신망이 크게 하락했으며, 2008년 이후에는 10여 년 동안 정부의 노골적이고 일상적인 탄압을 받았다.

권력자는 역사에 자신의 인격을 각인한다. 한국현대사에 가장 뚜렷한 각인을 남긴 지도자는 박정희 대통령과 김대중 대통령이 아니었나 생각한다. 그러나 때로는 아무 지위도 권력도 없는 사람이 역사에 자신의 인격을 각인하기도 한다. '영원한 청년 노동자' 또는 '노동열사' 전태일이 바로 그런 사람이다. 김수환 추기경이나 법정 스님도 권력자는 아니었지만 비슷한 경우다. 그러나 그분들에게는 가톨릭과 불교라는 종교적 배경이 있었지만 전태일에게는 아무것도 없었다. 스물두 살 노동자 전태일은 1970년 11월 13일 청계천 평화시장에서 「근로기준법」 책자를 껴안고 휘발유를 끼얹은 몸에 불을 붙였다. 불덩이가 되어 "우리는 기계가 아니다!", "근로기준법을 준수하라!"고 외쳤던 그는 어머니 품에서 숨을 거뒀고 이소선 여사는 2011년 타계할 때까지 40년 세월을 '노동자의 어머니'로 살았다.

열일곱 살에 청계천 평화시장 옷 공장의 '시다(재단보조)'로 일하기 시작한 전태일은 기술을 익혀 월급이 제법 많은 재단사가 됐지만 강제노동과 다름없는 혹사를 당하면서 갖가지 병에 시들어가던 어린 여성노동자들을 외면하지 못했다. 그들의 고통을 덜어줄 방법을 찾기 위해 혼자 「근로기준법」을 공부했는데 한자투성이 법전을 읽을 수가 없어서 대학생 친구가 있다면 얼마나 좋을까 한탄했다. '바보회'라는 노동자모임을 만들어 근로조건을 개선해보려다가 해고당

전태일 열사 동상:
2020년 11월 13일 경기도 남양주시에
위치한 모란공원에서는 전태일 열사의
50주기 추도식이 열렸다. 그가 떠난 지
50년이 지났지만, 한국사회에서 노동문제는
여전히 해결되지 못한 과제로 남아 있다.
전태일 머리에 '비정규직 철폐'라고 써 있는
머리띠가 둘러져 있다.

하자 청계천 옷 공장 노동자들의 생활실태를 조사한 보고서를 만들어 노동청에 보냈다. 그러나 정부와 고용주들은 사회주의자라는 딱지를 붙여 박해했을 뿐 그의 호소에 귀를 기울이지 않았다.

　전태일은 노동청장에게 쓴 진정서에서 평화시장의 실태를 다음과 같이 요약했다. 평화시장 노동자는 2만여 명, 한 공장에 평균 30명이 일한다. 노동자의 90% 이상이 평균 18세의 여성이고 전체의 40%인 시다는 평균 15세인데 100원도 되지 않는 일당을 받고 하루 16시간씩 일하며 쉬는 날은 한 달에 이틀뿐이다. 평균 경력이 6년이고 평균 나이가 20세인 여성 숙련공들은 햇빛이 들지 않는 좁은 공장에서 일하느라 눈병과 신경통, 위장병, 폐렴을 앓지만 건강진단은 필름도 없이 찍는 가짜 엑스레이가 고작이다.[*] 전태일은 탄원서에 박정희 대통령을 '나라의 아버지'라고 하면서 아버지를 원망하기 전에 아픈 곳을 알리는 것이 '자식의 도리'라고 썼다. 하루 작업시간을 10~12시간으로 줄이고 매주 일요일 쉬게 하며 건강진단을 제대로 하고 시다의 급여를 50% 인상하라고 청원한 그는 이것을 '인간으로서의 최소한의 요구'라고 했다.[**] 다른 방법이 없다고 판단했기에 자신의 몸에 불을 질렀다.

　타인의 생명과 복지를 위해 자신의 목숨을 버리는 것은 인간이 할 수 있는 가장 고결한 행위다. 전태일을 분신하게 한 것은 이념이 아니라 이웃에 대한 연민이었다. 어리고 약한 스물두 살 청년 노동자가 더 어리고 더 약한 여성노동자들을 위해 목숨을 버린 것이다. 그 죽음은 동시대인의 마음을 두들겼다. 전태일은 빈곤과 억압, 착취와 인권유린으로 고통받는 노동자 집단이 형성됐음을 극적으로 드러냈

[*]　조영래, 『전태일 평전』, 전태일재단, 2009, 257~263쪽.
[**]　전태일재단 홈페이지(www.chuntaeil.org)에 올라와 있는 일기장.

고 사회가 어디로 가고 있으며 어디로 가야 하는지 알려줬다.

조영래·장기표를 비롯한 대학생들이 분신 소식을 듣고 평화시장으로 달려왔다. 반독재·민주화투쟁에 몰두하던 대학생과 지식인은 노동자의 비참한 삶에 큰 충격을 받았다. 1970년대 이후 노동운동, 노학연대, 청년지식인들의 노동현장 투신, 노동운동의 정치적 진출, 민주노총의 탄생은 모두 전태일의 분신에서 비롯했다. 평화시장 노동자들은 청계피복노동조합을 결성했고 대학생들은 야학을 만들어 친구가 됐다. 대학을 마친 젊은이들 가운데 기술을 배우고 자격증을 따서 공장에 취직하는 사람들이 생겨났다. 전태일의 죽음에서 용기를 얻은 노동자들은 1970년대에 동일방직, 콘트롤데이타, 반도상사, 원풍모방, YH무역 등을 비롯해 2,500개가 넘는 자주적 노동조합을 결성했다. 1985년 대우자동차 노조파업과 구로연대투쟁을 거쳐 1987년 여름 노동자대투쟁으로 현대와 대우그룹 등 재벌 대기업의 대형 노동조합을 세우는 과정에도 전태일의 정신을 추앙한 학생 출신 노동운동가와 도시산업선교회 등 종교계 지원조직의 활동이 큰 영향을 미쳤다.

전태일의 분신 이후 18년이 지난 1988년 7월, 15세 소년 문송면 군이 수은 중독으로 사망했다. 집이 가난해 중학교를 마치지 못했던 그는 야간학교에 다니게 해주는 공장이 있다는 말을 듣고 고향 충남 서산을 떠나 혼자 서울에 왔다. 그런데 영등포구 양평동 공장에 취직해 온도계에 수은 넣는 일을 한 지 겨우 두 달 만에 손발이 마비되는 증상이 나타나 집으로 돌아갔던 그는 여러 병원을 전전하며 원인을 찾다가 서울대병원에서 수은 중독 진단을 받았고 넉 달 뒤 숨을 거뒀다. 이 사건은 우리나라 산업보건 현실과 노동행정의 후진성을 적나라하게 드러냈다. 회사는 문송면 군이 앓는 병이 회사와 아무 상관이 없다고 주장하면서 산재신청서 날인을 거부했고 노동부는 서울대병원이 산재보험 지정 의료기관이 아니라는 이유를 들어 요양신청서를 반려했다.

　그때 원진레이온 사건도 알려졌다. 1966년 일본에서 중고설비를 들여와 인견사(비스코스)를 독점 생산한 서울 근교 미금시 도농동의 원진레이온에는 1,500여 명의 노동자가 일하고 있었다. 여러 작업공정 가운데 인견사를 뽑는 마지막 공정에서 이황화탄소가 방출됐는데 회사는 안전장치를 갖추지 않은 채 20년 넘게 공정을 유지했고 노동자들은 위험성을 모른 채 매월 300시간 넘게 일했고 신체마비와 언어장애, 정신이상에 시달렸지만 직업병인지 몰랐다. 이황화탄소 중독 실태가 알려지기 전 노동부는 이 회사에 2만 5,000시간 무재해 기록증을 발급했으며 회사는 중독 증세로 퇴사한 노동자들의 산재신청서 날인을 거부했다. 1998년까지 근로복지공단이 요양 승인을 한 피해자가 830명이었고 그중 38명이 사망했다.[*]

　문송면 군의 죽음이 알려진 그 시기에 '원진레이온 직업병 피해자 가족협의회'가 발족했다. 한국공해문제연구소를 비롯한 환경단체와 보건의료 전문가들이 결합했고 박영숙·노무현 등 야당 국회의원들이 진상조사를 시작했다. 노동부는 정부의 무관심에 격분한 원진 피해자들이 88올림픽 성화 봉송로를 막으려고 하자 그제서야 협상 요구에 응했다. 원진레이온은 몇 년 후 문제의 설비를 중국 기업에 팔아치우고 폐업했지만 투쟁은 10여 년 더 이어졌다. 1993년 설립한 비영리 공익법인 원진재단은 피해자들에게 위로금을 지급하고 치료와 재활을 돕기 위해 구리시에 원진녹색병원과 원진복지관을

---

[*] 양길승·최현림·김주자, 「이황화탄소(CS)중독증 연구: 중간보고서」, 근로복지공단, 1998, 12~17쪽.

세웠다.

그때 나는 이해찬 국회의원의 보좌관으로 일하고 있었다. 국회 노동위원회에서는 이해찬·노무현·이상수 등 이른바 '노동위 삼총사'와 이인제 의원 등 쟁쟁한 소장 정치인들이 활약하고 있었는데 문송면 군과 원진레이온 사건이 큰 이슈였다. 1986년 설립한 구로의원과 산재상담실 등 소수의 보건전문가들이 외롭게 수행했던 산재 피해자의 진료·상담·교육활동이 대중의 관심을 받았고 노동단체와 시민단체뿐만 아니라 일반 시민이 산재추방운동의 중요성을 이해하고 참여하게 됐다. 국회는 1989년 유명무실하던 「산업안전보건법」을 개정하고 산업재해예방기금을 설치했다. 산업안전보건위원회에 노동자 대표의 참여를 보장하고 산재예방교육을 의무화했으며 1995년에는 긴급 작업중지권과 산업보건 정보공개, 산업의학전문의 제도 도입 등 제도개선을 추가했다. 2002년에는 기업이 근골격계 질환과 스트레스, 실내공기 오염에서 노동자의 건강을 지키는 데 필요한 조처를 하도록 다시 법을 개정했다.

문송면 군이 목숨을 잃고 19년이 지난 2007년 11월 '삼성반도체 집단 백혈병 진상규명과 노동기본권 확보를 위한 대책위원회'가 출범했다. 23세 여성노동자 황유미 씨의 죽음이 계기였다. 2003년부터 삼성반도체 기흥공장에서 일한 황유미 씨는 2년 만에 급성 골수성 백혈병 진단을 받고 투병하다 숨졌다. 1년 전에도 같은 공정에 투입됐던 동료가 림프구성 백혈병 진단을 받고 두 달 만에 사망한 일이 있었다. 삼성반도체 기흥공장에서는 2000년 이후 최소한 6명의 백혈병 환자가 생겼고 화성공장과 온양공장에서도 백혈병 환자가 있었다는 사실이 드러났다.* 삼성반도체는 백혈병의 업무연관성을 부인했고 산업안전보건공단은 극히 형식적인 역학조사를 하고 아무 의미도 없는 보고서를 냈다. 2009년 5월 근로복지공단은 직업병이라는 의학적 증거가 없다며 백혈병에 걸린 삼성반도체 노동자 5명의 산재신청 승인을 거부했다. 2011년 서울행정법원은 피해자 가족들이 근로복지공단의 산재 불승인을 취소해달라고 낸 소송에서 원고 몇 사람에게만 부분승소 결정을 내렸다. 근로복지공단은 합동대책회의를 하는 등 삼성과 한편이 되어 그 불충분한 판결마저 받아들이지 않고 항소했다.

　　황유미 씨 사건으로 출발했던 대책위원회는 2008년부터 다른 반도체 회사의 직업병 피해자문제를 함께 다루기 위해 '반도체 노동자의 건강과 인권 지킴이 반올림(반올림)'으로 전환했다. 2013년까지 반올림에 직업병 제보를 한 노동자 171명 가운데 70여 명이 세상을 떠났다. 백혈병, 뇌종양, 유방암, 루게릭, 다발성경화증 등 병명은 다양했지만 모두 암 아니면 희귀질병이었고 대부분 젊은 노동자였다. 39명이 산재보험 보상을 신청했지만 근로복지공단은 단 세 사람만 산업재해로 인정하고 나머지는 "질병 원인을 입증하기 어렵다"라며 기각했다.**

　　여기까지의 양상은 문송면 군과 원진레이온 사건 때와 거의 비슷했다. 그러나 분쟁의 당사자가 삼성그룹 소속의 최첨단 기업이고 민주노총과 여러 시민단체가 지속적으로 지원했기에 이후 과정은 달랐다. 엄청난 사회적 비난을 받았던 삼성전자는 2014년 5월 이건희 회장이 심장마비로 중환자실에 입원한 상황에서 보상을 위한 협의를 시작하겠다는 입장을 내놓았다. 법정 안팎에서 길고 지루한 공

*　　박일환·반올림, 『삼성반도체와 백혈병』, 삶이보이는창, 2010, 16~20쪽, 47~54쪽.
**　　공유정옥, 「자기 직원이 보상받으면 안 된다는 기업」, 『한겨레21』 제989호, 2013년 12월 9일자.

방이 벌어진 끝에 법원의 조정안을 양측이 수용했고 삼성전자의 해당 사업 부문 사장이 2018년 11월 23일에 열린 '삼성 – 반올림 중재판정서 합의이행 협약식'에서 사과문을 발표했다. 삼성전자는 반도체와 액정디스플레이(LCD) 생산라인에서 근무하다 질병에 걸린 피해자 400여 명에게 2020년 5월까지 142억 원의 보상금을 지급했고 수십 건의 피해신청에 대한 추가 심의를 진행 중이다.

산업재해 잔혹사는 여기서 끝나지 않았다. 2018년 12월 10일 밤 태안화력발전소에서 24세 비정규직 노동자 김용균 씨가 홀로 일하다 기계에 끼어 숨졌다. 가족이 현장에서 찾은 유품에는 휴대전화 충전기, 세면도구, 작업복 같은 필수품 이외에 과자와 여러 종류의 컵라면이 있었다. 대전지방노동청이 특별근로감독하는 과정에서 수십 건의 「산업안전보건법」 위반사항이 드러났다. 그런데 그가 발전소를 운영하는 서부발전의 직원이 아니라 하청업체 소속이라는 사실이 큰 관심을 끌었다. 우리나라 대기업들은 위험한 작업을 하청업체에 맡김으로써 비용을 절감하고 산재사고에 대한 법률적 책임을 회피했다. 지불능력이 부족한 하청업체는 규정에 따른 안전조처를 하지 않고 노동자들을 투입했다. 김용균 씨가 그런 환경에서 일하다 목숨을 잃었다는 사실에 시민들은 격분했다.

김용균 씨의 어머니 김미숙 씨는 또 다른 아들의 죽음을 막으려면 사고의 진상을 철저하게 밝히고 법을 바꿔야 한다고 호소했다. 아들이 어떤 환경에서 일하는지 몰랐다고 자책하면서 주요 정당 대표들을 찾아다녔다. 그 모습을 보고 이소선 여사를 떠올린 사람이 나 혼자만은 아니었을 것이다. 2018년 12월 27일 국회는 「산업안전보건법」 개정안을 의결했다. 원진레이온 사건 이후 28년 만에 처음으로 의미 있는 법 개정을 한 것이다. 언론이 「김용균법」이라고 했던 이

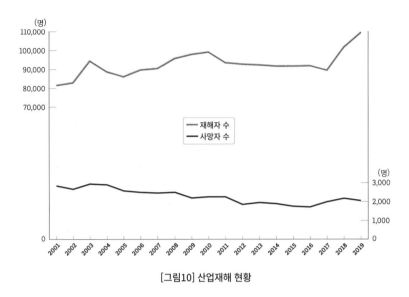

[그림10] 산업재해 현황

개정안의 핵심은 '위험의 외주화'를 줄이기 위해 인체에 유해하거나 매우 위험한 작업을 하청업체에 맡기는 것을 어렵게 하고 법을 위반한 기업과 사업주를 더 무겁게 처벌하도록 하는 것이었다. 그러나 그 정도로는 '위험의 외주화'와 노동자들의 죽음을 막을 수 없었다.

2020년 2월부터 퍼진 코로나19 누적 감염자와 사망자는 12월 15일 현재까지 각각 6만여 명과 900여 명이었다. 사망자는 대부분 기저질환이 있는 고령자였다. 같은 시점에서 세계 전체의 누적 감염자와 사망자는 각각 8,300만 명과 180만 명이었는데 상황이 언제까지 지속할지는 모르겠으나, 우리 정부와 국민은 엄청난 비용과 불편을 감수하며 협력함으로써 인구 대비 확진자와 사망자를 세계에서 가장 낮은 수준으로 유지했다. 그렇다면 주로 젊은 사람들이 해마다 2,000여 명이나 죽어나가는 산업재해는 왜 막지 못하는 것인가. [그림10]은 해마다 얼마나 많은 사람이 일을 하다가 다치고 병들고 죽

는지 보여준다.* 산업재해 인정 범위가 넓어졌고 노동자들의 권리의
식이 높아져 누락되는 경우가 줄어들고 있다는 점을 고려해도 산업
재해로 인해 건강과 목숨을 잃는 노동자 수는 지난 20년 동안 크게 줄
어들지 않았다. 보수 진보를 막론하고 어느 정부도 획기적인 조처를
취하지 않았기 때문이다. 「김용균법」도 큰 효과를 내지 못하고 있다.

2020년 4월 29일 경기도 이천시의 물류센터 신축 공사장에서
화재가 나 38명이 사망했다. 2년 전에도 이천시에서 비슷한 사고로
8명이 목숨을 잃었다. 소설가 김훈 선생은 합동분향소를 다녀와서
이렇게 한탄했다.** "나는 다만 울음을 듣고 돌아왔다. 늙은 어머니
와 젊은 아내는 땅을 치며 울었고 뒹굴면서 울었다. 왜 이런 참사가
거듭되는가. 수많은 박사학위 논문, 연구보고서, 특집기사, 세미나,
공청회, 국무회의, 긴급대책회의, 총리 지시가 있었다. 이 산더미 같
은 담론은 대체 무엇인가. 모두가 말짱 헛것이고 꽝이고 도루묵이다.
우리는 왜 한 걸음도 앞으로 나아가지 못하는가. 우리는 왜 넘어진
자리에서 거듭 넘어지는가. 우리는 왜 날마다 명복을 비는가. 우리는
왜 이런가."

정부와 국민이 코로나19를 방역하듯 산업재해를 대한다면 이렇
게 한탄할 일은 줄어들 것이다. 우리나라는 노동자 10만 명당 재해자
수와 사망자 수가 산업국가 중에서 압도적 1등이다. 그런데도 문제
를 해결하지 못하는 것은 노력하지 않기 때문이며, 노력하지 않는 것
은 정부와 국회가 관심이 적고 국민이 그 비용을 감수하려 하지 않기
때문이다. 전염병은 독립적인 사건이 아니다. 남이 걸리면 나도 걸릴
확률이 높아진다는 걸 모두가 안다. 그래서 전파 확률을 높이는 위험

행동을 하는 사람을 비난하고 정부의 강력한 규제와 대규모 재정 투입을 지지한다. 그러나 산업재해는 당하기 전까지는 내 문제가 아니라고 생각한다. 남이 당한다고 해서 내가 당할 확률이 높아지는 게 아니기 때문이다. 산업안전 규제가 기업의 경쟁력을 떨어뜨려 국가 경제를 해친다는 대기업과 보수언론의 선동에 휘둘리며 산재예방을 위한 국가재정 지출의 확대에 흔쾌히 동의하지도 않는다.

　게다가 법을 만드는 국회의원과 대통령을 비롯한 고위 공무원들이 산업재해를 당할 확률은 극히 희박하다. 그런 점에서도 산업재해는 전염병과 다르다. 미국 대통령과 영국·프랑스 총리도 코로나19에 걸렸다. 자신도 예외가 아니라는 것을 알기 때문에 신속하고 단호하게 대처한다. 그러나 산업안전 규제를 강화하고 책임자에 대한 처벌을 강화하며 피해자 지원을 확대하는 것은 자신과 관련된 일이 아니다. 그래서 중대한 산업재해를 낸 기업과 기업인을 무겁게 처벌하는 「중대재해기업처벌법」 같은 법률안을 제때 성의 있게 심의하지 않는다. 특단의 조처를 하지 않는다면 애통한 죽음은 앞으로도 그치지 않을 듯하다. 우리는 앞으로 넘어진 자리에서 거듭 넘어질 것이고, 날마다 명복을 빌어야 할 것이다. 21대 국회가 강력하고 실효성 있는 산업안전 규제 법안을 의결한다면, 우리 민주주의가 더 유능하고 성숙했다는 증거가 되리라 믿는다.

안보국가에서 복지국가로

　난민촌 거주자는 남을 배려하기 어렵다. 병영국가의 국민도 주어진 역할에 충실할 뿐, 자기 처지가 어렵고 사회 분위기가 경직되어

있어서 마음을 제대로 표현하지 못한다. 절대빈곤에서 벗어나 자유
로운 광장에 들어선 후에야 사람들은 주변을 살피고 타인을 배려하
기 시작했고 국가의 기능도 그에 맞게 바뀌었다. 국민을 감시하고
통제하고 처벌하는 데서 벗어나 복지국가를 향해 조금씩 전진한 것
이다.

　복지국가는 시민을 모든 종류의 사회적 위험(risk)에서 보호한
다. 일자리를 잃거나, 무거운 병에 걸리거나, 산업재해를 당해 장애
를 입거나, 재산도 소득도 없이 나이 들거나, 치매나 중풍 때문에 일
상생활을 스스로 할 수 없게 되는 것이 모두 사회적 위험이다. 이런
위험이 닥치면 당사자의 삶은 지옥이 되고 주변 사람까지 어려움을
겪는다. 우리 국민은 그런 위험에서 벗어나고 싶은 소망을 국가제도
로 표현했다. 공무원연금과 국민연금 등의 공적 노후보험, 산업재해
와 직업병에 대비하는 산재보험, 치료비를 지급해주는 국민건강보
험, 실업급여를 제공하는 고용보험 그리고 노인성 질환에 걸린 국민
을 보살피는 노인장기요양보험 등 5대 사회보험이 그것이다.

　사회보험은 가입자가 소득의 일부를 보험료로 내고 필요할 때
서비스를 받는 안전망이다. 우리나라 사회보험의 역사에는 안보국
가에서 발전국가와 민주국가를 거쳐 복지국가를 향해 전진해온 현
대사의 숨 가빴던 여정이 고스란히 묻어 있다. 정부는 1960년대 초
공무원연금과 군인연금을 도입했다. 병영을 운영하려면 장교와 간
부를 장악하고 그들의 협력을 받아야 한다. 중앙정보부, 검찰, 법원,
경제부처 등 국가의 일상적 업무를 처리하는 국가공무원, 지방행정
기관에서 국가의 명령을 수행하는 지방공무원, 부사관부터 장성까
지 대통령이 명령하면 시민에게 총을 쏠 직업군인, 치안을 유지하면
서 국민의 일상생활을 감시·통제하는 경찰관, 아이들을 가르치는

교사와 대학의 교직원, 이런 사람들의 충성을 확보하는 것이 병영국가의 기본 과제다. 그래서 사회보험 가운데 공무원과 군인, 교사를 위한 노후연금제도를 가장 먼저 도입했다.

공무원연금과 군인연금은 납부 보험료에 비해 매우 넉넉한 연금을 주도록 설계했기 때문에 적자가 날 수밖에 없다. 기금 적립금은 이미 오래전에 바닥났고, 정부가 해마다 세금으로 조성한 정부 일반회계에서 필요한 만큼의 돈을 출연한다. 2019년 정부가 공무원연금과 군인연금 적자를 메우기 위해 지출한 돈은 4조 원이 넘었다. 두 연금의 적자 규모는 2030년 9조 원으로 불어날 전망이다.* 그뿐만이 아니다. 초중등교육기관은 사립이 압도적으로 많은데 사립도 국공립과 똑같은 사회적 기능을 한다. 그래서 사립학교 교직원에 대해서도 공무원과 사실상 동일한 연금제도를 도입했다. 사학연금은 아직 기금 적립금이 남아 있지만 이것 역시 조만간 고갈되어 국가재정으로 연금을 지급할 전망이다.

정부는 1973년 일반 국민을 위한 「국민복지연금법」을 제정했지만 시행하지 않았고, 1986년이 되어서야 「국민연금법」을 제정해 1988년 1월 노태우 대통령 취임 직전 시행했다. 공공기관과 대기업부터 시작해 1992년 5인 이상 사업장, 1995년 농어촌 지역으로 확대했으며, 1999년 김대중 정부가 도시 지역까지 확대 적용해 전 국민 연금시대를 열었다.** 국민연금도 공무원연금과 마찬가지로 도입 초기 국민의 지지와 협력을 받기 위해 연금보험료에 비해 급여액이 훨씬 많도록 설계했다. 그런데 저출산 현상으로 신규 가입자가 갈수

*   기획재정부, 「2020~2060년 장기재정전망」.
**   양재진·김영순·조영재·권순미·우명숙·정홍모, 『한국의 복지정책 결정과정』, 나남, 2008, 104~105쪽.

록 줄어들고 경제성장률과 이자율이 하락하자 기금운용수익률도 점차 떨어졌다. 기금 적립금이 예상보다 훨씬 일찍 고갈될 것이라는 전망이 나오자 국회는 2007년 7월 「국민연금법」 개정안을 의결했다. 급여수준을 2028년까지 소득대체율 60%에서 40%로 낮추고 연금 지급 개시연령을 60세에서 65세로 늦추는 내용이었다. 고령자에게 국민연금가입자 평균소득 월액의 5%를 지급하는 기초노령연금을 새로 도입해 저소득층 노인의 소득을 보충하는 보완책도 함께 썼다. 소득대체율을 낮췄지만 국민연금의 수익률이 민간보험회사의 종신 연금보다 훨씬 높다는 사실은 지금도 변함이 없다. 박근혜 정부는 2014년 「기초노령연금법」을 폐지하고 「기초연금법」을 제정해 지급 액수를 일시적으로 인상했으며 문재인 정부도 그 법을 그대로 둔 채 연금액수를 높였다.

　「의료보험법」은 1963년에 처음 제정했지만 실제로 시행한 것은 1977년이었는데, 역시나 종업원 500명 이상 대기업 근로자만 가입하는 직장의료보험과 공무원과 교직원의 의료보험을 먼저 만든 다음 중소기업과 영세기업으로 점차 확대했다. 1979년 의료기관이 의료보험 가입자의 진료를 거부할 수 없도록 하는 당연지정제를 도입했고 1981년 가입의무 대상 기업 종업원 수를 100명으로 내렸으며 직장과 직종별 조합도 만들 수 있게 했다. 1987년 한방의료보험을 시작했고 1988년 5인 이상 사업장의 가입 의무를 부과하는 한편 농어촌의료보험을 도입했다. 1989년에는 도시 자영업자도 가입하게 함으로써 전 국민 의료보험으로 발전시켰다. 1999년 김대중 정부는 의료보험의 이름을 국민건강보험으로 바꿨고 2000년 직장과 지역의 모든 의료보험조합을 국민건강보험 하나로 통합하면서 전면적인 의약분업제도를 도입했다.[*] 의사들의 진료 거부와 개별 의료보험조합 노조의 파업사태가 일어났지만 정부는 물러서지 않았다.

2007년 노무현 정부는 건강보험 가입자들이 소액의 보험료를 추가로 납부하고 요양보험에 자동 가입하는 노인장기요양보험을 창설해 치매와 중풍 등의 질환으로 독립생활을 할 수 없는 노인들이 시설이나 가정에서 요양 서비스를 받을 수 있게 됐다. 이 법률안을 만든 분은 남영동 서울시경 대공분실에서 당한 고문 후유증으로 일찍 세상을 떠난 김근태 보건복지부장관이다. 후임자였던 나는 그가 다 만들어놓은 법률안을 국회에 제출하고 신속하게 의결되도록 힘을 조금 보탰다. 국민건강보험의 일부가 된 노인장기요양보험은 2008년 시행했다.

1977년 출범 당시 국민건강보험 가입자는 320만 명으로 전체 인구의 8.8%에 지나지 않았지만 30주년이었던 2007년에는 4,741만 명으로 전 국민의 98%가 넘었고 한의원과 약국도 모두 건강보험 시스템에 들어왔다. CT(전산화단층촬영)와 MRI(자기공명영상촬영), PET(양전자단층촬영) 등 새로운 의료기술과 첨단 진단장비에 대해서도 보험을 적용해줬고 암을 비롯한 중증환자의 진료비 본인 부담률을 10% 이하로 내렸으며 어린이와 임산부에 대한 무료진료 서비스를 확대했다. 지속적으로 본인 부담을 줄이고 급여 범위를 확대했지만 아직 우리 건강보험 보장률은 충분히 높지 않다. 문재인 정부는 종합병원의 선택진료비를 폐지하고 상급병실료를 보험급여 대상에 넣었으며 CT, MRI, 치과 임플란트 등 기존의 비급여 서비스를 대폭 급여 대상에 포함시킴으로써 건강보험 보장률을 64% 수준으로 개선했다. 건강보험제도는 개선할 점이 여전히 많지만 지금 수준의 국민건

---

*   같은 책, 66~67쪽.

강보험제도를 보유하게 된 과정도 쉽지는 않았다. 미국 오바마 대통령이 우리 것보다 훨씬 못한 국가의료보험을 도입하느라 공산당이라는 비난을 받는 것을 보지 않았는가.

1977년 첫 단계 국민건강보험을 설계하고 출범시킨 사람은 경제관료였던 신현확 보건사회부장관이었다. 박정희 대통령이 북한의 무상의료제도에 자극을 받아 의료보험제도를 만들기로 결정했다는 확인하기 어려운 주장도 있지만, 설사 그렇다 해도 장기려 박사처럼 국가보다 먼저 의료보험조합을 만들었던 선각자들의 헌신을 기억하는 게 도리일 것이다. 장기려 박사는 평안북도 용천 태생으로 서울의대의 전신인 경성의전과 일본 나고야대에서 공부했다. 일제 말기 평양 도립병원장이었던 그는 1951년 1·4후퇴 때 차남만 데리고 부산으로 와서 전쟁 사상자와 피난민을 치료했고 정전 이후에는 대학교수로 일하며 무료진료활동을 펼쳤으며, 1968년 우리나라 최초의 민간 의료보험조합인 '청십자운동'을 창설했다. 그는 가난한 환자와 행려병자, 장애인, 간질과 우울증 등을 앓는 난치병 환우들의 친구이자 수호천사였다.

의료보험이 없었을 때는 중증환자가 입원보증금을 내지 못해 병원에서 쫓겨나는 일이 흔했고, 제때 적절한 치료를 받지 못해 가벼운 병을 치명적인 질병으로 키운 경우가 많았다. 병원과 환자의 치료비 흥정에서 환자는 약자일 수밖에 없다. 무거운 병에 걸리면 가만히 앉아서 죽거나, 가족 전체가 경제적 파산을 각오하고 완치 가능성 여부조차 알 수 없는 시술을 받아야 했다. 국민건강보험은 국민을 이런 고통과 비극에서 구해냈다. 국가로 하여금 대책을 세우도록 비판하고 호소하며 자극한 선각자들 덕분이었다고 생각한다.

산업재해보상보험은 노동자들이 일하다가 사고를 당하거나 건강을 잃었을 때 피해를 보상하고 재활을 돕는 제도다. 산업재해는 사업주가 혼자 보상하기에는 너무 큰 위험이어서 모든 사업주가 산재보험에 가입하도록 국가가 강제한다. 1963년 「산업재해보상보험법」을 제정해 1969년 16인 이상 사업장으로 확대 적용됐지만, 전태일 분신 당시의 평화시장에서 볼 수 있듯 실효성이 없었다. 이 제도는 1987년 5인 이상 사업장까지 적용대상을 확대하면서 한 단계 발전했다. 김영삼 정부는 1994년 근로복지공단을 세우고 적용사업장 범위를 확대하는 등 산재보험을 확충하려고 노력했다. 김대중 정부는 2000년 산재보험을 1인 이상 모든 사업장에 적용하는 데 필요한 법적 근거를 마련하고 요양급여와 휴업급여를 크게 인상했으며[*] 2007년에는 법정 직업재활급여와 특수형태 근로종사자들을 위한 특례제도를 도입했다.[**]

「고용보험법」은 1990년 제7차 경제사회발전 5개년계획에서 검토하기 시작했고, 1993년 김영삼 정부가 제정했다. 김영삼 대통령이 총애했던 노동부장관 이인제는 전경련과 경총, 보수언론의 엄청난 비난을 받으면서도 1995년 7월부터 종업원이 30명 넘는 모든 기업의 상용근로자를 피보험자로 하는 시행령을 확정함으로써 고용보험을 출범시켰다.[***] 빨갱이라는 욕설에도 주눅 들지 않고 소신을 관철했던 정치인 이인제는 멋있었다. 고용보험을 만든 것 하나만으로도 그의 정치인생은 의미가 충분했다고 나는 생각한다.

고용보험은 일자리를 잃은 노동자들에게 생활비를 주고 해고를

---

[*]　　같은 책, 18~19쪽.
[**]　　근로복지공단 홈페이지(http://www.kcomwel.or.kr)의 '산재보상보험법의 연혁' 참조; 근로복지공단, 『산재보험의 과거, 현재 그리고 미래』, 2004, 11쪽.
[***]　　양재진·김영순·조영재·권순미·우명숙·정흥모, 앞의 책, 165쪽.

덜 하도록 기업을 지원하며 실업자에게 직업교육을 제공하고 일자
리를 알선한다. 김대중 정부는 1998년과 1999년 두 차례 법을 개정
해 실업급여 최저 지급액과 최저 지급기간을 대폭 상향조정했고
2002년에는 고령 노동자와 일용 노동자, 4인 이하 소규모 사업장에
도 적용했다. 2005년 노무현 정부는 기업의 고용 유지를 지원하고
노동자의 직업능력을 높이는 사업을 크게 확장했으며,* 2019년 문
재인 정부는 보험료율을 1.3%에서 1.6%로 올리는 동시에 구직급여
를 평균임금의 50%에서 60%로 높이고 고령 실직자의 혜택을 강화
하는 한편 최장 급여기간을 한 달 연장하고 임시직 단기근로자의 수
혜범위를 넓혔다. 2020년 코로나19 사태 중에도 특수고용 형태 노동
자와 비정규직 노동자, 자영업자까지 고용보험 가입자를 확대하는
방안을 논의하기 시작했다.

　　대한민국은 노인장기요양보험을 포함해 5대 사회보험을 보유
하고 있다. 그러나 사회보험만으로는 시민을 충분히 보호하지 못한
다. 너무 가난해서 사회보험조차 가입하지 못하는 시민도 있기 때문
이다. 1961년 12월 국가재건최고회의는 노령·질병 등 노동능력 상실
로 생활 유지 능력이 없는 자를 보호하겠다며 「생활보호법」을 제정
했다. 19세기 영국에서 길고 격렬한 논쟁을 일으켰던 '구빈법'과 비슷
한 수준의 법률이어서 '생활보호대상자(생보자)'에게 구호양곡을 지
급하고 보건소와 공공병원의 의료구호를 제공하는 정도가 고작이었
다. 1982년 전두환 정부는 '영세민 종합대책'을 세워 생활보호대상자
에 대한 직업훈련을 하고 취업을 알선한다고 했지만 실효가 없었다.

　　큰 걸음은 김대중 대통령이 내디뎠다. IMF 경제위기로 100만

---

*　　근로복지공단 홈페이지(http://www.kcomwel.or.kr)의 '고용보험법의 연혁' 참조.

명이 넘는 실업자가 한꺼번에 쏟아지고 서울역이 노숙자로 넘쳐나는 것을 보면서 우리는 빈곤이 당사자의 책임만은 아니라는 사실을 아프게 깨달았다. 1990년대에 비약적 성장을 이룬 시민단체들이 사회적 빈곤에 대한 국가의 책임을 지적하고 대책 수립을 요구했다. 1998년 7월 참여연대·민주노총·경제정의실천시민연합·한국여성단체연합 등 26개 시민단체가「국민기초생활보장법」제정을 요구하는 입법청원을 냈다. 청원을 국회에 소개한 인물은 1980년대에 소설『인간시장』으로 낙양의 지가를 올린 김홍신 의원이었다. 그런데 집권당인 새정치국민회의가「국민기초생활보장법안」을 발의했지만 국회는 심의도 하지 않고 반년 넘게 시간만 보냈다. 격분한 시민단체들이 강력한 비판을 하자 김대중 대통령은 1999년 6월 21일「국민기초생활보장법」을 반드시 제정하겠다는 의지를 밝혔다. 두 달이 지나지 않아 국회가 법안을 의결했고 2000년 10월 1일부터 국민기초생활보장제도가 시행에 들어갔다.**

국민기초생활보장제도는 헌법 규정대로 모든 국민에게 인간다운 생활을 할 최소한의 권리를 보장한다. 이유가 무엇이든 시장에서 최소한의 생계비를 벌지 못하는 사람에게 최저생계비 지급 요구권을 부여했다. 그래서 이 법의 보호를 받는 사람을 '수급자'가 아니라 '수급권자'라고 한다. 수급권자는 생계급여와 아울러 질병에 걸릴 경우 국민건강보험 가입자들과 동일한 의료서비스를 무료로 받을 수 있다. 노동능력이 있는 수급권자가 직업능력을 길러 시장에 재진입할 수 있도록 돕는 자활사업도 만들었다. 대한민국은 누구든 거리에서 구걸하지 않고서도 살 길을 찾을 수 있는 나라가 됐다.

** 「국민기초생활보장법」의 전사(前史)와 제정과정은 보건복지부, 『국민기초생활보장제도 10년사』, 2010 참조.

김대중 정부는 복지국가로 가는 첫걸음을 떼었고 사회보험이 작동하지 않는 사각지대에 볕이 들게 했다. 국민기초생활보장제도를 도입했을 뿐만 아니라 전동휠체어를 지원해 골방에 유폐되어 살던 중증장애인들을 사회로 불러냈으며 시민운동가와 자원봉사자가 부모의 보살핌을 제대로 받지 못하는 아이들을 돌보던 공부방을 국가정책으로 품어 지역아동센터로 발전시켰다.

노무현 정부는 그 연장선에서 노인장기요양보험을 도입해 5대 사회보험체제를 완성했고 보육에 대한 대규모 국가 재정지원을 시작했다. 중증장애인 활동보조인 제도를 도입하고 장애수당을 크게 인상했으며 자활사업을 키우고 시설아동과 가정위탁아동에게 아이들과 국가가 함께 저축하는 예금계좌를 만들어줬다. 오늘날 지역아동센터는 전국적으로 4,000개가 넘으며 하루 11만 명의 어린이들이 이용하고 있다. 6만여 명의 시설아동과 가정위탁아동, 빈곤층 어린이들은 '디딤씨앗통장'에 월평균 3만 3,000원을 저축한다.[*] 이 모든 것은 이명박·박근혜·문재인 정부까지, 예산 부족으로 종종 진통을 겪었지만 큰 틀에서는 흔들리지 않고 성장했다.

병영사회에서는 국가권력이 개인의 가치관과 문화양식을 통제했지만 광장사회에서는 개인이 스스로 인생의 목표를 정하고 살아간다. 2020년의 대한민국은 모든 사회악과 부당한 차별을 극복한 이상적인 사회가 아니다. 그러나 각자가 철학적 주체로서 자아실현이라는 최고의 욕망을 자유롭게 추구하는 데 필요한 사회경제적·문화적 조건을 어느 정도 확보한 사회인 것은 분명하다.

대한민국의 중산층 시민은 조선시대 정승판서 못지않게 잘 먹

---

[*]   보건복지부, 『2013보건복지통계연보』.

고 잘 입는다. 더 따뜻하게 겨울을 보내고 더 시원하게 여름을 지낸다. 외국 회사가 만든 명품 옷과 가방을 들고 다니며 예전에는 상상할 수 없었던 정보통신혁명의 과실을 향유한다. 프리미어리그와 분데스리가, 라리가의 축구경기를 생중계로 관전하며 미국과 유럽 대중음악 차트를 석권한 히트곡을 다운로드한다. 우리나라는 이제 일방적인 외국문화 수용국이 아니다. 봉준호 감독은 영화 〈기생충〉(2019)으로 영어권 '로컬 영화제'였던 미국 아카데미 4관왕에, BTS는 〈다이너마이트〉로 빌보드 차트 정상에 올랐다. 한국 영화와 드라마는 넷플릭스를 비롯한 영화 플랫폼에서 큰 인기를 끌고 있다.

장애인, 성소수자, 여성

광장에는 담장이 없다. 누구든 들어와 하고 싶은 말을 하며 다른 이들과 소통할 수 있다. 한국사회가 병영에서 광장으로 진화하자 볕이 들지 않는 곳에서 숨죽이고 살았던 시민들이 모습을 드러냈다. 장애인, 성소수자 그리고 여성이다. 광장에 다양한 색채를 더한 그들의 진출 과정을 간략하게 살펴본다.

2019년 기준, 등록 장애인은 인구의 5%인 260만 명에 육박했다. 유형으로 나누면 지체장애 47.9%, 청각장애 13.2%, 시각장애와 뇌병변이 각각 9.8%, 지적장애 8.0%, 정신장애 4.0% 순이었다.[**] 교통약자를 위한 승강기, 휠체어 이동로, 시각장애인을 위한 점자 보도블록, 횡단보도의 신호음, 지하철의 장애인 좌석, 장애인 주차 공간

[**] 상세한 장애인 등록현황은 보건복지부 홈페이지(http://www.mohw.go.kr)의 '승인통계' 참조.

과 화장실, 방송의 수화 통역과 자막 서비스 같은 것을 만날 때 비장애인은 장애인과 함께 산다는 사실을 인식한다. 그런데 이 모두는 40년 전에는 없었다. 중증장애인은 집 마당을 나서지 못했고 지체장애인은 공공연한 모욕과 차별을 받았다. 특별한 경우가 아니고는, 고등교육이나 취직을 꿈꿀 수 없었다.

박정희 시대에는 장애인 인권에 대한 인식이 극히 미약했고 장애인 정책도 전무했다. 그런데 서울올림픽이 뜻밖의 기회를 제공했다. 국제올림픽위원회의 방침에 따라 올림픽을 유치하면 장애인올림픽도 열어야 했기 때문에 전두환 정부는 최소한의 제도를 만들었다. 「심신장애자복지법」을 제정하고 국립재활원을 세웠으며 장애인 등록제도를 도입한 것이다. 6월 민주항쟁 이후에는 장애인들이 단체를 조직해 유권자로서 자신의 요구를 제출하기 시작했고 정당과 정치인들이 그 요구를 경청하면서 빠른 속도로 법률과 정책을 만들었다.

노태우 정부는 「심신장애자복지법」을 「장애인복지법」으로 전면 개정하고 「장애인고용촉진법」을 제정했으며 저소득 중증장애인 가구에 대한 생계비·교육비·의료비 지원을 시작했다. 김영삼 정부는 「특수교육진흥법」을 강화하고 「장애인 노인 임산부 등의 편의증진 보장에 관한 법률」을 제정했다. 김대중 정부는 「장애인인권헌장」을 선포하고 최초의 '장애인정책종합계획'을 수립했으며 장애인 편의시설을 확대 설치하고 장애수당을 도입했다. 노무현 정부는 장애인 인정 범위를 확대하고 「장애인차별금지법」을 제정했으며 중증장애인 수당을 대폭 인상하고 전동휠체어 지원사업과 활동보조서비스 제도를 본격 실시했다. 이명박과 박근혜 정부는 공공 편의시설을 지속적으로 확충했고 수화방송을 포함한 정보통신 분야의 정책을 진

전시켰으며 「장애인연금법」, 「장애인활동지원법」, 「장애아동복지
지원법」, 「발달장애인법」을 제정하고 장애아동 지원센터를 설치했
다. 문재인 정부는 장애등급제를 폐지하고 일상생활분야 종합조사
제도를 도입해 지원 시스템을 개편했다.*

　저절로 된 일은 아니었다. 장애인 스스로 조직하고 제안하고 호
소하고 투쟁했다. 지식인, 언론인, 정치인, 시민이 연대하고 지원했
다. 장애인은 장애 유형별 지역모임을 기반으로 전국단체를 세우고
전국단체의 연합조직도 결성했다. 대표적인 연합조직이 1996년 출
범한 '한국장애인단체총연합회'와 1998년 결성한 '한국장애인단체
총연맹'이다. 장애인운동도 다양한 노선이 있는 만큼 복수의 연합회
가 탄생한 것은 자연스러운 일이라 할 수 있다.

　누구나 그렇듯 나도 살면서 중증장애인과 교류했다. 삶 자체가
장애인운동의 역사라고 할 만한 분들을 만나기도 했다. 2004년 17대
국회에서 만난 장향숙 의원은 소아마비 1급 장애인으로 부산에서 여
성장애인운동을 하다가 열린우리당 비례1번으로 국회에 입성했는
데, 스물두 살이 될 때까지 학교는커녕 집 밖을 나오지도 못하고 오
로지 책을 벗 삼아 살았다고 했다.** 중증장애인 사회운동가를 가까
이서 접한 게 처음이라 무척 긴장했는데, 그는 휠체어를 타고 국회
안팎을 언제나 명랑하게 오갔고, 상대방이 장애를 크게 의식하지 않
고 대화할 수 있도록 비장애인을 배려했다. 17대 이후 21대 국회까지
주요 정당들은 꾸준히 중증장애인을 비례대표로 발탁했고, 그들은
활발한 입법활동으로 장애인의 복지와 사회참여를 촉진했다.

---

*　　장애인 정책의 정확한 연혁은 보건복지부 홈페이지(http://www.mohw.go.kr)의 '정책 소
개' 참조.

**　　장향숙 의원의 삶의 여정은 장향숙, 『깊은 긍정』, 지식의숲, 2006에 담겨 있다.

전국장애인차별철폐연대(전장연) 박경석 대표도 기억에 남는다. 나보다 한 살 젊은 그는 해병대에서 복무하는 동안 스킨스쿠버, 수영, 낙하를 좋아하게 됐는데, 대학 동호회 회원들과 행글라이더를 타다가 추락해 일어서지 못하게 됐다. 여러 해 집에서만 지내다가 1988년 사회로 나와 사회복지학을 공부하고 장애인 인권운동에 뛰어든 그는 장애인용 리프트 추락사고가 일어난 2001년 장애인이동권연대를 조직해 「장애인차별금지법」 제정 캠페인을 벌였으며 2007년 전장연을 창립했다. 보건복지부에서 일할 때 전투적인 활동가인 그와 여러 차례 맞닥뜨렸다. 그는 전동휠체어를 탄 전장연 회원들과 함께 과천 정부청사 진입로를 점거하기도 했고, 우리 동네 아파트단지 공원에 천막을 치고 농성하면서 출근길을 막아서기도 했다. 청와대에서 열었던 「장애인차별금지법」 서명식에서 펼침막을 꺼내들고 구호를 외치는 바람에 신원보증을 한 장향숙 의원과 내가 낭패를 본 일도 있었다.

박경석 대표는 전장연 강령의 화신이었다. 전장연 강령 전문(前文)의 첫 단락은 이렇게 시작한다.* "지금까지 한국사회에서 장애인의 삶의 역사는 철저한 억압과 차별의 역사였다. 그리고 이러한 역사는 지금도 현재 진행형이다. 이 사회가 부과하는 경쟁과 효율성의 원칙은 장애인의 속도와 고유성을 무시한 채 우리의 행위를 무가치한 것으로, 기준 이하의 것으로 만들어버리고, 장애의 문제를 장애인 개인이 지닌 육체·정신적 손상의 문제로, 개인적 비극의 문제로 끊임없이 재생산해내려 한다." 이어 사단법인 또는 재단법인 형태로 보건복지부에 등록한 장애인단체를 비판한다. "거대 법인단체들로 구

* 이하 전장연 강령 전문은 홈페이지(http://sadd.or.kr)의 '전장연 소개' 참조.

성된 소위 장애인계의 주류세력은 국가의 지원금에 의존하면서 정부의 시의적절한 협력 파트너가 되어 장애민중의 현실을 외면한 채 권력의 대리인 역할에 충실했다."『공산당선언』의 문장과 구조를 떠올리게 하는 전장연 강령은 "가장 억압받고 착취당하는 계층인 장애민중의 힘과 투쟁으로 장애해방, 인간해방의 새 세상을 건설하자!"는 구호로 끝나는 전문과 7개 항의 '기본강령' 그리고 10개 항의 '투쟁강령'을 담고 있다. 장애인운동의 목표를 명료하게 제시하고 있다는 점에서 일독할 가치가 있는 문헌이라고 생각한다.

2006년 박경석 대표는 '투쟁강령' 3번을 들고 싸웠다. "우리는 대중교통수단, 공공기관, 학교, 직장, 생활시설, 도로 등 모든 영역에 있어, 장애인이 안전하고 자유롭게 이동하며 생활할 수 있는 이동권의 보장과 편의시설의 확보를 위해 투쟁한다." 전장연은 전국 광역자치단체 청사를 순회하면서 집회를 했는데, 나는 국무회의를 마치고 돌아오는 길 서울시 청사 앞에 모인 그들을 보았다. 사회서비스 담당 국장과 이야기를 나눴다. "장관님이 한 번 방문하시면 어떨까요?" "빈손으로 어떻게 가겠습니까." "들고 갈 만한 게 있긴 합니다. 예산만 있으면 당장 할 수 있습니다." "할 수 있는 거라면 예산은 장관이 만들어야죠." 그렇게 해서 중증장애인 활동보조인 제도를 도입했다. 전장연은 하루 여덟 시간을 기본으로 한 서비스 시간 제한과 본인 부담금을 없애라고 요구하며 출근길을 막아섰지만 그렇게 하려면 예산을 감당할 수 없고 여론의 지지를 받기도 어려워 들어주지 못했다.

장애인들은 인간적 존엄과 시민적 권리를 확보하기 위해 당당하게 싸우고 있다. 그 싸움은 누구도 내놓고 장애인을 비하하거나 모욕하지 못하는 수준의 성과를 거뒀다. 그런데 대한민국에는 여전히 공개적인 모욕과 차별에 시달리는 사람들이 있다. '마지막 소수파'라고도 하는 성소수자다. 레즈비언(Lesbian), 게이(Gay), 양성애자(Bisexual), 트랜스젠더(Transgender)를 합쳐 LGBT라고 한다. 성소수자는 모든 문명의 역사 기록에 나온다. 기독교 구약, 고대 그리스 역사서, 중국 고대사, 우리의 『삼국유사』. 고대에는 동성애를 자연스럽게 인정한 문명도 있었지만 중세에는 동서양을 막론하고 성소수자를 혹독하게 박해했다. 그러나 민주주의 시대가 열린 이후 상황은 조금씩 달라졌다. 2001년 네덜란드 정부가 처음으로 동성결혼을 법적으로 인정했고 지금까지 유럽과 남미 등에서 27개국이 그 대열에 합류했다.

대한민국이라고 성소수자가 없었을 리 없다. 종로와 이태원에는 게이 클럽과 바가 있었고 동성애자들이 접촉하는 목욕탕과 극장도 있었다. 성전환자도 마찬가지다. 1955년 서울적십자병원 의사들이 성전환 수술을 한 기록이 있다. 그러나 성소수자는 이성애자의 시선이 닿지 않는 곳에 머물렀고 1980년대 에이즈가 발병한 후에는 더 조심했다. 그런데 민주화가 새로운 기회를 제공했다. 민주화운동의 선봉대였던 대학생들이 이 문제와 관련해 먼저 깃발을 올렸다. 1993년 결성한 동성애자 인권모임 '초동회'를 시작으로 여러 대학에서 동성애자 인권단체를 만든 것이다. 1997년에는 성소수자단체들이 서울퀴어영화제를 열고 대학동성애자인권연합을 결성했다. 여성이 먼저 커밍아웃을 시작했고 남성이 뒤따랐는데, 2000년 배우 홍석천의 커밍아웃은 커다란 사회적 관심을 받았다.

2000년 9월 8일부터 이틀 동안 연 퀴어문화축제 '무지개2000'은 기억할 가치가 있는 행사였다. 퀴어(queer)는 원래 '괴상하다'는 혐오 표현이었는데 성소수자가 긍정적인 의미로 바꿔 사용했다. 토론회는 연세대 강당에서 열었고 퍼레이드는 9월 9일 오후 대학로에서 했는데 참가자는 겨우 50여 명이었고 200명 정도가 주변에서 구경했다.[*] 민주주의 광장의 한 귀퉁이에 무지개색을 입힌 제1회 퀴어문화축제에 참가한 단체들은 다양했다. 남성동성애자인권운동단체 '친구사이', 서울대·연세대·고려대 이반인권모임, 이반포털 '보갈닷컴', 청소년동성애자 인터넷 모임 '아쿠아'와 'ANY79', 인터넷 트랜스젠더 모임 'Net4Ts', 이반인터넷사이트 '엑스존', 서울전화사서함 '하나로153', 게이정보지 『보릿자루』, 한국여성이반인권단체 '끼리끼리', 동성애 전문지 『버디』, 레즈비언 웹진 '니아까', 레즈비언 인터넷 사이트 '탱크걸', 하이텔 이반동호회 '또하나의사랑', 천리안 이반동호회 '퀴어넷', 유니텔 이반동호회 '아사', 나우누리이반동호회 '레인보우', 대구·경북 지역 이반모임 '대경회', 대구·경북 여성이반모임 'WHY NOT', 부산·경남 청소년이반모임 '달팽이' 등이 있었고 유토피아, 짬뽕, Woman's Club 라브리스, 주말이면 뒤집어지는 업소 '지퍼', 돈키호테, 모리스, 스카이라운지, 아끼라, 약속, 25시, 탑 등이 협찬했다. 서울퀴어문화축제는 2020년까지 해마다 열렸고, 대구와 광주 등 여러 도시로 퍼졌다.

　　자유주의적 관점에서 보면 성소수자를 차별하거나 박해할 이유가 없다. 성적 지향 또는 취향이 다를 뿐, 그들의 행위와 삶의 방식은 이성애자를 포함한 타인의 자유를 제약하거나 침해하지 않는다. 그런데도 성소수자를 박해하고 차별하는 것은 오랜 세월 쌓인 사회적 통념 또는 관념 때문이다. 물질의 결핍이나 불합리한 제도만이 아니라 낡은 관념도 인간의 자유를 억압한다. 동성애 성향은 출산과 무관

[*]　서울퀴어문화축제에 대한 상세 정보는 서울퀴어문화축제조직위원회 홈페이지(https://www.sqcf.org) 참조.

하기 때문에 유전되지 않으며 전염병도 아니다. 스스로 인지한 성적 지향 또는 정체성일 뿐이다. 그런 정체성을 지닌 사람이 세대마다 일정한 비율로 태어나는 이유를 과학자들은 아직 밝히지 못했다. 자신이 믿는 종교의 교리에 어긋난다고 해서 성소수자를 비난하고 행사를 방해하는 이들은 타인의 자유를 부당하게 침해한다는 비판을 받아야 마땅하다.

성소수자에 대한 인식은 문화 영역에 속하기 때문에 바뀌는 데 시간이 걸리고, 대중의 인식은 유명 인사들의 말과 행동에 큰 영향을 받는다. 그런 점에서 2001년 트랜스젠더 하리수 씨의 연예계 진입과 게이 커플이 주인공으로 나온 김수현 작가의 드라마 〈인생은 아름다워〉(SBS, 2010)는 큰 의미가 있었다.

성소수자에 대한 부당한 차별을 막는 법과 제도가 없었던 건 아니다. 김대중 대통령이 제정한 「국가인권위원회법」에서 국가인권위원회의 차별 시정 업무 영역에 '성적 지향을 이유로 한 차별'도 포함됐다. 이 조항이 있었기 때문에 2004년 국가인권위원회가 인터넷 성소수자 사이트를 유해 사이트로 취급한 정보통신윤리위원회에 시정을 권고해 「청소년보호법」 시행령의 동성애 차별 조항을 삭제하고 검열을 중단하게 할 수 있었다. 2006년 대법원은 성전환자의 성별 정정을 허가했고, 2007년 법무부는 성소수자에 대한 차별금지를 포함한 「차별금지법」을 입법 예고했다. 그러나 성별, 성 정체성, 신체, 외모, 나이, 종교, 사상 등 어떤 이유로도 불합리한 차별행위를 하지 못하게 하는 「차별금지법」은 기독교 단체의 반대에 부딪쳐 국회에서 매번 폐기됐고 자유주의 진보 계열 의석이 190석에 육박한 21대 국회에서도 진도를 나가지 못했다. 서울시의회도 같은 사정으로 박원순 시장이 추진했던 서울시민인권헌장 제정을 포기했다. 잘 조직

2018년 서울퀴어퍼레이드:
2018년 7월 14일 광화문 광장에서 열린
'서울퀴어문화축제'의 모습. 무지개 현수막이
펄럭이고 있다.

된 반대세력이 입법을 막을 수 있다는 사실을 입증한 사례였다.

그렇지만 성소수자에 대한 관용적 분위기는 계속 확산됐다. 퀴어문화축제 규모는 해마다 커졌고 성소수자가 등장하는 소설과 영화와 드라마가 흔해졌으며 커밍아웃을 한 후보가 대학 총학생회장에 선출되기도 했다. 낯선 것을 일단 거부하고 본다는 점에서 인간은 본능적으로 보수적이지만 그 역도 성립한다. 익숙해질수록 더 쉽게 받아들인다는 것이다. 게다가 정보통신기술이 혁명적으로 발전한 덕에 우리는 해외뉴스를 실시간으로 본다. 베를린 시장, 아일랜드 총리, 세르비아 총리, 미국 육군장관, 뉴질랜드 부총리 등 성소수자가 국가운영의 주역이 됐다는 소식은 대한민국 국민의 생각에 적지 않은 영향을 줬다. 아직은 미약하지만 우리의 민주주의 광장은 앞으로 더 또렷한 무지개색을 띠게 될 것이다.

장애인과 성소수자만 광장의 풍경을 바꾼 것은 아니다. 지난 몇 년간 한국사회는 겪어본 적 없는 격동에 휩쓸렸다. 인류의 절반이면서도 소수자처럼 살아왔던 여성의 진군, 페미니즘(feminism)운동의 확산이 대단했다. 페미니즘이 무엇인지에 대해서는 다양한 견해가 있지만, 나는 미국 문화비평가 리베카 솔닛(Rebecca Solnit, 1961~)의 생각을 받아들인다. 페미니즘은 '여성도 남성과 똑같이 존엄한 인간이라는 사상'이다.[*] 누구도 내놓고 부정하지 못할 만큼 당연해 보이는 이 사상이 '혁명성'을 띤 것은 현실이 그렇지 않기 때문이다.

우리 현대사에서 여성은 남성과 똑같이 존엄한 인간으로 살아가려고 분투했다. 일제강점기 유관순 열사처럼 민족해방투쟁에 목숨을 바친 여성이 적지 않았고 근우회를 비롯해 여성에 대한 차별철

---

[*]   리베카 솔닛, 『남자들은 자꾸 나를 가르치려 든다』, 김명남 옮김, 창비, 2015.

폐를 강령으로 내걸고 활동한 단체도 있었다. 화가 나혜석, 성악가 윤심덕, 무용가 최승희, 교육운동가 차미리사, 노동운동가 강경애 등 이른바 '신여성'들은 아내와 어머니라는 전통적 성역할에 갇히지 않고 독립적인 삶을 추구했다. 광복 이후 1987년까지 여성들이 노동운동과 민주화운동에 기여한 바도 컸다.

나는 대학 시절 서클에서 '여성문제'에 관한 독서토론을 하면서 시몬 드 보부아르(Simone de Beauvoir, 1908~1986)의 『제2의 성』과 케이트 밀렛(Kate Millett, 1934~2017)의 『성 정치학』을 읽었다. 여성 최초로 사법고시에 합격했던 이태영 변호사를 중심으로 한국가정법률상담소가 벌였던 여성인권운동, 호주제를 비롯한 차별적 법률개정운동, 교회여성연합회의 기생관광 반대운동에 대해서도 귀동냥을 했다. 그러나 그 모두는 '교양인'이 되기 위한 학습에 지나지 않았다. 우리는 성평등 이슈를 '노동문제'나 '농민문제'와 동열에 놓인 '여성문제'로 취급했다.

1980년대 중반이 되어서야 여성운동을 사회운동의 하위 분야로 보는 시각에 문제가 있다는 것을 어렴풋이 느꼈다. 조한혜정 교수를 비롯한 사회학자와 여성학자가 발간한 잡지 『또 하나의 문화』를 읽었고, 1987년 스무 개가 넘는 여성단체들이 한국여성단체연합이라는 전국적 연대조직을 만드는 것을 봤다. 눈이 번쩍 떠지는 느낌을 준 것은 1997년 창간한 페미니스트 잡지 『이프(IF)』였다. 10년 동안 종이잡지를 발간하다가 웹진으로 전환한 '이프'의 여성운동가, 사회학자, 언론인, 문화비평가는 '여성의 욕망'을 일상의 언어로 표출했고 남성이 지배하는 제도와 관습과 문화를 대놓고 조롱했다. 민주화운동과 진보진영 내부에 만연한 가부장문화, 여성의 몸을 상품으로 만드는 미스코리아 선발대회, 권력관계를 악용한 성희롱과 성폭력,

호주제를 비롯한 민법의 성차별 조항과 가정폭력…… 그들의 비판
에는 금기와 성역이 없었다.

한국 페미니즘운동 역사에서 2016년 5월 17일은 특별한 의미를
지닌다. 그날 새벽 조현병을 앓은 적이 있는 34세 한 남성이 서울 강
남역과 신논현역 사이에 위치한 노래방 화장실에서 23세 여성을 칼
로 찔러 죽였다. 범인은 남성은 그냥 보내고 여성이 들어오기를 기다
렸다가 범행을 저질렀다. 언론은 경찰에서 나온 수사정보를 토대로
조현병에 초점을 둔 보도를 내보냈지만 대중의 반응은 달랐다. 여성
혐오 범죄라는 견해와 정신병자의 '묻지마 살인'이라는 시각이 맞부
딪히며 격렬한 논쟁이 벌어졌다. 그런데 이것은 단순한 논쟁으로 끝
나지 않았다.

사건이 알려지자 많은 여성들이 SNS에 애도사를 올렸고, 자신
이 당했던 폭력의 경험을 쏟아냈다. 온라인에서 교감한 그들은 사건
현장에서 가까운 강남역 10번 출구에 여성혐오를 비판하는 포스트
잇을 붙이고 꽃을 놓았으며 추모집회를 열고 거리를 행진했다. 그들
은 여성으로 살면서 겪은 고통에 비춰 자신이 그때 거기 있었던 것과
같은 공포와 분노를 느꼈다. 일상적 성희롱과 성폭력, 외모를 가꾸라
는 압박, 옷차림에 대한 검열, 대중교통에서 겪는 불쾌함, 가족 내에
존재하는 차별과 통제 등 세상에 만연한 여성비하를 내버려둬서 그
런 사건이 일어났다는 자책감을 토로하면서 더는 참지 않고 싸워서
바꾸겠다는 의지를 다졌다.* 2017년 대법원은 '강남역 살인사건'의

---

* 한국여성민우회 엮음, 『거리에 선 페미니즘』, 궁리, 2016, 10쪽. 이 책은 2016년 5월 20일
신촌에서 여성민우회가 연 '여성폭력 중단을 위한 필리버스터 "나는 ○○에 있었습니다"'에서 나
온 42명의 말을 담고 있는데 여성들이 일상에서 겪는 차별과 모욕, 두려움과 분노가 어떤 것인지
알고 싶은 남자라면 일독할 필요가 있다.

범인에게 징역 30년을 확정 지었는데 그 사건을 계기로 페미니즘의 파도가 물결치기 시작했다.

1980년대부터 이어져온 '전통적 여성운동'은 많은 성과를 이뤘다. 「남녀고용평등법」 제정(1987, 2007년 「남녀 고용 평등과 일·가정 양립 지원에 관한 법률」로 변경), 「성폭력특별법」 제정(1994), 「여성발전기본법」 제정(1995, 2015년 「양성평등기본법」으로 개정), 「가정폭력방지법」 제정(1997), 군필자 가산점 제도 폐지(1999), 여성가족부 신설(2001), 호주제 폐지(2005) 등이 그것이다. 국회의원 비례대표 할당제와 정당 경선의 여성 가산점제도에 힘입어 여성 국회의원 수는 21대 국회에서 57명이 됐고 정부의 차관급 이상 고위공직자 여성 비율은 30% 수준에 도달했다. 그러나 최근 등장한 페미니즘운동은 법과 제도의 개선뿐만 아니라 관습, 문화, 언어에 이르기까지 사회생활 모든 영역에 존재하는 성차별과 여성혐오를 표적으로 삼는다는 점에서 전통적 여성운동과 다르다.

이러한 페미니즘운동의 전조(前兆)는 강남역 살인사건에 앞서 나타났다. 메갈리아와 워마드에서 여성들이 감행한 '미러링(mirroring)'이었다. 2015년 5월 나온 우리나라 첫 중동호흡기증후군(MERS) 환자가 해외여행을 다녀온 여성이라는 추측성 보도가 나오자 일베를 비롯한 '남초 사이트' 게시판에 여성혐오 발언이 쏟아졌다. 그런데 첫 환자는 여성이 아니라 중동을 여행하고 온 남성이었다. 분개한 여성들이 디시인사이드의 '메르스게시판'에서 그동안 남성들이 쏟아냈던 '여혐' 표현을 '남혐' 표현으로 바꿔 되돌려주는 '미러링'을 시작했다. 여성에게 주어진 '유리바닥(보이지 않는 도덕 하한선)'을 부수는 행위였던** 미러링은 격렬한 찬반논쟁을 일으키며 여성 커뮤니티 '메갈리아'를 거쳐 '워마드'로 이어졌다.

여성들은 '키보드 전투'에 머무르지 않고 온오프라인을 오가며 대중투쟁을 전개했다. 한국성폭력상담소와 한국여성민우회 후원, 불법 몰카 근절 캠페인, 전통적 성 역할 통념을 담은 교육부 성교육 표준안 변경을 요구하는 집단 민원 제기, 포털 뉴스 댓글의 여혐 표현 정화 사업, 모바일게임의 여성 캐릭터 수정 요구, 소라넷 몰카 동영상 고발과 폐쇄 운동, 강남역 10번 출구 추모집회,「성폭력특별법」완화 반대시위, 임신 중단 합법화 서명운동, 누드 크로키 모델 불법 촬영사건 편파수사 규탄시위 등 활동을 벌인 것이다.

미러링은 제도 개선 요구를 넘어 남성 중심의 관습과 언어습관까지 공격 대상으로 삼았던 만큼 강력한 '백래시(backlash)'를 불렀다. 극우 성향 남초 사이트의 공격을 받았을 뿐만 아니라 주체가 누구든 혐오 언어를 쓰는 행위 자체를 비판하는 대중의 반발도 뒤따랐다. 그러나 페미니즘운동은 누구도 무시하지 못할 사회적 대세가 됐다. 이젠 여성을 남자와 똑같이 존엄한 존재로 인정하지 않는 법률, 제도, 관습, 문화를 누구도 내놓고 옹호하지 못한다. 여성을 비하하는 말을 하거나 당사자의 의지에 반하는 신체접촉을 시도하면 공적 영역에서 추방당할 위험을 각오해야 한다. 불과 몇 년 사이에 '혁명적'이라고 할 수 있을 정도로 세상이 변했다.

여성들은 인터넷 사이트에서 익명으로 글을 쓰고 집단적 행동을 하는 데서 한 걸음 더 나아가 실명과 인격을 걸고 성폭력을 고발하는 '미투(me too)' 행동을 시작했다. 국제 뉴스에서 보았던 미투운동이 한국에 상륙한 것이다. 2018년 초 서지현 검사가 텔레비전 생

•• 김익명,「모든 것은 고소로 시작됐다」, 김익명 외 7인,『근본 없는 페미니즘』, 이프북스, 2018, 34쪽. 메갈리아와 워마드에서 소통한 페미니스트들의 활동은 같은 책 3~26쪽의 '타임라인'을 참조했다.

방송에서 검찰조직 내부의 성추행과 인사보복 실태를 고발한 것을 시작으로 예술, 교육, 문화, 스포츠 등 사회 모든 분야의 권력형 성범죄에 대한 폭로가 봇물처럼 터졌다. 안희정 충남지사와 오거돈 부산시장이 권력형 성범죄 혐의로 공직을 사퇴하고 법의 심판대에 올랐으며 박원순 서울시장은 의혹이 제기된 직후 스스로 목숨을 끊었다. 모든 '미투'가 진실이었던 것은 아니다. 성폭력 혐의로 고발당했다가 수사와 재판을 통해 무혐의 또는 무죄를 선고받은 유명인도 있었다. 그렇다고 해서 지금까지 공공분야와 민간분야를 불문하고 남성들이 권력의 위세를 이용해 성범죄를 저질러왔다는 현실을 부정할 수는 없다.

성차별의 역사가 깊은데도 페미니즘운동이 이렇게 불붙은 데는 그럴 만한 이유가 있다. 저출산 현상이 본격 시작된 1980년대 이후 여성의 역량과 지위는 비약적으로 발전했다. 하지만 법과 제도와 문화는 제때 바뀌지 않았다. 그 둘의 불일치가 참기 어려울 정도로 커진 시점에서 페미니즘운동이 폭발했다. 수많은 데이터가 이런 추정을 뒷받침한다. 먼저 국제비교 지표를 보자.

유엔개발계획(UNDP)과 세계경제포럼(WEF)은 해마다 국가 '성평등지수'와 '성격차지수'를 발표한다. 건강, 권한, 노동 참여 등의 기준을 적용한 2019년 유엔개발계획의 성평등지수 조사에서 대한민국은 189개국 중 10위를 차지했다. 아시아에서는 싱가포르와 일본을 앞선 1위였다. 중등교육 이상을 이수한 여성의 비율과 여성 경제활동참가율이 높았고 여성 국회의원 비율도 17%로 우수하다는 사실이 크게 작용했다. 그런데 평가 기준은 거의 비슷하지만 남녀 격차만 주로 살피는 세계경제포럼의 조사에서는 153개국 중 108위였다. '건강과 생존' 항목은 1위였지만 '정치권한'은 79위, '교육적 성취'는 101위였다. '경제 참여와 기회' 항목은 127위로 최악이었는데 여성 임원과 관리직 비율이 매우 낮고 남녀 평균임금이 두 배 차이가 난 것이 주된 이유였다.* 이렇게 큰 차이가 나는 두 조사를 종합하면 이렇게 말할 수 있다. "한국 여성은 높은 수준의 역량을 지녔지만 지위와 대우는 남성보다 훨씬 못하다." 이쯤 되면 참지 않는 게 자연스럽지 않겠는가.

한국사회의 '젠더 격차'를 보여주는 2019년의 국내 데이터를 몇 가지만 살펴본다. 여성(15~64세)의 고용율은 남성 75.7%보다 크게 낮은 57.8%인데 30대 여성의 고용률은 62%로 높은 편이다. 여성은 국가공무원의 50.8%이지만 중앙행정기관 4급 이상은 18.0%, 3급 이상 고위공무원은 7.9%에 그친다. 공공기관 근로자의 39.92%가 여성인데 관리자와 임원은 각각 18.79%와 21.1%에 지나지 않으며, 500대 기업의 여성 임원은 겨우 3.7%다. 국립대와 사립대 여성 교수는 각각 17.3%와 26.3%, 과학기술연구개발 분야 여성 연구원은 20.4%에 불과하다. 그나마 초중고등학교의 교장·교감은 44.1%, 정부 위원회 위원은 43%로 절반 수준에 겨우 접근한 정도다. 모든 분야에서 여성 비율이 꾸준히 늘어나고 있지만 아직은 적은 수치다. 사회권력은 거의 다 남성이 장악하고 있다.

지위와 권한뿐만이 아니다. 여성은 물리적 폭력에 대한 공포감을 안고 산다. 잠재적 위험에 대한 두려움이 아니라 현실의 폭력에서 느끼는 공포감이다. 2019년 전국 168개 성폭력상담소가 접수한 상담 사례는 무려 27만 6,122건이었다. 경찰은 가정폭력 범죄 혐의로 5만 8,987명을 입건해 505명을 구속하고 5만 8,482명을 불구속 처리

---

*   『파이낸셜 리뷰』, 2019년 12월 19일자 보도 참조.

했다.** 신고, 고발, 인지수사로 검거하고 입건한 사건만 해도 그렇게 많았다. 피해자가 참고 넘겼거나 가해자가 숨기는 데 성공한 사건이 얼마나 많은지는 아무도 모른다.

소련 동유럽 사회주의체제의 몰락으로 '사회혁명의 시대'는 막을 내렸고 인공지능과 유전공학이 대표하는 '과학혁명의 시대'가 열렸다. 지구촌의 경제와 정치는 자본주의와 대중민주주의로 수렴했고 노동운동도 체제를 구성하는 한 요소가 됐다. 이제 '사회혁명'의 성격을 지닌 것은 환경운동과 페미니즘운동밖에 없지 않나 싶다. '흑인 노예도 똑같이 존엄한 인간'이라는 사상은 결국 유럽과 아메리카의 노예제 폐지로 결실을 맺었다. 비록 실패로 끝났지만 '노동자도 똑같이 존엄한 인간'이라는 사상은 사회주의혁명을 불렀다. 페미니즘운동 또한 '여성도 똑같이 존엄한 인간'이라는 사상이 진리인 한 완전한 성평등을 실현할 때까지 멈추지 않고 민주주의 광장을 행진할 것이다.

** 2019년 젠더 격차와 가정폭력 사건 데이터는 여성가족부의 『2019년도 양성평등정책연차보고서』 참조.

6

75년 이어진 적대적 공존

역사에 대한 지식은 어떤 유형의 정부가 성공할 가능성이 높으며 또한 어떤 유형의 정부가 실패할 가능성이 높은가에 대해서도 실마리를 제공한다. 사실 성공적인 정부의 세 가지 주요 적은 이데올로기, 도덕성, 공포다. 이데올로기에 의존하는 정부는 실패하기 쉬운데, 이데올로기는 역사를 올바르게 이해하는 것을 방해하기 때문이다. 이데올로기는 경험을 받아들이는 데 필수적인 개방성을 낳지 않고 오히려 폐쇄적인 사고 체계를 낳는다.

— 버넌 보그다너, 『역사, 시민이 묻고 역사가가 답하고 저널리스트가 논하다』

빨간색이라는 금기

오늘날 우리는 무제한에 가까운 자유를 누리며 자신의 욕망과 개성을 망설임 없이 표현한다. 대통령과 국회의원, 시장과 도지사, 지방의회 의원을 우리 손으로 선출한다. 정부가 하는 일이 옳지 않다고 생각하면 온오프라인 어디서든 거리낌 없이 비판한다. 우리는 이 모든 것에 대해 자부심을 느낄 자격이 있다. 우리의 뜻과 우리의 힘으로 고통을 견디고 시련을 이겨내며 자유를 쟁취했기 때문이다. 하지만 헌법이 보장하는 자유와 권리를 온전히 누리고 있는 것은 아니다. 예외가 하나 있다. 북한과 「국가보안법」이라는 냉전시대의 유산이다. 광장 한 귀퉁이에 있는 이 '출입금지구역'에는 '관계자 외 출입금지' 또는 '허가 없이 접근하면 발포함'이라는 경고문이 붙어 있다. 대한민국은 아직 완전히 자유로운 광장이 아니다.

우리 국민의 정서와 의식 밑바닥에는 분단과 전쟁의 쓰라린 기억이, 남북한의 대결이 빚어낸 두려움이 깔려 있다. 시민들은 지난날 그 두려움 때문에 자유와 존엄성을 짓밟고 모욕한 권력의 폭거를 지지하거나 묵인했다. 아직도 사라지지 않은 두려움의 진앙은 155마일 휴전선 북녘의 북한이다. 공포는 강력한 원초적 감정이다. 북한은 전쟁을 일으켰고 전쟁이 끝난 후에도 무장병력을 보내 무고한 시민을 살상했으며 대통령을 죽이려고까지 했다. 미사일을 쏘고 핵실험을 하면서 서울을 불바다로 만들겠다는 험악한 언사를 내뱉었다. 북한은 우리 국민이 집단으로 직면한 현실적 위험이다. 우리는 이 위험에 대처하는 방법을 안다. 서로 믿고 협력하면서 국방력을 증강하고 튼튼한 안보태세를 확립하는 것이다. 북한이 또 쳐들어온다면 이번에는 한국전쟁 때와 달리 우리가 조기에 전쟁을 종식하고 통일을 이루겠다는 의지를 가지고 준비하는 것이다.

그런데 분단 이후 지금까지 우리 국민을 불안하게 한 위험은 북한의 침략과 도발 그 자체만이 아니었다. 북한을 편드는 배신자로 몰리는 것도 무서웠다. 이것은 집단적 위험이 아니라 각자 대처해야 하는 개별적 위험이라 더 두려울 수밖에 없다. "북한의 침략과 도발을 물리치려면 대한민국 내부에 '이념적 배신자'가 있어서는 안 된다. 배신자는 북한보다 더 위험한 '내부의 적'이다. 철저히 색출해 처단해야 한다." 정부는 오랜 세월 그렇게 주장했고, 많은 시민이 그것을 의심해서는 안 될 신조로 받아들였다.

배신자를 가리키는 말은 시대에 따라 바뀌었다. 처음에는 '공산당', '빨갱이', '간첩'이었다가 '좌경(左傾)', '친북(親北)', '용공(容共)'을 거쳐 '종북(從北)'으로 이어졌다. 대한민국에는 배신자를 색출하고 처벌하는 일을 전담하는 국가기관이 여럿 있었다. '경찰청 대공과', '국군보안사령부('기무사령부'를 거쳐 '군사안보지원사령부'로 개편)', '검찰 공안부', '중앙정보부('안전기획부'를 거쳐 '국가정보원'으로 개명)'와 관련 기관들이다. 그들이 북한 편으로 지목하면 누구도 거미줄에 걸린 나비 신세를 피하지 못했다. 신문과 방송이 공안기관의 발표를 사실처럼 보도했고 반공정신에 불타는 지식인과 단체는 엄벌에 처하라고 소리쳤다. 한패로 몰릴까 봐 옹호해주는 이가 없었고 더러는 가족과 친지마저 등을 돌렸다.

거미줄에 걸리지 않으려면 기회가 있을 때마다 공개적으로 북한을 비난하는 데 가담해야 했다. 북한에 관한 것이라면 정부 발표를 무조건 믿어야 했고, 의심이 들더라도 입을 다물어야 했다. 지금도 다른 견해를 꺼내면 "북한에 가서 훈장 받아라", "김정은이 좋아하겠다"라는 말을 듣는다. 이런 비난은 비난으로 끝나지 않았다. 대한민

김일성 광장:
분단과 전쟁의 아픔을 뒤로 한 채 우리와
갈라서 있는 북한.

국에는 북한을 이롭게 하는 언행을 처벌하는 「국가보안법」이 있다. 대한민국에 해롭지 않아도 북한에 이로우면 처벌할 수 있다. 예전에는 그런 사람을 쥐도 새도 모르게 끌고 가 혹독한 고문을 했다. 고문을 견디지 못해 허위자백을 하면 유죄선고를 받았고 본인뿐만 아니라 가족까지 직장에서 쫓겨났다.

　가장 끔찍한 사례가 국민보도연맹사건이다. 국민보도연맹은 1949년 이승만 정부가 만든 반공단체로, 설립 목적은 정부 수립 이전에 사회주의 성향의 활동을 하다 전향한 사람들을 돕는 것이었다. 보도연맹원은 주로 남조선노동당과 북조선로동당 당원, 전국노동자평의회와 민주학생동맹, 농민회, 문화예술단체 관련자였던 좌익 전향자뿐만 아니라 월북자나 남로당원의 가족도 가입했다. 공무원이 쌀을 준다고 꾀어서 가입한 농민도 많았고 가입하지 않으면 죽이겠다고 경찰이 협박해서 들어간 사람도 있었다. 가입자가 최대 30만 명에 육박했다는 주장도 있지만 믿을 만한 자료는 없다. 국민보도연맹은 '대한민국 정부 절대 지지', '북한 정권 절대 반대', '공산주의 사상 배격'을 강령으로 내걸었다. 내무부장관이 총재였고 국방부장관이 고문이었으며 이태희, 장재갑, 오제도, 선우종원, 김태선, 최운하 등 검찰·경찰의 고위간부가 지도위원이었다.[*]

　1950년 6월 27일 새벽 이승만 대통령은 서울을 떠났다. 그러면서 라디오 방송에서는 대통령이 수도를 지킬 것이라고 했다. 그 말을 믿었던 서울 시민들은 국군이 인민군의 남하를 저지하려고 한강 인도교를 폭파한 탓에 피난 갈 수도 없었다. 이승만 대통령은 대전에서 국무회의를 열어 '비상사태하의 범죄 처벌에 관한 특별조치령'을 공

[*]　진실·화해를위한과거사정리위원회, 『국민보도연맹 사건 진실규명결정서』, 2009, 54~85쪽.

포했다. 그는 '좌익 전력자'들이 인민군에 협력하는 것을 우려했는데 국민보도연맹의 가입자들 중에는 인민군이 점령한 서울에서 실제로 그런 행위를 한 사람들이 있었다. 애초부터 '위장전향'을 한 경우도 있었지만 인민군 점령 아래서 생존하기 위해 협력하기도 했다.

정부가 특별조치령을 공포하자 육군 특무부대(CIC)와 경찰의 사찰과 요원이 보도연맹원을 즉결처분하기 시작했다. 그들은 전국 각지 교도소와 계곡, 우물, 광산 갱도에서 학살을 저질렀다. 10월 초 미군이 그 사실을 인지했고 국제사회에 비판 여론이 퍼졌다. 이승만 대통령이 뒤늦게 중지 명령을 내렸지만 이미 엎질러진 물이었다. 얼마나 많은 사람이 죽었는지는 아무도 모른다. 정부는 생존자와 희생자 가족들이 진상을 알리지 못하게 감시하고 탄압했다. 4·19 직후 전국 각지에서 희생자 가족들이 합동위령제를 올리고 정부에 진상 규명을 요구했다. 그러나 국회의 진상조사는 5·16이 나면서 물거품이 됐다. 군사정부는 유골을 수습한 유족들을 빨갱이로 몰았고 경찰 조직을 동원해 일거수일투족 감시하면서 자녀들의 취직까지 막았으며 남아 있던 정부의 관련 기록을 다 없애버렸다.

진실화해위원회는 2009년까지 구례, 대전, 청원, 경산 등지에서 카빈총 탄알과 유골을 무더기로 발굴했다. 신원을 확인한 피해자는 전국 71개 시·군 4,934명이었는데 대전·충청남북도와 경상남북도, 전라남도에서 가장 많았다. 전체 희생자 수가 20만 명이라는 주장도 있지만 규모를 추정해볼 어떤 근거도 남아 있지 않았다. 군과 경찰은 보도연맹원을 외진 곳으로 끌고 가 구덩이를 파게 한 뒤 일렬 횡대로 세우고 총살했다. 인민군이 가까이 다가온 지역에서는 창고에 가둔 채 기관총을 난사했다. 노인과 여성, 청소년을 가리지 않았다.** 국민보도연맹사건은 전쟁이 불러낸 인간의 '광기(狂氣)'를 남김없이 보여줬다. 연맹원들은 단지 회원이라는 이유만으로 처형당했고 생존자와 유가족은 50년 세월을 어둠 속에서 살아야 했다.

한반도는 아직 평화로운 땅이 아니다. 군사정전 상태가 언제 끝날지 알 수 없다. 만약 또 전쟁이 난다면 군과 경찰은 반정부투쟁과 통일운동, 북한주민돕기운동에 참여한 전력이 있는 시민을 북한의 잠재적 협력자로 간주해 미리 즉결처분 할지도 모른다. 나는 북한을 좋아하는 마음이 조금도 없는데도 그런 두려움을 느낀다. '레드 콤플렉스(red complex)'는 단순한 반공주의가 아니다. 그것은 공산주의를 반대하는 이념이 아니라 자신의 생존과 안전을 지키려는 삶의 방편이었다. 북한 편으로 몰릴 위험을 피하기 위해 양심의 자유를 포기하고 자유와 권리의 박탈을 묵인한 정신적 병리현상이었다. 정부와 공안기관은 민족의 화해와 공존을 추구하고 민주주의를 요구하는 시민을 '공산당', '빨갱이', '좌경', '용공', '친북', '종북'이라고 모함했고 시민들은 침묵하거나 동조하는 시늉을 했다. 그것을 꼭 믿어서가 아니라 자신과 가족의 안전을 지키고 싶어서.

'우리 편'이 아니면 모두 '적'

북한에 대해 우리는 상충하는 감정을 느낀다. 증오와 연민, 분노와 동포애 같은 것이다. 2013년 12월 북한 당국은 권력서열 2인자였던 장성택을 처형했고 우리 언론은 온갖 소문과 정보를 보도했다. 그러나 확실하고 의미 있는 사실은 장성택이 숙청당했다는 것 하나

밖에 없었다. 시민들은 그 사건을 보면서 분개했다. 왜, 무엇 때문에 분개한 것일까? 장성택은 조선로동당 중앙정치국 위원이자 국방위원회 부위원장이었다. 김일성 주석의 사위, 김정일 국방위원장의 매제, 김정은의 고모부로서 수십 년 동안 온갖 특권을 누렸다. 굶고 병들어 죽은 인민들에 대해 자기 몫의 책임을 져야 할 사람이었다. 장성택이 회의장에서 끌려 나가고 특별군사재판을 받는 사진을 보면서도 나는 동정심이나 연민을 느끼지 않았다. 그 사건은 사회주의를 표방하는 왕조국가에서 벌어진 권력 내부의 골육상쟁(骨肉相爭)이었다. 나쁜 사람들이 나쁜 사람을 나쁜 방식으로 죽였을 뿐이다.

　　우리의 도덕적 직관은 아무리 흉악한 범죄자일지라도 사람을 그런 식으로 죽여서는 안 된다고 말한다. 북한 당국의 주장에 따르면 장성택은 권력 남용과 부패 혐의를 받았다. 새로운 권력자 김정은 앞에서 뒷짐을 지거나 건성건성 박수를 치는 등 '괘씸죄'도 저질렀다고 한다. 하지만 그것이 문제의 핵심은 아니다. 정말 범죄를 저질렀는지, 과연 사형이 합당한 처벌인지, 공정한 재판을 해서 합리적 의심이 남지 않을 때까지 확인하는 절차를 거치지 않은 채 단죄하고 처형한 것인지가 문제였다. 북한 당국은 조선중앙통신이나 『로동신문』 같은 관제매체를 동원해 장성택을 범죄자로 만드는 인민재판을 열었고 특별군사재판이라는 요식절차를 거쳐 신속하게 처형했다. 그 사건은 북한에 인권이나 법치주의와 같은 문명의 규범이 존재하지 않는다는 사실을 새삼 확인해줬다.

　　장성택 처형을 보면서 느낀 분노는 익숙한 것이다. 정치인 조봉암, 『민족일보』 사장 조용수, '이중간첩'으로 알려졌던 이수근, 소위 인혁당재건위 사건 관련자들이 모두 그런 식으로 죽었다. 정도는 다르지만 2013년 여름 공안당국이 터뜨렸던 국회의원 이석기 '내란음모 사건'도 닮은 점이 있다. 국정원과 검찰이 법정에 제출한 증거는 이석기 의원의 소위 'RO(Revolution Organization, 혁명조직) 모임' 강연 녹취록과 그것을 녹음해 국정원에 준 '협력자'의 증언이 전부였다. 정부가 이 사건을 다룬 방식은 북한 당국이 장성택 사건을 다룬 방식 과는 크게 달랐다. 국정원의 공개수사, 검찰의 구속영장 청구, 국회 의 체포동의안 의결, 법원의 구속영장 발부와 공개 재판까지 우리 헌 법과 법률이 규정한 절차를 모두 밟았다. 민변 소속 변호사들은 국정 원과 검찰이 녹취록을 심각하게 왜곡·조작한 사실을 밝혀내는 등 충실히 변론했다.

그러나 국정원과 검찰, 집권당과 언론이 보인 행태는 북한 당국 의 행태와 비슷했다. 그들은 이석기 의원과 관련 피고인들이 북한의 지령을 받아 대한민국을 전복하려 한 사람들이라고 단정했다. 헌법 의 무죄추정 원칙과 관련 법률 조항을 들어 신중한 접근을 요구하거 나 국정원과 검찰이 제시한 증거가 충분치 않다는 사실을 지적하는 사람들을 '종북'으로 몰아세웠다. 언론인, 정치인, 지식인들은 대부 분 침묵했다. 통합진보당 중앙위원회에서 이석기 의원과 추종자들 이 저지른 폭력행위를 본 탓이기도 했지만 북한 편을 든다는 오해를 받을지 모른다는 두려움도 작용했을 것이다. 보수 정권과 공안당국 은 공포감을 부추기는 '안보마케팅'으로 권력을 창출하고 유지했는 데, 그것은 북한 권력집단이 독재체제를 지키는 수법과 본질적으로 같다.

나는 이석기 의원이 NL 노선을 내면화한 '운동권 사업가'였다 고 생각한다. 사상이론의 권위에 기대는 동시에 조직원들에게 생활 의 물질적 기반을 마련해줌으로써 리더십을 세웠지만 대중정치인에 게 필요한 훌륭한 자질과 능력을 갖췄다고 보기는 어렵다. 대의(大

義)에 헌신하는 열정은 넘쳤지만 균형감각과 책임의식은 부족했으며 자신이 이룬 것에 대해 지나치게 큰 자부심을 지니고 있었다. 작은 비밀결사의 지도자라면 모를까, 합법적인 대중정당의 리더가 되기에는 적합하지 않았다. 그가 이끈 조직은 진보정당과 민주노총, 전국농민회 등 대중단체에서 세포를 증식하고 힘을 키웠으나 그 단체들의 생명력을 갉아먹었다. 다른 세포와 교신하지 않고 자기 증식에만 몰두했다는 점에서는 암(癌)조직과 비슷했다.

그러나 인간적 약점과 이념적 오류를 가지고 살아가는 것이 범죄는 아니다. 국가가 처벌할 수 있는 것은 타인의 자유와 권리를 부당하게 침해한 행위다. 그것이 우리 헌법의 정신이다. '이석기 내란음모 사건'은 국가정보원이 공포마케팅을 하려고 급조한 '한국형 인민재판'이었다. 국가정보원은 모기를 향해 대포를 쏘았다. 모기를 잡기 위해서가 아니라 사람들을 움츠리게 하려고 쏘았고 그 목적을 이뤘다. 그 사건은 국정원의 불법 대선개입과 박근혜 후보 선거대책본부 고위관계자들의 2007년 남북정상회담 대화록 유출, 각종 대선공약 파기와 청와대의 불통논란, 인사파행 등 당시 정부여당에 불리하게 작용하던 모든 정치 이슈를 집어삼켰다.

우리 세대는 반공백일장을 열고 반공포스터를 그리고 반공표어를 짓고 반공웅변대회와 반공궐기대회를 하면서 자랐으며 초등학생 때부터 '간첩 식별법'을 배웠다. 새벽에 구겨진 양복을 입고 산에서 내려오는 사람, 오랫동안 연락이 없다가 갑자기 찾아온 친척, 심야에 북한 방송을 듣는 사람, 직업이 없는데도 고급 담배를 피우는 사람은 신고해야 한다고 배웠다. 제일 널리 퍼진 반공표어는 "때려잡자 김일성 무찌르자 공산당"이었지만 내게 가장 인상적이었던 표어는 "옆집에 오신 손님 간첩인지 다시 보자"였다. 평범한 시민이 이웃을 간

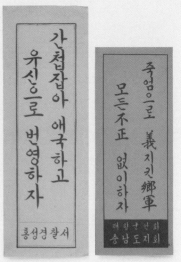

반공포스터와 반공표어:
북한에 대한 적대감과 북한 편으로 몰릴지
모른다는 공포감을 재생산하고 유포하는
수단이었다.

첩으로 의심하도록 권하는 세상을 산 것이다. 학생들의 반공궐기대회 강제동원은 사라졌지만 반공포스터 그리기는 요즘도 여전한 모양이다. 어느 초등학교에서 대상을 받았다는 반공포스터에 깜찍한 문구가 들어 있었다. "포스터 그리기 지겹다 통일해라."

라디오에서는 간첩사건을 소재로 한 드라마가 끝없이 나왔다. 가장 유명한 것이 1970년대 후반 큰 인기를 끌었던 MBC 라디오드라마 〈대공수사실록 그림자〉였다. 우리는 서유석 씨가 불렀던 그 드라마의 주제곡을 술자리에서 부르곤 했는데, 대학서클 신입생 환영회에서 김창남이라는 친구가 이 노래를 멋들어지게 부르는 것을 듣고 감탄하기도 했다. '노찾사' 원년멤버였고 대중음악 평론가로 이름을 알렸던 성공회대 교수 김창남이었다. 그 노래의 "어둠이 내리는 길목에 서성이며 불 켜진 창들을 바라보면서 (……) 외로운 맘 달랠 길 없는 하얀 그림자"는 바로 북한 공작원이다. 노랫말이 은유적이고 멜로디가 처연해서 반공드라마 주제곡 같지 않았다.

강요된 침묵이 지배한 시대에 많은 사람이 피눈물을 흘렸고 억울한 죽음을 당했다. 대표적인 사례가 '여간첩 김수임'과 '이중간첩 이수근'이다. 이화여전 출신의 미 군정청 통역관이자 주한미군사령부 헌병감 존 베어드 대령의 동거녀였던 김수임은 경기도 양평 명문가 도련님으로 경성제국대학 법학과를 나와 독일 베를린대에서 유학한 조선공산당 중앙위원 이강국을 사랑했다.[*] 서른아홉 살의 김수임은 베어드 대령에게서 빼낸 기밀을 이강국에게 넘기고 월북을 도와줬다는 혐의로 한국전쟁이 터질 무렵 총살당했다. 당국은 「국방경

---

[*]   전숙희, 『사랑이 그녀를 쏘았다』, 정우사, 2002. 김수임은 모윤숙, 전숙희 등 저명한 작가들과 친밀한 관계를 맺었다. 국제 PEN 한국본부 회장을 지낸 소설가 전숙희는 긴 세월이 흐른 뒤에야 이 낭만적이고 비극적인 사랑의 이야기를 쓸 수 있었다.

비법」제32조 '간첩 이적행위' 조항을 적용했다. 그런데 1996년 미국 국립문서보관소가 공개한 보고서에 따르면 미국 육군성이 베어드 대령을 조사한 결과 김수임의 자백 말고는 간첩행위를 한 증거가 없었다.[*] 사형을 선고한 군사법정의 재판기록은 사라졌고 총살을 집행한 일시와 장소조차 분명하지 않았다.

말이 나온 김에 월북한 이강국의 비운도 잠시 짚어보자. 이강국은 북조선인민위원회 외무국장이었으니 북한 정권의 첫 외무장관이었던 셈이다. 하지만 1953년 3월 북한 당국은 이승엽·임화 등 10여명의 남조선로동당 주요 인사들과 함께 그를 체포해 간첩죄와 반역죄를 덮어씌웠다. 2년 뒤 부수상 박헌영도 같은 운명을 맞았다. 박헌영은 전쟁이 일어나면 수십만 명의 남로당원이 폭동을 일으켜 단기간에 통일을 할 수 있다고 주장했지만 그런 일은 벌어지지 않았다. 김일성은 잠재적 도전자인 남로당파를 제거하는 동시에 전쟁을 이기지 못한 분풀이를 했다. 박헌영은 재판정에서 동지들을 살리고 싶어서 분노를 억누르고 절절히 호소했지만 아무 소용이 없었다.[**]

1955년 말 박헌영 재판이 끝나자 김일성은 남로당 인사들을 처형했고 다음 해 7월 박헌영도 총살했다. 『문장강화』라는 책으로 널리 알려진 작가 이태준은 김일성을 찬양하지 않는다는 죄로 펜을 빼앗기고 인쇄공장에서 일해야 했다. 소설가 김남천은 반동으로 몰려 옥사했고 작곡가 김순남은 악보를 빼앗기고 산골에서 죽었으며 소련대사 주영하는 탄광에서 총살당했다. 중국대사 권오직, 헤겔 전공 철학자 신남철, 연안파 최고지도자였던 최고인민회의 상임위원장

[*]   김연철, 「냉전의 추억: 영화보다 더 극적인 한국판 마타하리?」, 『한겨레21』 제732호, 2008년 10월 24일자.
[**]   손석춘, 『박헌영 트라우마』, 철수와영희, 2013, 104~122쪽.

김두봉, 이육사 시인의 동생 이원조도 비슷한 운명을 맞았다. 김일성에게 머리를 조아리고 굴종한 몇몇 사람만 목숨을 부지했다.***

'이중간첩 이수근'도 간첩이 아니었다. 북한 조선중앙통신 부사장이었던 이수근은 1967년 3월 판문점에서 열린 군사정전위원회를 이용해 귀순했다. 정부는 자유대한의 품을 찾아온 북한 고위인사를 크게 반겼다. 그런데 1969년 1월 31일 중앙정보부 요원들이 베트남 사이공(호치민) 공항에서 그를 체포해 한국으로 압송했다. 정부는 이수근을 위장 귀순한 이중간첩으로 몰았는데 체포에서 사형집행까지 다섯 달밖에 걸리지 않았다. 이 작전을 지휘한 김형욱 중앙정보부장은 후일 박정희의 눈 밖에 나 외국으로 달아났다가 1979년 10월 파리에서 후임자인 김재규 중앙정보부장의 지시를 받은 요원들에게 살해됐다. 시신이 끝내 발견되지 않았던 탓에 자루에 넣어 센강에 가라앉혔다거나 양계장의 닭고기 분쇄기에 집어넣었다는 등 끔찍한 소문이 돌았다. 다시 말하지만 이수근은 이중간첩이 아니었다. 자유인으로 살고 싶어서 대한민국에 귀순했는데 중앙정보부가 '반공전사'로 살 것을 강요하자 중립국으로 가기 위해 대한민국을 탈출하려 했을 뿐이다.****

이수근이 간첩이 아니었다는 사실을 최초로 폭로한 인물은 조갑제 기자였다. 그는 『월간조선』 1989년 3월호에 이수근 사건을 심층 보도했다. 박정희 대통령의 열렬한 추종자가 된 '극우지식인' 조갑제 씨가 억울한 죽음을 당한 사형수의 인간적 진실을 탐사한 민완

*** 안재성, 『박헌영 평전』, 실천문학사, 2009, 596~623쪽. 일제하 공산주의·사회주의 경향의 혁명가들은 북한으로 갔든 남한에 남았든 모두 권력투쟁에서 패배해 참혹하게 좌절했다. 월북한 남로당 공산주의자들의 패배는 훨씬 더 비참했다.
**** 조갑제, 『이수근은 역시 간첩이 아니었다!』, 조갑제닷컴, 2009, 14~48쪽. 이 책은 민완기자 조갑제의 역량이 고스란히 묻어나는 역작이다.

기자였다는 사실이 믿기지 않을지 모르겠지만, 그때 나는 건조하고
날렵한 그의 문장과 날카로운 시선을 좋아했다. 2007년 진실화해위
원회는 이수근 사건을 '남북한 체제경쟁으로 개인의 생명권이 박탈
당한 대표적인 비인도적 반민주적 인권유린사건'으로 결론짓고 관
련 피해자와 유가족에 대한 국가의 사과, 피해구제와 명예회복을 위
해 재심을 권고했다. 공범으로 몰려 21년이나 복역한 처조카 배경옥
씨 등 관련자들의 재심에서 법원은 무죄를 선고했다.

　　병영국가는 집중을 추구하는 권력의 본성을 극단까지 밀고 간
다. 여기서 가장 중요한 것은 이념의 통일성이다. 병영국가는 사상과
이념의 통일을 이루기 위해 '불온사상(不穩思想)'과 '잡사상(雜思想)'을
'박멸'하고 확실한 '우리 편'이 아니면 모두 '적'으로 간주하며 권력의
집중을 방해하는 모든 개인과 세력을 적의 간첩 또는 적에 동조한 자
로 몰아 말살한다. 북한 정부는 '반동', '부르주아', '자유주의자', '미제
앞잡이'를 철저히 제거했다. 대한민국 정부는 '좌경', '용공', '친북'을
뿌리 뽑으려 했다. 휴전선 남과 북의 두 체제는 '공산괴뢰', '미제괴뢰'
라고 서로 손가락질하면서 각자 권력들에 집중했고 북한 인민과 남
한 국민은 적과 한통속으로 몰릴지 모른다는 공포감 때문에 권력의
횡포에 굴복했다. 남과 북의 권력은 그렇게 해서 흔들리지 않는 '적
대적 공존관계'를 구축했다. 북한에는 이러한 적대적 공존관계가 변
함없이 절대적 위력을 떨친다. 대한민국에도 절반의 힘은 남아 있다.

간첩이 필요한 나라

　　북한은 6·25가 민족해방전쟁이자 통일전쟁이었다고 주장했고

정전협정 체결 이후에도 대한민국을 미제국주의 식민지로 규정하면서 적대적 군사행동을 일삼았다. 육상 DMZ와 해상 NLL 근처에서 벌어진 소규모 총격전이나 한강과 임진강 하구, 서해와 남해 섬 지역의 무장간첩 침투사건은 일일이 헤아릴 수 없을 만큼 많았다. 북미관계와 남북관계를 극도로 악화시키고 대한민국 국민을 얼어붙게 만든 큼직한 사건만 살펴보자.*

북한은 1958년 2월 부산에서 서울로 가던 비행기를 평양 순안공항으로 납치했는데, 탑승자 26명은 돌려보냈지만 비행기는 반환하지 않았다. 1967년 1월 동해에서 명태잡이 어선을 보호하던 우리 해군 당포함을 해안포로 격침했다. 1968년 1월에는 124군부대 무장병력 31명이 청와대를 습격하려고 서울에 들어와 우리 군경과 총격전을 벌였다. 동해에서 미국 정보수집함 푸에블로호를 납치했고 승무원 82명과 시신 1구를 송환했으나 선체는 돌려주지 않았다. 같은 해 가을에서 겨울까지 북한 무장병력 126명이 강원도 울진·삼척 일대에 침투해 게릴라전을 벌였다. 109명을 사살하고 7명을 생포했으나 우리 군경도 38명이 전사하고 64명이 부상을 입었으며 민간인 23명이 희생당했다.

재일동포 문세광 씨가 박정희 대통령을 저격하려다 실패한 1974년 8·15 경축행사장에서 영부인 육영수 여사가 서거했다. 1976년 8월 판문점 근처 군사분계선에서 인민군이 도끼로 미군 2명을 살해했다. 1983년 10월 미얀마 아웅산 묘소 폭탄테러로 전두환 대통령 수행원 17명이 죽고 14명이 중경상을 입었다. 1987년 11월 29일 바그다드를 출발해 서울로 오던 대한항공 858편 보잉 707기가 인도양 상공에서

---

* 북한의 군사적 적대행위 사례는 여영무, 「김정일과 북한 테러리즘」, 안보세미나논문집 『북한의 대남도발 반세기』, 시스템연구소, 2001을 참조해 작성했다.

실종됐다. 시신과 유품, 블랙박스를 찾지 못했지만 우리 정부는 북한 공작원이 비행기를 폭파해 탑승자 115명이 모두 사망했다고 결론지었다.[*] 1996년 9월에는 강릉 해안에서 북한 잠수함이 좌초했다. 우리 군경은 탑승자 25명을 사살했으나 아군도 11명이 전사하고 41명이 부상을 입었다. 1998년 6월 속초 해상에서 고기잡이 그물에 걸린 북한 잠수정을 발견해 자폭 시체 9구를 인양했다.

1999년 6월 북한 함정 수십 척이 NLL을 넘어 우리 해군고속정에 포격을 가하자 해군 2함대가 북한 함정 2척을 침몰시켰다. 북한 해군은 수십 명이 전사하고 퇴각했다. 2002년 6월 서해에서 북한 함정이 기습포격을 가해 우리 해군 6명이 전사하고 수십 명이 부상을 당했다. 2008년 7월 금강산에서 북한군 초병이 쏜 총에 관광객 박왕자 씨가 피살된 사건으로 금강산관광이 중단됐다. 2009년 11월 우리 해군은 대청도 인근 해상에서 선제공격을 한 북한 함정을 반파 퇴각시켰다. 2010년 3월에는 대청도 인근 해상에서 우리 해군 천안함이 두 동강 난 채 침몰해 해군 장병 46명이 사망·실종됐다.^{**} 11월에는 북한이 연평도와 인근 해안에 해안포 수십 발을 쏘아 우리 군인과 민간인 4명이 사망했다. 북한은 또한 2006년부터 2017년까지 여섯 차례 지하 핵실험을 했으며 2017년 11월 29일 발사한 사거리 1만 3,000km의 화성15형 ICBM급 탄도미사일까지 장거리 미사일과 인

---

[*] 안동일, 『나는 김현희의 실체를 보았다』, 동아일보사, 2004. 김현희의 국선변호인이었던 안동일은 이 책에서 정부의 발표가 모두 진실이라고 주장했다. 반면 김정대·서현우·신성국, 『KAL858』, 나이테미디어, 2012는 이 사건과 관련해 유족회가 제기한, 아직 해명되지 않은 '합리적 의문'을 총망라하고 있다. 한편 국정원 과거사위는 2007년 12월 대한항공 858기 폭파가 북한 공작원 김현희의 범행이라는 사건 당시 정부발표를 재확인했다.

^{**} 천안함 사건에 대해서는 김현희의 대한항공 858기 폭파사건보다 더 많은 '합리적 의문'이 남아 있다. 북한 당국은 사건이 일어난 2010년 3월 이후 일관되게 천안함 사건과 무관하다고 주장하면서 자기네 검증단을 받아들이라고 우리 정부에 요구했다.

공위성 발사실험을 꾸준히 반복했다. 전문가들은 북한의 핵무기와 미사일이 한국뿐만 아니라 미국에게도 현실적인 위협이 된다고 평가한다.^{•••}

의도적인 적대적 군사행동이 많았지만 우발적 충돌도 적지 않았다. 1968년 1·21사태나 푸에블로호 납치사건, 울진·삼척 무장공비사건 같은 것은 다툴 여지가 없는 의도적 군사도발이었는데, 북한이 사회주의 국제연대의 정신에 따라 주한미군 전력을 한반도에 묶어둘 목적으로 저질렀다는 해석이 유력하다. 미국이 베트남에서 전쟁을 벌인 것은 부당하고 어리석은 행동이었다. 하지만 베트남 사회주의자들을 도우려고 같은 민족을 공격한 북한의 행위 역시 그 못지않게 어리석다. 우리 해안에서 북한 잠수함이 좌초한 사건이나 서해 NLL 인근 해상에서 벌어진 군사충돌, 박왕자 피격사망사건 등도 우발적이었다. 문세광 씨의 박정희 대통령 저격사건이나 아웅산 테러사건은 북한 당국의 부인에도 불구하고 관련성을 의심할 만한 근거가 있다. 그러나 대한항공 858기 폭파사건과 천안함 사건은 북한이 관련성을 부정해왔으며, 우리 정부가 북한의 소행임을 의문의 여지가 없이 증명하지는 못했다.

그렇게 판단하는 근거를 일일이 말하지는 않겠다. 다만 합리적 의문이 남아 있는 사건의 경우에도 대한민국 국민 다수는 북한의 소행이라고 믿거나 그렇게 말한다는 사실을 기억하자. 여러 가지 이유가 있을 것이다. 북한은 그보다 더한 짓도 할 수 있다는 확신, 북한 말고 누가 그런 짓을 하겠느냐는 상황논리가 작동한다. 만약 북한 짓이 아니라고 한다면 너무 끔찍한 일이기에 차라리 정부 발표를 믿는

•••   조성렬, 『한반도 비핵과 리포트』, 백산서당, 2019, 20쪽.

게 낮다고 생각하는 사람도 있다. 그러나 가장 중요한 이유는 북한을 편드는 사람으로 몰릴지도 모른다는 두려움이었다.

헌법재판관 후보자였던 조용환 변호사는 2011년 6월 국회 인사청문회에서 천안함 사건이 북한 소행임을 '확신'하느냐는 질문에 "정부 발표를 신뢰하지만 직접 보지 않았기에 확신할 수는 없다"고 대답했다. 새누리당은 이 답변을 문제 삼아 무려 6개월 동안 시간을 끌다가 인준안을 부결해버렸다. 정부 발표를 신뢰한다고 말했는데도 북한 소행임을 '확신'한다고 말하지 않았다는 이유로 공직자가 되지 못한 것이다. 천안함 사건의 의혹을 다룬 백승우 감독의 다큐멘터리영화 〈천안함 프로젝트〉(2013)는 개봉에 필요한 스크린을 구하지 못했고 인터넷 IP-TV와 케이블 방송도 막혔으며 무료 인터넷 상영마저 쉽지 않았다. 정부가 헌법재판소에 통합진보당 해산청구를 한것도 마찬가지였다. 진보적 민주주의를 표방한 강령과 이석기 의원내란음모 사건을 문제 삼았지만 통합진보당의 '죄'는 북한의 핵실험과 권력세습을 공개 비판하지 않은 것이었고, 정부가 정당해산 심판을 청구한 동기는 통합진보당이 북한을 추종한다는 의심이었다.

북한을 공개적으로 비난하지 않으면 헌법재판관이 되지 못한다. 영화를 상영할 수 없다. 정당이 해산당할 수 있다. 내란음모 범죄자로 유죄선고를 받을 수 있다. 하지만 예전에 비해 가벼워 보이기는한다. 이제는 밤중에 보자기를 씌워 잡아가거나 고문을 하지 못한다. 지난날 국가정보기관과 검찰은 그런 방식으로 무고한 시민을 간첩으로 조작했다. 2005년 진실화해위원회가 일제강점기부터 한국전쟁을 거쳐 민주화시대에 이르기까지 국가폭력에 억울하게 희생당한사람들의 진정 8,600여 건을 접수했는데 200여 건이 간첩사건, 반공법,「국가보안법」 위반사건이었다.*

   진실화해위원회는 피해자들이 진상규명을 요청한 사건 대부분에서 불법감금·고문·증거조작이 이뤄진 사실을 확인하고 법원의 재심과 국가배상을 권고했으며, 피해자들은 진실화해위원회의 조사 결과를 근거로 삼아 재심을 신청했다. 법원은 거의 모든 재심사건에서 무죄선고와 국가배상 판결을 내렸다. 다음은 대법원이 재심 무죄를 확정한 사건들이다. 재심이 진행 중인 사건이 많아서 얼마나 더 무죄판결이 나올지 아직은 알 수 없다. '조작간첩 재심 무죄'를 키워드로 인터넷 포털 뉴스를 검색해보자. 모두가 간첩죄를 적용한 사건은 아니지만 정보기관과 검찰과 법원이 북한의 사주를 받았거나 북한과 연계됐거나 북한을 이롭게 하려는 목적으로 활동했다는 혐의를 씌워 수사하고 기소하고 유죄판결을 했다는 사실만큼은 예외가 없다.

   평화통일론을 주장했다가 사형당한 정치인 조봉암(1959), 박정희 정부가 북한 앞잡이로 몰아 사형한 『민족일보』 사장 조용수(1961),** 간첩죄로 기소한 1차 인혁당 사건(1964), 작곡가 윤이상과 화가 이응노 등 유럽 지식인들을 엮어 넣은 동백림 사건(동베를린 사건, 1967), 이중간첩 이수근(1967), 납북어부 간첩 서창덕(1967), 조총련 간첩 김복재(1970), 납북어부 간첩 박춘환(1971), 유럽 거점 간첩단 사건 관련 조사를 받던 중 중앙정보부에서 사망한 최종길 교수(1973), 이철 등 민청학련 사건(1974), 손두익·전국술 등 울릉도 간첩단(1974), 김우종 교수 등 문인 간첩단(1974), 김우철 등 형제 간첩단(1975), 납북어부 간첩 정규용(1976), 김정사 등 재일동포 유학생 간첩

---

*　진실·화해를위한과거사정리위원회 홈페이지(www.jinsil.go.kr)의 '진실규명신청 처리현황' 참조.

**　원희복, 『조용수와 민족일보』(증보판), 새누리, 2004.

단(1977), 석달윤·김정인 등 진도 간첩단(1980), 신귀영·신춘석 등 가족 간첩단(1980), 한국전력 검침원 간첩 김기삼(1980), 재일교포 간첩 이종수(1982), 나진·나수연 남매 간첩단(1981), 재일교포 간첩 이헌치(1981), 조총련 간첩 최양준(1982), 미법도 섬마을 간첩단(1982), 일본 취업 노동자 간첩 차풍길(1982), 납북어부 간첩 이상철·김춘삼·윤질규(1983), 조총련 간첩 조봉수(1984), 이준호·배병희 모자 간첩단(1985), 제주도 간첩 강희철(1986), 조총련 간첩 김양기(1986) 사건이 대법원의 재심 무죄판결을 받았다.

이 모두는 한때 신문과 방송의 헤드라인을 장식했다. 누구는 고문을 받다가 죽었고 누구는 사형장으로 끌려갔으며 누구는 옥사했고 누구는 극심한 고문 후유증을 앓았다. 살아남은 사람과 가족은 길게는 50년 짧게는 30년 세월 동안 간첩과 간첩 가족이라는 손가락질을 받았다. 이 모든 재심 무죄 간첩사건에는 공통적인 특징이 있다. 영장 없는 체포, 장기간의 불법구금, 구타와 고문, 허위자백, 증거조작 같은 것이다. 대공수사 요원들은 피의자들을 잔혹하게 고문해 허위자백을 받고 증거를 조작했으며 검사는 그것을 근거로 기소했다. 피고인의 자백 말고는 아무런 증거가 없는데도 판사들은 사형이나 무기징역을 선고했다. 공안기관의 부탁을 받고 조총련 인사와 접촉했던 정보원을 간첩으로 엮어 넣은 사건도 여럿 있었다.

무고한 사람을 간첩으로 만든 대공수사관들은 포상금을 받고 진급했다. 그들을 기소하고 유죄선고를 내린 검사와 판사는 승진해 검찰총장, 대법원장, 헌법재판관, 법무부장관이 됐다. 정체가 탄로나 처벌을 받은 고문기술자 이근안 경감은 극히 드문 예외였다. 조작 간첩을 만들고 유죄선고를 내리는 데 가담한 모든 사람이 아무 문제 없이 근무했고 퇴직한 뒤에는 공무원연금을 받으며 경제적으로 안정된 노후를 보냈다. 법원은 재심 무죄선고에 이어 민사소송에서도 피해자들의 손을 들어줬기 때문에 대한민국은 사건마다 적게는 수억 원 많게는 수십억 원의 손해배상을 했다. 국가권력이 저지른 범죄의 피해를 세금으로 배상하는 것은 당연하지만 그 범죄를 실행한 자들에게 국민 세금으로 공무원연금을 주는 것은 납세자로서 분통 터지는 일이 아닐 수 없다. 결국 조작간첩사건 피해자 개인에게는 뒤늦게나마 정의가 실현됐는지 모르겠지만 대한민국의 정의는 없는 것이다. 검사와 판사는 고문을 저지르고 증거를 조작한 대공수사관 못지않은 악을 저질렀다. 그들은 피의자의 범죄 부인이 무죄의 증거가 될 수 없는 것과 마찬가지로 피의자의 자백이 유죄의 증거가 될 수 없다는 법의 상식을 짓밟았다.

　진짜 간첩사건도 적지 않았지만 1972년 남북공동성명 발표 이후에는 조작사건이 훨씬 더 많았다. 이유가 무엇일까? 박정희·전두환 대통령에게는 간첩이 필요했다. 북한의 위협을 들먹이며 국민을 겁주고 민주화운동을 고립시키려면 필요할 때마다 간첩사건을 터뜨려야 했다. 경제논리로 설명하자면 이렇게 된다. 간첩 '수요'는 여전한데 '공급'이 줄었다. 간첩을 더 보내달라고 북한에 요청할 수는 없으니 공급부족 현상을 해소하려면 간첩을 직접 '생산'하는 수밖에 없었다. 이렇게 해서 만들어낸 것이 바로 '한국산(made in Korea) 간첩' 또는 'DIY(Do It Yourself) 간첩'이었다. 간첩 생산비를 적게 들이려면 가공이 수월한 '원자재'를 찾아야 한다. 그래서 조총련 인사들과 안면이 있는 재일동포 유학생, 귀환 어부, 외딴 섬마을의 어민, 동유럽 사회주의국가를 오간 경력이 있는 유럽 교민과 유학생, 반정부 민주화운동을 하면서 '불온서적'을 읽은 국내 지식인들을 잡아다 간첩으로 만들었다.

비교적 널리 알려진 사례를 하나 살펴보자. 재일동포 서준식 씨는 1968년 고등학교를 마치고 곧바로 서울대에 유학했다. 형 서승씨도 같은 학교에서 유학 중이었다. 형제는 1970년 방학 때 북한을 방문했다. 1971년 4월 국군보안사가 두 사람을 엮어 '학원침투 유학생 간첩단 사건'을 발표했다. 서준식 씨는 「국가보안법」 위반죄로 선고받은 징역 7년을 다 채웠지만 「사회안전법」의 보호처분을 받아 청송 보호감호소에 10년 더 갇혔다가 1988년 5월 풀려났다. 서승 씨는 보안사에서 혹독한 고문을 받던 중 허위자백을 할까 두려워 난로를 껴안고 자살을 시도했다가 얼굴과 몸에 중화상을 입었지만 19년이나 옥살이를 했다.

서준식 씨가 「사회안전법」의 보호처분을 받은 것은 전향서를 쓰지 않았기 때문이다. 그는 자신이 '처분대상'이 아닌 인간이며 인간의 내심은 법적 규제의 대상이 될 수 없다는 신념을 지키려고 10년을 더 감옥에 있었다. 「사회안전법」 폐지를 요구하며 무려 51일 동안 단식투쟁을 했으며 끝까지 전향서를 쓰지 않았다. 풀려난 뒤에는 일본으로 돌아가지 않고 한국에 머물면서 「사회안전법」 폐지운동을 시작했다. 1993년에는 대표적 인권단체인 인권운동사랑방을 창립했고 1997년 한국기독교교회협의회 인권상을 받았다. 서승 씨는 일본으로 돌아가 리쓰메이칸대학 교수가 됐고 동아시아 평화문제를 연구했다. 『디아스포라 기행』, 『나의 서양미술 순례』, 『나의 서양음악 순례』 등으로 우리 독서계에 널리 알려진 도쿄케이자이대학 서경식 교수가 두 사람의 동생이다.°

노무현 정부의 국방부 과거사진상규명위원회는 1970년대와 1980년대 국군보안사가 수사한 73건의 재일동포 간첩사건 중 무작위로 추출한 12건에 대해 서류조사를 하고 진정이 들어온 4건을 직

가석방되는 서승:
모국 유학생 간첩단 사건으로 무기징역을
선고받은 서승은 1990년 2월 28일 3·1절
가석방으로 석방됐다. 대전교도소 앞에서
여동생 서영실 씨와 함께 기자 인터뷰를
하고 있는 모습.

접 조사했다. 결과를 보면 보안사는 최단 9일 최장 43일 동안 피의자를 불법구금했다. 가장 신속하게 변호인 접견이 이뤄진 경우가 체포한 달 반 후였고, 단 한 사람도 보안사 수사기간에는 변호인을 만나지 못했으며, 가장 빠르게 이뤄진 가족 면회는 구금 두 달 후였다. 보안사는 법적으로 민간인을 수사할 수 없기 때문에 구속영장을 안기부 수사관 명의로 신청했고, 영장을 미리 발부받아 체포 구금한 경우는 단 한 번도 없었다. 위원회는 가혹행위를 호소한 피해자들의 진술에 신빙성이 있다고 판단했다. 그런데 무엇보다 흥미로운 것은 '영사증명서'였다. 피고인의 자백 말고는 아무 증거가 없는 상황에서 법원은 중앙정보부 또는 안기부 직원이 일본에서 만들어 보낸 '영사증명서'를 유죄의 증거로 인정했다.

  '영사증명서'라는 것은 그때나 지금이나 외교통상부의 법령 규정에 없다. 국정원은 국가정보원법에 의거해 외교부에 영사증명 요청을 할 수 있다고 주장했지만, 과거사진상규명위원회는 「재외공관 공증법」에 따라 재외공관 영사가 발급해주는 것은 주재국 정부가 발행한 공문서에 대한 '영사확인'과 사문서에 대한 '영사인증'뿐이라는 사실을 확인했다. '영사증명서'라는 제도 자체가 없는 것이다. 그런데도 외교부의 공식 통로를 거치지 않고 주일한국대사관에 파견된 안기부 직원이 본부의 지시를 받아 만든 문서를 검찰과 법원은 간첩사건 유죄 증거로 인정했다. 이런 사실은 과거사진상규명위원회가 조사한 16건 대부분에서 공통적으로 드러났다.[**] 2013년에 일어난

*   재일조선인으로서 분단된 조국을 껴안으려 했던 서승·서준식 형제의 삶과 철학에 대해 더 알고 싶은 독자들에게 다음 책들을 추천한다. 서준식, 『서준식 옥중서한』, 노사과연, 2008; 서준식, 『서준식의 생각』, 야간비행, 2003; 서승, 『옥중 19년』, 김경자 옮김, 역사비평사, 1999; 서경식, 『시대를 건너는 법』, 한승동 옮김, 한겨레출판, 2007.

서울시 공무원 유우성 씨 사건도 마찬가지였다. 국가정보원과 검찰은 1심 무죄판결이 나온 이후 중국 선양 총영사관에 파견된 직원이 만든 '영사증명서'를 증거로 재판부에 냈다. 군사정부 시절 보안사가 조작간첩을 만든 것과 똑같은 방법이었다.

우리 국민은 북한은 가해자, 대한민국은 피해자라고 생각한다. 큰 틀에서 보면 옳지만 전적으로 타당한 것은 아니다. 북한만 그랬던 게 아니라 대한민국도 간첩을 보냈다. 우리는 북한 간첩과 무장공비들이 한 행위를 잘 안다. 하지만 우리가 북한에 보낸 사람들이 한 일은 국가기밀로 봉인되어 있어서 알지 못한다. 그래서 대한민국이 일방적으로 당하기만 한 피해자라고 생각하는 것이다. 실미도 사건이 없었다면, 민주화 이후 모습을 드러낸 북파공작원단체(HID)의 활동이 아니었더라면, 우리는 대한민국도 북한을 상대로 비정규전을 전개했다는 사실을 몰랐을 것이다. 물론 정도 차이는 있다. 북한은 완전한 전체주의 독재국가여서 마음만 먹으면 대남 비정규전에 무제한 인력과 자원을 투입할 수 있었다. 반면 대한민국은 형식적으로나마 민주적인 헌법이 있었고 국회, 야당, 언론, 시민사회, 종교단체, 국제인권기구가 정부를 감시·견제하는 등 여러 제약이 있었다. 북한의 '대남도발'과 우리의 '대북도발'은 양질 모두에서 차이가 있었다고 보는 게 맞을 것이다.

민주화 이후 'DIY 간첩'을 만드는 데 따르는 비용과 위험이 커졌기 때문에 조작간첩사건이 크게 줄었다. 국민의 인권의식이 높아졌고 언론자유가 확장됐으며 인권단체와 시민단체의 역량도 발전했다. 공안기관이 제멋대로 불법구금, 고문, 증거조작을 할 수는 없게

** 국방부과거사진상규명위원회, 『재일동포 및 일본 관련 간첩조작 의혹사건 조사결과보고서』, 2007, 5~16쪽.

됐다. 법원의 독립성이 높아져 판사들이 옛날처럼 정부가 원하는 대로 판결해주지도 않았다. 게다가 북한은 외교적 고립과 경제난 때문에 과거처럼 무장병력을 보내 게릴라전을 벌이거나 많은 간첩을 남파할 수 없었다. 그러나 북한이 '조국통일사업' 또는 '대남적화공작'을 포기한 것은 아니다. 무장 게릴라전 대신 정세에 맞는 정치공작을 벌이는 쪽으로 사업방향을 수정했다. 그렇게 해서 터진 것이 민주화 이후 최대 간첩사건이라고 할 수 있는 '이선실 사건'이다.

제14대 대통령선거를 두 달 앞둔 1992년 10월 6일, 국가안전기획부는 북한 지령에 따라 지하당을 구축하고 간첩활동을 해온 혐의로 '남한조선노동당중부지역당' 총책 황인오와 민중당 '지하지도부' 손병선 등 62명을 간첩행위와 「국가보안법」 위반 혐의로 구속하고 300여 명을 수배했다. 김낙중, 장기표를 비롯한 민중당 인사들에게는 간첩인 줄 알면서도 신고하지 않았다는 불고지죄를 씌웠고, 뒤이어 이선실에게 500만 원을 받았다는 혐의로 민주당 김부겸 부대변인을 구속했다. 안기부는 무성 권총 3정, 실탄 88발, 미화 100만 달러, 무전기 4대, 독약 앰플 6개, 난수표 등의 '공작장비'를 압수했다고 발표했다.

안기부가 북한 권력서열 22위인 정치국 후보위원이라고 발표한 이선실은 흥미로운 인물이다. 본명은 이화선이고 1916년 제주도 서귀포 대정읍에서 태어나 한국전쟁 직전 월북했다. 국정원이 사건을 발표했을 때 이선실의 노모와 남동생은 제주도에 살고 있었다. 이선실은 1980년 재일동포 모국방문단으로 대한민국에 온 후 제주 4·3사건 유족 할머니를 자처하면서 민중당과 민가협 등 야당과 시민단체 인사들과 교분을 쌓고 약간의 활동비를 후원했다. 세 개의 간첩조직망을 운영하면서 수도권과 영호남에 지역당을 구축하는 등

10년 동안 암약하던 그는 1990년 강화도를 거쳐 북한으로 돌아갔다. 이선실이 간첩 권중현과 연결해 포섭한 황인오는 강화도에서 반잠수정을 타고 황해도 해안에 상륙해 조선로동당에 입당한 후 공작금과 장비를 받아 남조선노동당 중부지역당을 조직했다.[*] 그런데도 북한 조국평화통일위원회는 이선실 사건이 남한의 정치모략극이라고 주장하면서 남북기본합의서를 채택하는 등 순풍을 탔던 남북관계를 얼어붙게 했다.

3년이 지난 1995년 10월, 충남 부여에서 안기부 요원들이 남파간첩 김동식을 체포했다. 이선실을 북으로 귀환시켰던 그는 안기부가 이미 적발한 고정간첩과 접선하려다 붙잡혔다.[**] 김동식은 1980년대 주요 대학 총학생회장 출신을 포섭하려고 이인영, 허인회, 함운경, 우상호 등을 접촉했지만 실패했다.[***] 누구는 안기부 프락치로 몰아세웠고 누구는 면전에서 화를 냈다.[****] 이인영 씨는 그가 북에서 온 공작원임을 밝히자 자수하라고 하면서 떠났고 함운경 씨와 우상호 씨는 미친 사람이라고 생각해서 무시해버렸다고 했다. 그들은 왜 신고를 하지 않았을까? 김동식이 남파간첩인지 안기부가 보낸 가짜 간첩인지 알 수 없었기 때문이다.

안기부는 1992년 대선과 1996년 국회의원 총선을 앞두고 이선실 사건과 김동식 사건을 발표하면서 간첩이 접촉을 시도한 야당인사와 재야인사가 마치 그들에게 동조하고 협력한 것처럼 허위정보를 흘렸다. 그 덕분에 김영삼 후보와 여당인 신한국당 국회의원 후보

[*]   황인오, 『조선노동당 중부지역당』, 천지미디어, 1997, 110~222쪽.
[**]   김동식, 『아무도 나를 신고하지 않았다』, 기파랑, 2013, 259~262쪽.
[***]   최보식, 「최보식이 만난 사람: 남파공작원 김동식」, 『월간조선』, 2013년 7월호.
[****] 김동식, 앞의 책, 333~340쪽.

들은 수월하게 선거를 치를 수 있었다. 당시 독일에서 공부하고 있었던 나는 잘 아는 선후배들이 두 사건에 얽혀 큰 곤욕을 치르는 광경을 멀리서 지켜보며 한탄하고 기도했다. '어지간히 재수가 없었군. 나한테는 간첩이 찾아오는 일이 제발 없기를!'

하지만 내게도 비슷한 일이 생겼다. 1996년 『한겨레』 독일통신원으로서 독일 빌레펠트에서 열린 남북학자회담을 취재했다. 북한 사회과학원 교수의 발제를 들었고 통일문제에 관심이 많은 다른 도시의 유학생과 교민을 여럿 사귀었다. 얼마 후 교민 A가 찾아왔다. 북에서 온 일꾼들이 조국통일 사업을 논의하고 싶어서 동유럽 어디에서 기다린다고 했다. 나는 그런 식의 접촉은 민족통일에 도움이 되기는커녕 남북관계를 악화시키고 대한민국 내부 갈등을 일으킬 뿐이니, 통일을 하려면 북한 당국이 대한민국 정부와 직접 대화하고 협력해 신뢰를 쌓는 노력을 하라고 전해달라고 말했다. A는 실망한 표정으로 돌아갔다.

겁이 났다. 혹시 안기부에서 나를 떠보려고 보낸 사람이 아닐까? 이선실 사건이 떠올랐다. 진짜라면? 자칭 조선로동당원이 '접선'을 시도했으니 신고하지 않으면 불고지죄로 걸리게 된다. 동백림 사건 때 독일 유학생과 교민들이 이런 일 때문에 간첩으로 몰렸지 않았던가. 어느 큰 신문사의 독일 특파원으로 와 있던 선배와 서울에 있는 지인 한 분에게 전화를 했다. 총영사관에 신고를 할 작정인데 그것마저 공작을 할지 모르니 내가 한 말을 메모해서 뒀다가 나중에 혹시 내가 이 일 때문에 곤경에 처할 경우 증언을 해달라고 부탁했다. 그리고 총영사관 무관에게 전화를 걸어 신고했다.

2006년 1월 보건복지부장관 지명을 받고 국회 인사청문회를 준비할 때 공안 업무에 정통한 야당 의원이 내가 독일 유학 시절 북한 간첩과 접촉한 사실을 폭로하려 한다는 첩보가 들어왔다. 그렇지 않아도 '코드인사'라는 비난이 쏟아져 시끄러운 판국에 그런 일까지 불거져서 '간첩논쟁'이나 '사상논쟁'이 벌어지면 대통령에게 큰 누가 될 것 같았다. 전화를 해뒀던 지인들에게 필요할 경우 증언을 해달라고 요청하고 김만복 국정원장에게 기록을 확인해서 그 국회의원이 사실관계를 파악할 수 있게 해달라고 부탁했다. 국정원에서 어떻게 했는지 모르지만, 인사청문회에서 그 이야기가 나오지는 않았다. 나를 찾아왔던 그 교민이 그 이후 무슨 간첩사건에 휘말린 일도 들은 바 없다. 나는 그가 북한 간첩이었는지 안기부 공작원이었는지 지금도 모른다.

　　줄줄이 재심 무죄판결을 받은 조작간첩사건은 대한민국에서 반세기 동안 펼쳐진 공포정치의 살아 있는 증거다. 민주화시대를 맞은 지 30년 넘게 시간이 흐른 지금도 조작간첩을 만들어낸 공포정치의 유산은 사라지지 않았다. 유우성 씨 사건을 보면 국정원과 공안검사들은 언제든 'DIY 간첩' 제조사업을 재개할 준비를 하고 있는 듯하다. 증거조작과 간첩사건은 별개이며 유우성은 간첩이 맞다고 주장한 황교안 당시 법무부장관의 말을 들으면서, 나는 혹시 그들이 초인이 아닌가 의심했다. 보통 사람은 증거를 보고 판단한다. 어떤 사람을 간첩이라고 판단하려면 그렇게 믿을 만한 증거가 있어야 한다. 만약 가짜 중국 공문서 말고 다른 믿을 만한 증거가 있었다면 무엇 때문에 국정원이 그것을 위조했겠는가. 국정원과 검찰은 증거도 없이 유우성 씨가 간첩이라고 판단했고 그 판단을 뒷받침할 증거를 조작했다. 증거도 없이 누군가를 간첩이라고 판단하는 것은 무에서 유를 창조하는 것이나 마찬가지다. 초인이라야 그럴 수 있다.

네 번의 기회

남북한 당국이 적대관계를 해소하려고 노력하지 않았던 것은
아니다. 한국전쟁 이후 네 번이나 기회를 만들었다. 아직 확고한 결
실을 맺지는 못했지만 기회는 또 생길 것이다. 첫 번째 기회는 1972년
「7·4남북공동성명」이었다. 1970년대 초 미국은 '데탕트 정책'을 채
택해 소련을 비롯한 사회주의국가들과 평화 공존하는 길을 탐색했
다. 남북한의 1인당 국민소득이 비슷해진 시기였다.[*] 박정희 대통령
은 이후락 중앙정보부장을 평양에 보냈고 김일성 주석은 박성철 제2
부수상을 서울에 보냈다. 공동성명에는 이후락 중앙정보부장과 김
일성의 동생 김영주 조직지도부장이 대리 서명했다. 1972년 7월 4일
남북 당국이 전격 발표한 성명의 핵심은 자주·평화적 방법으로 통
일을 실현하며 사상과 이념의 차이를 초월해 민족적 대단결을 도모
한다는 것이었다. 상호비방 중단, 군사충돌 방지, 남북교류 실시, 남
북적십자회담 개최, 서울과 평양 상설 직통전화 설치, 남북조절위원
회 구성에도 합의했다. 국민은 희망에 들떴다.

하지만 헛된 희망이었다. 박정희 대통령은 불과 석 달 후 유신
쿠데타를 일으켜 종신집권체제를 수립했다. 김일성 주석은 사회주
의 헌법을 새로 채택하고 개인숭배와 전체주의 독재체제를 더욱 확
고히 했다. 남북 권력자들이 「7·4남북공동성명」을 자신의 권력을 강
화하는 수단으로 악용한 것이다. 그렇지만 아무 의미가 없었던 건 아
니다. 자주·평화·민족적 대단결이라는 공동성명의 3원칙은 이후 남
북관계를 개선하는 토대가 됐다.

[*]   정광민, 『김일성과 박정희의 경제전쟁』, 꼬레아, 2012, 79쪽. 이것은 1974년 중앙정보부가
추정한 통계에 입각한 평가였다.

소비재산업만으로 북한의 소득수준을 따라잡은 대한민국은
1970년대에 철강, 조선, 화학, 건설, 자동차, 전력산업 등 전통적인
중화학공업을 세워냈다. 상품을 수출해 획득한 달러로 원자재와 에
너지를 사들이고 국방비 지출을 대폭 늘려 첨단무기를 도입했다. 국
민의 힘으로 군사독재를 끝내고 민주화를 이뤄 국제사회의 당당한
일원이 됐다. 반면 북한은 만성적인 경제적 침체와 퇴행을 겪었다.
냉전체제가 무너진 1990년대 초 남북한의 경제력은 비교하기 어려
울 만큼 격차가 컸다. 북한만 그랬던 게 아니라 중앙통제식 계획경제
를 채택했던 사회주의국가들이 다 마찬가지였다. 베트남과 중국은
시장경제를 도입하는 점진적 개혁개방 정책을 채택했지만 소련과
동유럽 사회주의국가들은 극심한 정치적 혼돈을 거쳐 급진적으로
체제를 전환했다. 이념과 이론은 어떨지 모르겠으나 현실의 사회주
의는 개인의 욕망을 거세하는 체제였다. 욕망 실현을 추구하는 모든
사상과 행위양식을 '부르주아 반동'으로 규정해 억압했고 인간 해방
과 계급 없는 이상사회 건설이라는 추상적 이념에 개인을 종속시켰
다. 단기적으로는 성과를 낸 것처럼 보였지만 모든 사람을 장기간 그
런 식으로 동원할 수는 없었다.

　　사회주의 세계체제가 무너진 후에도 북한은 과감한 변화를 시
도하지 않았고, 1987년 11월 대한항공기 폭파사건 이후 미국이 테러
지원국으로 지정해 대외교역을 봉쇄한 탓에 중국 말고는 무역 파트
너가 없었다. 대외교역이 단절되면 수출을 할 수 없고, 수출을 하지
못하면 에너지와 원자재를 조달하지 못해 제조업 생산의 순환이 멈
춘다. 우리가 겪은 금융위기와는 전혀 다른 실물경제의 위기였다. 한
계에 봉착한 김일성 주석이 변화를 모색했고 노태우 대통령이 화답
함으로써 남북관계 전환의 두 번째 기회가 찾아왔다. 1991년 남북 당

국이 「남북기본합의서」를 채택한 것이다.

흔히 김대중 대통령이 남북관계의 틀을 바꿨다고 말한다. 김대중 대통령의 개인사로 보든, 역사적인 제1차 남북정상회담으로 보든, 그렇게 말할 근거는 충분하다. 그런 공로를 국제사회가 인정했기에 노벨평화상도 받았다. 하지만 남북관계의 틀을 바꾼 사람은 노태우 대통령이었다고 하는 것이 객관적이고 공정한 평가라 생각한다. 노태우 대통령은 남북관계를 개선했고 진지한 태도로 옛 사회주의 국가들과 수교했다.

노태우 대통령은 1988년 '7·7선언'을 발표해 남북 동포의 상호교류와 해외동포의 남북 자유왕래·이산가족 생사 확인·남북교역 문호개방을 제안했고, 군사물자만 아니라면 우방국이 북한과 교역하는 것을 용인하고 남북 대결외교를 종식하며 북한이 미국·일본과 관계를 개선하는 데 협력하겠다고 했다. 대북 비방방송을 먼저 중단했고 북한이 1990년 5월 「조선반도의 평화를 위한 군축방안」을 발표하자 고위급회담을 열었다. 1991년 7월 북한이 한반도 비핵화를 제안했고, 노태우 대통령은 9월 24일 유엔총회 연설에서 주한미군의 핵무기 철수 문제를 협의할 용의를 밝혔으며, 미국 정부도 한반도 핵무기 철수 결정을 발표했다. 11월 8일 노태우 대통령은 '한반도 비핵화와 평화구축을 위한 선언'을 발표해 핵무기를 제조·보유·저장·배치·사용하지 않으며 국내의 핵시설과 핵물질을 공개하고 핵연료 재처리 시설을 보유하지 않겠다고 공언했다. 12월 13일 정원식 총리와 연형묵 총리가 상호존중, 교류, 경제협력과 평화에 관한 원칙적 합의를 담은 「남북기본합의서」에 서명했다.

김일성 주석은 남북관계 개선을 지렛대로 삼아 북미관계와 북일관계를 정상화해 북한체제를 안정화하려고 했다.˚ 노태우 대통령은 남북한의 체제경쟁이 대한민국의 완승으로 끝났음을 확신하고 북한을 제거해야 할 적이 아니라 잘 관리해야 할 위험으로 여겼으며, 미군의 전술핵무기는 북한을 관리하는 데 도움이 되기보다는 자극할 뿐이라고 판단했다. 그는 남북관계의 기조를 이념·군사적 대결에서 평화공존과 교류협력으로 전환함으로써 한반도의 국지적 냉전체제를 해체하려고 했다.

「남북기본합의서」에서 남과 북은 민족의 화해를 위해 상호체제 인정, 내정 불간섭, 비방과 파괴 및 전복 행위 금지, 정전협정 준수와 평화상태 전환 공동노력, 국제무대 대결 종식과 협력, 판문점 남북연락사무소 설치, 합의 이행과 준수를 위한 정치분과위원회 구성에 합의했다. 무력 사용과 침략 금지, 평화적 분쟁 해결, 정전협정의 군사분계선과 지금까지 쌍방이 관할해온 구역을 경계선으로 하는 상호불가침, 군사적 신뢰조성과 군축을 실현하기 위한 남북군사 공동위원회 설치, 우발적인 무력충돌 방지를 위한 군사당국자 직통전화 설치, 불가침에 관한 합의의 이행과 준수, 군사적 대결상태를 해소하기 위한 분과위원회 구성에도 뜻을 모았다. 자원의 공동개발과 물자교류, 합작투자 등 경제교류와 협력, 과학기술·교육·문화예술·보건·체육·환경 분야 협력, 신문·라디오·텔레비전·출판물 등의 보도와 출판 등 다방면의 교류·협력, 자유로운 왕래와 접촉 실현, 이산가족의 자유로운 서신거래·왕래·상봉과 자유의사에 의한 재결합 실현, 철도·도로 연결과 해로·항로 개설, 우편과 전기통신교류 시설 연결 및 비밀 보장, 국제무대 협력, 남북 경제교류협력 공동위원회를 비롯

---

*   차두현 한국국방연구원 연구위원의 국회 안보와 동맹 연구포럼 세미나 발제문, 「전작권 이양과 북한 핵문제: 쟁점과 과제」, 2007, 9쪽. 이 발제문은 보수적 북한 연구자들도 이러한 분석에 대체로 동의한다는 것을 보여준다.

한 부문별 공동위원회 구성, 남북교류협력에 관한 합의의 이행과 준수를 위한 교류협력분과위원회 구성에도 이견이 없었다. 세 건의 부속합의서도 체결했다.

「남북기본합의서」와 「불가침부속합의서」에는 NLL 관련 조항이 있었다. 요약하면 해상경계선에 관해서는 남북이 계속 협의해나가되 새로운 합의가 나올 때까지는 지금까지 쌍방이 관할해온 구역을 불가침경계선으로 한다는 것이다. 여기서 '지금까지 쌍방이 관할해온 구역'은 바로 해상 NLL을 가리킨다. 해상경계선 문제를 계속 협의하기로 한 것은 국제법적으로 확고한 지위를 가진 해상경계선이 존재하지 않는다는 사실을 대한민국이 인정했으며, 그것을 전제로 북한이 기존 NLL을 잠정적으로 인정하고 존중하기로 했음을 의미한다.

1991년 이후 현재까지 모든 남북교류와 경제협력사업은 「남북기본합의서」의 극히 일부를 실현한 데 지나지 않는다. 「7·4남북공동성명」과 달리 「남북기본합의서」는 추진과정에서부터 남북의 유엔 동시 가입, 비정치·인도적 교류 지원, 상호협력 확대 등 여러 성과를 냈다. 김영삼 후보가 대통령선거에서 승리한 1992년 12월까지 화해·불가침·교류협력 문제를 다루는 세 개의 분과위원회가 각각 10회 안팎의 회의를 통해 합의를 실현하는 구체적 방안을 논의했다. 만약 1994년 7월 4일 김일성 주석이 갑자기 사망하지 않았더라면 김영삼 대통령이 최초의 남북정상회담을 하고 한반도 평화시대를 연 업적으로 노벨평화상을 받았을지 모른다. 그러나 김일성 주석 사망 후 북미간에 핵문제를 둘러싼 갈등이 불거지자 김영삼 대통령은 갑자기 태도를 바꿔 대북강경 노선으로 돌아서고 말았다.

1998년 2월 김대중 대통령이 취임한 후 한반도에 다시 훈풍이 불었다. IMF 경제위기의 와중에도 대한민국은 국제사회와 함께 북한에 식량과 의약품 등 인도적 지원을 제공했고 현대그룹 정주영 회장을 비롯한 기업인들이 금강산관광과 개성공단 건설 등 민간 차원의 경제협력 사업을 추진했다. 그런데 심각한 경제난과 국제적 고립속에서 '고난의 행군'을 하던 북한은 체제안전을 보장받는 일에 집착했다. 미국과 힘겨루기를 할 목적으로 핵폭탄과 장거리 탄도미사일을 개발한 것이다. 이런 상황에서 김대중 대통령은 평양을 방문해 김정일 국방위원장과 정상회담을 하고 「6·15공동선언」을 발표해 남북관계 전환의 세 번째 기회를 만들었다.

남북 정상은 「6·15공동선언」에서 「7·4남북공동성명」의 조국통일 3대 원칙을 재확인하고 이산가족 상봉과 비전향장기수문제 해결, 경제협력과 사회·문화·체육·보건·환경 분야 협력과 교류 활성화, 합의사항을 조속히 실현하기 위한 대화를 하기로 합의했다. "나라의 통일을 위한 남측의 연합 제안과 북측의 낮은 단계의 연방 제안이 서로 공통성이 있다고 인정하고 앞으로 이 방향에서 통일을 지향시켜 나가기로 했다"는 내용도 담았다. 이것은 김대중 대통령의 소신이었다. 그는 남과 북이 상이한 체제를 가지고 있어서 곧바로 통일하기는 어려운 만큼 서로 다른 체제를 인정하면서 하나의 국가를 이루는 '1국 2체제 국가연합' 통일방안이 현실적이라고 생각했다. 그래서 이 구상과 북한이 주장하는 연방제 통일방안 사이의 공통점을 찾아 합의사항으로 넣은 것이다.

금강산관광과 개성공단은 현대그룹 정주영 회장이 1998년부터 김정일 국방위원장과 '거래'해 만든 사업으로 군사충돌 방지와 다방면의 남북교류 실시를 선언한 「7·4남북공동성명」과 자원의 공동개발·물자교류·합작투자를 추진하기로 한 「남북기본합의서」를 구체

적으로 실현하는 프로젝트였다. 남북은 장관급회담을 열어 이중과
세를 방지하고 투자의 안정성을 보장하기 위한 합의서를 체결했고
우리 정부는 남북협력기금을 조성해 민간단체와 기업인의 교류를
지원했다.

2007년에는 노무현 대통령이 제2차 남북정상회담을 열어
「6·15공동선언」을 더 구체화한 「10·4공동선언」에 합의했다. 핵심
은 남북경제협력을 대폭 확대·강화하고 서해에 공동어로구역을 포
함한 평화협력특별지대를 설치하기로 한 것이었다.* 그 사업들을 안
정적으로 추진하는 데 필요한 군사적 협력과 평화보장 장치도 포함
시켰다. 2007년 11월 서울에서 남북 총리들은 세 건의 부속합의서를
체결했고 개성공단 통행·통신·통관의 대폭적 개선과 해주경제특구
건설, 해주항 활용, 한강하구 공동이용, 민간선박의 해주직항로 통
과, 공동어로구역과 평화수역 설정을 위한 세부 사업계획과 추진일
정도 마련했다. 그러나 공동어로구역 획정 방식은 합의하지 못했다.

그런데 그해 12월 이명박 후보가 대통령에 당선되자 「10·4공동
선언」 이행계획은 물거품이 됐다. 북한이 핵을 폐기하고 개방·개혁
할 경우 1인당 국민소득이 3,000달러가 될 수 있도록 경제적 지원을
하겠다는 '비핵개방 3000'을 기본 정책으로 내세운 이명박 정부 5년
동안 남북은 단 한 차례도 국방장관회담을 열지 않았다. 남북정상회
담을 위한 당국간 비밀접촉은 있었지만 남북관계는 살벌한 대립으
로 치달았다. 이명박 대통령은 「10·4공동선언」 합의를 이행할 의사

---

* 　한반도평화포럼, 『서해평화협력특별지대 구축 실행방안 연구』, 2011. 서해평화협력특별지
대 구상은 인천과 김포·파주·고양 등 서북부 지역의 경제적 진로와 관련해 특별한 의미가 있다.
이 자료는 그런 측면에서 서해평화협력특별지대 구상의 내용과 경제적 효과를 포괄적이고 상세
하게 다뤘다.

가 조금도 없었다. 박왕자 씨 피격사망사건으로 금강산관광을 중단했고 식량과 의약품 등 인도적 지원도 막았다. 급기야는 2010년 3월에 발생한 천안함 사건을 이유로 5·24조치를 취해 개성공단을 제외한 남북 경제협력을 전면 중단했다. 남북교역과 민간 경제협력사업, 인도적 지원, 항공로와 뱃길이 모두 막혔다. 이 조치로 남한은 북한보다 훨씬 큰 경제적 손실을 입었으며 한국 기업의 빈자리는 중국 기업이 차지했다. 2010년 11월에는 북한이 해안포로 연평도를 포격하는 사태가 터져 남북관계는 거의 완전히 끊어졌다.

박근혜 대통령은 실체가 모호한 '한반도 신뢰프로세스'를 대북정책으로 내세웠다. 취임 직후였던 2013년 봄 북한이 정치군사적인 이유를 들어 개성공단 통행을 제한하는 등 기존의 정경분리 원칙에 위배되는 행위를 하자 박근혜 대통령은 개성공단 폐쇄를 불사하는 강경책으로 맞섰다. 1년에 걸친 우여곡절 끝에 개성공단이 다시 문을 열었고 2014년 2월에는 금강산에서 이산가족 상봉행사를 개최했지만 금강산관광과 개성관광은 재개하지 않았고 5·24조치도 철회하지 않았다. 2016년 2월 10일 박근혜 대통령이 북한의 핵실험과 미사일 발사실험을 비판하면서 개성공단 운영을 전격 중단하자 북한은 폐쇄 조치로 맞받았다. 124개의 한국 기업이 철수했고 남북협력의 마지막 통로였던 개성공단은 문을 닫았다. 김대중 대통령이 만들었던 남북관계 전환의 세 번째 기회는 그렇게 무산됐다.

2018년 네 번째 기회가 왔다. 2017년 가을까지 맹렬한 기세로 핵폭발 실험과 미사일 발사 시험을 하고 핵 무력 완성을 선언했던 김정은 국무위원장은 2018년 신년사에서 대화 의지를 밝혔다. 여자 아이스하키 등 일부 종목에서 남북단일팀을 만드는 등 평창 동계올림픽을 계기로 남북 당국이 손을 잡았다. 김여정이 김정은 국무위원장

의 친서를 들고 서울에 왔고 정의용 국가안보실장이 특사로 평양에
가서 김정은을 만났다. 4월 27일 김정은 국무위원장이 판문점 남측
지역으로 걸어 내려와 남북정상회담을 하고「판문점선언」을 채택했
다. 북미정상회담을 수락했던 트럼프 대통령이 회담 취소를 선언하
자 문재인 대통령은 5월 26일 판문점 북측 지역에서 비공개로 김정
은 국무위원장을 만나 이견을 조정하고 트럼프 대통령을 다시 설득
했다. 우여곡절 끝에 6월 12일 싱가포르에서 역사상 최초로 만난 북
미정상은 북한의 체제안전보장과 한반도의 비핵화, 새로운 양국관
계 수립에 대한 포괄적 합의를 했다. 북한은 회담 직전 풍계리 핵실
험장을 폭파했고 끝난 후에는 한국전쟁 미군 유해와 억류 미국인을
송환하는 등 분위기를 개선했다. 북한이 인근 미사일 관련 시설을 해
체하자 한미 양국은 연합 군사훈련을 취소함으로써 화답했다. 문재
인 대통령은 9월 18일부터 사흘 동안 평양을 방문해 다시 김정은 위
원장과 회담했고 5·1경기장에 모인 15만 평양시민 앞에서 한반도 평
화와 민족의 화합을 약속하는 연설을 했다.

　급류를 탔던 북미협상은 2019년 2월 27일부터 이틀 동안 베트
남 하노이에서 열린 두 번째 정상회담이 '노딜'로 끝나면서 급정지했
다. 북미 정상은 확대정상회담에서 공동합의문을 도출하는 데 실패
했다. 김정은 국무위원장은 플루토늄을 재처리하고 우라늄을 농축
하는 영변 핵 시설을 완전 폐기하는 대신 2016~2017년 유엔 안보리
가 채택한 대북제재 결의 11건 중 철광 수출과 석유 수입 등 비군사
적 경제활동을 막은 5건을 해제하라고 제안했지만 트럼프 대통령이
핵시설과 핵무기 전체에 대한 목록 제출을 요구하면서 그 제안을 거
절했다. 그러나 네 번째 기회가 완전히 사라진 것은 아니었다. 일본
에서 연 G20 정상회의를 마친 트럼프 대통령이 2019년 6월 말 한국

2018년 평양정상회담 마지막 날:
2018년 9월 21일, 문재인 대통령 내외와
김정은 국무위원장 내외가 백두산 천지에서
손을 잡은 채 기념사진을 찍었다.

을 방문했을 때 문재인 대통령은 남북미 정상의 판문점 군사분계선
회동을 성사시켰다. 북미 정상은 북측 판문각 앞에서 기념사진을 찍
은 후 남측 자유의 집에서 차기 북미정상회담 개최를 위한 실무 협상
을 진행하기로 합의했다.

　　2020년 11월 미국 대통령선거까지 북미협상과 남북대화는 정
지 상태에 들어갔다. '노딜'로 끝난 하노이 북미정상회담은 북한 핵
과 미사일 문제가 정전협정체제와 북미 적대관계의 산물이어서 북
미 양국의 합의 없이는 해결할 수 없으며, 그 문제를 해결하지 못하
는 한 남북관계도 진도를 크게 나갈 수 없다는 것을 새삼 증명했다.
남북관계 전환의 네 번째 기회는 앞선 세 번과 질적 차이가 있었다.
박정희 대통령의 「7·4남북공동성명」, 노태우 대통령의 「남북기본합
의서」, 김대중·노무현 대통령의 남북정상회담은 '우리 민족끼리' 한
것이었다. 그러나 네 번째 기회는 한국전쟁의 당사자였던 미국 대통
령이 함께 만들었다. 트럼프 대통령이 재선에 실패했지만 북한 최고
권력자와 미국 대통령이 세 번이나 얼굴을 맞대고 협상했다는 사실
은 바이든 행정부의 대북정책에도 일정한 영향을 미칠 수밖에 없을
것이다.

　　바이든 대통령은 부동산 거래하듯 북한을 상대했던 트럼프 대
통령과는 다른 방식으로 한반도 비핵화문제에 접근하겠지만 오바마
대통령이 그랬듯 한국 정부의 전략과 판단을 존중할 것이다. 오바마
대통령이 '전략적 인내'를 내세워 북한 핵문제를 방치하고 한반도 평
화체제 수립에 아무 기여도 하지 않았던 것은 이명박 정부의 입장을
존중했기 때문이었다. 한국 대통령이 거부하는 일을 미국 대통령이
앞장서야 할 이유는 없지 않겠는가.

　　대한민국 정부 수립 이후 한미 양국에 민주당 정부가 공존했던

시기는 단 한 번, 1998년 2월부터 2001년 1월까지 3년뿐이었다. 김정일 국방위원장이 보수적이고 소심했던 탓에 김대중 대통령을 존경했던 빌 클린턴 대통령 재임기간에 진도를 확 나가지 못했다. 김대중 대통령은 임기 후반에, 노무현 대통령은 임기 내내 공화당 조지 부시 대통령을 상대했고 문재인 대통령도 3년 반 넘게 트럼프 대통령과 발을 맞춰야 했다. 이제 문재인 정부는 임기 후반 1년 반 동안 바이든 행정부와 공조 협력하면서 김정은 국무위원장과 함께 핵·미사일 폐기와 북한에 대한 제재완화, 종전선언과 한반도 평화협정 체결, 남북의 군사적 대결 종식과 경제협력 재개, 인도적 지원과 민간교류 등의 과제를 풀어야 한다. 트럼프는 낙선했지만 그가 남북 정상과 함께 만든 네 번째 기회는 아직 살아 있다.

정전협정체제와 북핵문제

2011년 김정일 국방위원장이 사망하고 북한의 최고 권력이 김정은에게 넘어간 이후 한반도에는 북한 핵실험, 대규모 한미합동군사훈련, 반북단체의 대북전단 날리기, 국군의 날 시가행진, 장성택 숙청, 이석기 내란음모 사건, 북한의 미사일 발사실험 등 냉전시대에 보았던 대결 양상이 펼쳐졌다. 북한은 국제사회에 핵보유국 지위 인정을 요구하면서 장거리 미사일과 인공위성, 단거리 미사일 발사시험을 했다. 북한이 정밀하게 조종할 수 있는 대륙간 탄도미사일에 소형 핵탄두를 장착할 경우 미국 본토를 공격할 수 있다.

도대체 어떤 이유 때문에 북한은 핵폭탄과 장거리 미사일실험에 집착하는 것일까. 미국을 상대로 체제안전을 보장받기 위해서다.

핵무기가 '자위용(自衛用)'이라는 북한의 주장을 거짓말이라고 할 수
는 없다. 북한은 미군이 이라크전쟁에서 과시했던 군사적 혁신능력
을 두려워하며 한국군이 우월한 재래식 무기를 갖추고 있다는 것을
안다.[•]

　　1989년 미국 정찰위성이 북한 영변의 플루토늄 재처리시설을
탐지했고 프랑스 상업위성은 사진을 찍었다. 북한 핵문제는 그때 국
제사회의 현안으로 처음 등장했다. 1993년 북한의 핵확산금지조약
NPT 탈퇴 직후 미국 행정부에서 군사공격 가능성이 흘러나오면서
최초의 북핵 위기가 조성됐다. 그런데 1994년 7월 김일성 주석이 사
망했다. 그러자 남북정상회담을 추진했던 김영삼 대통령이 갑자기
태도를 바꿔 북한을 비난하기 시작했다. 보수세력은 남북관계를 대
결 분위기로 몰아가면서 남북 화해를 위해 공식 조문을 하자고 제안
한 야당 정치인들을 색깔론으로 공격했다. 살아 있는 김일성과 정상
회담을 하는 것은 괜찮은데 죽은 김일성을 조문하면 왜 안 되는지,
논리적으로는 설명할 수 없는 사태였다.

　　김정일이 권력을 승계하자 전쟁위기설이 한반도를 덮쳤다. 미
국 대통령을 지낸 지미 카터가 중재해 고비를 넘긴 미국과 북한은
1994년 10월 제네바에서 「핵무기 개발에 관한 특별계약(제네바합
의)」을 맺었다. 북한 원자로 운행 중단, 플루토늄을 생산할 수 있는
흑연감속로의 경수로 전환, 핵확산금지협약 복귀, 국제원자력기구
의 감시 수용, 사용 후 핵연료 폐기, 북미관계 정상화, 북에 대한 미
국의 핵무기 사용 금지, 난방과 전력생산에 쓸 중유 제공 등에 합의

　•　조성렬, 『뉴한반도 비전』, 백산서당, 2012, 102~103쪽. 북핵문제의 전개과정은 이 책을 주
로 참조해 정리했다. 이 책은 북한 핵문제의 전개과정을 종합적으로 분석하고 그 해결책과 한반
도 평화체제 수립의 현실적 방안을 제시한 대중 연구서다.

했고 합의사항을 큰 문제 없이 이행했다.

그런데 2001년 취임한 조지 부시 대통령이 북한을 '악의 축', '불량국가'로 지목했고, 9·11테러가 일어나자 불량국가에 대해서는 선제 핵공격을 할 수 있다고 호언했다. 북한이 원심분리 방식의 핵무기 개발 추진을 시사하자 미국은 경수로 건설과 중유 지원을 막았다. 북한은 '핵확산금지조약'을 다시 탈퇴하고 원자로를 재가동하는 방식으로 대응했다. 2003년 들어 북한 핵시설에 대한 미국의 독자적 군사공격 이야기가 돌면서 전쟁위기가 조성되자 노무현 대통령은 한국 정부의 동의 없이 미국이 한반도에서 전쟁행위를 하는 것을 공개적으로 반대했다. 한미간에 예사롭지 않은 불협화음이 일어났고 두 번째 북핵 위기가 고조됐다.

이번에는 중국이 위기를 풀어냈다. 남북한·미국·중국·러시아·일본이 6자 회담을 열어 2005년 「9·19공동성명」을 끌어낸 것이다. 북한의 모든 핵무기와 현존하는 핵계획 포기, 핵확산금지조약과 국제원자력기구(IAEA)의 안전조치 복귀, 미국의 북한 불침공, 핵에너지의 평화적 이용에 관한 북한의 권리 존중, 북에 대한 경수로 제공 문제 논의, 북미 양국의 상호 주권존중, 북미관계와 북일관계 정상화, 에너지·교역 및 투자 분야 경제협력 증진, 북한에 대한 에너지 지원, 대한민국의 북한에 대한 200만 킬로와트 전력 제공 등 북핵 위기를 해소하는 데 필요한 조처를 망라한 합의였다.

「제네바합의」에서 미국이 북한에 지어주기로 했던 경수로 원자로의 발전량에 해당하는 200만 킬로와트를 제공하는 대북송전 방안은 정동영 통일부장관이 제안했다. 하지만 「9·19공동성명」의 합의는 순조롭게 이행되지 않았다. 2006년 7월 5일(미국은 7월 4일 독립기념일) 북한이 대포동 2호와 스커드 미사일 발사시험을 하자 미국은

「9·19공동성명」합의 파기 가능성을 예고했다. 6자 회담에서 핵 폐기 논의를 하면서도 핵무기 개발 작업을 계속한 북한은 2006년 10월 9일 첫 번째 핵폭발 실험을 했다.

2007년 2월 다시 열린 6자 회담에서 참가국들은 「9·19공동성명」을 실행에 옮기는 데 필요한 초기 조치에 합의했다. 이를 '2·13합의'라고 한다. 북한 영변 핵시설 폐쇄·봉인, 감시 및 검증 활동을 위한 국제원자력기구 요원 복귀, 모든 핵 프로그램 목록 협의, 북한 테러지원국 지정 해제, 중유 5만 톤 상당의 긴급 에너지 지원, 한반도 비핵화와 북미·북일관계 정상화, 한반도의 항구적 평화체제 협상을 담당하는 별도 포럼 구성 등의 내용이었는데, 이 합의 역시 2007년 9월 회의를 끝으로 6자 회담이 문을 닫은 탓에 지켜지지 않았다. 2008년 취임한 이명박 대통령은 전임자들이 북한 당국과 합의한 모든 것을 무시했다. 체제안전보장을 목표로 핵과 미사일을 가지고 세계 최강 미국과 수십 년 동안 밀고 당기기를 한 북한이 '비핵개방3000'에 호응할 리 없었다. 남북대화도 북미대화도 다 막혀버렸고 6자 회담도 더는 열리지 않았다.

북한은 미국의 대북 적대정책 폐기, 한반도 전체의 비핵화, 그리고 평화적 핵활동 보장을 요구했고 미국이 행동으로 이것을 보장하면 6자 회담 합의를 통해 핵시설과 핵계획, 핵물질을 동결 폐기하겠다고 했다. 하지만 이미 확보한 핵무기는 별개의 문제였다. 제2차 남북정상회담 도중에 막 끝난 6자 회담 결과를 보고하면서 김계관 북한 협상대표는 미국과 교전 상황에 있기 때문에 교전 상대방에게 무기를 신고할 수는 없다고 말했다. 이미 만들어둔 핵무기 처리문제는 6자 회담에서 다루지 않을 것이며, 평화협정을 체결해 북한의 안전을 확실하게 보장하지 않는 한 이미 개발한 핵무기는 없애지 않겠

다는 뜻이었다.[*]

　북한은 핵탄두를 소형화하고 보유량을 늘렸으며 기술 수준을 지속적으로 높였다. 2016년 1월 4차부터 2017년 9월 6차까지는 수소탄이라고 주장했다. 전문가들은 북한의 플루토늄과 고농축우라늄 생산능력으로 미뤄봤을 때 16~44개의 핵폭탄을 보유하고 있을 것으로 추정한다. 북한이 2017년 7월 두 차례 쏜 화성 14형 미사일은 최고 고도 3,000km로 1,000km를 날았다. 같은 해 11월 발사한 화성 15형 미사일은 최고 고도 4,475km를 기록하면서 53분 동안 950km를 비행했다. 고도를 낮추면 1만 3,000km까지 보낼 수 있을 것으로 추정한다.[**] 이 미사일에 소형 핵탄두를 싣는다면 하와이는 물론 미국 본토까지 공격할 수 있다는 것이다.

　북한이 핵무기와 대륙간 탄도미사일을 개발하는 목적에 관해서는 여러 해석과 주장이 있다. 김정은 국무위원장은 2020년 10월 10일 평양 김일성광장에서 연 노동당 창건 75주년 열병식 연설에서 이렇게 말했다. "우리의 군사력이 그 누구를 겨냥하게 되는 것을 절대로 원치 않습니다. 우리는 그 누구를 겨냥해서 우리의 전쟁억제력을 키우는 것이 아님을 분명히 합니다." 북한이 늘 해왔던 이 주장의 진의를 의심할 수는 있겠으나 거짓과 속임수라고 단정할 필요는 없다. 북한이 원하는 것은 체제안전보장이라고 나는 생각한다. 예전에는 말로 평화를 이야기하면서 내심 '적화통일'을 꿈꿨겠지만 지금은 불가능하다는 것을 그들도 안다. 북한은 생존을 보장받기 위해 정전협정

---

[*]　졸저, 『노무현 김정일의 246분』, 돌베개, 2013 참조. 이 책은 2007년 남북정상회담의 주요 합의사항과 함께 핵문제와 핵무기 폐기에 대한 북한의 입장을 남북정상회담 대화록에 의거해 분석했다.

[**]　조성렬, 앞의 책, 36~45쪽.

을 대체하는 평화협정 체결을 원하며 미국과 수교해 국제사회의 일원이 되기를 원한다.

평화통일로 가는 길

북한을 상대하는 데는 두 가지 접근법이 있다. 하나는 제거, 다른 하나는 관리다. 이승만 대통령부터 전두환 대통령까지, 우리 정부는 북한을 제거해야 할 위험으로 여겼다. 북한을 관리해야 할 위험으로 본 것은 노태우 정부가 처음이었다. 노태우 대통령이 남북관계의 틀을 바꾼 것은 바로 이와 같은 관점의 전환 덕분이었고, 그것을 가능하게 한 힘은 체제경쟁에서 완승했다는 자신감이었다. 김대중·노무현 정부가 그 관점을 이어받아 실천에 옮겼다. 이명박·박근혜 정부의 대북정책 관점은 제거와 관리 사이에서 방황했다. 문재인 정부는 확실하게 북한을 관리해야 할 대상으로 간주했다.

오랜 세월 북한을 제거 대상으로 보았으니 '제거 계획'이 없을리 없다. 한미연합사령부는 1970년대 중반 북한이 전면전을 일으킬 경우에 대비해 작계(작전계획) 5027을 만들었다. 전면전이 벌어지면 미군을 신속하게 이동·배치해 북한의 전략시설을 파괴하고 대규모 상륙작전을 펼쳐 북한 지역을 군사적으로 통제하며 최종적으로 한국 정부가 주도하는 통일을 이룬다는 계획이었다. 여기에는 특별한 문제가 없다. 전쟁은 절대 하지 말아야 하지만, 만에 하나 전면전이 터진다면 이런 방식으로 최대한 신속하게 끝내는 게 최선이다.

그런데 노태우 정부가 「남북기본합의서」를 체결하면서 상황이 달라졌고 김대중 대통령은 햇볕정책이라는 이름의 평화공존 정책을 폈다. 북한이 전면전을 벌일 위험은 줄어든 반면 예전에 없던 새로운 위험이 대두했다. 북한이 외화를 벌기 위해 미국에 적대적인 국가와 반미테러리스트 조직에 대량살상무기를 판매할 가능성, 북한체제가 붕괴해 사회·군사적 혼란이 벌어질 가능성이다. 한미연합사는 이 새로운 위험에 대비해 작계 5029를 만들었다.

북한 급변사태는 핵과 미사일 같은 대량살상무기의 외부 유출, 권력승계의 실패, 북한 군부의 쿠데타, 대규모 탈북사태, 북한에 있는 한국인 인질사태 등을 가리킨다.* 노무현 대통령은 제거에 초점을 둔 작계 5029를 거부하고 군사적 대응조처를 명시하지 않은 '개념계획'을 만드는 정도로 미국과 타협했다. 2007년 남북정상회담 대화록에 그 내용이 나온다. 이렇게 한 것은 전시작전통제권(전작권) 문제와 관련이 있다. 노무현 정부는 주한미군사령관이 행사하는 전작권을 2012년에 돌려받기로 미국 행정부와 합의했다. 전작권 반환 계획을 먼저 세운 것은 미국 행정부였고 노무현 대통령이 그 계획을 받아들임으로써 합의가 이뤄졌다.

그런데 이명박 대통령에 이어 박근혜 대통령도 미국에 전작권 반환 연기를 요청했기 때문에 아직도 전작권은 주한미군사령관 수중에 있다. 문재인 정부는 2022년 전작권 전환을 완료하기 위해 미국 정부와 협의하고 있다. 자국 군대의 전작권을 외국군 사령관에게 맡겨두는 것은 주권국가로서 부끄러운 처사일 뿐만 아니라 국익을 크게 해칠 수 있는 위험한 행위다. 북한의 대량살상무기가 유출됐다는 이유로 한미연합사가 북한 지역에 병력을 투입한다고 가정해보자. 그럴 경우 얼마만큼의 병력과 화력을 언제 어느 지역에 투입해

---

*   『노컷뉴스』, 2012년 12월 20일자 보도 참조.

어떤 작전을 펼칠지 주한미군사령관이 지휘하는 한미연합사가 독자적으로 결정한다. 미국은 북한의 대량살상무기 유출은 미국에 대한 테러 위험을 높이기 때문에 주한미군이 군사적 대응을 할 명분이 있다고 주장할 것이다. 부시 대통령은 이런 논리로 이라크전쟁을 일으켰다.

노무현 대통령은 전쟁 위험을 최소화하려고 작계 5029에 반대했다. 그는 김정일 국방위원장에게 우리는 전쟁 상황 자체를 동의하지 않는다고 말하면서 2012년이 되면 작전통제권을 우리가 단독으로 행사하게 된다고 덧붙였다. 전작권을 환수해 한미연합사의 지휘와 역할을 바꾸면 보수 정권이 들어서도 작계 5029와는 다른 방식으로 북한의 급변사태에 대응하게 되리라 기대한 것이다. 그는 후임자들이 전작권 환수를 미룰 것이라고는 상상하지 못했다.

작계 5029가 북한을 제거해야 할 위험으로 보는 관점에서 만든 군사작전계획임을 북한은 안다. 2008년 이후 DMZ와 해상경계선 근처에서 한미 해군과 육군이 연합훈련을 할 때 미군이 최신형 무인정찰기와 폭격기를 투입하고 대규모 상륙훈련을 하는 것을 북한 당국이 격렬하게 비난한 이유가 있다. 그들이 '흡수통일을 노리는 침략계획'으로 여긴 작계 5029에 따른 연습으로 의심했기 때문이다. 군사정전 상태에서 교전상대방인 미군과 국군이 북한 권력자에게 잡아먹힐지 모른다는 공포감을 주면 분쟁과 대립을 피할 수 없다.

2014년 신년 기자회견에서 박근혜 대통령은 '통일은 대박'이라 했고 취임 1주년 담화에서는 통일준비위원회를 구성해 직접 위원장을 맡겠다고 했다. 3월 독일 방문 때는 베를린장벽처럼 휴전선도 무너질 것이라고 장담했다. 북한의 체제붕괴와 흡수통일 가능성을 생각한 것이다. 북한을 관리해야 할 위험이 아니라 제거해야 할 위험으로 보는 노태우 정부 이전의 대북정책으로 돌아간 정치적 퇴행이었다. 다시 말하지만 북한은 우리에게 상존하는 국가적 위험요소다. 하지만 북한체제의 붕괴 역시 그 못지않게 위험하다. 우리 헌법은 한반도와 부속도서 전체를 대한민국 영토로 규정한다. 조선민주주의인민공화국이라는 '반국가 단체'가 불법 점거한 탓에 우리 헌법의 효력이 미치지 않을 뿐, 한반도의 휴전선 이북 지역도 엄연한 대한민국 영토이며 그곳의 주민들도 모두 대한민국 국민이다. 그 '반국가 단체'가 어떤 이유로 무너져 북한 지역이 무정부상태에 빠졌고 마음만 먹으면 북한 지역에도 우리 헌법을 적용할 수 있게 됐다고 가정해보자. 무슨 일이 벌어질까?

　북한 주민은 헌법상 대한민국 국민이어서 신체의 자유와 거주이전의 자유 등 기본권을 모두 누려야 한다. 우리 정부가 그들의 남하를 막을 헌법적 근거가 없다. 정부는 「국민기초생활보장법」에 따른 생계비 지급 청구권과 의료급여 청구권 등 사회권적 기본권을 예외 없이 인정해야 한다. 교육청은 북한에서 온 아이들을 학교에 보내야 한다. 서울 거리는 집 없는 사람들로 넘쳐나고, 노동시장은 임금폭락의 해일에 휩쓸릴 것이다. 우리가 이런 사태를 의연하게 견디고 극복할 수 있을까? 없다고 단정할 수는 없겠지만, 있다고 호언하기도 어려운 현실이다.[*]

　이렇게 말하면 북한체제의 붕괴와 흡수통일을 열망하는 사람들은 '반통일주의자'라고 하겠지만 과녁을 비껴간 비판이다. 나는 통일을 원한다. 그러나 그들이 생각하는 것과는 다른 방식의 통일을 원한다. 나는 북한이 체제를 안정적으로 유지하는 가운데 남북경제협력

[*]　정상돈·김진무·이강규 공저, 『동독급변사태 시 서독의 통일정책』, 한국국방연구원, 2012, 151~153쪽. 이 책은 보수 정부도 그러한 사태를 우려했다는 사실을 보여준다.

을 확대해 빠른 경제발전을 이루기를 기대한다. 남북한과 미국·중국이 정전협정을 대체하는 평화협정을 체결하기를 바란다. 북한이 미국·일본과 수교하고 국제사회에 들어와 아시아개발은행과 세계은행 등 국제금융기관의 자금지원과 남한 기업의 투자를 받아 무너진 국민경제를 재건함으로써 인민의 삶을 개선하기를 희망한다. 남북한이 합의해 군비를 축소하고 한반도의 비핵화를 완전하게 실현하기를 소망한다. 남북의 주민들이 서로 교신하고 교류하고 소통해서 상호이해를 넓혀나가고 통일을 향한 비전과 소망을 나누는 날을 기다린다. 그렇게 해서 더디지만 안정적으로 통일을 향해 나아가는 것이 더 좋다고 생각한다. 독일이 그렇게 해서 통일을 이뤘다. 서독이 동독을 '흡수통일'했다며 우리도 그렇게 해야 한다거나 우리는 그렇게 하지 말아야 한다는 분들이 있는데, 둘 다 오해에서 나온 주장이다. 독일 통일은 '흡수통일'이 아니라 '합의통일'이었다.

동독의 사회주의체제는 대책 없이 붕괴하지 않았다. 동독 정부와 국민이 서독체제로 통합하기를 원했고, 서독이 그것을 받아들여 질서정연하게 통일했다. 독일 통일의 결정적 계기를 제공한 것은 헝가리와 오스트리아 정부였다. 두 나라는 1989년 5월 2일 국경의 철조망을 제거했고, 헝가리는 유엔 난민협약에 가입했다. 동독 시민이 헝가리와 오스트리아를 거쳐 서독으로 갈 수 있게 된 것이다. 1989년 여름 동유럽으로 휴가를 떠난 200만 명의 동독 국민 가운데 상당수가 돌아오지 않았는데 주로 엔지니어, 건축가, 의사, 간호사, 교수 등 동독의 산업시설과 국가기관을 운영하는 데 필수 일을 하는 20~40대였다.[*] 여름휴가 시즌이 끝난 뒤 동독 정부당국은 정상적으로 생

---

[*]   양창석, 『브란덴부르크 비망록』, 늘품, 2011, 14~18쪽. 독일 통일의 과정을 제대로 이해하고 싶은 독자들에게 강력히 추천하고 싶은 책이다.

산시설을 관리하고 국가조직을 운영하기 어려워졌음을 알게 됐다.

동서독은 남북한과 달랐다. 1969년 서독 정부 수립 이후 첫 정권교체를 이룬 사민당 소속 빌리 브란트 연방총리는 소련을 비롯한 동유럽 사회주의국가들에 대해 평화공존과 교류·협력을 도모하는 새로운 동방정책을 수립함으로써 독일 통일의 기초를 닦았다. 보좌관이 동독 스파이로 밝혀진 사건 때문에 브란트 총리는 사임했지만, 통일독일의 첫 총리직을 포함해 무려 16년 동안 집권했던 헬무트 콜과 서독 보수진영 정치 지도자들은 브란트의 정책을 이어받았다. 동서독 정부는 서신 교환과 친지 방문, 방송 시청을 서로 허용했다. 1989년 가을 자유와 민주주의를 요구하며 대규모시위를 벌였던 동독 시민은 국제정세의 변화와 서독의 실상을 잘 알고 있었다. 가장 큰 시위가 벌어진 곳은 동독 산업 중심지 라이프치히였는데 광장에 운집한 시민은 열쇠뭉치를 높이 들어 흔들면서 민주주의와 통일을 요구하는 구호를 외쳤다. 그들은 완전한 비폭력시위를 했고 동독 정부도 강제력을 동원하지 않았다. 진지한 마르크스주의자였던 동독 정부 핵심 인사들은 여기에 어떤 거스를 수 없는 역사법칙이 작용하고 있다고 생각했다.

대중의 요구를 받아들이는 것 말고 다른 방법이 없었기에 그들은 총 한 방 쏘지 않고 권력을 내려놓았다. 동독 공산당 정치국이 1989년 11월 9일 밤 자유로운 해외여행을 허용한다고 발표하자 동베를린 시민은 서베를린으로 가는 브란덴부르크 검문소로 달려갔다. 검문소 장교는 상부 지시가 아직 오지 않았는데도 자신의 판단으로 경비 병력의 무력 사용을 막았다.** 1961년 동베를린 시민의 탈출을

** 리하르트 폰 바이츠제커, 『우리는 이렇게 통일했다』, 탁재택 옮김, 창비, 2012, 95쪽.

막으려고 쌓았던 장벽은 그렇게 무너졌다. 1년이 채 지나기 전에 두 국가는 화폐를 통합하는 등 적절한 준비를 하고 주변 국가의 동의를 받아 통합을 결정했다. 이것이 합의통일이 아니라면 도대체 어떤 것을 평화적 합의통일이라 할 것인가.

서독은 동독을 흡수통일하려고 한 적이 없다. 동독 국민이 원하고 동독 정부가 결단할 때까지 참고 기다리면서 교류·협력하고 지원했을 뿐이다. 동독이라는 위험요소를 제거하려 하지 않고 막대한 비용을 들여 안정적으로 관리했다. 그렇게 함으로써 동독 주민들의 신뢰를 얻었고 동독 정부의 무장을 해제했다. 노태우 대통령의 북방정책은 브란트 총리가 펼쳤던 동방정책의 한국 버전이었다. 김대중·노무현 대통령이 같은 관점에서 평화공존과 높은 수준의 교류·협력을 성사시키기 위해 노력했다. 문재인 정부도 자유민주적 기본질서에 입각한 평화적 통일을 바라보며 그 길을 걸었다. 혼자서는 종착점에 갈 수 없기에 불구대천의 원수처럼 대결해왔던 북한과 미국의 최고 지도자와 동행하려고 노력했던 것이다.

과거를 해석하는 것도 쉬운 일은 아니지만 미래를 예측하기는 더 어렵다. 북미와 남북 사이에 어떤 일이 생길지 누구도 모른다. 우리 정부의 태도와 국민의 판단은 결정되어 있다. 평화체제를 수립해 어떤 경우에도 한반도에 전쟁이 일어나지 않도록 하는 것, 남북한이 평화롭게 공존하면서 양측 모두에게 유익한 사업을 하는 것, 북한이 핵과 미사일 등 대량살상무기 개발을 포기하고 미국과 수교해 국제사회의 정상적인 구성원이 되는 것, 이산가족 상봉과 생사 확인을 포함한 인적 교류와 식량 의약품 등 인도적 지원을 주고받는 것, 그리고 북한 당국과 인민들이 원할 때 자유민주적 기본질서 아래 국가의 통합을 모색하는 것이다. 우리는 다른 선택을 생각할 수 없다.

그러나 김정은 국무위원장에게는 복수의 선택지가 있다. 첫째는 아버지의 길이다. 인민들이 굶고 병들어 죽더라도 핵과 미사일을 베고 국제사회에서 고립당한 채 두려움을 안고 사는 것이다. 둘째는 덩샤오핑의 길이다. 정치적으로는 일당독재를 유지해도 경제는 시장시스템으로 개혁하는 것이다. 그 길을 가려면 국제사회의 정상적인 일원으로 인정받아 중국과 베트남처럼 국제무역 네트워크에 들어와야 한다. 유엔 경제제재의 원인이 됐던 핵폭탄과 대륙간 탄도미사일은 포기해야 한다. 셋째는 고르바초프의 길이다. 경제와 정치 모두를 한꺼번에 개혁함으로써 전체주의체제를 해체하는 것이다. 이를 위해서는 권력은 물론 목숨을 잃을 각오까지 해야 한다.

아버지의 길은 천천히 죽겠다는 것이다. 고르바초프의 길은 혼돈을 불러들여 모두를 고통스럽게 만들지 모른다. 그나마 현실적이고 현명한 것은 덩샤오핑의 길이다. 문재인 대통령은 김정은 국무위원장이 그 길에 들어서는 데 꼭 필요한 환경을 조성하려고 트럼프 대통령을 협상테이블에 끌어들였다. 핵폭탄과 대륙간 탄도미사일을 버린다고 해서 북한이 체제안전을 보장받을 수 없는 것은 아니다. 북한이 국제사회의 정상적인 일원이 되면 그런 것 없이도 전쟁 위험을 억제할 수 있다. 무엇보다도 한국 정부와 국민이 전쟁을 원치 않는다. 만약 김정은 국무위원장과 북한 정부의 고위인사들이 인습처럼 물려받은 두려움을 이겨낸다면 남과 북, 우리 민족 모두에게 느리지만 확실하게 평화통일로 가는 새로운 길이 열릴 것이다.

대한민국의 재발견

역사란 아무 일도 하지 않는 것이니, 그것은 엄청난 재산을
소유하지도 않으며 전투를 벌이지도 않는다. 모든 일을 행하는 것은,
소유하고 싸우는 것은, 현실의 살아 있는 인간이다.

— 에드워드 H. 카, 『역사란 무엇인가』

이 책은 내가 한국현대사에서 눈여겨볼 가치가 있다고 판단한 사실을 엮어 만든 이야기다. 사실을 선택한 기준은 무엇인가. 현재를 이해하고 가까운 미래를 예측하는 데 도움이 되느냐의 여부다.

최근 국민의 관심을 끌었던 '현재의 사실'을 살펴보자. 신문과 방송은 해마다 연말이 되면 '대한민국 10대 뉴스'를 선정한다. 언론사마다 차이가 있지만 크게 보면 대개 비슷하다. 초판에서는 『국민일보』가 선정한 '2013 국내 10대 뉴스'를 인용했다. 북한 장성택 처형, 국정원의 대선 댓글공작과 남북정상회담 대화록 공개 등 국가기관의 정치개입 파문, 이석기 내란음모사건, 윤창중 청와대 대변인 성추행 사건, 혼외아들 의혹 폭로로 인한 채동욱 검찰총장 사퇴, 기초연금 파문과 진영 보건복지부장관 사임, 재벌규제 강화와 갑을관계 개선 등 경제민주화, 전세금 폭등과 '전세난민' 속출, 원자력발전소 불량부품 사용과 전력부족사태 공포 확산, 검찰의 전방위 추징금 압박과 전두환 일가 백기투항 등이었다.

같은 신문의 '2020 국내 10대 뉴스'는 코로나19 사태, 부동산 대란, 민주당 총선 압승, 검찰총장 징계, N번방 사건, 정경심 유죄선고, 박원순 서울시장의 죽음과 오거돈 부산시장 사퇴, 북한의 남북공동연락사무소 폭파, 이건희 회장 사망, BTS와 영화 〈기생충〉의 활약 등이었다. 7년 전과 비슷한 것도 있었고 다른 것도 있었다. 두려운 일, 기쁜 일, 화나는 일, 슬픈 일, 걱정스러운 일은 앞으로도 끊이지 않을 것이다.

2014년 봄 초판 원고를 정리할 때 세월호 참사가 일어났다. 그때 나는 마음을 추스르고 싶어서 에필로그에 확신 없는 희망을 적었다. "죄 없이 죽어간 아이들과 유가족에 대한 연민, 그들이 마지막 순간까지 가족과 친구들에게 전하려고 했던 사랑과 우정에 대한 공감,

기성세대가 만들어놓은 탐욕과 부패의 구렁텅이에서 희생당한 아이들에 대한 죄책감, 그들이 마지막 순간까지 겪어야 했던 혹심한 고통에 대한 공명이다. 만약 미래의 우리 아이들이 오늘보다 더 훌륭한, 최소한 지금보다 덜 추한 대한민국에서 살게 된다면, 그런 대한민국을 만드는 힘은 바로 이러한 공감과 공명에서 나올 것이라고 나는 믿는다."

대한민국은 과연 그리 됐는가. 모든 면이 좋아졌다고 할 수는 없지만 대한민국은 조금 나아졌다. 지난 6년 동안 우리가 겪은 최대 사건은 2016~2017년의 대통령 탄핵과 2020년의 코로나19 사태였다. 두 일을 치러내면서 시민들은 대한민국을 다시 보게 됐다. 자존감이 부족한 사람은 타인의 시선을 지나치게 의식하고 남들의 평가에 신경을 쓰며 자신의 개성과 취향을 귀하게 여기지 않는다. 자존감이 부족한 국민은 외국인의 시선을 의식하고 외국인의 평가에 마음을 쓰며 우리가 이룬 것을 귀하게 여기지 않는다. 미국인 임마누엘 페스트라이쉬의 『한국인만 모르는 다른 대한민국』(21세기북스, 2013)이나 영국인 다니엘 튜더의 『기적을 이룬 나라 기쁨을 잃은 나라』(문학동네, 2013)를 비롯해 한국인이 한국사회를 과소평가한다고 지적한 책이 나왔지만 진지하게 받아들인 사람은 많지 않았다. 그러나 박근혜 대통령 탄핵과 코로나19 사태를 거치면서 우리가 이룬 것에 자부심을 느끼는 시민이 늘어났다. 자기 자신을 믿고 자신이 한 일에 대해 자부심을 갖는 마음의 태도를 자존감이라고 한다면, 우리는 예전보다 자존감 높은 국민이 됐다.

한국리서치가 2020년 4월 중순 성인 남녀 1,000명을 대상으로 실시한 여론조사 결과는 그런 점에서 음미할 가치가 있다.˚ 국민들은 정부의 코로나19에 대한 대처를 긍정적으로 평가했으며 1년 전

같은 조사 때보다 12%나 많은 80%가 '대한민국 국민인 것이 자랑스럽다'고 대답했다. '다시 태어나도 대한민국 국민으로 태어나고 싶다'는 응답은 13%p 오른 71%, '대한민국 사회에서 살아가는 데 만족한다'는 응답 역시 18%p 상승한 76%로 나왔다. 응답자들은 의료·과학·통신 분야에 가장 높은 점수를 줬고, 공산품의 품질과 대중문화에도 후한 점수를 줬지만 정치와 민주주의 수준은 상대적으로 박하게 평가했다. 문화적 풍요로움과 정치적 의사결정의 민주성, 사회적 안전을 우리나라의 장점으로 보았고 부정부패와 빈부격차, 일자리 부족, 환경 파괴 등을 개선해야 할 문제로 꼽았다. 사회적 약자에 대한 배려와 다양성 인정 수준에 대해서는 긍정 평가와 부정 평가가 비슷했다.

2016년 1월 하순 여론조사기관 마크로밀엠브레인이 성인 남녀 1,000명을 대상으로 실시한 온라인 설문조사와 비교해보자. 조사기법이 달라서 앞의 결과와 수평 비교를 하기 어렵지만 참고는 할 수 있을 것이다. '다시 태어나도 대한민국에서 태어나고 싶다'고 대답한 사람은 전년 같은 조사보다 3.7%p 감소한 26.5%였다. 응답자의 76.9%가 '이민을 고려해본 적이 있다'고 대답하면서 '우리나라에 희망이 없다'는 것을 이유로 들었다. ••

한국사회가 몇 년 사이에 달라지면 얼마나 달라졌겠는가. 그럼에도 '국가 자부심' 지표가 급격히 높아진 것은 우리 사회를 보는 시선과 감정이 변화했기 때문이다. 영화 〈기생충〉의 아카데미상 수상이나 BTS의 빌보드 정상 등극 등 문화적인 사건이 준 영향도 있겠지

• 　자세한 조사 결과는 한국리서치 홈페이지(hrcopinion.co.kr)의 '코로나19 성공적 대응과 국가 자부심 향상—위기를 기회로'(2020년 5월 20일) 참조.

•• 　『파이낸셜뉴스』, 2016년 3월 9일자 보도 참조.

만 결정적인 것은 박근혜 대통령 탄핵과 코로나19 사태라고 본다. 대통령 탄핵은 좋은 일이라고 할 수 없다. 대통령은 국민의 신뢰와 성원을 받으며 임기 마지막까지 직을 수행하는 게 바람직하다. 그러나 그럴 가능성이 없고 자격도 없다는 사실이 분명하게 드러난 대통령을 파면하고 헌법과 법률에 따라 평화적이고 질서정연하게 새 대통령을 선출해냈다는 것은 대단한 일이다. 민주주의 선진국은 서유럽과 미국이고 우리는 흉내조차 제대로 내지 못한다고 여겼는데, 그 어려운 일을 그 나라 국민 못지않게 또는 더 잘 해냈으니 자부심을 느낄 만하다.

　코로나19 사태는 더 컸다. 치명적 전염병이 번지면 사회의 역량이 총체적으로 드러난다. 질병을 일으키는 세균이나 바이러스가 새로운 것일 때는 더 그렇다. 수많은 보도가 나왔으니 간략하게 정리하자. 한국의 인구 대비 확진자 수는 2020년 내내 세계 최저 수준이었고 확진자 대비 사망자 수도 마찬가지였다. 환자 급증으로 인해 의료 서비스 시스템이 위기에 처한 순간도 있었지만 마비된 일은 없었다. 중국처럼 특정 지역을 봉쇄하지 않았고 영국과 프랑스처럼 이동제한 명령을 내리지 않았으며 스웨덴처럼 바이러스 전파를 방치하지도 않았다. 진단비용과 확진자의 치료비를 국가와 국민건강보험공단이 맡아줬다.

　그러나 이것은 최초 확진자 발생 이후 열 달 동안의 상황이었을 뿐이다. 가을 들어 미국과 유럽 등 북반구에 위치한 나라들이 대부분 봄보다 더 거센 확산세를 보였고, 우리나라도 그랬다. 12월 내내 하루 신규 확진자가 1,000명 선을 오르내렸다. 아무리 노력해도 코로나19의 대유행을 막기 어렵다. 대유행을 막는 것이 불가능하다면 국가역량을 총동원하고 시민의 일상생활을 제약하면서 방역하는 이유가 무엇일까. 시간을 벌기 위해서다. 효과가 확실한 예방백신과 치료제가 나올 때까지, 또는 바이러스의 변이가 진전되어 독감 수준으로 치명률이 낮아질 때까지 대유행을 늦춰 국민의 생명을 보호하는 것이 방역의 보건정책적 목표다. 특정 지역을 완전 봉쇄하거나 전국적 이동제한 조처를 내리지 않고 버텨 경제적 손실을 줄이는 것은 방역의 경제정책적 목표다. 대유행을 막지 못하더라도 그 시기를 최대한 늦춰야 보건과 경제 모두 타격을 줄일 수 있다. 대한민국은 그 일을 잘해냈다.

무엇을 잘했는지 구체적으로 살펴보자. 첫 확진자를 발견하기 전 질병관리본부에는 코로나19 바이러스가 없었다. 진단시약도 당연히 없었다. 그런 상황에서 중국에서 온 최초의 의심환자를 어떻게 확진했을까? 미리 준비해둔 다른 코로나 계열 바이러스 진단시약으로 최초 의심환자가 신종 바이러스에 감염됐다는 사실을 알아냈고, 그 사람에게 채취한 바이러스의 유전자 염기서열을 분석해 중국 정부가 정보를 공개한 코로나19 바이러스의 염기서열과 일치한다는 것을 확인했다. 질병관리본부는 최초 확진자의 바이러스를 전문 연구자들에게 신속하게 제공하고 연구를 재촉해 소량의 진단시약을 만들었다. 중국의 사례로 미뤄볼 때 감염 확산이 불가피하다는 판단을 내리고 모든 정보를 바이오기업과 공유해 진단시약을 신속하게 대량 생산할 수 있도록 했다.* 언론 보도에 따르면 우리 기업들은 11월 말까지 170여 국가에 50억 명을 검사할 수 있는 2조 5,000억 원 어치의

---

* 언론보도로 일부 알려지기도 했던 최초 의심환자 확진과 진단시약 개발과정 이야기는 한림대 의과대학 이재갑 교수에게 들은 내용을 압축한 것이다. 코로나19 바이러스의 특징과 한국의 방역 과정에 대해 깊이 있게 알고 싶은 독자에게는 기초과학연구원 기획, 『코로나 사이언스』, 동아시아, 2020을 추천한다.

진단키트를 수출했다.°

공공과 민간의 대형 의료기관과 보건소가 격리치료실과 선별진료소를 갖춰 확진자를 빠르게 진단하고 격리했으며 중앙정부와 지방정부는 역학조사로 파악한 확진자의 동선 정보를 신속하게 공개하는 한편 공공기관 건물과 기업 연수원을 생활치료시설로 지정해 경증 확진자를 수용함으로써 중증환자의 치료 공간을 확보했다. 국적을 불문하고 진단비와 치료비와 격리비용을 정부와 국민건강보험공단이 제공함으로써 감염 사실을 숨길 동기를 없앴다. 시민은 마스크 착용, 손 소독, 거리두기, 자가 격리 등 정부가 권고한 방역수칙을 준수했다. 이런 시스템과 관련 주체들의 협력 덕분에 우리는 신천지 집단감염, 이태원 클럽 집단감염, 8·15 광화문집회 감염, 겨울철 대확산 등 여러 차례 고비를 넘기며 버텨낼 수 있었다.

코로나19 사태는 우리가 잊고 있었거나 무심히 지나쳤거나 몰랐던 사실을 선명하게 드러냈다. 한국은 탄탄한 제조업과 바이오산업을 보유하고 있다. 디지털 기술과 이동통신 활용능력은 세계 최고 수준이다. 공공병상이 적은 상황에서도 민관이 협력해 병상부족 사태를 예방했다. 우리의 국민건강보험은 장점이 많으며 의료인의 능력과 의료기술도 높은 수준에 올라 있다. 대통령은 보건전문가들을 전적으로 존중했고, 정부는 전염병 정보를 숨기지 않았다. 지방정부 책임자와 공무원은 생각했던 것보다 유능했다. 국민은 정보수준이 높고 공동체 의식이 강했다. 코로나19 바이러스의 특성과 전파과정을 잘 이해하고 방역수칙을 준수하며 타인의 안전을 위해 자유의 일부를 스스로 포기했다.

° 『쿠키뉴스』, 2020년 12월 4일자 보도 참조.

선별진료소와 의료진들:
서울 송파구 잠실종합운동장에 설치된
코로나19 선별진료소에서 한 의료진이
핫팩을 손에 쥔 채 휴식을 취하고 있다.

'국가 자부심'보다는 '국민 자존감'이 더 나은 표현이다. 괜찮은 대한민국이 있고 내가 우연히 거기 속해서 좋은 게 아니다. 괜찮은 대한민국을 만드는 데 내가 기여했기에 뿌듯한 것이다. 외국 언론과 정부의 칭찬 때문이 아니다. 우리 스스로 생각할 때 괜찮았던 것이다. 2021년 대한민국이 영국이나 미국처럼 코로나19 대유행을 겪는다 해도 2020년의 성공적 방역에 대한 자부심을 버릴 필요는 없다. 미국과 유럽에서 이미 백신접종이 시작됐고 머지 않아 우리도 백신을 접종하게 될 것이다. 우리는 가장 위험했던 시기를 다른 누구보다 잘 견뎌냈다.

한국현대사를 정리하면서 앞으로 무엇이 우리를 기다리고 있는지 생각해봤다. 가장 중요한 것은 수명연장과 출산율 하락에 따른 사회적 인구구성의 변화다. 대한민국은 머지않아 국민 셋 가운데 하나가 65세 넘은 노인인 '초고령사회'가 된다. 산업, 주택, 금융, 노동시장, 국민건강보험과 국민연금을 포함한 사회보험, 경제구조와 사회제도 전체를 조정할 수밖에 없다. 두 번째는 에너지 가격의 상승이다. 석유와 석탄 등 화석연료의 고갈은 예정되어 있다. 코로나19 사태로 가격이 일시 하락했지만 장기 추세는 달라지지 않을 것이다. 대안으로 등장했던 핵발전은 일단 점화하고 나면 끌 방법이 없는 불을 만드는 것이어서 흔쾌히 받아들일 수 없다. 태양열과 지열, 풍력을 이용해 만드는 신재생에너지는 생산비가 많이 든다. 게다가 우리나라는 주택과 산업 등 생활의 모든 면에서 에너지를 많이 쓴다.

고령화와 화석에너지 고갈이라는 위기요인은 우리에게 거시적인 변화와 미시적인 혁신을 요구한다. 우리는 두 위기요인을 안고 가면서 경제적 양극화를 완화하는 해법도 찾아야 한다. 필요한 변화와 혁신을 제때 이루지 못하면 심각한 경제·사회적 위기를 맞게 될 것이다. 누가 어떻게 그 일을 해낼 것인가? '위대한 지도자'는 답이 아니다. 고령화·에너지 위기·양극화를 극복하는 데 필요한 변화를 이루려면 민주주의 제도와 절차를 통해 국민의 공감을 받아야 하는데, 이것은 산업화나 민주화보다 훨씬 더 어렵고 복잡한 과제다. 각자의 욕망, 신념, 이기심 대신 타인에 대한 연민, 교감, 공감을 바탕으로 상호이해와 협력을 이뤄야 할 수 있다. 시민들이 자신의 욕망을 객관적으로 인식하고 관리하면서 우선순위를 조정하지 않으면 어떤 지도자도 그 일을 해낼 수 없을 것이다.

　　우리는 지난 반세기 동안 욕망 피라미드의 아래쪽에 있는 '생리적 욕망'과 '안전에 대한 욕망' 충족에 집착했고, '자기 존중과 자아실현의 욕망'을 후순위로 밀어뒀다. 더 많은 돈, 더 높은 지위, 더 큰 권력을 얻는 일에 매달려 자기 자신과 타인의 존엄을 무시하고 팽개쳤다. 협력보다 경쟁에, 원칙과 상식보다 반칙과 편법에, 인간적 공감과 연대의식보다 자기 중심적 이해타산에 끌리며 살았다. 시민 각자의 생각이 달라져야 사회도 바뀔 수 있다.

　　프롤로그에서 나는 세대 간의 투표 성향 차이가 산업화세력과 민주화세력의 정치적 대립을 넘어서는 철학·문화적 분립을 반영한다고 주장했다. 기성세대를 사로잡은 것은 물질적 풍요에 대한 욕망과 분단 상황이 강요한 대북 증오였다. 젊은 세대는 그들보다 더 강하게 자기 존중과 자아실현의 욕망 그리고 타인의 고통과 슬픔에 대한 공감에 끌린다. 공동체 대한민국의 앞날에 진보적인 변화가 찾아든다면 그 동력은 젊은 세대가 지닌 고차원적 욕망과 공감의 능력일 수밖에 없다. 오늘의 40대, 50대가 20년 후 지금의 60대, 70대와 비슷해진다면 별로 희망이 없다. 지금의 40대, 50대는 다른 연령층에 비해 수가 많다. 그들이 변화를 기피하는 보수적 또는 과거 회귀적

고령 유권자가 된다면 대한민국은 일본처럼 혁신이 불가능한 사회
가 되어 물질에 대한 개별적 욕망과 북한에 대한 감정적 증오가 지배
하는 나라로 머물 것이다.

미래는 내일 오는 것이 아니다. 우리 각자의 내면에 이미 들어
있다. 지금 존재하지 않는 어떤 것이 아니라 지금 우리 안에 존재하
는 것이 시간의 물결을 타고 나와 미래가 된다. 역사는 역사 밖에 존
재하는 어떤 법칙이나 힘에 따라 움직이는 것이 아니다. 역사는 사람
의 욕망과 의지가 만든다. 더 좋은 미래를 원한다면 매 순간 우리 각
자의 내면에 좋은 것을 쌓아야 한다. 우리 안에 만들어야 할 좋은 것
의 목록에는 역사에 대한 공명도 들어 있다.

민주화세력의 일원으로 살아온 나는 이 책을 쓰면서 산업화를
성취했던 고령 세대의 정서와 가치관을 더 많이 이해하게 됐다. 최근
언론보도에는 민주화시대를 열었던 이른바 '86세대'에 대한 비판과
조롱이 넘쳐났다. 그들과 같은 시대를 살았던 나는 젊은이들이 '86세
대'의 정서와 가치관에 공감하기를 기대하지 않는다. 한번쯤 들여다
보고 조금이라도 이해해준다면 좋겠다고 생각할 뿐이다.

통계청의 생명표를 보니, 1959년생 돼지띠 남자는 앞으로 평균
21년 정도 더 살 것이라고 한다. 내게는 그 정도의 시간이 남아 있다.
스무 살의 내게는 소망이 둘 있었다. 죽기 전에 한 번이라도 내 손으
로 대통령을 뽑는 것 그리고 국민이 고르게 더 잘사는 것.

첫 번째 소망은 넘치도록 이뤘다. 대통령을 내 손으로 뽑게 됐
을 뿐만 아니라 내가 지지한 정치인 중 세 분이나 당선됐다. 더 바랄
것이 없다. 고작 스무 살에 알면 뭘 안다고 세상을 뒤집을 궁리를 했
겠는가마는, 그때 사회에 대한 무한책임을 껴안고 여러 감정을 느껴
본 것도 그것대로 좋았다고 생각한다. 거리낌 없이 생각과 감정을 표

현해도 되는 자유로운 세상을 사는 게 꿈만 같다. 두 번째 소망은 반쯤 이뤘다. 고르지 못해서 때로 화가 나고 마음이 아프지만 앞으로 함께 해결해갈 수 있을 것이라고 내 자신을 다독인다.

　한국현대사에는 갈피마다 누군가의 땀과 눈물, 야망과 좌절, 희망과 절망, 번민과 헌신, 어리석은 악행과 억울한 죽음이 묻어 있다. 짧지 않은 그 이야기를 마치면서, 나는 내 자신과 동시대의 벗들을 위로하고 싶다. '주어진 시대의 환경을 운명으로 받아 안고 의미 있게 살기 위해 최선을 다했다면 그것으로 충분하지 않겠소. 우리는 우리의 역사를 살면서 오늘을 만들었으니 이제 젊은이들이 살아가는 역사를 지켜봅시다. 우리 각자의 내면에 아직도 아름다운 감정과 소망이 남아 있다면 저마다의 방식으로 풀어내면서 삶의 마지막 날까지 서로 등 두들기며 걸어갑시다.'

참고문헌

『경향신문』, 『노컷뉴스』, 『연합뉴스』, 『오마이뉴스』, 『월간조선』, 『프라임경제』, 『한겨레』, 『한겨레21』, 『헤럴드경제』, 〈SBS 뉴스〉.

고상만, 『장준하, 묻지 못한 진실』, 돌베개, 2012.

국방부과거사진상규명위원회, 『재일동포 및 일본 관련 간첩조작 의혹사건 조사결과보고 서』, 2007.

권보드래·천정환, 『1960년을 묻다』, 천년의상상, 2012.

권용우·변병설·이재준·박지희, 『그린벨트』, 박영사, 2013.

권이종, 『외화벌이의 첫삽을 뜬 파독광부백서』, 한국파독광부총연합회, 2009.

근로복지공단, 『산재보험의 과거, 현재 그리고 미래』, 2004.

기생충박멸협회·보건사회부, 『제2차 한국 장내기생충 감염현황』, 1976.

김대곤, 『김재규 X파일』, 산하, 2005.

김대중, 『김대중 자서전 1』, 삼인, 2010.

김동식, 『아무도 나를 신고하지 않았다』, 기파랑, 2013.

김삼웅, 『백범 김구 평전』, 시대의창, 2004.

김윤태, 『한국의 재벌과 발전국가』, 한울아카데미, 2012.

김정대·서현우·신성국 공저, 『KAL858』, 나이테미디어, 2012.

김정렴, 『최빈국에서 선진국 문턱까지』, 랜덤하우스코리아, 2006.

김종순 책임집필, 『4·19혁명사 上·下』, 50주년4·19혁명기념사업회, 2011.

김주언, 『한국의 언론통제』, 리북, 2009.

김진경, 『30년에 300년을 산 사람은 어떻게 자기 자신일 수 있을까』, 당대, 1997.

김형아, 『박정희의 양날의 선택』, 신명주 옮김, 일조각, 2005.

노화준, 『한국의 새마을운동』, 법문사, 2013.

대한가족계획협회, 『가협30년사』, 1991.

대한축구협회, 『한국축구 100년사』, 2003.

레이첼 카슨, 『침묵의 봄』, 김은령 옮김, 에코리브르, 2011.

리영희, 『전환시대의 논리』, 창비, 1990.

리하르트 폰 바이츠제커, 『우리는 이렇게 통일했다』, 탁재택 옮김, 창비, 2012.

문영심, 『바람 없는 천지에 꽃이 피겠나』, 시사IN북, 2013.

문옥배, 『한국 금지곡의 사회사』, 예술, 2004.

민족문제연구소, 『한일협정을 다시 본다』, 아세아문화사, 1995.

_____, 『금단의 역사를 쓰다, 18년간의 대장정』, 2009.

민주화운동기념사업회 연구소 엮음, 『한국민주화운동사 연표』, 선인, 2006.

_____, 『한국민주화운동사 1~3』, 돌베개, 2008~2010.

박명림, 『한국전쟁의 발발과 기원 I』, 나남출판, 1996.

박세길, 『다시쓰는 한국현대사 1~3』, 돌베개, 1988~1992.

박일환·반올림 공저, 『삼성반도체와 백혈병』, 삶이보이는창, 2010.

박정희, 조갑제 해설, 『국가와 혁명과 나』, 지구촌, 1997.

박정희, 『민족의 저력』, 광명출판사, 1971.

박찬욱, 김지윤, 우정엽 엮음, 『한국 유권자의 선택 2: 18대 대선』, 아산정책연구원, 2013.

버나드 쇼, 『쇼에게 세상을 묻다』, 김일기·김지연 옮김, TENDERO, 2012.

버넌 보그다너·리처드 에반스 외, 『역사, 시민이 묻고 역사가가 답하고 저널리스트가 논하
다』, 정기문 옮김, 민음사, 2010.

배재수·주린원·이기봉, 『한국의 삼림녹화 성공요인』, 국립산림과학원, 2010.

변양규 외, 『양극화 논쟁, 그 오해와 진실』, 한국경제연구원, 2012.

보건복지부, 『삼성오십년사』, 1988.

_____, 『국민기초생활보장제도 10년사』, 2010.

_____, 『2013보건복지통계연보』, 2013.

새마을운동중앙회, 『새마을운동40년(자료집)』.

서경식, 『시대를 건너는 법』, 한승동 옮김, 한겨레출판사, 2007.

서승, 『옥중 19년』, 김경자 옮김, 역사비평사, 1999.

서준식, 『서준식의 생각』, 야간비행, 2003.

_____, 『서준식 옥중서한 1971 - 1988』, 노사과연, 2008.

손석춘, 『박헌영 트라우마』, 철수와영희, 2013.

신성국·김정대, 『전두환과 헤로데』, 목림, 2013.

안동일, 『나는 김현희의 실체를 보았다』, 동아일보사, 2004.

안보세미나논문집, 『북한의 대남도발 반세기』, 시스템연구소, 2001.

안재성, 『박헌영 평전』, 실천문학사, 2009.

양길승·최현림·김주자, 『이황화탄소(CS)중독증 연구: 중간보고서』, 근로복지공단, 1998.

양성철, 『분단의 정치』, 한울, 1987.

양재진·김영순·조영재·권순미·우명숙·정홍모, 『한국의 복지정책 결정과정』, 나남, 2008.

양창석, 『브란덴부르크 비망록』, 늘품플러스, 2011.

에드워드 H. 카, 『역사란 무엇인가』, 김택현 옮김, 까치글방, 1997.

에이브러햄 매슬로, 『동기와 성격』, 오혜경 옮김, 21세기북스, 2009.

오원철, 『박정희는 어떻게 경제강국 만들었나』, 동서문화사, 2006.

오정은 등 6인 공저, 「대한민국 이민정책 프로파일」, IOM이민정책연구원, 2012.

외교통상부, 「2013재외동포현황」, 「해외이주통계(2002~2013)」.

원희복, 『조용수와 민족일보』 증보판, 새누리, 2004.

유시민, 『국가란 무엇인가』, 돌베개, 2011·2017.

_____, 『노무현 김정일의 246분』, 돌베개, 2013.

유영익, 『건국대통령 이승만』, 일조각, 2013.

윤보선, 『윤보선 회고록』, 해위윤보선대통령기념사업회, 2012.

윤흥길, 『아홉 켤레의 구두로 남은 사내』, 문학과지성사, 1977.

이건혜, 『박정희는 왜 그들을 죽였을까』, 책보세, 2013.

이경준·김의철, 『민둥산을 금수강산으로』, 기파랑, 2010.

이도성 편저, 『실록 박정희와 한일회담』, 한송, 1995.

이병철, 『호암자전』, 중앙일보사, 1986.

이상우, 『박정희시대』, 중원문화, 2012.

이수길, 『개천에서 나온 용』, 리토피아, 2007.

이원규, 『조봉암 평전』, 한길사, 2013.

임미리, 『경기동부』, 이매진, 2014.

임한종, 『중랑천에서 빅토리아 호 코메 섬까지』, 한비미디어, 2013.

장하준, 『사다리 걷어차기』, 형성백 옮김, 부키, 2004.

_____, 『국가의 역할』, 이종태·황해선 옮김, 부키, 2006.

전남대학교 호남학연구원 편, 『박정희정권의 지배이데올로기와 저항담론』, 전남대학교 호
　　　남학연구원, 2009.

전숙희, 『사랑이 그녀를 쏘았다』, 정우사, 2002.

전형택 편저, 『박정희·김일성』, 화전문고, 1999.

정광민, 『김일성과 박정희의 경제전쟁』, 꼬레아, 2012.

정상돈·김진무·이강규, 『동독급변사태 시 서독의 통일정책』, 한국국방연구원, 2012.

정상용 외, 『광주민중항쟁』, 돌베개, 1990.

정성일, 『저는 당신의 아들이었습니다』, 행림, 1993.

정성화 엮음, 『박정희시대와 파독 한인들』, 선인, 2013.

정운현 엮음, 『잃어버린 기억의 보고서』, 삼인, 1999.

정재경, 『박정희 대통령 전기』, 민족중흥연구회, 1995.

조갑제, 『이수근은 역시 간첩이 아니었다!』, 조갑제닷컴, 2009.

_____, 『한강의 새벽』, 조갑제닷컴, 2011.

조봉암, 『우리의 당면과업』, 범우, 2009.

조성렬, 『뉴 한반도 비전』, 백산서당, 2012.

조영래, 『전태일 평전』, 전태일재단, 2009.

조준현, 『중산층이라는 착각』, 위즈덤하우스, 2012.

존 스튜어트 밀, 『자유론』, 서병훈 옮김, 책세상, 2010.

진실·화해를위한과거사정리위원회, 『국민보도연맹 사건 진실규명결정서』, 2009.

차두현, 「전작권 이양과 북한 핵문제: 쟁점과 과제」, 2007.

채종일, 『한국형 기생충관리』, 한국국제보건의료재단, 2011.

천금성, 『황강에서 북악까지』, 동서문화사, 1981.

칼 포퍼, 『열린사회와 그 적들 I』, 이한구 옮김, 민음사, 2006.

탁경명, 『80년 4월의 사북』, 강원일보사 출판국, 2007.

한국교회여성연합회, 「기생관광: 전국 4개 지역 실태조사보고서」, 1983.

한국토지주택공사 토지주택연구원, 『개발제한구역40년: 1971~2011』, 국토해양부, 2011.

한반도평화포럼, 『서해평화협력특별지대 구축 실행방안 연구』, 2011.

한스 위르겐 괴르츠, 『역사학이란 무엇인가』, 최대희 옮김, 뿌리와이파리, 2003.

한홍구, 『대한민국史 1~4』, 한겨레출판, 2003~2006.

허영섭, 「한국 건설업체들의 중동진출 40년」, 『대한토목학회지』, 2013년 11월호.

허찬국, 『1997년과 2008년 두 경제위기의 비교』, 한국경제연구원, 2009.

헌법재판소 헌법재판연구원, 『주민등록번호제에 대한 헌법적 쟁점』, 2013.

황인오, 『조선노동당 중부지역당』, 천지미디어, 1997.

G. W. F. 헤겔, 『법철학』, 임석진 옮김, 한길사, 2008.

기업진단포털(https://egroup.go.kr).

국가통계포털(http://kosis.kr).

근로복지공단 홈페이지(http://www.kcomwel.or.kr).

전태일재단 홈페이지(www.chuntaeil.org).

진실·화해를위한과거사정리위원회 홈페이지(www.jinsil.go.kr).

통계청 홈페이지(kostat.go.kr).

한국은행 홈페이지(www.bok.or.kr).

헌재 개발제한구역 위헌심판 결정문(1998. 12. 24., 89헌마214, 90헌바16, 97헌바78 병합).

사진 출처

이 책에 실린 사진 중에는 저작권자를 찾기 어려운 경우가 있었습니다. 저작권자가 확인되는 대로 적합한 절차를 밟고 저작권료를 지불하겠습니다.

ⓒ경향신문: 38쪽

ⓒ동아일보: 187쪽

ⓒ민주화운동기념사업회: 198쪽

ⓒ연합뉴스: 24쪽, 49쪽, 54쪽, 74쪽, 88쪽, 116쪽, 164쪽, 224쪽, 263쪽, 269쪽, 305쪽, 322쪽,
      349쪽, 363쪽, 383쪽, 399쪽, 423쪽

ⓒ5·18 기념재단: 231쪽